新编内科学应试习题集

(第2版)

主　编　李晓明

副主编　范贤明　徐　勇　吕沐瀚

编　委　（按姓氏汉语拼音排序）

曹　灵　陈　洁　陈菊屏　邓明明　范新荣

范运斌　范忠才　冯　健　黄维义　康　敏

兰由玉　李　多　李　刚　李　华　李家富

刘　伟　刘　翼　刘应才　罗兴林　欧三桃

彭　清　彭　燕　彭永权　石　敏　谭秋言

汤计瑞　唐　敏　万　沁　王文军　王忠琼

吴蔚桦　夏国栋　邢宏运　徐　玲　颜　琼

杨　春　杨祖成　叶　强　叶　杨　袁凯锋

查克岚　张玉高　钟　毅　诸　波

北京大学医学出版社

XINBIAN NEIKEXUE YINGSHI XITIJI

图书在版编目（CIP）数据

新编内科学应试习题集 / 李晓明主编．—2 版．
—北京：北京大学医学出版社，2018. 3（2022. 8 重印）
ISBN 978-7-5659-1751-6

Ⅰ．①新…　Ⅱ．①李…　Ⅲ．①内科学 - 习题集
Ⅳ．① R5-44

中国版本图书馆 CIP 数据核字（2018）第 016217 号

新编内科学应试习题集（第 2 版）

主　　编：李晓明
出版发行：北京大学医学出版社
地　　址：（100191）北京市海淀区学院路 38 号　北京大学医学部院内
电　　话：发行部 010-82802230；图书邮购 010-82802495
网　　址：http://www.pumpress.com.cn
E-mail：booksale@bjmu.edu.cn
印　　刷：中煤（北京）印务有限公司
经　　销：新华书店
责任编辑：李　娜　靳　奕　　**责任校对**：金彤文　　**责任印制**：李　啸
开　　本：787 mm × 1092 mm　1/16　　**印张**：20.5　　**字数**：644 千字
版　　次：2018 年 3 月第 2 版　2022 年 8 月第 5 次印刷
书　　号：ISBN 978-7-5659-1751-6
定　　价：50.00 元

第 2 版前言

内科学是临床医学专业的主干课程，在临床医学中占有重要地位。它的内容范围广泛，与基础医学和其他临床学科关系密切。对内科学知识的掌握程度，直接关系到临床医师的临床工作能力和水平。然而，内科学内容繁多，知识面广，不易掌握。为此，作者们在本书第 1 版的基础上，结合近年的临床教学实践经验，修订了《新编内科学应试习题集》，希望本书能使读者对内科学知识的掌握有所帮助。

我们在修订时，仍保持了第 1 版的风格：尽量涵盖内科各系统疾病，务求其“广”；希望能够紧跟新版内科学教材，务求其“新”；希望本书的内容准确和实用，务求其“实”；设计了单项选择题、多项选择题、填空题、名词解释、简答题，题型多样，务求其“全”。此外，在第 1 版的基础上更新了内容，并增加了 1/3 的题量。我们希望此习题集能够成为初涉临床的实习医生、研究生、住院医师规范化培训生、低年资住院医师的一本好的学习参考用书。

我们向为本书付出辛勤劳动的作者们致以衷心的感谢，也要感谢帮助我们顺利出版此书的出版社和编辑们。本书的编写，得到了西南医科大学领导的鼓励和支持，内科学教研室对稿件的整理付出了辛勤的劳动，特此一并致谢！

由于时间仓促，加之我们水平有限，书中难免存在不足和错误之处，希望大家批评指正。

李晓明

目　录

呼吸系统疾病

循环系统疾病

消化系统疾病

泌尿系统疾病

血液系统疾病

内分泌系统疾病

代谢疾病和营养疾病

风湿性疾病

理化因素所致疾病

呼吸系统疾病

总　论

一、单项选择题

1. 下列关于呼吸系统疾病说法错误的是
   A. 由于大气污染、吸烟等原因，呼吸系统疾病发病率居高不下
   B. 肺结核已有所控制，近年没有增高的趋势
   C. 免疫低下性肺部感染日渐增多
   D. 肺部感染病原体耐药性增加
   E. 艾滋病的主要死因为肺部感染
2. 下列描述错误的是
   A. 正常成人静息状态下，每天约有10 000L气体进出呼吸道
   B. 肺外感染的病原体可引起肺部感染
   C. 呼吸系统只有物理和细胞吞噬两种防御功能
   D. 肺部病变可向全身扩散
   E. 重度吸烟者肺癌发病率较非吸烟者可高20倍
3. 肺循环的特点是
   A. 低压、高阻、高容
   B. 低压、高阻、低容
   C. 低压、低阻、低容
   D. 低压、低阻、高容
   E. 高压、高祖、低容
4. 下列不符合限制性通气功能的是
   A. 肺活量减低
   B. 残气量增加
   C. 第一秒用力呼气量增加或正常
   D. 肺总量降低
   E. 最大呼气中期流速正常或减低
5. 吸入呼吸道的异物颗粒的主要排出机制是
   A. 巨噬细胞吞噬
   B. 补体作用
   C. 支气管收缩
   D. 免疫球蛋白作用
   E. 黏液纤毛运输系统排出
6. 气管新生物引起的呼吸困难特点为
   A. 吸气性呼吸困难
   B. 呼气性呼吸困难
   C. 呼气延长
   D. 混合性呼吸困难
   E. 夜间阵发性呼吸困难
7. 下列哪项不属于呼吸系统的物理防御功能
   A. 鼻部加温过滤
   B. 咳嗽、喷嚏
   C. 咯血
   D. 支气管收缩
   E. 黏液纤毛运输系统
8. 呼吸系统疾病的局部症状不包括
   A. 咳嗽、咳痰
   B. 咯血
   C. 呼吸困难
   D. 胸痛
   E. 发热
9. 下列叙述错误的是
   A. 咳铁锈样痰可能是肺炎链球菌感染
   B. 肺吸虫病患者咳黄色脓痰
   C. 大肠杆菌感染时咳恶臭脓痰
   D. 肠阿米巴病患者咳咖啡样痰

E．咳红棕色胶冻样痰可能是肺炎克雷伯杆菌感染

10．肺活体组织检查的方法不包括

A．经呼吸内镜活检

B．X 线 /CT 引导经皮肺活检

C．B 超引导经皮肺活检

D．经血管肺活检

E．开胸肺活检

二、填空题

1．影响呼吸系统疾病的主要相关因素有________，________，________。

2．痰涂片在低倍镜视野里上皮细胞小于________个，白细胞大于________个为相对污染较少的标本。

3．呼吸系统疾病的防治进展是________；________；________；________。

参考答案

一、单项选择题

1．B	2．C	3．D	4．B	5．E	6．A
7．C	8．E	9．B	10．D		

二、填空题

1．大气污染和吸烟　吸入性变应原增加　肺部感染病原体的变异和耐药性的增加

2．10　25

3．重视烟草危害，预防为主、防治结合　重视细胞分子与生物学研究　发展呼吸危重症医学　重视呼吸康复

急性上呼吸道感染和急性气管支气管炎

单项选择题

1．关于急性上呼吸道感染的描述错误的是

A．主要病原体为细菌，少数为病毒

B．通常病情较短，可自愈

C．可引起严重的并发症

D．有一定传染性

E．为外鼻孔至环状软骨下缘的急性炎症

2．关于流行性感冒的描述错误的是

A．常有明显流行

B．起病急

C．高热、全身酸痛等全身症状不明显

D．鼻咽部症状轻

E．主要通过接触和空气飞沫传播

3．下面哪项不是急性气管支气管炎的病原菌

A．肺炎链球菌

B．肺炎克雷伯杆菌

C．葡萄球菌

D．溶血性链球菌

E．流感嗜血杆菌

4．急性咽扁桃体炎最常见的病原体是

A．流感嗜血杆菌

B．肺炎链球菌

C．葡萄球菌

D．溶血性链球菌

E．卡他莫拉菌

5．急性疱疹性咽峡炎常由下列哪个病原体引起

A．柯萨奇病毒 A

B．疱疹病毒

C．腺病毒
D．流感病毒
E．冠状病毒

6．关于流行性感冒描述错误的是
A．可分为单纯型、胃肠型、肺炎型和中毒型
B．鼻咽部症状轻，全身症状重
C．要及时给予抗菌药物治疗
D．严重者可引起呼吸衰竭和循环衰竭
E．抗病毒药物应在发病 48 小时内使用

7．下列哪一项不属于急性上呼吸道感染
A．普通感冒
B．急性病毒性咽喉炎
C．急性鼻窦炎
D．急性疱疹性咽峡炎
E．急性咽扁桃体炎

8．急性上呼吸道感染的鉴别诊断不包括
A．过敏性鼻炎
B．肺炎
C．急性气管支气管炎
D．急性传染病前驱症状
E．流行性感冒

9．关于上呼吸道感染的治疗错误的是
A．儿童感冒忌用阿司匹林
B．可辩证予以中药治疗
C．一般不需要抗病毒治疗
D．普通感冒常规使用抗菌药物
E．需注意防治相关药物的不良反应

10．下列急性气管支气管炎的病因中错误的是
A．生物因素
B．物理因素
C．化学因素
D．过敏因素
E．肥胖

参考答案

单项选择题

1．A	2．C	3．B	4．D	5．A	6．C
7．C	8．B	9．D	10．E		

肺部感染性疾病

一、单项选择题

1．下列对肺炎的描述哪个是错误的
A．肺炎是指由细菌感染引起的终末气道、肺泡和肺间质炎症
B．大叶性肺炎亦称肺泡性肺炎
C．感染性肺炎的发生主要决定于宿主和病原体两个因素
D．肺炎在 X 线胸部检查时可以有明显的肺实质炎性浸润
E．医院获得性肺炎常发生于高龄、有心肺基础疾病、免疫力低下的人群

2．经口腔痰定量培养分离的细菌在下列哪种情况下可以认为是肺部感染的致病菌
A．细菌浓度＞ 10^4cfu/ml
B．连续两次以上分离到相同细菌浓度≥ 10^4cfu/ml
C．细菌浓度＜ 10^4cfu/ml
D．细菌浓度≥ 10^7cfu/ml
E．细菌浓度 10^5 ～ 10^6cfu/ml

3．感染性肺炎在胸部 X 线片上出现空洞改变，可能性最小的诊断是
A．金黄色葡萄球菌肺炎
B．真菌性肺炎

C. 肺炎链球菌肺炎
D. G^- 杆菌肺炎
E. 厌氧菌性肺炎

4. 男性，18岁，既往健康，受凉后突然发热、寒战、胸痛。查体：T 39.5 ℃，P 110次/分，R 28次/分，右上肺有管样呼吸音。X线片示右上肺大片实变阴影。WBC 26.0×10^9/L，N 90%，最恰当的诊断为
A. 右上肺干酪性肺炎
B. 病毒性肺炎
C. 支原体肺炎
D. 肺炎链球菌肺炎
E. 急性肺栓塞

5. 肺炎链球菌肺炎经青霉素及对症支持治疗后，其预后最可能是
A. 完全吸收，不留痕迹
B. 肺部空洞形成
C. 肺部留下瘢痕条索影
D. 支气管扩张
E. 脓胸

6. 男性，45岁，因高热、咳大量臭脓痰伴咯血住院。X线胸片示右肺下叶背段肺脓肿，先后应用青霉素、甲硝唑等多种抗感染药物治疗7个月仍有反复咳痰、咯血，咯血量最多可达500ml，下一步最佳的治疗方案是
A. 痰及体位引流
B. 痰细菌培养+药敏试验，选用敏感抗生素
C. 抗感染同时加强止血剂应用
D. 外科手术治疗
E. 气管内滴入药物治疗

7. 急性吸入性肺脓肿最典型的临床表现是
A. 寒战，持续高热
B. 发病后10～14天，突然咳大量脓臭痰，随即体温下降，症状缓解
C. 咳嗽，咳大量臭脓痰，反复咯血
D. 胸痛伴脓胸
E. 精神不振，全身乏力，食欲减退

8. 耐甲氧西林金黄色葡萄球菌（MRSA）临床抗感染治疗首选
A. 苯唑西林
B. 阿奇霉素
C. 大剂量青霉素
D. 头孢拉定
E. 万古霉素

9. β-内酰胺类抗生素对支原体肺炎治疗无效的主要原因是
A. 肺炎支原体没有细胞壁
B. 致病性可能与患者对病原体或其代谢产物过敏有关
C. 产生β-内酰胺酶
D. β-内酰胺类抗生素肺/血浓度低
E. 支原体细胞膜对β-内酰胺类抗生素通透性低

10. 男性，30岁，右小腿疖疮挤压排脓，次日寒战、高热，8天后咳嗽、咳脓痰。WBC 30.0×10^9/L，N 90%，X线胸片示双肺中下肺野散在渗出斑片阴影，其间见多个空洞伴液平，此例首选抗感染药物应是
A. 环丙沙星
B. 青霉素
C. 苯唑西林
D. 林可霉素
E. 庆大霉素

11. 肺炎链球菌其致病力主要在于
A. 内毒素
B. 外毒素
C. 多糖荚膜
D. 透明质酸酶
E. 以上都不是

12. 男性，20岁，既往健康，因受凉后突起畏寒、高热、咳嗽、痰中带血3天来门诊就诊。WBC 17.6×10^9/L，N 82%，有助于诊断的首选检查是
A. X线胸片
B. 胸部CT扫描
C. 纤维支气管镜

D．痰细菌培养
E．痰涂片查抗酸分枝杆菌

13．最易导致脓气胸的肺炎是
A．肺炎链球菌肺炎
B．金黄色葡萄球菌肺炎
C．军团菌肺炎
D．铜绿假单胞菌肺炎
E．肺炎克雷伯杆菌肺炎

14．肺炎球菌肺炎治疗不正确的是
A．首选青霉素 G
B．耐青霉素者可选莫西沙星、头孢曲松等药物
C．如出现休克，应立即用糖皮质激素
D．多重耐药菌株感染者可选万古霉素或替考拉林
E．发热患者要避免用阿司匹林或其他解热药

15．男性，21 岁，低热、阵发性刺激性干咳 20 天入院。查体：T 37.8℃，咽充血，心肺无阳性体征。WBC 8.0×10^9/L、N 70%，X 线胸片示右下肺间质性炎症，有少许小片状阴影。下面哪项检查对诊断意义较大
A．痰查抗酸分枝杆菌
B．咽拭子细菌培养
C．痰细菌培养
D．结核菌素试验
E．冷凝集试验

16．男性，63 岁，有慢性阻塞性肺疾病（COPD）病史，发热伴咳嗽 6 天，痰呈胶冻状棕红色，最可能的诊断是
A．肺炎链球菌肺炎
B．肺炎克雷伯杆菌肺炎
C．军团菌肺炎
D．支原体肺炎
E．金黄色葡萄球菌肺炎

17．关于肺炎流行病学描述错误的是
A．医院获得性肺炎年发病率为 5 ~ 10 例 / 每 1000 例住院患者
B．社区获得性肺炎年发病率为 20/1000 人
C．门诊患者肺炎病死率小于 1% ~ 5%
D．住院患者肺炎平均病死率为 12%
E．ICU 患者肺炎病死率约为 40%

18．关于肺炎分类说法错误的是
A．解剖分类为大叶性、小叶性及间质性肺炎
B．患病环境分类为社区获得性肺炎和医院获得性肺炎
C．病因分类为感染性和非感染性肺炎
D．感染性肺炎可分为细菌性肺炎和非细菌性肺炎
E．放射性肺炎属于感染性肺炎

19．青壮年医院获得性肺炎的抗菌药物应用错误的是
A．第一代头孢菌素
B．氟喹诺酮类
C．内酰胺类 / 内酰胺类抑制剂
D．碳青霉烯类
E．第三代头孢菌素

20．肺炎链球菌肺炎的病理改变分期错误的是
A．充血期
B．红肝变期
C．灰肝变期
D．溃疡期
E．消散期

21．非典型病原体肺炎不包括
A．军团菌肺炎
B．支原体肺炎
C．肺炎衣原体肺炎
D．鹦鹉热衣原体肺炎
E．葡萄球菌肺炎

22．下列哪项不属于肺真菌病
A．肺念珠菌病
B．肺曲霉病
C．肺隐球菌病
D．肺吸虫病
E．肺孢子菌肺炎

23．关于病毒性肺炎叙述错误的是

A．好发于冬春季节
B．暴发或散发流行
C．痰细菌培养常无致病菌生长
D．首选抗生素治疗
E．糖皮质激素对病毒性肺炎疗效仍有争议

24．关于葡萄球菌肺炎叙述错误的是
A．是由葡萄球菌引起的急性肺化脓性炎症
B．X 线表现为坏死性肺炎
C．常常发生于无基础疾病的患者
D．凝固酶阴性葡萄球菌也可致病
E．可由血源性途径导致发病

二、多项选择题

1．有关肺念珠菌病哪些描述是正确的
A．在痰中查见念珠菌即可诊断肺念珠菌病
B．感染途径主要是吸入，其次为血源性播散
C．有较强的组织黏附能力
D．可产生水溶性毒素，在临床上引起休克
E．不引起肺组织破坏，形成空洞

2．吸入性肺脓肿痊愈的标准应该是
A．体温下降且稳定 2 周以上
B．有效抗生素治疗已超过 8 周
C．临床症状消失
D．X 线胸片示肺部仅留少许纤维条索影
E．痰细菌培养 2 次以上均为阴性

3．肺炎链球菌肺炎抗生素治疗疗程哪些是正确的
A．抗生素治疗应在症状消失，X 线胸片示肺部炎症完全吸收后停药
B．抗生素治疗在退热后 3 天停药
C．抗生素治疗标准疗程通常为 14 天
D．抗感染治疗，痰细菌检查阴性后停药
E．抗生素治疗在退热后停药

4．致病体可通过下列哪些途径引起社区获得性肺炎（CAP）
A．空气吸入
B．食入污染食品
C．血流播散
D．邻近感染部位蔓延
E．上呼吸道定植菌误吸

5．下列哪些感染性肺炎易出现肺组织坏死
A．肺炎链球菌肺炎
B．金葡菌肺炎
C．厌氧菌肺炎
D．支原体肺炎
E．铜绿假单胞菌肺炎

6．支原体肺炎可选用下列哪些药物治疗
A．头孢霉素
B．林可霉素
C．阿奇霉素
D．左氧氟沙星
E．红霉素

7．金葡菌肺炎 X 线胸片的特点是
A．炎性浸润灶比其他肺炎浓密
B．病灶叶间裂常呈弧形下坠
C．炎性浸润，多发肺脓肿及肺囊肿
D．脓胸或脓气胸
E．胸部 X 线片改变具有多形性和多变性

8．有关病毒性肺炎哪些描述是错误的
A．冬春季节为好发季节
B．病毒性肺炎易引起大叶性实变
C．病毒性肺炎的确诊有赖于病原学检查
D．引起成人肺炎的常见病毒是流感病毒，呼吸道合胞病毒，疱疹病毒，巨细胞病毒等
E．病毒性肺炎为吸入性感染，常有气管 - 支气管炎

9．对 MRSA 的描述，下列哪些是不正确的
A．MRSA 是指耐甲氧西林的金葡菌
B．MRSA 是指产 β- 内酰胺酶的葡萄球菌
C．MRSA 是指血浆凝固酶阳性的葡萄球菌
D．MRSA 常在青壮年高发
E．MRSA 常在 ICU 高发

10．下列有关细菌性肺炎临床表现哪些是正确的
A．肺炎链球菌肺炎患者可咳铁锈色痰
B．肺炎杆菌肺炎常好发于长期大量酗酒者
C．金葡菌肺炎X线胸片炎性病灶较一般肺炎浓密
D．厌氧菌肺炎肺部坏死，形成空洞倾向较其他肺炎大
E．铜绿假单胞菌肺炎可咳红色胶冻样痰

11．对肺炎的认识下列表述哪些是正确的
A．抗生素的滥用，是引起细菌耐药性增加的主要因素
B．细菌的耐药性增强使难治性肺炎越来越多
C．G^-杆菌感染在HAP中占有重要地位
D．非感染性肺炎病因复杂，临床表现不典型
E．由于艾滋病病毒感染增加，结核分枝杆菌感染又呈回潮势头，非结核性分枝杆菌感染亦日趋增多

12．下面关于肺炎临床稳定的标准描述正确的有
A．T ≤ 37.8℃
B．心率≤ 100次/分
C．呼吸≤ 24次/分
D．收缩压≥ 90mmHg
E．吸氧后动脉血氧饱和度≥ 90%

13．关于大叶性肺炎描述正确的是
A．大叶性肺炎先在肺泡引起炎症，经Cohn孔向其他肺泡扩散
B．大叶性肺炎湿啰音常很明显
C．实变体征常明显
D．病变通常累及支气管
E．常发生于长期卧床或年老体弱者

14．关于重症肺炎的主要标准有
A．多肺叶浸润
B．需要有创机械通气
C．感染性休克需要血管收缩剂治疗
D．氧合指数≤ 250
E．低血压需要强力液体复苏

15．肺炎严重性主要决定于
A．局部炎症程度
B．外周血白细胞数目
C．肺部炎症的播散
D．体温高低
E．全身炎症反应

16．HAP的诊断依据包括
A．患者入院48小时后X线检查出现新的或进展的肺部浸润影
B．发热超过38℃
C．血白细胞增多或减少
D．出现脓性气道分泌物
E．出现咯血、胸痛

17．肺曲霉病的临床分型包括
A．侵袭性肺曲霉病
B．气管支气管曲霉病
C．慢性坏死性肺曲霉病
D．曲霉肿
E．变应性支气管肺曲霉病

18．关于吸入性肺脓肿的叙述正确的有
A．吸入性肺脓肿多发于右肺
B．仰卧位好发于上叶后段
C．仰卧位好发于左上叶前段
D．坐位好发于下叶后基底段
E．右侧卧位好发于右上叶前段或后段

19．肺脓肿外科手术治疗的适应证为
A．病程超过2周，内科治疗效果不佳
B．大咯血内科治疗无效或危及生命
C．伴有支气管胸膜瘘或脓胸经抽吸、引流和冲洗疗效不佳
D．支气管阻塞限制了气道引流
E．糖尿病并发肺脓肿

20．现发现可感染人类的禽流感病毒亚型有
A．H5N1
B．H9N2
C．H7N2
D．H1N1
E．H2N5

21．关于肺炎的正确预防措施有
A．加强体育锻炼，增强体质
B．戒烟戒酒
C．经常熬夜
D．65 岁以上者可注射流感疫苗
E．青壮年及无基础疾病者常规注射肺炎疫苗

22．肺炎可由以下哪些因素致病
A．病原微生物
B．理化因素
C．免疫损伤
D．过敏
E．药物

23．细菌性肺炎包括
A．肺炎链球菌肺炎
B．葡萄球菌肺炎
C．肺炎克雷伯杆菌肺炎
D．放射性肺炎
E．化学性肺炎

三、名词解释

1．医院获得性肺炎（HAP）
2．社区获得性肺炎（CAP）
3．坏死性肺炎
4．慢性肺脓肿

四、填空题

1．感染性肺炎抗生素治疗后病情评价多在________进行，治疗的有效表现为________，________，________。

2．痰菌标本采集后在室温下________小时内送检，光镜低倍视野________或________可作为污染相对较少的“合格”标本。

3．肺脓肿根据感染途径分为________、________和________，其中________多为厌氧菌感染，除________外，一般均对青霉素敏感。

4．肺炎链球菌肺炎患者的并发症为______、________、________、________、________和________。

5．肺炎的诊断程序包括________、________和________。

五、问答题

1．肺炎抗菌治疗 72 小时症状无改善的原因有哪些？

2．社区获得性肺炎（CAP）的临床诊断依据有哪些？

参考答案

一、单项选择题

1．A	2．D	3．C	4．D	5．A	6．D
7．B	8．E	9．A	10．C	11．C	12．A
13．B	14．C	15．E	16．B	17．B	18．E
19．A	20．D	21．E	22．D	23．D	24．C

二、多项选择题

1．BCD	2．CD	3．BC	4．ACDE	5．BCE	6．CDE
7．CDE	8．BD	9．BCD	10．ABD	11．ABCDE	12．ABCD
13．AC	14．BC	15．ACE	16．ABCD	17．ABCDE	18．ABDE
19．BCD	20．ABC	21．ABD	22．ABCDE	23．ABC	

三、名词解释

1．医院获得性肺炎（HAP）：是指患者入院时不存在，也不处于潜伏期，而于入院 48 小时后在医院（包括老年护理院、康复院等）内发生的肺炎。

2．社区获得性肺炎（CAP）：是指医院外罹患的感染性肺实质炎症，包括具有明确潜伏期的病原体感染而在入院后平均潜伏期内发病的肺炎。

3．坏死性肺炎：肺组织坏死形成多个直径小于 2cm 空洞的肺炎。

4．慢性肺脓肿：急性肺脓肿治疗不彻底，或支气管引流不畅，导致大量坏死组织残留脓腔，炎症迁延 3 个月以上称为慢性肺脓肿。

四、填空题

1．48 ～ 72 小时　体温下降　症状改善　白细胞逐渐下降或恢复正常

2．2　鳞状上皮细胞＜ 10 个，白细胞＞ 25 个　鳞状上皮细胞：白细胞＜ 1：2.5

3．吸入性肺脓肿　继发性肺脓肿　血源性肺脓肿　吸入性肺脓肿　脆弱拟杆菌

4．感染性休克　胸膜炎　脓胸　心包炎　脑膜炎　关节炎

5．确定肺炎诊断　评估严重程度　确定病原体

五、问答题

1．肺炎抗菌治疗 72 小时症状无改善的原因有哪些？

答：肺炎抗菌治疗 72 小时，症状无改善的原因可能有以下原因：

①药物未能覆盖致病菌，或细菌耐药；

②特殊病原体感染，如结核分枝杆菌、真菌、病毒等；

③出现并发症或存在影响疗效的宿主因素（如免疫抑制）；

④非感染性疾病误诊为肺炎；

⑤药物热。需仔细分析，做必要的检查，进行相应处理。

2．社区获得性肺炎（CAP）的临床诊断依据有哪些？

答：CAP 的临床诊断依据：

①新近出现的咳嗽、咳痰，或原有呼吸道疾病症状加重，并出现脓性痰，伴或不伴胸痛；

②发热；

③肺实变体征和（或）闻及湿性啰音；

④ WBC ＞ 10×10^9/L 或＜ 4×10^9/L，伴或不伴核左移；

⑤胸部 X 线检查显示片状、斑片状浸润性阴影或间质性改变，伴或不伴胸腔积液。以上 1 ～ 4 项中任何一项加第 5 项，除外肺结核和非感染性疾病可作出诊断。

支气管扩张症

一、单项选择题

1．下列哪项不是支气管扩张的表现

A．局限性吸气性呼吸困难

B．反复咳脓痰

C．反复咯血

D．固定性湿啰音

E．杵状指

2．支气管扩张最好发于

A．右肺上叶

B．右肺中叶
C．右肺下叶
D．左肺上叶
E．左肺下叶

3．疑诊支气管扩张的咯血病人，应尽早进行下列哪项检查
A．高分辨 CT
B．纤维支气管镜检查
C．MRI
D．X 线胸片
E．痰菌检查

4．支气管扩张患者重度咳痰，每天痰量应超过
A．50ml
B．100ml
C．200ml
D．30ml
E．150ml

5．支气管扩张患者施行体位引流排痰，下列哪项不正确
A．病变肺应处于高处
B．每日应引流 2 ~ 4 次，每次 15 ~ 30 分钟
C．可用生理盐水先做雾化吸入，便于排痰
D．痰量多的患者，应尽快将痰排出
E．排痰时，同时配合深呼吸，用力咳痰，可提高排痰效果

6．男性，35 岁，反复咳嗽、咳脓痰及咯血 10 年。CT 提示右中下叶、左舌叶和左下叶支气管扩张。近 3 天出现发热、大量脓痰、咳血痰，下面处理哪项不当
A．体位引流
B．痰细菌学检查
C．手术切除病变部位
D．选择敏感抗菌药物
E．应用祛痰药物

7．支气管扩张大咯血的病理基础是
A．感染所致黏膜充血水肿
B．病灶部位毛细血管通透性增高
C．慢性溃疡侵蚀肺小血管
D．动脉终末段因支气管扩张形成动脉瘤
E．支气管壁破坏

8．下列哪一种细菌感染不会诱发支气管扩张
A．铜绿假单胞菌
B．肺炎克雷伯杆菌
C．金黄色葡萄球菌
D．流感嗜血杆菌
E．肺炎链球菌

9．支气管扩张的临床表现不包括
A．反复咳嗽、咳脓痰
B．意识障碍
C．咯血
D．杵状指（趾）
E．固定湿啰音

10．支气管扩张治疗措施错误的是
A．治疗基础疾病
B．控制感染
C．改善气流受限
D．避免咳嗽、咳痰
E．咯血者积极止血治疗

11．支气管扩张清除气道分泌物措施错误的是
A．应用祛痰药物
B．机械振动排痰
C．人工拍背排痰
D．体位引流
E．强力镇咳治疗

12．女性，45 岁，反复咳嗽、咳脓痰及咯血 5 年。CT 示右下叶支气管扩张。入院经 3 天药物止血治疗效果不佳，仍频繁咯鲜血 4 天，应首选哪项措施
A．体位引流
B．支气管动脉介入栓塞止血
C．手术切除病变部位
D．选择敏感抗菌药物
E．应用祛痰药物

二、多项选择题

1．支气管扩张可出现
   A．阻塞性通气功能障碍
   B．混合性通气功能障碍
   C．肺内动 - 静脉分流
   D．低氧血症
   E．肺源性心脏病
2．关于支气管扩张说法正确的是
   A．有慢性咳嗽、咳脓痰，且和体位有关
   B．湿啰音不固定
   C．干性支气管扩张病变部位多位于下叶支气管
   D．同一肺段常反复发生肺炎
   E．常见病原体为铜绿假单胞菌、金黄色葡萄球菌、流感嗜血杆菌、肺炎链球菌、卡他莫拉菌
3．支气管扩张的病理分型为
   A．柱状支气管扩张
   B．囊状支气管扩张
   C．盘状支气管扩张
   D．球状支气管扩张
   E．不规则支气管扩张
4．支气管扩张需与以下哪些疾病鉴别
   A．慢性支气管炎
   B．肺脓肿
   C．肺结核
   D．肺不张
   E．先天性肺囊肿
5．支气管扩张咯血的治疗方法有
   A．药物止血
   B．支气管镜介入止血
   C．血管介入栓塞止血
   D．外科手术治疗
   E．抗凝药物治疗

三、名词解释

1．干性支气管扩张
2．囊状支气管扩张

四、填空题

1．支气管扩张主要临床表现为________、________和（或）________。
2．支气管扩张的主要病因是________和________。
3．支气管扩张的病理类型分为________、________和________。
4．局灶性支气管扩张可来源于未进行治疗的肺炎或阻塞，例如________、________和________。

五、问答题

简述支气管扩张的治疗。

参考答案

一、单项选择题

1．A	2．E	3．A	4．E	5．D	6．C
7．D	8．E	9．B	10．D	11．E	12．B

二、多项选择题

1．ABCDE	2．ADE	3．ABE	4．ABCE	5．ABCD

三、名词解释

1．干性支气管扩张：以反复咯血为主要症状，而无明显咳嗽、咳痰表现的支气管扩张，其病变部位多位于引流良好的上叶支气管。

2．囊状支气管扩张：指扩张的支气管呈囊状改变，支气管末端的盲端组织呈无法辨认的囊状结构。

四、填空题

1．慢性咳嗽　咳大量脓性痰　反复咯血

2．支气管 - 肺组织感染　支气管阻塞

3．柱状扩张　囊状扩张　不规则扩张

4．异物或肿瘤　外源性压迫　肺叶切除后解剖移位

五、问答题

简述支气管扩张的治疗。

答：支气管扩张的治疗原则是控制感染，保持引流通畅，必要时手术治疗。

①保持呼吸道：引流通畅通过祛痰剂及支气管舒张剂稀释脓痰和促进排痰，再经过体位引流或纤维支气管镜吸痰清除痰液，以减少继发感染和减轻全身中毒症状。体位引流，原则上应使患侧肺处于高位、引流支气管开口朝下。

②控制感染：控制感染是支气管扩张急性感染期的主要治疗措施。

③咯血的处理：若有中等量（100ml）以上的咯血，经过内科治疗未能控制，可进行支气管动脉栓塞止血。

④手术治疗：反复呼吸道急性感染或大咯血患者，其病变范围比较局限，在一叶或一侧肺组织，尤以局限性病变反复发生威胁生命的大咯血，经药物治疗不易控制，全身情况良好，可根据病变范围作肺段或肺叶切除术，但在手术前必须十分明确出血的部位。如病变较轻，且症状不明显，或病变较广泛累及双侧肺，或伴有严重呼吸功能损害者，则不宜手术治疗。

⑤治疗基础疾病：对活动性结核伴支气管扩张者应积极抗结核治疗。低免疫球蛋白血症者可用免疫球蛋白替代治疗。

慢性支气管炎、慢性阻塞性肺疾病（COPD）

一、单项选择题

1．下列哪项肺功能检查对阻塞性肺气肿的诊断最有价值

A．潮气量

B．肺活量

C．动脉血气分析

D．残气量及残气量 / 肺总量

E．每分钟静息通气量

2．下列哪种疾病最易并发阻塞性肺气肿

A．慢性支气管炎

B．支气管哮喘

C．慢性肺脓肿

D．肺结核

E．支气管扩张

3．评价气流受限的敏感性指标为

A．肺活量降低

B．肺总量降低

C．第一秒用力呼气容积（FEV_1）/ 用力呼气量（FVC）

D．FEV_1% 预计值

E．残气量

4．评估 COPD 严重程度的指标是

A．残气量 / 肺总量

B．FEV_1% 预计值

C．FEV_1/FVC

D．最大呼气中段流量（MMEF）
E．肺总量（TLC）

5．关于 COPD 的叙述不正确的是
A．气流受限不完全可逆
B．气流受限呈进行性发展
C．发病机制最重要的是炎症反应
D．可以预防和治疗
E．主要累及肺，不引起肺外器官损害

6．COPD 的标志性症状是
A．慢性咳嗽、咳痰
B．气短或呼吸困难
C．喘息
D．体重下降
E．食欲下降

7．有关 COPD 早期病理生理改变描述错误的是
A．一般 FEV_1、最大呼气中段流速正常
B．动态肺顺应性增加
C．闭合容积增加
D．病变一般局限在小气道
E．最大通气量常有明显降低

8．男性，67 岁，反复咳嗽、咳痰 30 余年，加重 3 天。夜间服用地西泮 5mg 帮助入眠，晨起呼之不应、呼吸浅，该表现最可能的原因是
A．地西泮镇静、催眠作用
B．地西泮过量
C．地西泮抑制呼吸中枢
D．地西泮过敏
E．感染加重

9．COPD 的主要特征是
A．气道高反应性
B．气流受限持续存在
C．慢性咳嗽、咳痰
D．反复喘息发作
E．气流受限可逆

10．诊断 COPD 最有意义的指标是
A．吸入支气管扩张剂后 FEV_1/FVC < 70%
B．桶状胸
C．CT 提示肺气肿
D．活动后呼吸困难
E．残气量 / 肺总量 < 40%

11．COPD 的常见症状不包括下列哪一项
A．慢性咳嗽
B．咳痰
C．咯血
D．活动后呼吸困难
E．喘息

12．COPD 病情进展可出现的体征不包括下列哪一项
A．桶状胸
B．缩唇呼吸
C．叩诊过清音
D．呼吸音减弱
E．颈部淋巴结肿大

13．COPD 并发症不包括下列哪一项
A．慢性呼吸衰竭
B．自发性气胸
C．心律失常
D．慢性肺源性心脏病

14．下列哪一项不属于 COPD 的发病机制
A．炎症机制
B．蛋白酶 - 抗蛋白酶系统失衡机制
C．氧化应激机制
D．细胞凋亡
E．自主神经功能失调

15．诊断 COPD 的“金标准”检查是
A．胸部 X 线片
B．胸部 CT
C．肺功能检查
D．支气管镜
E．全身 PET/CT

16．缺氧引起红细胞增多症的主要机制是
A．红细胞生成素增多
B．肾上腺素释放增多
C．促红细胞生长因子增多
D．酸中毒时骨髓增生活跃
E．感染中毒时红细胞增多

二、多项选择题

1．缺氧和二氧化碳潴留可使
   A．冠状动脉扩张
   B．脑动脉扩张
   C．肺细小动脉收缩
   D．周围静脉和毛细血管扩张
   E．血压升高

2．引起 COPD 的外在因素是
   A．感染
   B．理化因素
   C．空气污染
   D．吸烟
   E．蛋白酶 - 抗蛋白酶系统失衡

3．COPD 的预防措施有
   A．戒烟
   B．肺功能锻炼
   C．使用流感疫苗
   D．使用免疫增强剂
   E．长期服用抗生素

4．下面哪些不能作为诊断 COPD 的依据
   A．支气管哮喘，支气管舒张试验阳性
   B．伴有不完全可逆气流阻塞的慢性支气管炎
   C．伴有气流阻塞的肺囊性纤维化
   D．伴气流阻塞的弥漫性泛细支气管炎
   E．没有气流受限的肺气肿

5．关于 COPD 描述正确的有
   A．可以没有咳嗽、咳痰
   B．早期可无任何体征
   C．发作时可有干、湿啰音
   D．COPD 都有活动后气短症状
   E．肺功能测定 FEV_1/FVC 必须在吸入支气管扩张剂后

三、名词解释

1．LTOT

2．COPD

四、填空题

1．长期家庭氧疗对 COPD 慢性呼吸衰竭者可以提高________和________。氧流量为________，吸氧时间________，目的是使患者在静息状态下动脉血氧分压达到________和（或）使 SaO_2 达到________。

2．阻塞性肺气肿按病理可分为________、________、________三类。

3．________是评价 COPD 气流受限的敏感指标。________是评估 COPD 严重程度的良好指标。

4．COPD 轻度指的是 FEV_1/FVC________，FEV_1________预计值。

5．COPD 的并发症有________、________、________。

6．COPD 的严重程度分级为________、________、________、________。

7．COPD 病程分期为________和________。

8．COPD 患者急性加重期行动脉血气分析对判断________、________、________、________有重要价值。

9．COPD 急性加重常见原因是________，COPD 急性加重最常并发________型呼吸衰竭。

10．COPD 鼻导管给氧时吸入氧浓度的估算公式为________。

五、问答题

吸烟导致 COPD 的机制是什么？

参考答案

一、单项选择题

1．D　　2．A　　3．C　　4．B　　5．E　　6．B

7．E 8．C 9．B 10．A 11．C 12．E
13．C 14．D 15．C 16．A

二、多项选择题

1．ABCDE 2．ABCD 3．ABCD 4．ACDE 5．ABCE

三、名词解释

1．LTOT：即长期家庭氧疗。对 COPD 慢性呼吸衰竭者可提高生活质量和生存率。目的是使患者在海平面，静息状态下，达到 PaO_2 大于或等于 60mmHg 和或 SaO_2 升至 90% 以上。

2．COPD：Chronic Obstructive Pulmonary Disease，即慢性阻塞性肺疾病，是一种以不完全可逆气流受限为特征的、可以预防和治疗的肺部慢性疾病，气流受限呈进行性发作，与肺部对香烟烟雾等有害颗粒的异常炎症反应有关。COPD 主要累及肺，但也可引起全身（肺外）的不良效应。

四、填空题

1．生活质量　生存率　1 ~ 2L/min　10 ~ 15h/d　60mmHg　90%
2．小叶中央型　全小叶型　混合型
3．FEV_1/FVC　$FEV_1\%$
4．＜ 70%　≥ 80%
5．慢性呼吸衰竭　自发性气胸　慢性肺源性心脏病
6．轻度（Ⅰ级）中度（Ⅱ级）重度（Ⅲ级）极重度（Ⅳ级）
7．急性加重期　稳定期
8．低氧血症　高碳酸血症　酸碱平衡失调　呼吸衰竭类型
9．支气管 - 肺部感染　Ⅱ
10．吸入氧浓度（%）=21+4× 氧流量（L/min）

五、问答题

吸烟导致 COPD 的机制是什么？

答：吸烟导致 COPD 的机制有：烟草中的焦油、尼古丁和氢氰酸可损伤气道上皮细胞，使纤毛的运动减弱和巨噬细胞的吞噬功能降低；支气管黏液腺肥大、杯状细胞增生，黏液分泌增多，气道净化能力下降；支气管黏膜充血水肿、黏液积聚，容易并发感染；氧自由基产生增多，诱导中性粒细胞释放蛋白酶，抑制抗蛋白酶系统，破坏肺弹力纤维，诱发肺气肿产生。

支气管哮喘

一、单项选择题

1．支气管哮喘患者在吸入糖皮质激素疗效不好时，下列哪项原因是错误的
A．合并感染
B．合并胃食管反流
C．吸入激素剂量不足
D．未脱离致敏原
E．产生耐药

2．以下哪种情况有助于鉴别心源性哮喘与支气管哮喘
A．哮鸣音与双肺底小水泡音

B．端坐呼吸
C．咳粉红色泡沫痰
D．心脏扩大
E．高血压

3．在哮喘治疗中，下列哪项是错误的
A．长期吸入糖皮质激素
B．按需吸入糖皮质激素
C．按需吸入β受体激动剂
D．急性发作时静脉用糖皮质激素
E．吸入激素效果不好时加用茶碱类药或β受体激动剂

4．用糖皮质激素治疗顽固性哮喘的机制，下列哪项是错误的
A．提高β受体对拟肾上腺素类药物的反应性
B．抑制生物活性物质的释放
C．消炎、消肿、改善通气
D．抑制免疫，减少抗体形成
E．刺激磷酸二酯酶，提高环磷酸腺苷（cAMP）浓度

5．下列治疗哮喘的药物中，哪种对心血管的不良反应最小
A．肾上腺素
B．异丙肾上腺素
C．酮替芬
D．氨茶碱
E．麻黄碱

6．关于典型支气管哮喘的临床表现，下列哪项描述是正确的
A．发作性吸气性呼吸困难伴哮鸣音
B．发作性呼气性呼吸困难伴哮鸣音
C．哮喘发作越重，哮鸣音越强
D．肺内同时闻及哮鸣音及水泡音
E．进行性呼吸困难

7．哮喘急性发作未缓解，下列哪项不正确
A．早期出现呼吸性碱中毒
B．晚期出现呼吸性酸中毒
C．重症患者可出现奇脉
D．无哮鸣音但病情可能很重
E．夜间阵发性呼吸困难

8．关于支气管哮喘的发病机制，下列哪项不正确
A．血小板活化因子（PAF）收缩支气管
B．慢反应物质（SRS-A）收缩支气管
C．前列腺素 E_2（PGE_2）收缩支气管
D．迷走神经兴奋性增高
E．三磷酸鸟苷（GTP）转化为环磷酸鸟苷（cGMP）增多

9．慢性支气管哮喘的主要肺功能损害是
A．限制性通气功能障碍
B．阻塞性通气功能障碍
C．混合性通气功能障碍
D．弥散功能障碍
E．残气量增加

10．心源性哮喘与支气管哮喘一时难于鉴别时，恰当的治疗方法是
A．试用小剂量吗啡
B．注射氨茶碱
C．注射肾上腺素
D．不用吗啡和肾上腺素
E．吸入 β_2 受体激动剂

11．支气管哮喘的临床特征是
A．反复发作，阵发性、吸气性呼吸困难
B．反复发作，呼气性呼吸困难
C．反复发作，阵发性、混合性呼吸困难
D．夜间阵发性呼吸困难
E．肺部有较多的喘鸣伴肺底湿啰音

12．预防哮喘发作的药物是
A．异丙肾上腺素
B．舒喘灵
C．氨茶碱
D．色甘酸钠
E．沙丁胺醇

13．对哮喘急性发作伴阵发性心动过速的患者，哪项治疗措施是错误的
A．吸氧
B．氨茶碱静脉滴注
C．地塞米松静脉注射

D．应用普萘洛尔
E．应用抗生素

14．支气管哮喘急性重度发作患者重要的祛痰方法是
A．应用抗生素
B．应用祛痰药物
C．补液纠正脱水
D．应用支气管扩张药物
E．应用肾上腺皮质激素

15．能使支气管扩张的生物活性物质有
A．P 物质
B．前列腺素 E_2
C．组胺
D．激肽
E．慢反应物质

16．急症哮喘患者，病因未明，为缓解症状，应立即选用
A．毒毛花苷 K
B．肾上腺素
C．异丙肾上腺素
D．β_2 受体激动剂或氨茶碱
E．哌替啶

17．关于支气管哮喘发作的临床表现，下列哪项不正确
A．强迫端坐位，咳粉红色泡沫痰
B．出现严重呼气性呼吸困难
C．夜间或凌晨发作和加重
D．语音震颤减弱
E．大汗淋漓伴发绀

18．支气管哮喘发作时的呼吸功能检查，下列哪项不正确
A．第一秒用力呼气容积（FEV1）下降
B．FEV_1/ 用力呼气量（FVC）下降
C．最大呼气中期流速（MMFR）上升
D．50% 肺活量最大呼气流量（MEF50%）减少
E．呼气峰流量（PEER）减少

19．茶碱类药物治疗支气管哮喘的机制不包括
A．抗炎作用
B．拮抗腺苷受体
C．拮抗组胺受体
D．刺激肾上腺素分泌
E．抑制磷酸二酯酶

20．缓解支气管哮喘症状最快的是下列哪种措施
A．吸入短效 β_2 受体激动剂
B．静脉注射甲泼尼龙
C．口服沙丁胺醇
D．氨茶碱静脉注射
E．吸入抗胆碱能药物如异丙托溴铵

21．女性，30 岁，反复发作性咳嗽、喘息 2 年，多出现在清理仓库后。诊断为变态反应性肺浸润，下列哪项最有助于鉴别变态反应性肺浸润和哮喘
A．咳嗽、发热
B．肺部闻及哮鸣音
C．血嗜酸性粒细胞增多
D．痰嗜酸性粒细胞增多
E．X 线胸片有多发、游走性片状阴影

22．女性，35 岁，反复刺激咳嗽 4 个月余，闻及油烟加重，夜间咳嗽明显，止咳药和抗生素治疗无效，查体无阳性体征。该患者要明确诊断，最有价值的检查是
A．胸部 CT
B．支气管镜
C．支气管激发试验
D．喉镜检查
E．诱导痰检查嗜酸性粒细胞

23．支气管哮喘的鉴别诊断不包括
A．左心衰竭引起的呼吸困难
B．慢性阻塞性肺疾病
C．大量胸腔积液
D．上气道阻塞
E．变应性支气管

24．关于支气管哮喘的表述错误的是
A．本质是气道慢性炎症
B．病理生理学特征是气道高反应性
C．支气管哮喘可以根治
D．是具有多基因遗传倾向的疾病

E．哮喘的发病与基因和环境因素相关

25．判断支气管哮喘急性发作病情严重程度的指标除外

A．动脉血气分析

B．肺功能

C．肺部干啰音的强弱

D．讲话是否流畅

E．意识状态

二、多项选择题

1．典型支气管哮喘的临床表现有

A．发作性伴哮鸣音的吸气性呼吸困难

B．发作性伴哮鸣音的呼气性呼吸困难

C．哮喘发作可自行缓解

D．哮喘发作越重，哮鸣音越强

E．解痉剂效果好

2．关于肾上腺糖皮质激素治疗迟发性哮喘的机制，下列哪项不正确

A．抑制磷酸酯酶 A_2

B．抑制前列腺素、血小板活化因子合成

C．抑制组胺脱羧酶，减少组胺形成

D．减少渗出和炎症细胞浸润

E．增加 β_2 受体数量

3．支气管哮喘急性发作病人 $PaCO_2$ 增高提示

A．病情好转

B．出现呼吸性碱中毒

C．病情恶化

D．出现心力衰竭

E．气道阻塞

4．关于常用控制支气管哮喘急性发作药物作用的描述，正确的是

A．β_2 受体激动剂可提高细胞内 cAMP 的浓度

B．茶碱主要是通过抑制磷酸二酯酶、减少 cAMP 的水解起作用

C．抗胆碱能类药可减少 cAMP 的浓度

D．色甘酸钠可稳定肥大细胞膜

E．酮替芬可抑制组胺和慢反应物质释放

5．关于气道高反应性的描述正确的是

A．指气道对各种刺激因子表现出过强或过早的收缩反应

B．是支气管哮喘重要的病理生理特征

C．具有气道高反应者都是支气管哮喘

D．气道炎症是导致哮喘气道高反应的重要原因

E．如无药物影响，气道反应性测定为正常者，可基本排除支气管哮喘

6．下列哪些是危重哮喘的表现

A．不能讲话

B．奇脉

C．胸腹部矛盾运动

D．双肺听不到哮鸣音

E．意识模糊

7．下列哪些属于哮喘控制的表现

A．无日间症状

B．无活动受限

C．每周有 1 次夜间症状

D．肺功能 FEV_1 正常

E．每年 1 次急性发作

8．关于支气管哮喘升降级治疗正确的有

A．大多未治疗的持续性哮喘患者，初始治疗可从第 2 级治疗方案开始

B．若初始评估哮喘为严重未控制，治疗应从第 3 级开始。

C．哮喘控制维持 1 个月后，治疗方案可降级

D．方案需个体化，以最小量、最简单联合达到哮喘控制

E．一种治疗策略维持 3 ~ 4 个月仍未达到哮喘控制，才考虑增加剂量

9．临床不典型哮喘包括

A．咳嗽变异性哮喘

B．胸闷变异性哮喘

C．运动性哮喘

D．老年性哮喘

E．心源性哮喘

10．不典型哮喘需进行的确诊检查包括

A．支气管激发试验

B．支气管镜

C．支气管舒张试验
D．最大呼气流量及其变异率测定
E．CT 肺动脉造影

三、名词解释

1．气道高反应性
2．不典型哮喘
3．沉默肺

四、填空题

1．支气管哮喘严重发作与急性左心衰竭两者鉴别有困难时，可用________、______治疗，忌用________或________。

2．氨茶碱治疗支气管哮喘的有效药物浓度应维持在________，日注射剂量一般不超过________。

3．支气管哮喘治疗药物分为________和________。

五、问答题

1．什么叫支气管哮喘？
2．简述长效 β_2 受体激动剂联合吸入糖皮质激素治疗支气管哮喘的机制。
3．简述支气管哮喘的诊断标准。
4．简述重症哮喘的处理原则。

参考答案

一、单项选择题

1．E	2．C	3．B	4．E	5．C	6．B
7．E	8．C	9．B	10．E	11．B	12．D
13．D	14．C	15．B	16．D	17．A	18．C
19．C	20．A	21．E	22．C	23．C	24．C
25．C					

二、多项选择题

1．BCE	2．BCDE	3．CE	4．ABDE	5．ABDE	6．ABCDE
7．ABD	8．ABDE	9．AB	10．ACD		

三、名词解释

1．气道高反应性：指气道对各种刺激因子出现过强或过早的收缩反应，气道炎症是导致气道高反应性的重要机制之一。

2．不典型哮喘：指没有喘息症状的哮喘，临床可表现为发作性咳嗽、胸闷或其他症状。以咳嗽为唯一症状的不典型哮喘称为咳嗽变异性哮喘（cough variant cough，CVA）。以胸闷为唯一症状的不典型哮喘称为胸闷变异性哮喘（chest tightness variant cough，CTVA）。

3．沉默肺：支气管哮喘非常严重的急性发作时，听诊肺部哮鸣音减弱甚至完全消失，即称为沉默肺，是支气管哮喘患者病情危重的表现。

四、填空题

1．吸入 β_2 受体激动剂　氨茶碱　肾上腺素　吗啡
2．6 ~ 15mg/L　1.0g
3．控制性药物　缓解性药物

五、问答题

1．什么叫支气管哮喘？

答：支气管哮喘是嗜酸性细胞、肥大细胞、T淋巴细胞、上皮细胞等多种细胞和细胞组分参与的气道慢性炎症性疾病。这种慢性炎症与气道反应性相关，通常出现广泛多变的可逆性气流受限，并引起反复发作性的喘息、胸闷、咳嗽等症状，常在夜间或清晨发作、加剧，多数患者可自行或经治疗缓解。

2．简述长效 β_2 受体激动剂联合吸入糖皮质激素治疗支气管哮喘的机制。

答：二者联合可增强糖皮质激素受体释放抗炎物质，促进 β_2 受体蛋白的合成，上调 β_2 受体功能，可使糖皮质激素受体预激活，减少糖皮质激素用量，可达到增加疗效和减少副作用的目的。

3．简述支气管哮喘的诊断标准。

答：(1) 反复发作喘息、气急、胸闷或咳嗽，多与接触变应原，冷空气，物理、化学性刺激，病毒性上呼吸道感染，运动等有关。

(2) 发作时在双肺可闻及散在或弥漫性、以呼气相为主的哮鸣音，呼气相延长。

(3) 上述症状可经平喘药物治疗后缓解或自行缓解。

(4) 除外其他疾病所引起的喘息、气急、胸闷或咳嗽。

(5) 临床表现不典型者，应有下列三项中至少一项阳性：①支气管激发试验或运动试验阳性；②支气管舒张试验阳性；③昼夜 PEF 变异率≥ 20%。符合（1）~（4）条或（4）、(5) 条者，可以诊断支气管哮喘。

4．简述重症哮喘的处理原则。

答：重症哮喘的处理原则为：

①持续雾化吸入 β_2 受体激动剂和（或）抗胆碱能药物。

②糖皮质激素静脉滴注，病情得到控制和缓解后改为口服。

③茶碱类药物静脉滴注，病情控制和缓解后改为口服。可加用白三烯受体调节剂。

④充分补液。

⑤纠正酸碱失衡和电解质紊乱。

⑥氧疗。

⑦如有感染，积极控制感染。

⑧必要时建立人工气道和机械通气。

⑨防治并发症。

肺血栓栓塞症

一、单项选择题

1．男性，45 岁，右下肢股骨骨折，予以石膏固定，卧床休息 5 天后突然发生呼吸困难、心前区疼痛、咳嗽、咯血。血气分析：pH 7.32，PaO_2 60mmHg，$PaCO_2$ 35mmHg，临床上最可能的诊断是

A．自发性气胸

B．肺炎球菌肺炎

C．急性心肌梗死

D．肺栓塞

E．急性左心衰竭

2．肺栓塞中最常见的类型是
A．肺血栓栓塞
B．脂肪栓塞
C．羊水栓塞
D．空气栓塞
E．肿瘤栓塞
3．诊断肺栓塞最可靠的检查是
A．动脉血气分析
B．肺动脉造影
C．心电图
D．X 线胸片
E．超声心动图
4．引起肺血栓栓塞症的血栓最主要来源于
A．上腔静脉
B．右心腔
C．颈内静脉
D．下肢深静脉
E．盆腔静脉丛
5．肺血栓栓塞症使用华法林抗凝时，需使国际标准化比值（INR）达到并维持在
A．正常水平
B．正常值的 1.0 ~ 2.0 倍
C．正常值的 1.5 ~ 2.5 倍
D．正常值的 2.0 ~ 3.0 倍
E．正常值的 2.5 ~ 3.5 倍
6．急性肺血栓栓塞症（PTE）患者出现呼吸窘迫和血压下降，鼻导管吸氧不能改善低氧血症，下列哪项措施不当
A．无创通气
B．气管切开机械通气
C．气管插管机械通气
D．溶栓治疗
E．纠正低血压
7．男性，64 岁，因左下肢疼痛、肿胀 2 个月，呼吸困难 1 天入院，查体：BP 116/70mmHg，P 105 次 / 分，R 23 次 / 分，右下肺呼吸音低，P2 稍亢进，左下肢肿，确诊肺栓塞，该患者宜选择哪种治疗措施
A．抗凝治疗
B．溶栓治疗
C．肺动脉导管碎解和抽吸血栓
D．肺动脉血栓摘除术
E．服药抗血小板治疗
8．下列哪项检查对肺栓塞有重要的排除诊断价值
A．心电图正常
B．胸部 CT 肺动脉造影（CTPA）未见异常
C．心脏超声未见异常
D．动脉血气正常
E．D- 二聚体阴性
9．肺栓塞行溶栓治疗的时间窗一般为
A．6 小时
B．7 天
C．14 天
D．21 天
E．1 个月
10．关于肺血栓栓塞症描述错误的是
A．是肺栓塞最常见的一种类型
B．来自静脉系统或右心的血栓阻塞肺动脉或其分支所致
C．以肺循环和呼吸功能障碍为主要临床和病理生理特征
D．易发生肺梗死
E．多部位或双侧血栓栓塞更常见
11．急性肺血栓栓塞出现胸痛不需与以下哪一项疾病相鉴别
A．主动脉夹层
B．自发性气胸
C．急性冠脉综合征
D．肋骨骨折
E．急性阑尾炎
12．急性肺栓塞溶栓治疗的主要并发症是
A．贫血
B．感染
C．出血
D．休克
E．晕厥
13．静脉血栓栓塞症的基本治疗方法是

A．溶栓
B．升压
C．补液
D．抗凝
E．吸氧

14．肺血栓栓塞症的确诊检查不包括
A．CT 肺动脉造影
B．核素 V/Q 显像
C．MRI/MR 肺动脉造影
D．D- 二聚体
E．肺动脉造影

15．急性肺血栓栓塞症的症状不包括
A．呼吸困难
B．胸痛
C．咯血
D．晕厥
E．双下肢水肿

二、多项选择题

1．肺血栓栓塞症的常见症状有
A．呼吸困难
B．胸痛、咯血
C．咳嗽、心悸
D．晕厥
E．烦躁不安、惊恐甚至濒死感

2．对疑诊肺血栓栓塞症的患者，通过以下哪些检查阳性即可明确诊断
A．动脉血气分析
B．放射性核素肺通气 / 灌注扫描
C．螺旋 CT 和电子束 CT
D．磁共振成像（MRI）
E．肺动脉造影

3．关于肺栓塞溶栓说法正确的是
A．主要适用于大面积肺栓塞
B．若近期有新发 PTE 征象者溶栓时间窗可适当延长
C．使用链激酶和尿激酶溶栓时须同时使用肝素
D．使用重组组织型纤溶酶原激活剂（rt-PA）溶栓，rt-PA 注射结束后，应继续使用肝素
E．溶栓的最严重并发症是颅内出血

4．关于肺血栓栓塞症描述正确的是
A．轻者无症状，重者可以猝死
B．胸痛的原因是心肌缺血诱发心绞痛
C．呼吸困难和气促是 PTE 最常见的症状
D．动脉血气分析常表现为低氧血症和低碳酸血症，部分血气也可正常
E．心电图最常见的改变为 $S_IQ_{III}T_{III}$征

5．肺血栓栓塞症的确诊检查包括
A．CT 肺动脉造影
B．D- 二聚体
C．MRI/MR 肺动脉造影
D．核素 V/Q 显像
E．肺动脉造影

6．肺血栓栓塞症的血栓来源有
A．左心房血栓
B．右心房血栓
C．上腔静脉血栓
D．降主动脉血栓
E．股静脉血栓

7．肺血栓栓塞症患者的动脉血气分析表现为
A．低氧血症
B．低碳酸血症
C．$P(A\text{-}a)O_2$ 增大
D．$PaCO_2$ 升高
E．正常

三、名词解释

1．肺血栓栓塞症
2．大面积 PTE
3．肺梗死

四、填空题

1．肺梗死“三联征”是指 PTE 患者同时出现________、__________、________。

2．肺栓塞溶栓的绝对禁忌证有________和________。

3．肺栓塞包括________、________、________和________等。

五、问答题

对疑诊肺栓塞的患者，可通过哪些检查明确诊断？

参考答案

一、单项选择题

1. D　2. A　3. B　4. D　5. D　6. B
7. A　8. E　9. C　10. D　11. E　12. C
13. D　14. D　15. E

二、多项选择题

1. ABCDE　2. BCDE　3. ABDE　4. ACD　5. ACDE　6. BCE
7. ABCE

三、名词解释

1. 肺血栓栓塞症：是指来自静脉系统或右心的血栓阻塞肺动脉或其分支所致的疾病，以肺循环和呼吸功能障碍为其主要临床表现和病理生理特征。

2. 大面积 PTE：临床上以休克和低血压为主要表现的肺血栓栓塞症，即体循环动脉收缩压＜ 90mmHg，或较基础值下降幅度≥ 40mmHg，持续 15 分钟以上，并排除新发生心律失常、低血容量或感染中毒症等其他原因导致的血压下降。

3. 肺梗死：肺动脉发生栓塞后，若其支配区的肺组织因血流受阻或中断而发生坏死，称为肺梗死，常表现同时出现呼吸困难、胸痛及咯血三联征，但仅见于约 20% 的急性 PTE 患者。

四、填空题

1. 呼吸困难　胸痛　咯血
2. 活动性内出血　近期自发性颅内出血
3. 肺血栓栓塞症　脂肪栓塞综合征　羊水栓塞　空气栓塞

五、问答题

对疑诊肺栓塞的患者，可通过哪些检查明确诊断？

答：对疑诊肺栓塞的患者，可通过下列检查明确诊断：

①放射性核素肺通气 / 血流灌注扫描；

②螺旋 CT；

③磁共振成像（MRI）；

④肺动脉造影。

肺动脉高压与肺源性心脏病

一、单项选择题

1．肺源性心脏病肺动脉高压形成最主要的功能因素为
A．肺部毛细血管床减少
B．血液黏稠度增加
C．血容量增多
D．肺部毛细血管栓子形成
E．缺氧及二氧化碳潴留引起的肺小动脉痉挛

2．关于肺源性心脏病胸部 X 线表现，下列哪项是错误的
A．肺气肿征及右心增大
B．右下肺动脉干扩张，横径大于 15mm
C．右下肺动脉横径与气管横径之比大于或等于 1.07
D．肺动脉段突出高度大于或等于 3mm
E．心脏向左下扩大

3．关于慢性肺源性心脏病的并发症，下列哪一项是错误的
A．酸碱平衡失调及电解质紊乱
B．肺性脑病及消化道出血
C．心律失常
D．休克与 DIC
E．心力衰竭

4．肺源性心脏病急性加重期，禁忌的药物是
A．呼吸中枢兴奋剂
B．利尿剂
C．镇静和安眠药
D．强心药
E．血管扩张药

5．引起慢性肺源性心脏病最常见的病因是
A．纤维空洞性肺结核
B．支气管扩张
C．肺间质纤维化
D．慢性支气管炎
E．脊柱胸廓畸形

6．女性，55 岁，慢性咳嗽、咳痰、气喘 15 年。肺部 X 线片示肺动脉段中度突出，右心室增大。最可能的诊断是
A．原发性肺动脉高压
B．房间隔缺损
C．原发性心肌病
D．慢性肺源性心脏病
E．以上均不是

7．肺源性心脏病出现代谢性碱中毒的主要原因是
A．液体入量不足
B．代谢性酸中毒时，尿钾排出增多
C．肾上腺皮质激素过量
D．大量葡萄糖输入
E．大量排钾性利尿剂的使用

8．肺源性心脏病急性加重期应用利尿剂时不宜用
A．氢氯噻嗪口服
B．氢氯噻嗪和氨苯蝶啶口服
C．呋塞米口服或静脉注射
D．乙酰唑胺口服
E．依他尼酸钠静脉注射

9．慢性肺源性心脏病形成的先决条件是
A．有慢性支气管 - 肺疾病等基础疾病
B．长期缺氧和高碳酸血症
C．肺动脉高压
D．反复气道感染

10．男性，69 岁，有肺源性心脏病史，咳嗽、气短 4 天。查体：口唇发绀，颈静脉怒张，双肺湿啰音，肺动脉瓣区第二心音亢进，双下肢水肿。为降低该患者肺动脉压力，首要的措施是
A．纠正缺氧
B．使用支气管扩张剂

C．使用利尿剂
D．使用呼吸兴奋剂
E．使用硝普钠

11．女性，63 岁，既往有 COPD 和肺源性心脏病史，发热伴咳嗽、气短，加重 1 周。查体：肝颈静脉回流征阳性，双肺湿啰音，双下肢水肿。最关键的处理措施是
A．用正性肌力药物治疗
B．用利尿剂治疗
C．用呼吸兴奋剂治疗
D．控制感染
E．祛痰治疗

12．下面哪项不是慢性肺源性心脏病超声心动图检查特点
A．右室流出道增宽
B．肺动脉干增粗
C．右心室扩大
D．右心室前壁变薄
E．左右心室内径比变小

13．肺动脉高压的血流动力学诊断标准是在海平面、静息状态下，右心导管测量平均肺动脉压（mPAP）超过
A．15mmHg
B．20mmHg
C．25mmHg
D．30mmHg
E．40mmHg

14．以下哪一项不属于 2008 年 WHO 肺动脉高压的分类
A．动脉性肺动脉高压
B．左心疾病所致肺动脉高压
C．肺部疾病和低氧肺动脉高压
D．慢性血栓栓塞性肺动脉高压
E．肾动脉狭窄所致肺动脉高压

15．静息状态下，肺动脉高压患者右心导管测量 mPAP 的严重程度分级错误的是
A．轻度：26 ～ 35mmHg
B．中度：36 ～ 45mmHg
C．重度：＞ 45mmHg
D．正常：＜ 25mmHg
E．重度：＞ 40mmHg

16．以下哪一种疾病不会发生慢性肺源性心脏病
A．慢性阻塞性肺疾病
B．支气管哮喘
C．肾病综合征
D．严重胸廓畸形
E．阻塞性睡眠呼吸暂停综合征

17．女性，70 岁，有肺源性心脏病史，咳嗽、气短 7 天。查体：口唇发绀，双肺湿啰音，P2 亢进，双下肢水肿。其治疗措施不正确的是
A．持续低流量吸氧
B．使用支气管扩张剂
C．强力利尿
D．使用呼吸兴奋剂
E．抗感染治疗

18．慢性肺源性心脏病急性加重时一般不会出现的酸碱失衡是
A．呼吸性酸中毒
B．代谢性酸中毒
C．呼吸性碱中毒
D．呼吸性酸中毒合并代谢性酸中毒
E．呼吸性酸中毒合并代谢性碱中毒

19．慢性肺源性心脏病并发消化道出血的原因不包括
A．感染
B．缺氧、CO_2 潴留
C．血管脆性增加
D．心力衰竭、胃肠淤血
E．糖皮质激素应用

20．慢性肺源性心脏病并发心律失常的特点不包括
A．快速性
B．室上性
C．一过性
D．房性期前收缩或心房颤动多见
E．室性心律失常多见

二、多项选择题

1．肺源性心脏病的临床诊断依据是
A．肺、胸疾病史
B．肺动脉高压或伴右心增大
C．右心衰竭
D．除外其他疾病引起的右心增大和右心衰竭
E．左心增大

2．肺源性心脏病时使用利尿剂应掌握的原则是
A．与氨苯蝶啶合用
B．作用缓和的制剂，小剂量，短疗程
C．注意补充电解质
D．大剂量、快速、间断使用
E．呋塞米作为首选

3．肺源性心脏病并发心律失常，常见的类型是
A．房性期前收缩
B．阵发性室上性心动过速
C．心房颤动及心房扑动
D．室性期前收缩
E．心室纤颤

4．肺源性心脏病急性加重期时，利尿剂应用过速、过多可引起
A．痰黏稠不易排出，加重呼吸衰竭
B．低钾，低氯血症性代谢性碱中毒，加重神经精神症状
C．血液浓缩，循环阻力增大
D．低钾血症，较易发生室性心律失常
E．很快减轻呼吸衰竭

5．肺性脑病常见的体征是
A．球结膜充血和眼底视盘水肿
B．肌肉抽搐与无意识动作
C．瞳孔缩小
D．扑翼样震颤
E．面色潮红

6．引起肺性脑病的主要诱因是
A．急性呼吸道感染
B．吸氧不当
C．使用镇静剂
D．痰液堵塞器官
E．利尿剂过量

7．肺性脑病的发生机制主要是
A．高碳酸血症
B．电解质紊乱
C．低氧血症
D．脑微血栓形成
E．弥散性血管内凝血（DIC）

8．肺源性心脏病右心衰使用强心剂的指征有
A．感染已控制，呼吸功能改善，使用利尿药后仍反复水肿者
B．右心衰竭为主要表现而无明显感染者
C．合并急性左心衰竭
D．双下肢重度水肿者
E．呼吸困难不能平卧者

9．肺源性心脏病急性加重患者应用强心剂的注意事项有
A．对洋地黄药物耐受低，疗效差
B．容易发生心律失常
C．用药前可以不纠正缺氧
D．用量宜小，用常规量的 2/3
E．用作用快、排泄快的药物

10．慢性肺源性心脏病的并发症包括哪些
A．酸碱平衡失调及电解质紊乱
B．肝性脑病
C．心律失常
D．休克与 DIC
E．消化道出血

三、名词解释

1．肺性脑病
2．肺源性心脏病

四、填空题

1．肺血管阻力增加的功能因素，如________可使肺血管收缩、痉挛。

2．慢性肺源性心脏病病人用正性肌力药的剂量宜小，一般为常规剂量的________。

3．慢性肺源性心脏病患者心律失常以________最具特征性。

4．________是慢性肺源性心脏病死亡的首要原因。

5．慢性肺源性心脏病病因按原发病的不同部位可分为________、________、________、________。

6．慢性肺源性心脏病的并发症有______、______、________、________、________、________。

7．目前肺动脉高压的诊断标准为：海平面、静息状态下，右心导管测量所得平均肺动脉压大于________，或运动状态下平均肺动脉压大于________。肺动脉高压的严重程度可根据静息平均肺动脉压分轻、中和重三度，其中轻度为________，中度为________，重度为________。

五、问答题

1．慢性肺源性心脏病患者应用强心剂的指征是什么？

2．慢性肺源性心脏病的并发症有哪些？

3．男性，65岁，既往有“COPD、肺源性心脏病”病史，因发热，咳嗽、呼吸困难加重伴双下肢肿1周入当地医院。入院时查体：神志清，口唇发绀，双下肺较多湿啰音，HR 108次/分，偶可闻及期前收缩，双下肢凹陷性水肿。心电图示窦性心动过速，偶发房性期前收缩。血气分析示PaO_2 50mmHg，$PaCO_2$ 60mmHg。在当地医院给予头孢哌酮-舒巴坦钠和左氧氟沙星抗感染，同时给予吸氧（4L/min），毛花苷C 0.2mg和呋塞米20mg静脉推注（每日1次），普罗帕酮0.15mg口服（每天3次），每日补液1000ml等处理。3天后双下肢水肿消失，但患者神志模糊，痰液黏稠不易咳出，为进一步诊治转上级医院，上级医院心电图示频发房性期前收缩，动脉血气分析示PaO_2 35mmHg，$PaCO_2$ 85mmHg。请问该患者处理不当的措施有哪些，并说明理由。

参考答案

一、单项选择题

1．E	2．E	3．E	4．C	5．D	6．D
7．E	8．E	9．C	10．A	11．D	12．D
13．C	14．E	15．E	16．C	17．C	18．C
19．C	20．E				

二、多项选择题

1．ABCD	2．ABC	3．ABC	4．ABCD	5．ABCDE	6．ABCDE
7．ABC	8．ABC	9．ABDE	10．ACDE		

三、名词解释

1．肺性脑病：由于呼吸功能衰竭所致缺氧、二氧化碳潴留而引起的精神障碍、神经系统的综合征。但必须除外脑动脉硬化、严重电解质紊乱、单纯性的碱中毒、感染中毒性脑病。肺性脑病是慢性肺源性心脏病死亡的首要原因。

2．肺源性心脏病：是指由支气管-肺组织、胸廓或血管病变致肺血管阻力增加，产生肺动脉高压，继而右心结构和功能改变的疾病，分为急性和慢性。

四、填空题

1．缺氧　高碳酸血症　呼吸性酸中毒

2．1/2 或 2/3

3．紊乱性房性心动过速

4．肺性脑病

5．支气管肺疾病　胸廓运动障碍性疾病　肺血管疾病　其他

6．肺性脑病　酸碱失衡及电解质紊乱　心律失常　休克　消化道出血　弥散性血管内凝血（DIC）

7．25mmHg　30mmHg　26 ~ 35mmHg　36 ~ 45mmHg　＞ 45mmHg

五、问答题

1．慢性肺源性心脏病患者应用强心剂的指征是什么？

答：慢性肺源性心脏病患者应用强心剂的指征：

①感染已控制、呼吸功能已改善、利尿药不能得到很好疗效而反复水肿的心力衰竭者；

②以右心衰竭为主要表现而无明显感染者；

③出现急性左心衰竭者。

2．慢性肺源性心脏病的并发症有哪些？

答：慢性肺源性心脏病的并发症有：

①肺性脑病；

②酸碱失衡和电解质紊乱；

③心律失常；

④休克；

⑤消化道出血；

⑥弥散性血管内凝血（DIC）。

3．该患者处理不当的措施有以下方面

（1）吸氧浓度太高。理由：该患者存在Ⅱ型呼吸衰竭，$PaCO_2$ 为 60mmHg，吸氧原则应该为持续低流量（氧流量应低于 3L/min）吸氧，给氧浓度应低于 35%。

（2）每日静脉推注毛花苷 C 和呋塞米。因为肺源性心脏病右心衰竭处理不同于左心衰竭，一般在控制感染、改善呼吸功能后，患者的心力衰竭便能得到改善，不需加用强心和利尿药物。对治疗无效的重症患者可适当根据需要选择利尿药、强心药或血管扩张药。利尿剂可导致血液浓缩和痰液黏稠不易排出，加重气道阻塞，并使感染难以控制；利尿药还可导致电解质紊乱如低钾、低氯等，并可因此导致或加重心律失常。因此利尿药原则上应小剂量应用，并选择作用轻的药物短期使用。COPD 患者由于缺氧和感染，对洋地黄药物耐受性低，且疗效差，并可导致心律失常，因此要严格掌握指征。洋地黄类药物应用指征有：①感染已被控制、呼吸功能已改善，用利尿剂后有反复水肿的心力衰竭患者；②以右心衰竭为主要表现而无明显感染的患者；③合并急性左心衰竭的患者。因此该患者没有使用毛花苷 C 的指征。

（3）普罗帕酮口服。该患者入当地医院时为偶发房性期前收缩，没有对患者造成不适或危急情况，肺源性心脏病患者心律失常多为房性期前收缩及阵发性室上性心动过速，多为

一过性，一般在控制感染、改善呼吸功能、纠正电解质紊乱或酸碱失衡后多能消失。

（4）补液量不足。该患者补液量仅1000ml，会导致血容量减少，痰液黏稠而不易咳出，会加重气道阻塞、感染难以控制。

间质性肺疾病

一、单项选择题

1．间质性肺疾病最有诊断价值的检查是
A．胸部CT
B．肺弥散功能
C．支气管肺泡灌洗
D．放射性核素
E．肺活检

2．特发性肺纤维化动脉血气分析主要表现为
A．PaO_2降低
B．$PaCO_2$降低
C．pH降低
D．HCO_3^-降低
E．$PaCO_2$升高

3．下列哪种疾病的X线胸片呈“肺水肿反转”表现
A．结缔组织病所致肺间质性疾病
B．组织细胞增多症X
C．肺出血-肾炎综合征
D．慢性嗜酸性粒细胞性肺炎
E．外源性过敏性肺泡炎

4．下列哪种疾病的支气管肺泡灌洗液中脂蛋白含量最高
A．结缔组织病所致肺间质性疾病
B．组织细胞增多症X
C．肺出血-肾炎综合征
D．外源性过敏性肺泡炎
E．肺泡蛋白沉着症

5．关于间质性肺疾病，哪项是错误的
A．间质性肺疾病只累及肺间质
B．临床表现多为渐进性劳力性气促
C．肺功能表现为限制性通气功能障碍伴弥散功能障碍
D．影像学上表现为双肺弥漫性病变
E．病程多缓慢进展，最后发展为弥漫肺纤维化和蜂窝肺

6．男性，33岁，活动后气促伴咳嗽1年，胸部CT呈“地图”状改变，肺活检提示细支气管和肺泡充填PAS阳性物质，下面哪项治疗措施最有效
A．免疫抑制剂治疗
B．糖皮质激素治疗
C．支气管扩张剂治疗
D．肺灌洗治疗
E．抗感染治疗

7．男性，60岁，活动后气促1年半。查体：杵状指，双肺底闻及Velcro啰音，肺功能示限制性通气功能障碍伴弥散障碍，X线胸片示双下肺和外周网格状改变，肺泡灌洗液中性粒细胞25%。该患者最可能的诊断是
A．非特异性间质性肺炎
B．过敏性肺炎
C．特发性肺纤维化
D．肺泡蛋白沉着症
E．结节病

8．下面哪种疾病用糖皮质激素治疗疗效最差
A．非特异性间质性肺炎
B．特发性肺纤维化
C．外源性过敏性肺炎
D．慢性嗜酸性粒细胞性肺炎
E．类风湿关节炎肺浸润

9．结节病最具特征性的X线改变是
A．双肺弥漫结节影

B．双肺弥漫纤维条索影
C．双侧对称性肺门淋巴结肿大
D．纵隔淋巴结肿大伴钙化
E．双肺多发片状影

10．结节病患者不宜用哪种药物
A．糖皮质激素
B．甲氨蝶呤
C．硫唑嘌呤
D．维生素 D
E．氯喹

二、多项选择题

1．下列哪些药物可引起肺纤维化
A．博来霉素
B．红霉素
C．小檗碱
D．卡马西平
E．胺碘酮

2．属于特发性间质性肺炎的间质性肺疾病有
A．淋巴细胞性间质性肺炎
B．机化性肺炎
C．慢性嗜酸性粒细胞性肺炎
D．急性间质性肺炎
E．非特异性间质性肺炎

3．下面哪些检查对结节病诊断有帮助
A．X 线示双侧肺门和纵隔淋巴结肿大
B．组织活检发现非干酪样上皮样细胞性肉芽肿
C．血管紧张素转换酶活性升高
D．肺泡灌洗液 CD4/CD8 的比值增加
E．血清可溶性白介素 -2 受体升高

三、名词解释

1．ILD（间质性肺疾病）
2．IPF（特发性肺纤维化）

四、填空题

1．间质性肺疾病并不是一种独立的疾病，目前认为它包括________多个病种。
2．特发性肺纤维化（IPF）的肺泡灌洗液多表现为________和（或）________增加。
3．特发性肺纤维化肺功能的典型表现为________和________。
4．目前治疗特发性肺纤维化的有效方法是________。
5．典型的普通型间质性肺炎（UIP）的胸部高分辨 CT 表现为________和________。

五、问答题

简述特发性肺纤维化的诊断标准。

参考答案

一、单项选择题

1．E　2．A　3．D　4．E　5．A　6．D
7．C　8．B　9．C　10．D

二、多项选择题

1．ADE　2．ADE　3．ABCDE

三、名词解释

1．ILD（间质性肺疾病）：是一组主要累及肺间质和肺泡腔，导致肺泡 - 毛细血管功能单位丧失的弥漫性肺疾病。临床主要表现为进行性加重的呼吸困难、限制性通气功能障碍伴弥散功能降低、低氧血症，影像学上双肺呈弥漫性病变。

2．IPF(特发性肺纤维化)：是一种慢性、进行性、纤维化性间质性肺炎，组织学和（或）

胸部高分辨 CT 特征性表现为普通型间质性肺炎（UIP），病因不明，好发于老年人。

四、填空题

1．200

2．中性粒细胞　嗜酸性粒细胞

3．限制性通气功能障碍　弥散量降低

4、肺移植

5．病变呈网格状改变、蜂窝状改变，伴有支气管扩张　病变以胸膜下、基底部分布为主

五、问答题

简述特发性肺纤维化的诊断标准。

答：IPF 诊断遵循如下标准：

①间质性肺疾病诊断成立，但排除了其他原因（如环境、药物和结缔组织疾病等）；

②胸部高分辨 CT 表现为普通型间质性肺炎（UIP）型；

③联合 HRCT 和外科肺活检病理表现诊断 UIP。

胸膜疾病

一、单项选择题

1．结核性胸膜炎与癌性胸膜炎鉴别诊断最有价值的是

A．抗癌治疗胸腔积液减少

B．胸腔积液中找到癌细胞

C．胸腔积液为血性

D．胸腔积液的多少

E．抗结核治疗效果

2．胸腔积液中乳酸脱氢酶（LDH）与血清中 LDH 的比值＞ 0.6，提示为

A．癌性胸腔积液

B．良性胸腔积液

C．漏出性胸腔积液

D．渗出性胸腔积液

E．结核性胸膜炎

3．胸腔积液抽液量过大、过快会导致

A．胸腔积液形成的加快

B．复张后肺水肿

C．脱水

D．营养不良

E．胸膜反应

4．结核性胸膜炎加用糖皮质激素的用法是

A．泼尼松 25 ～ 30mg/d，4 ～ 6 周

B．地塞米松 10mg/d，4 ～ 6 周

C．泼尼松 25 ～ 30mg/d，1 ～ 2 周

D．甲泼尼龙 800mg/d，4 ～ 6 周

E．泼尼松 25 ～ 30mg/d，2 ～ 3 周

5．男性，20 岁。胸闷、气短 10 天，查体：气管左移，右下肺叩诊为实者，呼吸音消失，胸透示右下肺呈现外高内低弧形阴影，对诊断最有价值的是

A．胸部 X 线检查

B．超声波检查

C．血常规及红细胞沉降率检查

D．结核菌素（PPD）试验

E．胸腔穿刺抽液行常规及细胞学或细菌学检查

6．男性，70 岁，呼吸困难 7 天。查体：右肺叩诊为实者，呼吸音消失，B 超示右侧大量胸腔积液。胸腔穿刺抽出血性胸腔积液，胸腔积液找癌细胞及抗酸杆菌均 阴性。最可能的诊断是

A．癌性胸腔积液

B．结核性胸腔积液
C．外伤性血胸
D．漏出性胸腔积液
E．化脓性胸膜炎

7．女性，20 岁，临床诊断为结核性胸膜炎，行胸腔穿刺抽液到 50ml 时，感觉胸闷、头晕、心慌、出汗、面色苍白、血压下降，最可能是
A．肺复张后肺水
B．合并外伤性气胸
C．胸膜反应
D．麻醉剂过敏反应
E．低血糖反应

8．类风湿关节炎引起胸腔积液的主要机制是
A．胸膜毛细血管内静水压增高
B．胸膜通透性增加
C．胸膜毛细血管内胶体渗透压增高
D．胸膜毛细血管内胶体渗透压降低
E．壁胸膜淋巴引流障碍

9．关于结核性胸膜炎，下列哪项正确
A．是人体处于高敏状态时发生的渗出性病变
B．肺内无结核灶
C．限于中年人
D．胸膜活检无干酪灶
E．不能加用糖皮质激素

10．恶性胸腔积液具有下列哪项特点
A．比重＜ 1.018
B．蛋白含量＜ 30 g/L
C．细胞总数不超过 100×10^6/L
D．LDH 含量高于血清正常值高限的 2/3
E．胸腔积液蛋白 / 血清蛋白＜ 0.05

11．胸腔积液检查为：血性，比重 1.020，蛋白定量 39 g/L，葡萄糖定量 2.4mmol/L，腺苷脱氨酶（ADA）100U/L。最可能的诊断是
A．右心衰竭性胸腔积液
B．结核性胸腔积液
C．恶性胸腔积液
D．丝虫病性胸腔积液
E．风湿病性胸腔积液

12．哪项符合低蛋白血症性胸腔积液
A．胸腔漏出液
B．胸腔积液中血管紧张素转化酶增高
C．大量静脉血样胸腔积液
D．胸腔积液中白细胞总数 30000×10^6/L，中性粒细胞 0.90
E．单侧草黄色中等量胸腔积液

13．下列检查或症状中对气胸与肺梗死最具鉴别意义的是
A．发绀
B．X 线胸片检查
C．呼吸困难
D．胸痛
E．心电图检查

14．治疗气胸的主要方法是
A．镇咳
B．向患侧卧位，减轻疼痛
C．吸氧、止痛剂
D．治疗并发症
E．排气、减压

15．女性，58 岁，突发左侧一过性刺痛伴呼吸困难 5 小时，不能平卧，既往有慢性支气管炎病史，查体：左下肺呼吸音消失，HR110 次 / 分。最可能的诊断是
A．急性左心衰竭
B．结核性胸膜炎
C．自发性气胸
D．肺不张
E．支气管哮喘

16．下列哪项不是气胸的并发症
A．纵隔气肿
B．气腹
C．胸膜炎
D．血胸
E．皮下气肿

17．人工抽气治疗气胸时的胸穿部位是

A．肩胛下线第 7 ～ 8 肋间
B．锁骨中线第 5 肋间
C．锁骨中线第 1 肋间
D．患侧锁骨中线第 2 肋间
E．患侧腋前线第 2 肋间

18．下列哪项是气胸的临床表现
A．呼吸困难，气管向患侧移位
B．胸骨后绞痛，放射至左肩
C．突然胸痛、咯血、呼吸困难
D．突发胸痛、气短，气管向健侧移位
E．胸痛、休克，心电图示 ST 段抬高及异常 Q 波

19．下列哪项符合癌性胸腔积液
A．胸腔漏出液
B．双侧胸腔渗出液，胸腔积液中类风湿因子阳性
C．大量静脉血样胸腔积液
D．胸腔积液中白细胞总数 30 000×10^6/L，中性粒细胞 0.90
E．单侧草黄色中等量胸腔积液

20．自发性气胸最常见的病因是
A．肺大疱
B．肺结核
C．肺癌
D．肺炎
E．用力咳嗽、屏气、喷嚏

21．男性，25 岁，发热、活动后气促 2 周，X 线胸片示右胸中等量胸腔积液，诊断考虑结核性胸膜炎，已给予正规抗结核药治疗 4 天，现仍发热，体温 38.5℃。现对其处理正确的是
A．口服糖皮质激素
B．胸腔内注入异烟肼
C．抽胸腔积液
D．抽胸腔积液 + 口服糖皮质激素
E．抽胸腔积液 + 胸腔注入异烟肼

22．交通性气胸患者行胸膜腔闭式引流，其相关描述错误的是
A．胸腔引流管置水封瓶液面下 1 ～ 2 cm
B．如需负压吸引，负压一般为 –20 ～ –10 cmH_2O
C．水封瓶应置于低于患者胸部的地方
D．如无气泡溢出，无气胸体征即可行 X 线胸片检查
E．如水柱无波动，需进一步检查原因

23．关于闭合性气胸描述错误的是
A．一般无需引流，仅单纯抽气即可
B．应严格卧床休息
C．每日可自行吸收胸腔内气体容积的 1.25% ～ 1.8%
D．可转变为交通性气胸或张力性气胸
E．如无呼吸困难，无需吸氧，吸氧对胸腔内气体吸收无帮助

24．女性，35 岁，大量右侧胸腔积液，第一次抽胸腔积液，8 分钟抽积液 1200ml 后气促缓解，但 10 分钟后病人突感胸闷气促，咳嗽、咳白色泡沫痰。查体：发绀，双下肺湿啰音，HR 120 次 / 分，BP 80/50mmHg，该病人可能出现下列哪种情况
A．医源性气胸
B．胸膜反应
C．复张性肺水肿
D．急性左心衰竭
E．损伤血管致失血

25．复张性肺水肿即刻处理错误的是
A．酒精吸氧
B．应用糖皮质激素
C．应用利尿剂
D．平卧，皮下注射 0.1% 肾上腺素
E．注射氨茶碱

二、多项选择题

1．以下哪些是渗出性胸腔积液的病因
A．肺炎
B．类风湿关节炎
C．缩窄性心包炎
D．肺梗死
E．肝硬化

2．以下哪些是漏出性胸腔积液的病因
A．胸膜间皮瘤
B．充血性心力衰竭
C．肾病综合征
D．肝硬化
E．上腔静脉阻塞

3．女性，25 岁，临床诊断为结核性胸膜炎，其胸腔积液的检查结果以下正确的是
A．胸腔积液外观呈血性
B．细胞数 552 × 10^6/L
C．蛋白质定量 38g/L
D．LDH 定量 95U/L
E．ADA 定量 68U/L

4．化学性胸膜固定术主要适用于哪些拒绝手术的气胸患者
A．持续性气胸
B．双侧气胸
C．气胸合并肺大疱
D．复发性气胸
E．肺功能不全，不能耐受手术者

5．根据 Light 标准，尤其对蛋白质浓度在 25 ~ 35 g/L 者，符合以下任何一条可诊断为渗出液
A．胸腔积液 / 血清蛋白比例 > 0.5
B．胸腔积液 / 血清 LDH 比例 > 0.6
C．胸腔积液 LDH 水平大于血清正常值高限的 2/3
D．胸腔积液胆固醇浓度 > 1.56 mmol/L
E．胸腔积液 / 血清胆红素比例 > 0.6

6．关于气胸的处理，哪些是正确的
A．气胸量 < 20%，如症状轻微可不需排气
B．肺压迫性不张时间长，应该给予高负压吸引
C．一般气胸都应先行 X 线胸片检查，再行穿刺抽气
D．交通性气胸应行胸膜腔闭式引流
E．继发性气胸以闭合性气胸居多

7．恶性胸腔积液特点有
A．中老年人多见
B．胸腔积液多为血性
C．胸腔积液量大，增长迅速
D．胸腔积液癌胚抗原（CEA）> 20μg/L
E．LDH 常低于 500U/L

8．乳糜胸的胸腔积液特点有
A．呈乳状浑浊
B．离心后有沉淀
C．苏丹Ⅲ染成红色
D．甘油三酯含量 > 1.24mmol/L
E．胆固醇含量 > 5.18mmol/L

9．关于结核性胸膜炎抽积液治疗正确的有
A．原则是尽快抽尽胸腔内积液
B．抽液不能减轻毒性症状
C．首次抽液不超过 700ml
D．第二次抽液不超过 1000ml
E．大量胸腔积液者，每周抽液 2 ~ 3 次

10. 胸腔积液 LDH > 500U/L 常提示为
A．结核性胸膜炎
B．胸腔积液并发细菌感染
C．恶性肿瘤所致
D．类风湿关节炎所致
E．充血性心力衰竭所致

三、名词解释

1．类肺炎性胸腔积液
2．自发性气胸
3．恶性胸腔积液
4．稳定型气胸

四、填空题

1．胸腔积液的诊断和鉴别诊断步骤______、________、________。

2．自发性气胸的临床类型分为________、________、________。

3．自发性气胸的并发症有______、______、________。

4．渗出性胸腔积液患者胸腔积液 / 血清 LDH 比值常________；胸腔积液 / 血清蛋白比值常________。

5．类肺炎性胸腔积液，积液较多者，应胸

腔穿刺抽液，当胸腔积液 pH ＜______ __应肋间插管引流。

五、问答题

1．简述胸腔积液的病因和发病机制。

2．简述结核性胸膜炎的治疗原则。

3．自发性气胸的临床类型如何分类？

4．简述结核性胸腔积液和恶性胸腔积液的鉴别要点。

参考答案

一、单项选择题

1．B	2．D	3．B	4．A	5．E	6．A
7．C	8．B	9．A	10．D	11．B	12．A
13．B	14．E	15．C	16．B	17．D	18．D
19．C	20．A	21．C	22．D	23．E	24．C
25．D					

二、多项选择题

1．ABD	2．BCDE	3．ABCE	4．ABCDE	5．ABCDE	6．ACD
7．ABCD	8．ACD	9．ACDE	10．BC		

三、名词解释

1．类肺炎性胸腔积液：指肺炎、肺脓肿和支气管扩张等感染引起的胸腔积液，如积液呈脓性则称脓胸。

2．自发性气胸：胸膜腔是不含气体的密闭的潜在腔隙，当气体进入胸膜腔造成积气状态时称为气胸。自发性气胸分为特发性和继发性，前者发生在无基础肺疾病的健康人，后者常发生在有基础肺疾病的患者，如慢性阻塞性肺疾病（COPD）。

3．恶性胸腔积液：恶性肿瘤侵犯胸膜引起的胸腔积液，常由肺癌、乳腺癌和淋巴瘤直接侵犯或转移至胸膜所致，也可由其他部位如胃肠道和泌尿生殖系统等肿瘤所引起。胸腔积液多呈血性，量大、增长迅速，CEA ＞ 20μg/L，LDH ＞ 500U/L。

4．稳定型气胸：指呼吸频率＜ 24 次 / 分、心率 60 ~ 120 次 / 分、血压正常、呼吸室内空气时 SaO_2 ＞ 90%，且两次呼吸间说话成句的气胸。

四、填空题

1．确定有无胸腔积液　区别漏出液和渗出液　寻找胸腔积液的病因

2．单纯（闭合）性气胸　交通（开放）性气胸　张力（高压）性气胸

3．脓气胸　血气胸　纵隔气肿与皮下气肿

4．＞ 0.6　＞ 0.5

5．7.2

五、问答题

1．简述胸腔积液的病因和发病机制。

答：① 胸膜毛细血管内静水压增高：如充血性心力衰竭、缩窄性心包炎、血容量增加、

上腔静脉或奇静脉受阻，产生胸腔漏出液。

② 胸膜通透性增加：如胸膜炎症（肺结核、肺炎）、结缔组织病（系统性红斑狼疮、类风湿关节炎）、胸膜肿瘤（恶性肿瘤转移、间皮瘤）、肺梗死、膈下炎症（膈下脓肿、肝脓肿、急性胰腺炎）等，产生胸腔渗出液。

③ 胸膜毛细血管内胶体渗透压降低：如低蛋白血症、肝硬化、肾病综合征、急性肾小球肾炎、黏液性水肿等，产生胸腔漏出液。

④ 壁胸膜淋巴引流障碍：癌性淋巴管阻塞、发育性淋巴管引流异常等，产生胸腔渗出液。

⑤ 损伤：主动脉瘤破裂、食管破裂、胸导管破裂等，产生血胸、脓胸和乳糜胸。

⑥医源性：如药物（如甲氨蝶呤、胺碘酮、苯妥英、呋喃妥因、β- 受体拮抗剂）、放射治疗、消化内镜检查和治疗、支气管动脉栓塞术、卵巢过度刺激综合征、液体负荷过大、冠脉旁路手术或冠脉内支架置入、骨髓移植、中心静脉置管穿破和腹膜透析等。

2．简述结核性胸膜炎的治疗原则。

答：① 一般治疗：包括休息、营养支持和对症治疗。

② 抽液治疗：由于结核性胸膜炎的胸腔积液蛋白含量高，容易引起胸膜粘连，原则上应尽快抽尽积液，抽液还可解除肺及心脏、血管受压，改善呼吸，使肺功能免受损伤。抽液后还可减轻毒性症状，体温下降，有助于使被压迫的肺尽快复张。

③ 抗结核治疗，与活动性肺结核治疗相同。

④ 糖皮质激素的应用：有全身毒性症状严重，大量胸腔积液者，在抗结核治疗的同时，可尝试加用泼尼松 30mg/d，分 3 次口服，待体温正常、全身毒性症状减轻、胸腔积液量明显减少时，即应逐渐减量以至停用，停用速度不宜过快，否则易出现反跳现象，一般疗程约 4 ～ 6 周，注意不良反应或结核播散，应慎重掌握适应证。

3．自发性气胸的临床类型如何分类？

答：① 闭合性（单纯性）气胸：胸膜破裂较小，随肺萎缩而闭合，空气不再继续进入胸膜腔。胸膜腔内压接近或略超过大气压，测定时可为正压，也可为负压，视气体量多少而定。抽气后压力下降而不复升，表明其破裂口不再漏气。

② 交通性（开放性）气胸：破裂口较大或两层胸膜间有粘连或牵拉，使破口持续开放，吸气与呼气时空气自由进入胸膜腔，胸膜腔内压在“0”上下波动，抽气后可呈负压，但观察数分钟，压力又恢复至抽气前水平。

③ 张力性（高压性）气胸：破裂口呈单向活瓣或活塞作用，吸气时胸廓扩大，胸膜腔内压变小，空气进入胸膜腔；呼气时胸膜腔内压升高，压迫活瓣使之关闭，致使胸膜腔内空气越积越多，内压持续升高，使肺受压，纵隔向健侧移位，影响心脏血液回流。此型气胸的胸膜腔内压测定常超过大气压，抽气后胸膜腔内压可下降，但很快又迅速上升，对机体呼吸循环功能的影响最大，必须紧急抢救处理。

4．简述结核性胸腔积液和恶性胸腔积液的鉴别要点。

答：结核性胸腔积液是结核分枝杆菌感染侵袭胸膜，机体对结核分枝杆菌及其代谢产物产生变态反应而导致胸腔积液，恶性胸腔积液是恶性肿瘤侵犯胸膜引起的胸腔积液，二者均是渗出性胸腔积液的常见原因，其鉴别要点如下

① 结核性胸腔积液常见于青壮年；而恶性胸腔积液多见于中老年。

② 结核性胸腔积液常有潮热、盗汗等结核中毒症状，结核菌素试验（PPD）皮试阳性，

结核抗体阳性；恶性胸腔积液常有原发病灶或转移灶的表现如锁骨上淋巴结肿大、肺部肿块等。

③ 结核性胸腔积液产生的胸痛可随胸腔积液增加而减轻，恶性胸腔积液产生的胸痛多不随胸腔积液增加而减轻。

④ 结核性胸腔积液多为草黄色，少数为血性，易包裹；而恶性胸腔积液多为血性，也可为黄色，但增长速度较快，胸腔积液量较大，相对不易包裹。

⑤ 结核性胸腔积液中 ADA 多大于 45U/L，γ 干扰素多大于 200pg/ml，胸腔积液可查到抗酸杆菌；恶性胸腔积液 CEA 多大于 20μg/L 或胸腔积液 / 血清 CEA ＞ 1，胸腔积液抗酸杆菌阴性。

⑥ 胸腔积液细胞学检查结核性胸腔积液以淋巴细胞为主；恶性胸腔积液可查到癌细胞。

⑦ 胸膜活检有助于鉴别，结核性胸腔积液胸膜活检可发现干酪性坏死组织或结核性肉芽肿，抗酸染色阳性；恶性胸腔积液胸膜活检可发现癌细胞。

⑧ 结核性胸腔积液抗结核治疗有效；而恶性胸腔积液抗结核治疗无效。

原发性支气管肺癌

一、单项选择题

1．以下哪种肺癌的放射治疗剂量最小
A．鳞癌
B．腺癌
C．细支气管 - 肺泡癌
D．大细胞癌
E．小细胞癌

2．肺功能为评估肺癌病人能否耐受手术治疗的重要因素，一般要求患者术前肺功能中的 FVC 超过多少
A．2L
B．3L
C．4L
D．5L
E．1L

3．以下哪种肺癌的化学治疗疗效最好
A．鳞癌
B．腺癌
C．细支气管 - 肺泡癌
D．大细胞癌
E．小细胞癌

4．关于肺结核球的特点以下哪项不正确
A．多见于年轻患者
B．多位于肺上叶尖后段和下叶
C．病灶边界清楚，直径很少超过 3cm
D．有时病灶含有钙化点，周围有纤维结核灶
E．如有空洞形成，多为偏心空洞，洞壁不规则

5．下面哪项不符合细支气管 - 肺泡癌的表现
A．两肺多有结节状播散病灶
B．病灶结节大小一致、分布均匀、密度较淡
C．结节病灶边界清楚、密度较高
D．病灶常呈进行性发展和增大
E．病人常有进行性呼吸困难

6．下列哪项不是周围型肺癌的特点
A．易误诊为炎症和结核
B．组织学以腺癌为多见
C．X 线片上阴影呈圆形或类圆形
D．易形成厚壁空洞，但空洞不伴有液平
E．易侵犯胸膜引起恶性胸腔积液

7．戒烟使患肺癌的危险性随戒烟年份的延长而逐渐降低，戒烟多少时间以上患肺

癌的危险性才与不吸烟者相近
A．5 年
B．10 年
C．15 年
D．20 年
E．25 年
8．下面哪种类型为小细胞肺癌
A．燕麦细胞癌
B．类癌
C．透明细胞癌
D．巨细胞癌
E．腺样囊性癌
9．癌性阻塞性肺炎的特点是
A．起病急骤，先有寒战、高热
B．有咳嗽、咳痰等呼吸道症状
C．抗生素治疗效果好
D．病灶吸收迅速而完整
E．病灶吸收后出现块状阴影
10．下面哪种类型肺癌的治疗以化学治疗为主，辅以手术和（或）放疗
A．鳞癌
B．腺癌
C．大细胞癌
D．小细胞肺癌
E．细支气管 - 肺泡癌
11．男性，56 岁，因反复咳嗽、咳痰 13 年，痰中带血 2 周入院。曾因咳嗽咳痰多次住院，明确诊断为 COPD。有 30 多年的吸烟史，每日 20 支以上。入院查体：气管居中，桶状胸，肋间隙增宽，双肺叩诊呈过清音，双肺呼吸音减低，双肺可闻及细小湿啰音。胸部 X 线提示双肺纹理增多、紊乱，肺透光度增强，双膈低平，右肺门阴影增宽增大。目前此患者最可能的诊断是
A．右侧肺癌
B．肺门淋巴结结核
C．右侧肺炎
D．COPD
E．右侧肺中叶不张
12．容易变性、坏死形成空洞的肺癌是
A．小细胞肺癌
B．肺泡细胞癌
C．腺癌
D．大细胞肺癌
E．鳞癌
13．诊断肺癌最可靠的手段是
A．病史及体征
B．胸部 X 线检查
C．痰细胞学或气管镜检查
D．胸部磁共振成像检查
E．放射性核素检查
14．非小细胞肺癌痰中找到癌细胞的阳性率一般为
A．50% ～ 60%
B．60% ～ 70%
C．70% ～ 80%
D．80% ～ 90%
E．100%
15．非小细胞肺癌是指
A．鳞癌、腺癌、大细胞癌
B．中心型肺癌
C．周围型肺癌
D．类癌
E．转移性肺癌
16．下列不属于肺癌的肺外表现的是
A．肥大性骨关节病
B．男性乳房发育
C．高血压、高血糖
D．栓塞性静脉炎
E．局限性哮鸣音
17．男性，66 岁。呼吸困难、左侧胸痛半个月，有吸烟史。X 线胸片示左肺门阴影增大伴左侧胸腔积液。胸腔积液常规：李凡他试验（+），蛋白质 30 g/L，WBC 800×10^6/L，多核细胞 0.70，单核细胞 0.30。最可能的诊断是
A．结核性胸膜炎
B．肺癌并胸膜转移
C．细菌性肺炎并化脓性胸膜炎

D．病毒性肺炎并胸腔积液
E．食管癌并胸膜转移

18．男性，60岁。声音嘶哑、低热、咳嗽、咳痰3个月，有结核接触史。双肺无阳性体征。X线胸片提示左上肺见直径3cm、密度较高的球形病灶。最可能的诊断是
A．周围型肺癌
B．结核球
C．炎性假瘤
D．肺囊肿
E．机化性肺炎

19．癌性空洞的X线典型表现为
A．薄壁空洞，内壁光滑
B．厚壁空洞，内壁凹凸不平
C．厚壁空洞，有液平
D．薄壁空洞，周围有卫星灶
E．厚壁空洞，外壁模糊

20．男性，55岁。咳嗽、持续痰中带血2个月，吸烟指数500支/年，无发热及咳脓痰病史。查体发现杵状指明显。最可能的诊断是
A．支气管扩张
B．浸润型肺结核
C．支气管肺癌
D．肺脓肿
E．肺炎球菌肺炎

21．男性，62岁，近1个月出现咳嗽，同时左侧眼球内陷、瞳孔缩小，上眼睑下垂，额部少汗。最可能的诊断是
A．重症肌无力
B．周围性面瘫
C．中枢性面瘫
D．颅内肿瘤
E．肺上沟瘤

22．下面哪项不是肺癌的肺外表现
A．肥大性肺性骨关节病
B．Horner 综合征
C．男性乳房发育
D．Cushing 综合征
E．高钙血症

23．关于正电子发射计算机体层显像（PET）对肺癌诊断的描述错误的是
A．可用于对肺癌及淋巴结转移的定性诊断
B．对肺癌骨转移的诊断优于单光子发射计算机断层显像
C．对发现转移灶也很敏感
D．对原位癌、微小浸润癌也很敏感
E．对肺癌的特异性可达90%

24．男性，60岁，反复痰中带血2个月。CT提示右中央型肺癌，左肺门和纵隔淋巴结肿大，右侧中等量积液，腹部B超和骨扫描未发现异常，余无异常，确诊为肺癌。该患者属于肺癌分期的哪一期
A．肺癌Ⅱa期
B．肺癌Ⅱb期
C．肺癌Ⅲa期
D．肺癌Ⅲb期
E．肺癌Ⅳ期

25．关于肺腺癌的描述，错误的是
A．对放化学治疗较敏感
B．周围型多见
C．易侵犯胸膜引起胸腔积液
D．易早期转移
E．倾向管腔外生长

二、多项选择题

1．肺癌的发病与以下哪些因素有关
A．吸烟
B．职业致癌因子
C．空气污染
D．电离辐射
E．饮食与营养

2．肺癌副癌综合征包括以下哪些表现
A．Cushing 综合征
B．Horner 综合征
C．上腔静脉阻塞综合征
D．肥大性骨关节病

E．类癌综合征

3．关于肺癌痰脱落细胞学检查的阳性率，下列哪些说法正确

A．与标本是否符合要求有关

B．与病理科医生水平有关

C．与肺癌的组织病理类型有关

D．与送检标本的次数有关

E．与肿瘤生长的部位有关

4．40 岁以上的长期吸烟者有以下哪些情况要考虑肺癌的可能性

A．无明显诱因的刺激性咳嗽 2 ～ 3 周，治疗无效

B．原有慢性呼吸道疾病的咳嗽性质改变

C．原因不明的四肢关节疼痛及杵状指（趾）

D．无中毒症状的进行性增加的血性胸腔积液

E．原因不明的肺脓肿，无中毒症状，无大量脓痰，无异物吸入史，抗炎治疗效果不显著

5．恶性胸腔积液最常见的三大病因是

A．肺癌

B．乳腺癌

C．淋巴瘤

D．结肠癌

E．肝癌

6．关于肺鳞癌描述正确的有

A．中央型多见

B．癌组织不易坏死，形成空洞

C．肿瘤有管腔内生长的倾向

D．与吸烟关系密切

E．支气管镜检查阳性率较高

7．关于肺癌治疗的描述正确的有

A．小细胞肺癌（SCLC）推荐以化学治疗为主的综合治疗

B．非小细胞肺癌能够手术就尽可能手术

C．小细胞肺癌放疗效果比鳞癌和腺癌好

D．有恶性胸腔积液者不考虑手术

E．肿瘤侵犯胸壁即不能手术

三、名词解释

1．上腔静脉阻塞综合征

2．Horner 综合征

3．类癌综合征

4．中央型肺癌

四、填空题

1．原发性支气管肺癌按解剖学部位分类分为________、________。

2．小细胞肺癌包括________、________、________三种组织病理类型。

3．中央型肺癌在胸部普通 X 线片上的间接征象是________、________、________。

4．根据肺癌的生物学特点及预后，大多数临床肿瘤学家将肺癌分为________和________两大基本类型。

五、问答题

1．肺癌患者出现胸闷、气短的原因有哪些？

2．简述肺癌如何与肺结核鉴别。

3．简述肺癌的肺外表现。

参考答案

一、单项选择题

1．E	2．A	3．E	4．E	5．B	6．D
7．C	8．A	9．E	10．D	11．A	12．E
13．C	14．C	15．A	16．E	17．B	18．A
19．B	20．C	21．E	22．B	23．D	24．E

25．A

二、多项选择题

1．ABCDE 2．ADE 3．ABCDE 4．ABCDE 5．ABC 6．ACDE 7．ABCD

三、名词解释

1．上腔静脉阻塞综合征：是由于上腔静脉被淋巴结转移性肿瘤压迫或右上肺的原发性肺癌侵犯，以及腔静脉内癌栓阻塞静脉回流引起。表现为头面部和上半身淤血水肿，颈部肿胀，颈静脉扩张，患者常诉领口进行性变紧。

2．Horner 综合征：位于肺尖部的肺癌称肺上沟瘤（Pancoast 瘤），可压迫颈部交感神经，引起病侧眼睑下垂、瞳孔缩小、眼球内陷，同侧额部与胸部无汗或少汗。也可压迫臂丛神经，造成以腋下为主、向上肢内侧放射性的火灼样疼痛，夜间尤甚。

3．类癌综合征：典型特征是皮肤、心血管、胃肠道和呼吸功能异常。肺癌癌细胞浆内含有神经分泌颗粒，具有内分泌和化学受体功能，能分泌 5- 羟色胺、儿茶酚胺、组胺、缓激肽、血管舒缓素等肽类物质，引起面部、上肢躯干的潮红或水肿，胃肠蠕动增强，腹泻，心动过速，喘息，瘙痒和感觉异常。

4．中央型肺癌：发生在段支气管至主支气管的肺癌为中央型肺癌，以鳞癌和小细胞癌多见。

四、填空题

1．中央型肺癌　周围型肺癌

2．燕麦细胞型　中间细胞型　复合燕麦细胞型

3．肺不张　阻塞性肺炎　局限性肺气肿

4．小细胞肺癌　非小细胞肺癌

五、问答题

1．肺癌患者出现胸闷、气短的原因有哪些？

答：① 肿瘤引起支气管狭窄，特别是中央型肺癌；

② 肿瘤转移到肺门淋巴结，肿大的淋巴结压迫主支气管或隆突；

③ 转换至胸膜，发生大量胸腔积液；

④ 转移至心包，发生心包积液；

⑤ 有膈肌麻痹、上腔静脉阻塞以及肺部广泛受累时，也可出现胸闷、气短；

⑥ 如果原有慢性阻塞性肺疾病或合并自发性气胸，胸闷、气短更为严重。

2．简述肺癌如何与肺结核鉴别。

答：① 肺结核球：多见于年轻患者，多无症状，位于结核好发部位（上叶尖后段或下叶背段）。病灶边界清楚，直径很少超过 3cm，可有包膜，阴影密度高，有时含有钙化点，周围有纤维结核灶，在随访观察中多无明显变化。如有空洞形成，多为中心性空洞，洞壁规则。而周围型肺癌常呈分叶状，有切迹或毛刺，尤其是细毛刺或长短不等的毛刺。如癌肿向肺门淋巴结蔓延，可见其间的引流淋巴管增粗呈条索状，亦可引起肺门淋巴结肿大。如发生癌性空洞，其特点为空洞壁较厚，多偏心，内壁不规则，凹凸不平，亦可伴有液平面。

② 肺门淋巴结结核：多见于儿童，常有发热等结核中毒症状，结核菌素试验多呈阳性。

抗结核治疗有效。而中央型肺癌多为一侧肺门类圆形阴影，边缘大多毛糙，有时有分叶表现，或为单侧不规则的肺门部肿块，为肺癌本身与转移性肺门或纵隔淋巴结融合而成的表现；也可以与肺不张或阻塞性肺炎并存，形成所谓“S”形的典型X线征象。

③ 急性粟粒性肺结核：发病年龄相对较轻，有发热等全身中毒症状。X线胸片上病灶为大小一致、分布均匀、密度较淡的粟粒结节；而弥漫型细支气管肺泡癌为两肺大小不等的结节状播散病灶，边界清楚，密度较高，随病情发展逐渐增多和增大，常伴有增深的网状阴影。

3．简述肺癌的肺外表现。

答：肺癌的肺外表现是指非肺癌直接侵犯和转移所致的肺外表现，可在肺癌出现之前发生，也可在肺癌出现之后发生或同时发生。常见的肺外表现如下。

①肥大性肺性骨关节病：多侵犯上下肢长骨的远端，表现为杵状指（趾）和肥大性骨关节病。

②异位促性腺激素：表现为男性乳房发育和增生性骨关节病，大部分是大细胞肺癌。

③分泌促肾上腺皮质激素样物：可引起Cushing综合征。

④分泌抗利尿激素：引起稀释性低钠血症，表现为食欲缺乏、恶心、呕吐、乏力、嗜睡、定向障碍等水中毒症状。

⑤神经肌肉综合征：包括小脑皮质变性、脊髓小脑变性、周围神经病变、重症肌无力和肌病等。

⑥高钙血症：肺癌可引起甲状旁腺素相关蛋白过多分泌导致高钙血症，表现为嗜睡、恶心、呕吐、体重减轻等。多见于鳞癌。

⑦类癌综合征：燕麦细胞癌可分泌5-羟色胺、缓激肽、儿茶酚胺等血管活性物质，导致患者出现颜面和上肢躯干潮红、心动过速、喘息、腹泻等表现。

⑧还可表现为黑色棘皮症、皮肌炎、掌跖皮肤过度角化症、硬皮病以及栓塞性静脉炎、非细菌性心内膜炎、血小板减少性紫癜等。上述表现在切除肺癌后可减轻或消失。

睡眠呼吸暂停低通气综合征（SAHS）

一、单项选择题

1．下列哪项不是阻塞性睡眠呼吸暂停低通气综合征的病因

A．变应性鼻炎

B．肥胖

C．小颌畸形

D．强制性肌营养不良

E．扁桃体肥大

2．呼吸暂停低通气指数为多少时，可诊断SAHS

A．≥2

B．≥4

C．≥5

D．≥6

E．≥10

3．男性，42岁，反复打鼾、白天困倦4年，查体：肥胖，颈粗短，扁桃体不大，咽腔无明显狭窄，双肺呼吸音清晰，HR 82次/分。该病人要确诊首选检 查是

A．心电图

B．脑电图

C．多导睡眠图

D．口咽部MRI

E．头部 CT

4．治疗中重度阻塞性 SAHS 的首选方法是

A．减肥

B．药物治疗

C．经鼻持续气道内正压通气

D．双水平气道内正压通气

E．手术治疗

二、问答题

1．简述 SAHS 的定义。

2．简述阻塞性 SAHS 的治疗。

参考答案

一、单项选择题

1．D　2．C　3．C　4．C

二、问答题

1．简述 SAHS 的定义。

答：SAHS 即睡眠呼吸暂停低通气综合征，是多种原因导致睡眠状态下反复出现低通气和（或）呼吸中断，引起间歇性低氧血症伴高碳酸血症以及睡眠结构紊乱，进而使机体发生一系列病理生理改变的临床综合征。

2．简述阻塞性 SAHS 的治疗。

答：(1) 一般治疗：减肥、体位改变、戒烟、避免镇静药等。

(2) 药物治疗：可试用乙酰唑胺、甲羟孕酮等，疗效不肯定。

(3) 病因治疗：纠正引起 SAHS 或使之加重的基础疾病，如用甲状腺素治疗甲状腺功能减退等。

(4) 器械治疗：①经鼻持续气道内正压通气，是治疗中、重度阻塞性 SAHS 的首选方法；②双水平气道内正压通气，试用于 nCPAP 压力需求较高者、有心血管疾病老年人；③自动调压智能化呼吸机治疗；④口腔矫治器。

(5) 手术治疗：鼻手术、悬雍垂软腭咽成形术、激光辅助咽成形术、正腭手术等。

呼吸衰竭

一、单项选择题

1．胸片正常、严重低氧血症（$PaCO_2$ 正常或降低）最可能的原因是

A．支气管扩张

B．肺间质纤维化

C．肺栓塞

D．肺泡低通气综合征

E．慢性阻塞性肺疾病（COPD）

2．有关 ARDS 的病理生理，下列哪项不正确

A．肺微血管壁通透性增加

B．肺内分流减少，从而导致缺氧及二氧化碳潴留

C．通气 / 血流比例失调

D．肺间质水肿

E．肺泡萎陷

3．女性，50 岁，患慢性肺源性心脏病，近 1 周来加重并肺部感染。动脉血气分析：pH7.19，$PaCO_2$ 10kPa（75mmHg），PaO_2 6.65kPa（50mmHg），HCO_3^- 25mmol/L，

BE –5mml/L，下列哪项诊断正确
A．肺源性心脏病呼吸衰竭、呼吸性酸中毒失代偿期
B．肺源性心脏病呼吸衰竭、代谢性酸中毒
C．肺源性心脏病呼吸衰竭、呼吸性酸中毒并代谢性酸中毒
D．肺源性心脏病呼吸衰竭、呼吸性碱中毒
E．肺源性心脏病呼吸衰竭、呼吸性酸中毒并代谢性碱中毒

4．肺源性心脏病呼吸衰竭患者血气分析结果，$PaCO_2$ 10kPa（75mmHg），pH7.188，HCO_3^- 27.6mmol/L（正 常 24mmol/L），BE –5mmol/L，下列哪项诊断正确
A．代谢性酸中毒
B．呼吸性酸中毒合并代谢性酸中毒
C．代谢性碱中毒
D．呼吸性碱中毒
E．呼吸性酸中毒合并代谢性碱中毒

5．代偿性呼吸性酸中毒的诊断依据是
A．只有 pH 值恢复到正常范围
B．PaO_2 已为正常
C．$[HCO_3^-/H_2CO_3]$ 代偿性降低，使 pH 值正常
D．通气加大，$PaCO_3$ 下降至正常
E．$[HCO_3^-/H_2CO_3]$ 代偿性升高，使 pH 值正常

6．女性，58 岁，患慢性支气管炎、阻塞性肺气肿、慢性肺源性心脏病已多年，近一周发热 38℃，呼吸困难加重。查血气：pH7.28，$PaCO_2$8.8kPa（66mmHg），$PaO_2$6.3kPa（40mmHg），HCO_3^- 36mmol/L，下列治疗措施最不适当者为
A．持续低流量吸氧
B．尼可刹米静脉滴注
C．头孢拉定静脉滴注
D．5%$NaHCO_3$250ml 静脉滴注
E．氨茶碱静脉滴注

7．慢性呼吸衰竭患者，咳嗽，咳脓性黄痰，痰细菌培养为流感嗜血杆菌，β- 内酰胺酶（+），以下治疗药物中哪种最好
A．青霉素
B．头孢他啶
C．哌拉西林
D．头孢克洛
E．利巴韦林

8．急性呼吸窘迫综合征（ARDS）时，低氧血症的最主要原因是
A．肺泡 - 毛细血管弥散障碍
B．右向左分流
C．通气 / 血流比例失衡
D．肺泡低通气
E．心排出量下降

9．以下关于 ARDS 的论述，哪一项是错误的
A．有广泛的灶性肺不张
B．肺毛细血管渗出
C．吸入 100% 氧能增加 PaO_2
D．透明膜形成
E．可伴有严重肺部感染

10．对 ARDS 患者机械通气治疗时，以下哪一项措施是错误的
A．许可性高碳酸血症的通气策略
B．使氧饱和度（SaO_2）大于 90%
C．使用呼气末正压通气（PEEP）
D．使用反比通气模式
E．选择大潮气量（10 ～ 15ml/kg）

11．呼吸衰竭时出现电解质紊乱，较少见的类型有
A．高钾血症
B．低钾血症
C．低钠血症
D．低氯血症
E．高钙血症

12．男性，65 岁，慢性咳喘 20 年，三天来咳喘加重伴双下肢水肿来诊，血气分析：pH7.30，$PaO_2$6.5kPa（50mmHg），$PaCO_2$10.2kPa（76mmHg），在住院期间除改善肺功能外，下列哪种治疗是不正确的

A．抗生素
B．止咳化痰
C．小剂量利尿
D．静脉注射5%碳酸氢钠
E．应用呼吸兴奋剂

13．女性，60岁，慢性肺源性心脏病患者，因感冒一周后病情加重来诊，测动脉血气：pH7.35，$PaCO_2$10.1kPa（76mmHg），$PaO_2$9.3kPa（70mmHg），$FiO_2$21%，HCO_3^- 3.2mmol/L，其酸碱失衡诊断应为
A．呼吸性酸中毒＋代谢性酸中毒
B．呼吸性酸中毒＋代谢性碱中毒
C．代谢性酸中毒失代偿
D．呼吸性酸中毒失代偿
E．呼吸性酸中毒代偿

14．Ⅱ型呼吸衰竭最常见于下列哪一种疾病
A．大叶性肺炎
B．特发性肺间质纤维化
C．慢性阻塞性肺疾病
D．ARDS
E．浸润型肺结核

15．呼吸衰竭严重缺氧可导致机体内的变化，下列哪项错误
A．可抑制细胞能量代谢的氧化磷酸化作用
B．可产生乳酸和无机磷，引起代谢性酸中毒
C．氢离子进入细胞内引起细胞内酸中毒
D．组织二氧化碳分压增高
E．体内离子转运的钠泵损害，引起细胞内高钾

16．某一慢性呼吸衰竭病人，动脉血气分析结果为pH7.30、$PaCO_2$80mmHg，通过吸氧使其PaO_2维持在多少合适
A．90mmHg
B．80 mmHg
C．60 mmHg
D．50 mmHg
E．40 mmHg

17．引起二氧化碳潴留的主要机制是
A．通气不足
B．动静脉分流
C．无效腔通气
D．通气/血流比例失调
E．弥散障碍

18．肺源性心脏病患者，咳嗽加重伴意识不清入院，血气分析提示pH 7.20，PaO_2 38mmHg，$PaCO_2$ 90mmHg。血K^+ 5.0mmol/L，血Na^+ 137mmol/L，给予机械通气后血Na^+ 140mmol/L，血K^+ 2.3mmol/L，$PaCO_2$ 25mmHg，病人24小时后抽搐死亡，死亡的主要原因是
A．脑血管意外
B．肺性脑病加重
C．肺部感染加重
D．低氧血症
E．通气过度，短时间二氧化碳排出过多致急性碱中毒

19．关于呼吸兴奋剂应用不正确的是
A．中枢抑制为主的低通气，呼吸兴奋剂效果较好
B．应用呼吸兴奋剂时要保持气道通畅
C．呼吸肌疲劳引起的低通气用呼吸兴奋剂效果不好
D．以换气功能障碍为主的呼吸衰竭，呼吸兴奋剂可取得较好效果
E．尼可刹米是常用的呼吸兴奋剂

20．关于通气/血流比例，下列哪项不正确
A．正常总肺泡通气量为4L/min
B．正常肺血流量为5L/min
C．通气/血流比例＜0.8造成分流
D．通气/血流比例＞0.8造成无效通气
E．通气/血流比例失调的主要后果是二氧化碳潴留和低氧血症

二、多项选择题

1．呼吸衰竭时，CO_2潴留，下列哪项可用呼吸兴奋剂治疗

A．病因以中枢抑制为主
B．病因以呼吸肌疲劳为主
C．病因以神经传导系统病变为主
D．病因以呼吸肌病变为主，疗效差
E．气道大量黏稠脓痰

2．关于呼吸衰竭的治疗，下列提法正确的是
A．增加肺泡通气量才能纠正呼吸性酸中毒
B．采用 PEEP 方式有利于改善换气功能
C．呼吸兴奋剂可用于有呼吸肌病变及肺间质纤维化的患者
D．氧疗应使 PaO_2 在 60mmHg 以上，SaO_2 为 90% 以上
E．在合并心力衰竭时，可使用利尿剂

3．肺源性心脏病患者水肿的原因有
A．右心功能不全
B．电解质紊乱
C．抗利尿激素分泌增多
D．醛固酮灭活障碍
E．低蛋白血症

4．呼吸衰竭时常见的酸碱失衡类型有
A．代谢性酸中毒失代偿
B．呼吸性酸中毒失代偿
C．呼吸性酸中毒伴代谢性酸中毒
D．呼吸性酸中毒伴代谢性碱中毒
E．呼吸性酸中毒代偿期

5．在使用呼吸机时，如果呼吸频率过快，通气量过大造成过度通气时，可出现下列哪些变化
A．呼吸性碱中毒
B．组织更加缺氧
C．pH 值下降
D．氧离曲线左移
E．代谢性碱中毒

6．无创通气用于急性呼吸衰竭在临床取得了较好疗效，但患者应具备下列哪些基本条件
A．清醒能够合作
B．血流动力学不稳定
C．无面部创伤
D．不需气管插管保护气道
E．能够耐受鼻 / 面罩

7．肺源性心脏病双下肢肿并Ⅱ型呼吸衰竭患者，下列治疗措施正确的有
A．补液、祛痰
B．呋塞米利尿，减轻水肿
C．支气管扩张剂扩张气道
D．高浓度吸氧纠正低氧血症
E．无创通气纠正呼吸衰竭

8．COPD 患者，入院时嗜睡，pH 7.06，$PaO_2$35mmHg，$PaCO_2$100 mmHg，血 K^+ 3.6mmol/L。给予气管插管机械通气治疗，下列说法不正确的是
A．血钾正常，可以不补钾
B．给予 5% 碳酸氢钠 250ml
C．通气量应大以迅速降低二氧化碳分压
D．要密切监测动脉血气变化
E．要密切监测电解质变化

9．关于低氧血症和高碳酸血症对机体影响的描述正确的是
A．完全停止供氧 4 ~ 5 分钟即可引起不可逆的脑损害
B．二氧化碳是强有力的呼吸兴奋剂
C．当动脉血氧分压低于 30mmHg 时，对呼吸的抑制就大于兴奋
D．严重缺氧和高碳酸血症，会造成细胞内碱中毒和高钾血症
E．严重缺氧和高碳酸血症，容易发生消化道出血

10．呼吸衰竭时下列哪些监测项目符合慢性呼吸性酸中毒表现
A．标准碳酸氢盐＞实际碳酸氢盐
B．二氧化碳分压上升
C．pH 正常或降低
D．二氧化碳结合力上升
E．氧离曲线右移

三、名词解释

呼吸衰竭

四、填空题

1．引起低氧和二氧化碳潴留的机制为______，________，________，________。

2．在海平面，静息状态吸入空气时，动脉血氧分压（PaO_2）低于________，或伴有二氧化碳分压（PaO_2）高于________，即为呼吸衰竭。

3．目前认为________、________、________三个因素共同损伤脑血管和脑细胞是肺性脑病最根本的发病机制。

五、问答题

1．简述呼吸衰竭的分类与特点。

2．简述慢性呼吸衰竭的治疗。

参考答案

一、单项选择题

1．C	2．B	3．C	4．B	5．E	6．D
7．B	8．C	9．A	10．E	11．E	12．D
13．E	14．C	15．E	16．C	17．A	18．E
19．D	20．E				

二、多项选择题

1．AD	2．ABDE	3．ACDE	4．BCDE	5．ABDE	6．ACDE
7．ACE	8．ABC	9．ABCE	10．BCDE		

三、名词解释

呼吸衰竭：是指各种原因引起的肺通气和（或）换气功能严重障碍，以致在静息状态下亦不能维持足够的气体交换，导致低氧血症伴（或不伴）高碳酸血症，进而引起一系列病理生理改变和相应临床表现的综合征。其临床表现缺乏特异性，明确诊断有赖于动脉血气分析：在海平面、静息状态、呼吸空气条件下，动脉血氧分压（PaO_2）$<$ 60mmHg，伴或不伴二氧化碳分压（$PaCO_2$）$>$ 50mmHg，可诊断为呼吸衰竭。

四、填空题

1．肺泡低通气　Q/V 比值失调　弥撒功能障碍　耗氧量增加

2．60mmHg（8kPa）　50mmHg（6.67 kPa）

3．低氧血症　高碳酸血症　酸中毒

五、问答题

1．简述呼吸衰竭的分类与特点。

答：呼吸衰竭可分为

①急性呼吸衰竭与慢性呼吸衰竭，前者多见于急性呼吸窘迫综合征（ARDS），后者多见于慢性阻塞性肺疾病（COPD）；

②低氧性呼吸衰竭（Ⅰ型呼吸衰竭，氧合衰竭），多见于急性呼吸衰竭如 ARDS；与高碳酸 - 低氧性呼吸衰竭（Ⅱ型呼吸衰竭，通气衰竭），多见于 COPD 急性加重期患者；

③泵衰竭与肺衰竭，前者多见于神经肌肉疾病所引起，后者常由支气管、肺等疾病所致。

2．简述慢性呼吸衰竭的治疗。

答：慢性呼吸衰竭的治疗包括以下几个方面

①保持呼吸道畅通：清除呼吸道分泌物，适当使用支气管扩张剂，根据病情使用糖皮质激素减轻气道炎症从而减轻气道黏膜充血水肿，必要时建立人工气道。

②氧气支持：Ⅰ型呼吸衰竭应给予高浓度吸氧，使动脉血氧分压提高到 60mmHg、动脉血氧饱和度在 90% 以上；Ⅱ型呼吸衰竭则应给予低浓度吸氧，防止二氧化碳进一步升高。

③机械通气：根据病情选用无创机械通气或有创机械通气。

④合理使用呼吸兴奋剂、支气管扩张剂，增加通气量，减少二氧化碳潴留。

⑤控制病因：引起呼吸衰竭的病因多种多样，针对不同病因采取不同的措施治疗十分重要，也是治疗慢性呼吸衰竭的根本所在。

⑥积极控制感染：慢性呼吸衰竭常合并有感染，应合理选择抗菌药物控制感染，同时积极送检痰细菌培养和药敏。

⑦纠正酸碱失衡和电解质紊乱。

⑧防治并发症和积极营养支持。

急性呼吸窘迫综合征（ARDS）

一、单项选择题

1．有关 ARDS 的病理生理，下列哪项不正确

A．肺微血管壁通透性增加

B．肺间质水肿

C．通气 / 血流比例失调

D．肺内分流减少，从而导致缺氧及二氧化碳潴留

E．肺泡群萎陷

2．关于 ARDS 诊断依据，下列哪项不正确

A．有导致 ARDS 的高危险因素

B．急性起病，呼吸频数和（或）呼吸窘迫

C．低氧血症，$PaO_2/FiO_2 \leq 300$

D．胸部 X 线检查显示两肺浸润阴影

E．咳粉红色泡沫痰

3．一急性胰腺炎患者，入院后出现明显呼吸困难，R 36 次 / 分，经鼻导管吸氧（4L/min），30 分钟后，呼吸困难无缓解，作动脉血气分析 pH7.47，PaO_2 50mmHg，$PaCO_2$ 35mmHg。X 线胸片示双肺浸润影。患者既往无肺部疾病史，最可能的诊断是并发

A．中毒性心肌炎

B．中毒性肺炎

C．急性左心衰竭

D．急性呼吸窘迫综合征

E．双肺浸润型肺结核

4．ARDS 与心源性肺水肿最主要的鉴别是

A．呼吸困难与体位

B．啰音的分布

C．有无心脏病史

D．低氧的程度

E．肺毛细血管楔压

5．ARDS 发生发展的关键环节是

A．肺内炎性介质和抗炎介质的平衡失调

B．黏附分子

C．补体

D．花生四烯酸

E．中性粒细胞趋化因子

6．下列哪项符合 ARDS 机械通气潮气量

A．12 ～ 15ml/kg

B．10 ～ 12ml/kg

C．8 ～ 10ml/kg

D．6 ~ 8ml/kg
E．4 ~ 6ml/kg

二、多项选择题

1．ARDS 的诊断标准有
A．有引起 ARDS 的高危险因素
B．急性起病，呼吸频数增多和（或）呼吸窘迫
C．$PaO_2/FiO_2 \leq 300$
D．胸部 X 线检查两肺浸润影
E．临床表现不能完全用左心衰竭解释

2．ARDS 的治疗措施恰当的是
A．积极治疗原发病
B．持续低浓度吸氧（1 ~ 2L/min）
C．营养支持与监护
D．肺保护性机械通气策略
E．调节机体液体平衡

3．有关呼气末正压治疗 ARDS 原理正确的有
A．开放萎陷的肺泡和小气道
B．减轻肺泡水肿
C．可增加肺损伤
D．改善通气 / 血流比值
E．改善肺顺应性和氧合作用

三、名词解释

急性呼吸窘迫综合征

四、填空题

ARDS 的机械通气治疗采用________策略，主要措施包括________，________。

五、问答题

1．简述急性呼吸窘迫综合征的诊断标准。
2．简述 ARDS 的治疗原则。

参考答案

一、单项选择题

1．D　2．E　3．D　4．E　5．A　6．D

二、多项选择题

1．ABCDE　2．ACDE　3．ABDE

三、名词解释

急性呼吸窘迫综合征：是指由各种肺内、外致病因素导致的急性弥漫性肺损伤、进而发展的急性呼吸衰竭。其主要病理特征是炎症导致的肺微血管通透性增高，肺泡腔渗出富含蛋白质的液体，进而导致肺水肿及透明膜形成，常伴肺泡出血。主要病理生理改变是肺容积减少、肺顺应性降低和严重通气 / 血流比值失调为主。临床表现为呼吸窘迫、顽固性低氧血症和呼吸衰竭，肺部影像学表现为双肺渗出性病变。

四、填空题

肺保护性通气　呼气末正压　小潮气量

五、问答题

1．简述急性呼吸窘迫综合征的诊断标准。

答：急性呼吸窘迫综合征的诊断标准包括以下几个方面。

①有 ARDS 的高危险因素，1 周内出现的急性或进展性呼吸困难。

②胸部 X 线检查两肺浸润阴影，不能完全用胸腔积液、肺叶 / 全肺不张和结节影解释。

③呼吸衰竭不能完全用心力衰竭和液体负荷过重解释。如果临床没有危险因素，需要用客观检查（如超声心动图）来评价心源性肺水肿。

④低氧血症：根据 PaO_2/FiO_2 确立 ARDS 诊断，并将其按严重程度分为轻度、中度、重度。轻度：$200mmHg < PaO_2/FiO_2 \leq 300 mmHg$。中度：$100mmHg < PaO_2/FiO_2 \leq 200 mmHg$。重度：$PaO_2/FiO_2 \leq 100 mmHg$。

2．简述 ARDS 的治疗原则。

答：ARDS 的治疗原则包括以下几个方面。

①治疗原发病。

②纠正缺氧：一般需高浓度给氧，使动脉血氧分压大于 60mmHg 或动脉血氧饱和度在 90% 以上。

③机械通气：采用呼气末正压和小潮气量通气策略。

④液体管理：合理限制液体入量，在维持血压稳定的前提下，液体出入量维持轻度负平衡。

⑤营养支持与监护：病人应在 ICU 诊治，严密监测生命体征、重要器官功能、内环境状态，提倡胃肠营养。

⑥其他治疗：糖皮质激素、表面活性物质、鱼油和一氧化氮吸入等疗效尚不确切。

循环系统疾病

心力衰竭

一、单项选择题

1．左心衰竭最早出现的症状是
A．咳嗽、咳痰
B．少尿
C．劳力性呼吸困难
D．夜间阵发性呼吸困难
E．乏力、疲倦

2．右心衰竭最具特征性的体征是
A．水肿
B．腹水
C．肝大
D．颈静脉怒张
E．肝颈静脉反流征阳性

3．一位急性心肌梗死的患者出现端坐呼吸，咳粉红色泡沫痰，双肺满布湿啰音，请问该患者心功能为
A．Killip Ⅱ级
B．Killip Ⅲ级
C．NYHA Ⅱ级
D．NYHA Ⅲ级
E．NYHA Ⅳ级

4．洋地黄应用的最佳适应证为
A．舒张性心力衰竭
B．肺源性心脏病伴右心衰竭
C．慢性收缩性心力衰竭伴快速心房颤动
D．甲状腺功能亢进症伴心力衰竭
E．单纯二尖瓣狭窄伴急性左心衰竭

5．发现洋地黄中毒应立即
A．电击复律
B．停药
C．纠正电解质紊乱
D．静脉推注阿托品

6．下列哪个正性肌力药物是属于磷酸二酯酶抑制剂
A．毛花苷 C
B．多巴胺
C．米力农
D．左西孟旦
E．多巴酚丁胺

7．目前应用于临床改善心脏重构的药物，在使用时均应考虑患者的
A．电解质水平
B．心率
C．血压
D．肾功能
E．激素水平

8．据下列哪一种临床表现可做出急性左心衰竭的诊断
A．双肺湿啰音
B．咳粉红色泡沫痰
C．双肺哮鸣音
D．呼吸困难
E．水肿

9．不能改善心力衰竭远期预后的药物是下面哪一种
A．螺内酯
B．米力农
C．美托洛尔
D．卡托普利

10．舒张性心力衰竭禁用以下哪种药物
A．β 受体阻断药
B．转化酶抑制剂

C．利尿剂
D．洋地黄制剂
E．钙通道阻断药

11．心力衰竭的基本用药不包括
A．强心剂
B．钙通道阻断药
C．扩血管药物
D．利尿剂
E．肾素-血管紧张素-醛固酮系统（RAAS）抑制剂

12．6分钟步行试验中，慢性心力衰竭患者步行距离多少为轻度心功能不全
A．426 ～ 550m
B．150 ～ 450m
C．＜ 150m
D．＞ 450m
E．＞ 425m

13．以下哪一项体征对诊断左心功能不全最有价值
A．肺部啰音
B．心尖部舒张期奔马律
C．血压下降
D．P2亢进
E．发绀

14．下列哪一种情况下，心力衰竭患者不宜选用转化酶抑制剂
A．双下肢水肿
B．血钾＞ 4.5mmol/L
C．急性冠脉综合征
D．高血压
E．血肌酐＞ 265μmol/L

15．慢性右心衰竭的水肿如何与肝炎、肝硬化水肿鉴别
A．有无黄疸
B．有无腹水
C．有无肝颈静脉回流征
D．有无肝大
E．有无肝功能异常

16．下列哪种情况下，心力衰竭患者适合选用β受体阻断药治疗
A．支气管哮喘
B．心动过缓
C．Ⅱ度房室传导阻滞
D．高血压
E．低血压

17．消除水钠潴留最有效的药物是下列哪一种
A．利尿剂
B．转化酶抑制剂
C．β受体阻断药
D．地高辛
E．钙通道阻断药

18．下列哪种检查是临床上最实用的舒张功能检测方法
A．X线检查
B．放射性核素检查
C．有创性血流动力学检查
D．超声多普勒检查
E．心-肺吸氧运动试验

19．心源性哮喘与支气管哮喘一时难以鉴别时，以下哪种药物最适选用
A．氨茶碱
B．吗啡
C．呋塞米
D．硝酸甘油
E．毛花苷C

20．下列哪种现象不是洋地黄中毒的表现
A．黄视
B．心电图上ST-T呈“鱼钩样”改变
C．恶心、呕吐
D．室性期前收缩
E．Ⅲ度房室传导阻滞

21．利尿剂最常见的副作用是以下哪一种
A．痛风
B．电解质紊乱
C．高尿酸血症
D．干扰糖代谢
E．血容量减少

22．关于脑钠肽（BNP）的叙述，以下哪个正确

A．主要是由心房分泌
B．是临床诊断心力衰竭的参考指标
C．具有强心利尿的作用
D．其血浆中浓度的升高与低氧血症、肾功能不全、高龄、肝硬化、脓毒血症、感染等情况无关

23．下列哪项不属于心脏再同步化治疗（CRT）的适应证
A．EF ≤ 50%
B．NYHA Ⅲ～Ⅳ级
C．接受药物治疗后仍持续存在的心力衰竭
D．伴有完全性左束支传导阻滞

24．男性，54 岁，呼吸困难加重入院，诊断为急性心肌梗死并急性左心衰竭，下列哪种药物不宜应用
A．去乙酰毛花苷注射液
B．吗啡
C．呋塞米
D．硝酸甘油
E．硝普钠

25．左心衰竭的不同程度的呼吸困难，由轻到重依次为
A．劳力性呼吸困难、夜间阵发性呼吸困难、端坐呼吸、急性肺水肿
B．劳力性呼吸困难、端坐呼吸、夜间阵发性呼吸困难、急性肺水肿
C．夜间阵发性呼吸困难、劳力性呼吸困难、端坐呼吸、急性肺水肿
D．夜间阵发性呼吸困难、劳力性呼吸困难、急性肺水肿、端坐呼吸
E．夜间阵发性呼吸困难、端坐呼吸、劳力性呼吸困难、急性肺水肿

26．男性，50 岁，突起呼吸困难，咳粉红色泡沫痰，BP 190/100mmHg，该患者的最佳治疗药物是
A．毛花苷 C
B．氨茶碱
C．硝普钠
D．多巴酚丁胺
E．硝酸甘油

27．男性，70 岁，扩张型心肌病 30 年，夜间阵发性呼吸困难 10 年，间断双下肢水肿、少尿 5 年。近 1 个月上述症状加重伴厌食和腹胀。查体：BP 145/90mmHg，端坐位，心界向两侧扩大，HR 110 次 / 分，心律绝对不齐。双下肺可闻及中小水泡音。肝肋下 4cm，质软，压痛，移动性浊音阳性。双下肢凹陷性水肿。该患者恰当的处理是
A．血管紧张素转化酶抑制剂（ACEI）制剂 + 利尿剂
B．洋地黄制剂 + 利尿剂
C．β 受体阻断药 + 利尿剂
D．洋地黄制剂 +ACEI 制剂

28．某心源性水肿患者，用地高辛和氢氯噻嗪片治疗，2 周后患者出现多源性室性期前收缩，其主要原因是
A．低钾血症
B．低钙血症
C．低钠血症
D．高镁血症
E．低氯血症

29．不是由于后负荷增加所致心力衰竭的疾病是
A．主动脉瓣狭窄
B．肺动脉高压
C．动静脉瘘
D．肺动脉瓣狭窄
E．高血压

二、多项选择题

1．心力衰竭的常见诱因是以下哪些情况
A．呼吸道感染
B．心房颤动
C．洋地黄中毒
D．钠盐摄入过多
E．静脉输入液体量过少

2．对心力衰竭诊断有帮助的检查包括以下哪些
A．X 线检查
B．超声心动图检查
C．化验检查
D．放射性核素检查
E．有创性血流动力学检查
3．慢性心力衰竭的治疗目的
A．提高运动耐量，改善生活质量
B．降低死亡率
C．阻止或延缓心室重塑
D．降低死亡率
E．缓解症状
4．能明显改善慢性心力衰竭预后的药物包括以下哪几种
A．转化酶抑制剂
B．β 受体阻断药
C．洋地黄制剂
D．利尿剂
E．螺内酯
5．舒张性心力衰竭常见于以下哪些疾病
A．肥厚型心肌病
B．病毒性心肌炎
C．冠心病
D．高血压心脏病
E．限制型心肌病
6．急性心力衰竭的常见病因有
A．乳头肌梗死断裂
B．高血压心脏病，血压急剧升高
C．广泛前壁心肌梗死
D．二尖瓣狭窄伴快速性心房颤动
E．甲状腺功能亢进症
7．β 受体阻断药用于心力衰竭病人的原则包括
A．心力衰竭病人水肿明显时使用
B．心力衰竭情况稳定时使用
C．小剂量开始，逐渐加量
D．除非不能耐受，需长期维持
E．支气管哮喘患者禁用
8．心力衰竭分期包括
A．Post-heart failure
B．Refractory end-stage heart failure
C．Pre-heart failure
D．Clinical heart failure
9．急性心力衰竭时下列哪些改变是正确的
A．心排血量下降
B．心率先降后升
C．心脏指数下降
D．心室舒张末期容积增大
E．肺毛细血管压上升

三、名词解释

1．Heart failure
2．Ventricular remodeling
3．心源性哮喘

四、填空题

1．目前心力衰竭的非药物治疗包括______、________、________、________。
2．心力衰竭发生发展的基本机制为______。
3．心脏负荷分为________和________，心脏针对它们的代偿机制分别为________和________。
4．治疗心力衰竭常用的利尿剂包括______、________、________三类。
5．右心衰竭的体征包括________、______、________、________。
6．心房颤动时采用超声心动图评估二尖瓣环，测得 E/A__________提示舒张功能不全。
7．正常 LVEF 值________，LVEF______为收缩性心力衰竭的诊断标准。

五、问答题

1．简述急性左心衰竭的治疗原则。
2．舒张性心力衰竭的治疗原则包括哪些？

参考答案

一、单项选择题

1．C	2．E	3．B	4．C	5．B	6．C
7．C	8．B	9．B	10．D	11．B	12．D
13．B	14．E	15．C	16．D	17．A	18．D
19．A	20．B	21．B	22．B	23．A	24．A
25．B	26．C	27．B	28．A	29．C	

二、多项选择题

1．ABCD	2．ABDE	3．ABCDE	4．ABE	5．ACD	6．ABCD
7．BCDE	8．BCD	9．ACDE			

三、名词解释

1．Heart failure：心力衰竭，是指各种心脏疾病导致心功能不全的一种综合征，绝大多数情况下指心肌收缩力下降使心排血量不能满足机体代谢的需要，器官、组织血液灌注不足，同时出现肺循环和（或）体循环淤血的表现，少数情况心肌收缩力正常，而是由于异常增高的左室充盈压，使肺静脉回流受阻，导致肺循环淤血。

2．Ventricular remodeling：心室重塑，在心脏功能受损、心脏扩大、心肌肥厚代偿过程中，心肌细胞、胞外基质、胶原纤维均发生相应变化。

3．心源性哮喘：左心衰竭患者，出现夜间阵发性呼吸困难常于入睡后突然因憋气而惊醒，被迫采取坐位、重者可有哮鸣音，称为心源性哮喘。

四、填空题

1．心脏再同步化治疗　左室辅助装置　心脏移植　细胞替代治疗

2．心室重塑

3．压力负荷　容量负荷　Frank-Starling 机制　心肌肥厚

4．噻嗪类利尿剂　袢利尿剂　保钾利尿剂

5．水肿　肝颈静脉反流征　肝大　心脏体征

6．>1.5

7．$>50\%$　$\leqslant 40\%$

五、问答题

1．简述急性左心衰竭的治疗原则。

答：①患者取坐位，双腿下垂。

②高流量吸氧。

③吗啡：5 ～ 10mg 静脉缓慢推注，15 分钟可重复 1 次，共 2 ～ 3 次。

④快速利尿：呋塞米 20 ～ 40mg 静脉注射。4 小时后可重复 1 次。

⑤血管扩张剂：以硝普钠、硝酸甘油或酚妥拉明静脉滴注。

⑥洋地黄制剂，如毛花苷 C。

⑦氨茶碱。

3．舒张性心力衰竭的治疗原则包括哪些？

答：①β受体阻断药，改善心肌顺应性；

②钙通道阻断药，改善心肌舒张功能；

③ACEI，改善心肌重构；

④尽量维持窦性心律，保持房室顺序传导，保证心室舒张期充分的容量；

⑤对肺淤血症状明显者，可适当应用静脉扩张剂或利尿剂降低前负荷，但不宜过度；

⑥在无收缩功能障碍的情况下，禁用正性肌力药物。

心律失常

一、单项选择题

1．以下何者是预激综合征病人最常并发的心律失常

A．阵发性室性心动过速

B．阵发性室上性心动过速

C．心房颤动

D．心房扑动

E．心室纤颤

2．洋地黄中毒引起频发室性期前收缩的治疗应是

A．普萘洛尔口服

B．溴苄铵

C．奎尼丁口服

D．电击复律

E．氯化钾静脉滴注

3．阵发性室性心动过速伴明显血流动力学障碍，首选的治疗是

A．溴苄铵

B．同步电击复律

C．肾上腺素

D．洋地黄

E．利多卡因

4．下列哪一项心律失常常见于器质性心脏病

A．室性期前收缩

B．房性期前收缩

C．不完全性右束支传导阻滞

D．Ⅱ度Ⅰ型房室传导滞

E．心房颤动

5．下列哪一项不是Ⅲ度房室传导阻滞的心电图表现

A．P 波与 QRS 波群无关

B．R 波频率大于 P 波频率

C．P-P 期相等

D．R-R 间期相等

E．心室率多在 30 ～ 40 次 / 分

6．预激综合征合并快速心房颤动时，以下哪项治疗是错误的

A．维拉帕米

B．普鲁卡因胺

C．奎尼丁

D．普罗帕酮

E．同步电击复律

7．电击复律的绝对适应证为

A．阵发性室性心动过速

B．心房颤动

C．心房扑动

D．心室纤颤

E．电机械分离

8．持续性心房颤动用洋地黄治疗的主要目的是

A．加强心肌收缩力

B．减慢心室率

C．恢复窦性节律

D．减慢心房率

E．预防栓塞

9．下列哪项为Ⅲ度房室传导阻滞的心电图特点

A．心室率小于 60 次 / 分

B．QRS 波群为室上型
C．P-P 间期小于 R-R 间距，P 波与 QRS 波群无关
D．可见心室夺获
E．P-R 间期延长

10．刺激迷走神经的方法可以纠正的心律失常是
A．心房扑动
B．心房颤动
C．阵发性室上性心动过速
D．阵发性室性心动过速
E．窦性心动过速

11．下列哪项有利于室性心动过速与室上性心动过速的鉴别
A．心室率 160 次 / 分
B．心电图 QRS 波形态
C．是否有突发突止的心跳历史
D．心脏增大
E．心电图有否心室夺获及室性融合波

12．在以下正常心脏传导系统中，哪一部分传导最缓慢
A．结间束
B．房室结
C．希氏束
D．左右束支
E．浦肯野纤维

13．以下哪项属于异位快速性心律失常
A．期前收缩
B．窦性心律失常
C．交界区逸搏
D．窦性心动过速
E．心室自主心律

14．以下哪项最可能导致室性心动过速和心室颤动
A．频发性室性期前收缩＞ 5 次 / 分
B．多源性室性期前收缩
C．偶发性室性期前收缩
D．成对或连续出现的室性期前收缩
E．RonT 型室性期前收缩

15．心房扑动最有效的治疗是
A．维拉帕米
B．直流电击复律
C．普萘洛尔
D．毛花苷 C
E．奎尼丁

16．病人频发房性期前收缩，自觉心悸不适，HR 90 次 / 分，选用以下何种药物治疗不适宜
A．普萘洛尔
B．利多卡因
C．维拉帕米
D．地高辛
E．奎尼丁

17．一患者心电图中，P 波与 QRS 波均有规律出现，P-R 间期恒定，P 波频率＞ QRS 波频率，诊断考虑为
A．Ⅰ度房室传导阻滞
B．Ⅱ度Ⅰ型房室传导阻滞
C．Ⅱ度Ⅱ型房室传导阻滞
D．Ⅲ度房室传导阻滞
E．房室分离

18．以下药物哪种不宜用于治疗Ⅱ度Ⅱ型及Ⅲ度房室传导阻滞
A．异丙肾上腺素
B．阿替洛尔
C．阿托品
D．糖皮质激素
E．乳酸钠

19．关于房性期前收缩的心电图特点，下列哪项不正确
A．有提早出现的 P-QRS-T 波
B．P 波形态与窦性 P 波常不同
C．P-R 间期＜ 0.12s
D．代偿间歇不完全
E．P 波后的 QRS 波群不宽大畸形

20．下列哪项不符合完全性右束支传导阻滞的心电图特点
A．V_1 ～ V_2 联呈 rsR 型
B．V_5 ～ V_6 导联呈 qRs 或 Rs 型
C．QRS 波时限≥ 0.12s

D．T 波与 QRS 主波方向相同
E．T 波与 QRS 主波方向相反

21．关于完全性左束支传导阻滞的心电图特点，下列哪项错误
A．V_5 ~ V_6 导联出现增宽的 R 波
B．V_1 ~ V_2 导联多呈 rS 或 QS 型
C．P 波形态与窦性 P 波常不同
D．QRS 波时限 > 0.12s
E．V_5 ~ V_6 T 波与 QRS 主波方向相反

22．某风湿性心脏病患者，突发短阵室性心动过速，估计为近半月口服地高辛所致。应避免采用下列哪种治疗方法
A．静脉注射利多卡因
B．同步直流电击复律
C．静脉注射胺碘酮
D．静脉注射普罗帕酮
E．静脉注射普鲁卡因胺

23．维拉帕米不宜用于以下何种心律失常
A．室性期前收缩
B．快速心房颤动
C．预激综合征伴心房颤动
D．阵发性室上性心动过速
E．Q-T 延长的尖端扭转型室性心动过速

24．洋地黄中毒所致的何种心律失常不宜补钾治疗
A．阵发性室上性心动过速
B．频发室性期前收缩
C．Ⅲ度房室传导阻滞
D．快速心房颤动
E．室性心动过速

25．静脉注射三磷酸腺苷治疗阵发性室上性心动过速时，禁用于以下何种情况
A．高血压
B．心绞痛
C．低血钾
D．频发室性期前收缩
E．病态窦房结综合征

26．病人突感心悸、胸闷、BP 90/ 60mmHg，心尖部第一心音强弱不等；心电图示心房率慢于心室率，二者无固定关系，QRS 波宽度为 0.12s，可见室性融合波。诊断为
A．室性期前收缩
B．心房颤动
C．心房扑动
D．阵发性室上性心动过速
E．阵发性室性心动过速

27．患者阵发性心慌 2 年，每次持续 0.5 ~ 3h 不等。本次发作时 HR 200 次 / 分，律齐，P 波不明确，心电图 QRS 波不增宽，诊断为
A．心房颤动
B．窦性心动过速
C．心房扑动
D．阵发性室性心动过速
E．阵发性室上性心动过速

28．女性，20 岁，突发心悸。过去有类似发作史，可自行终止。查体：甲状腺不大，心界大，HR 180 次 / 分，律齐，杂音听不清。为明确诊断应立即作的检查是
A．心电图（ECG）检查
B．超声心动图检查
C．心向量图检查
D．心脏 X 线检查
E．心室晚电位

29．患者反复发作心悸不适，ECG 示 P 波消失，F 波频率 300 次 / 分，QRS 波频率 75 次 / 分。最可能的诊断是
A．心房颤动
B．心房扑动（4 ： 1 传导）
C．房性阵发性心动过速（4 ： 1 传导）
D．Ⅱ度Ⅰ型房室传导阻滞
E．高度房室传导阻滞

30．心电图（ECG）Ⅱ导联中出现下列哪项表现，最符合房性期前收缩的诊断
A．提前出现变形异位 P 波，P'-R 间期 0.16 秒
B．提前出现倒置异位 P 波，P'-R 间期

0.10 秒

C．QRS 波之前隐约可见 P 波，P-R 间期 0.06 秒

D．提前出现正常 QRS 波，其后可见倒置 P 波，R-P 间期 0.08 秒

E．提前出现宽大畸形之 QRS 波

31．快速房颤病人，在用洋地黄治疗的过程中，HR 35 次 / 分，节律整齐，最好的处理是

A．阿托品

B．异丙肾上腺

C．利多卡因

D．胺碘酮

E．氯化钾

32．室上性心动过速伴差异性传导与室性心动过速在 ECG 上常难区分，如发现以下条件中哪一项可首先考虑为室性心动过速

A．心室率 180 次 / 分

B．QRS 间期大于 0.11 秒

C．心室率绝对不规则

D．P 波消失

E．室性融合波

33．治疗室性心动过速下列哪种药物常作为首选

A．奎尼丁

B．利多卡因

C．普萘洛尔

D．苯妥英钠

E．溴苄铵

34．男性，58 岁，诊断急性前壁心肌梗死，发病后突然出现短阵意识丧失、抽搐，ECG 上最可能出现的心律失常是哪一种

A．Ⅱ度Ⅰ型房室传导阻滞

B．房性期前收缩

C．心房颤动

D．室性期前收缩

E．心室纤颤

35．男性，36 岁，乏力、晕厥 3 天，心电图 P 波与 QRS 波无关系，P 波频率 90 次 / 分，QRS 波频率 32 次 / 分，首选哪一种治疗方法

A．含服硝酸甘油

B．同步电击复律

C．静脉注射毛花苷 C

D．静脉注射苯妥英钠

E．安装起搏器

36．患者有风湿性心脏病史 7 年，平时一般活动症状不多。5 天来明显心慌，稍事活动即感气短，不能平卧。ECG 示心房颤动，心室率 135 次 / 分，拟即刻静脉给予

A．利多卡因

B．维拉帕米

C．美托洛尔

D．毛花苷 C

E．呋塞米

37．患者，23 岁，心悸 5 天，HR 98 次 / 分，ECG 示 P-R 间期为 0.21 秒，应诊断为

A．窦性心律

B．窦性心动过速

C．Ⅰ度房室传导阻滞

D．Ⅱ度Ⅰ型房室传导阻滞

E．Ⅱ度Ⅱ型房室传导阻滞

38．患者 HR 160 次 / 分，ECG 示 QRS ＞ 0.12 秒，R-R 间期不绝对相等，刺激迷走神经时心率无反应，应首先考虑哪一种心律失常

A．室上性心动过速

B．室性心动过速

C．心房颤动

D．窦性心动过速

E．心房扑动

39．男性，40 岁，心率缓慢多年，1 个月来反复昏厥 3 次，住院时 HR 45 次 / 分右，用阿托品治疗无效，ECG 示Ⅲ度房室传导阻滞，交界性逸搏心律，最好采用何种治疗

A．阿托品静脉滴注

B．使用异丙肾上腺素

C．使用麻黄碱
D．安置永久性人工起搏器
E．使用肾上腺皮质激素

40．在以下表现中，诊断Ⅱ度房室传导阻滞最主要的依据是
A．QRS 波群脱落
B．P-R 间期延长
C．R-R 间期不规则
D．心室率减慢
E．房室分离

41．男性，35 岁，突然出现意识丧失、四肢抽搐，ECG 表现为 Q-T 间期延长，扭转型室性心动过速，应首先选用下列哪种药物治疗
A．奎尼丁
B．维拉帕米
C．镁盐
D．利多卡因
E．胺碘酮

42．女性患者，突然发作持续性心悸 2 小时，既往有支气管哮喘史，无心脏病史，ECG 示 HR 180 次 / 分，节律规则，QRS 波群时间小于 0.1 秒，未见明显 P 波，经采用刺激迷走神经方法无好转，目前应首先选用哪种方法治疗
A．同步直流电击复律
B．静脉注射奎尼丁
C．肌内注射新斯的明
D．静脉注射毛花苷 C
E．静脉注射腺苷

43．预激综合征患者，ECG 示 P-R 间期缩短，QRS 波正常，其旁道最可能是
A．左房室束
B．右房室束
C．房 - 希氏束
D．结室纤维
E．分支室束

44．患者，56 岁，因胸骨后压榨样疼痛 1 小时急诊来院，查体：BP 100/60mmHg，HR 180 次 / 分，心音低钝。ECG 示 P 波辨不出，QRS 波宽大畸形，节律基本规则，已用利多卡因无效，应首选下列哪种药物
A．普罗帕酮
B．胺碘酮
C．毛花苷 C
D．普萘洛尔
E．溴苄铵

45．治疗阵发性室上性心动过速安全、速效，且能根治的方法是
A．普罗帕酮
B．胺碘酮
C．普萘洛尔
D．同步直流电击复律
E．导管消融术

46．阵发性室上性心动过速的发生机制主要是
A．心肌缺血
B．折返机制
C．高血压病
D．感染性心内膜炎
E．洋地黄中毒

47．属于 Ic 类抗心律失常药物的是
A．奎尼丁
B．利多卡因
C．普罗帕酮
D．胺碘酮
E．维拉帕米

48．对药物治疗无效的反复发作室性心动过速 / 心室纤颤的心力衰竭患者，最适宜的治疗为
A．服用阿托品
B．植入性心脏转复除颤仪
C．服用奎尼丁
D．安装房室顺序起搏器
E．静脉用维拉帕米

49．对于无器质性心脏病且无症状的室性期前收缩的患者，应采取的治疗是
A．去除病因和诱因
B．胺碘酮

C．维拉帕米
D．普罗帕酮
E．美西律

50．对于窦性静止说法错误的是
A．指窦房结不能产生冲动
B．表现为长时间内无 P 波发生
C．长 P-P 间期与基本的窦性 P-P 间期无倍数关系
D．长 P-P 间期与基本的窦性 P-P 间期有倍数关系
E．可出现逸搏心律

51．下列哪种抗心律失常药物可致尖端扭转型室性心动过速
A．维拉帕米
B．普萘洛尔
C．胺碘酮
D．美西律
E．利多卡因

52．听诊心率正常但不整齐，可除外哪种心律失常
A．Ⅰ度房室传导阻滞
B．心房颤动
C．室性期前收缩
D．Ⅱ度Ⅰ型房室传导阻滞
E．心房扑动 4 ∶ 1 和 3 ∶ 1 下传

53．最常见的阵发性室上性心动过速的类型是
A．窦房折返性心动过速
B．房室结折返性心动过速
C．心房折返性心动过速
D．利用隐匿性房室旁路的房室折返性心动过速
E．房室交界区自律性增高

54．心功能不全患者发作阵发性室上性心动过速时，首选
A．洋地黄
B．维拉帕米
C．胺碘酮
D．普罗帕酮
E．腺苷

55．可降低心脏性猝死发生率的抗心律失常药物是
A．维拉帕米
B．普罗帕酮
C．β 受体阻断药
D．利多卡因
E．洋地黄

56．下列哪种情况不适宜电击复律治疗
A．室性心动过速伴严重血流动力学障碍
B．急性心肌梗死合并室性心动过速
C．扩张型心肌病合并室性心动过速
D．洋地黄中毒患者出现室性心动过速
E．心脏手术过程中出现室性心动过速

57．下列哪种心律失常听诊心率可正常
A．阵发性室性心动过速
B．心房扑动伴 4 ∶ 1 房室传导
C．窦性心动过缓
D．窦性心动过速
E．阵发性室上性心动过速

58．某患者听诊心率 60 次 / 分，律齐。心电图不可能出现哪项表现
A．正常心电图
B．心房颤动伴Ⅲ度房室传导阻滞
C．心房扑动 4 ∶ 1 传导
D．阵发性房性心动过速伴 2 ∶ 1 传导
E．完全性左束支传导阻滞

二、多项选择题

1．非阵发性室性心动过速的特点为
A．多不影响心功能
B．按压颈动脉窦能停止发作
C．多无器质性心脏病
D．出现室性融合波
E．心尖区第一心音强弱不等

2．Ⅱ度Ⅰ型（文氏型）房室传导阻滞最主要的诊断依据是
A．P 波与 QRS 波群无关
B．有心室漏搏
C．P-P 间期逐次延长

D．R-R 时距逐次缩短
E．P-R 间期逐次延长
3．病态窦房结综合征的心电图可表现为
A．窦性心动过速
B．严重窦性心动过缓
C．窦性停搏或窦房阻滞
D．慢快综合征
E．交界区逸搏心律
4．患者，32 岁，反复心悸、晕厥 3 天，查体：BP 130/80mmHg， 脉搏 160 次 / 分，律齐，此患者晕厥、抽搐的原因可能有
A．频发多源室性期前收缩
B．心房颤动
C．室性心动过速
D．心室纤颤
E．室上性心动过速
5．洋地黄中毒的心电图表现常有
A．P-R 间期缩短
B．房室传导阻滞
C．室性期前收缩二联律
D．Q-T 间期延长
E．ST-T 呈“鱼钩状”改变
6．患者阵发性心慌 1 年，每次心慌突然发生，持续半小时至 3 小时不等，本次发作来急诊室检查，心律匀齐，HR 170 次 / 分，诊断可能为
A．窦性心动过速
B．快速心房颤动
C．心房扑动 2∶1 传导
D．阵发性室性心动过速
E．阵发性室上性心动过速
7．下列哪几项心律失常于心脏听诊时第一心音有强度变化且节律不整齐
A．室性心动过速
B．心房颤动
C．室上性心动过速
D．Ⅲ度房室传导阻滞
E．伴有 2 ∶ 1 传导的心房扑动
8．某患者听诊 HR 60 次 / 分，律齐，如进行心电图检查可能见于以下哪些情况
A．窦性心律
B．心房颤动伴Ⅱ度房室传导阻滞
C．心房扑动 4 ∶ 1 传导
D．阵发性房性心动过速 2 ∶ 1 传导
E．完全性左束支传导阻滞
9．心房颤动常见于
A．风心病二尖瓣狭窄
B．冠心病
C．高血压心脏病
D．心肌炎
E．甲状腺功能亢进症性心脏病
10．心房颤动患者的心室律突然变得规则，其可能性有
A．恢复窦性心律
B．转变为房性心动过速
C．转变为心房扑动
D．发生交界性心动过速或室性心动过速
E．转变为房室传导阻滞
11．可引起 QT 间期延长的抗心律失常药物包括
A．奎尼丁
B．胺碘酮
C．普罗帕酮
D．β 受体阻断药
E．洋地黄
12．慢性心房颤动合并下列哪些情况，均应抗凝治疗
A．严重瓣膜病
B．老年患者
C．卒中史
D．左心房大小正常
E．糖尿病

三、名词解释

1．Adams-Strokes 综合征
2．房室传导阻滞
3．室性并行心律
4．病态窦房结综合征

四、填空题

1. 产生折返的三个必要条件是________、________及 ______。
2. 病态窦房结综合征心电图可表现为________、________或________。
3. 心房颤动心电图特点________，______，________，________。
4. Ib类抗心律失常药物不或轻度减缓________，缩短________。属于此类的代表药物有________、________。
5. 心房颤动持续不超过________天，复律前无需抗凝治疗，否则在复律前接受华法林治疗________周，心律转复后继续治疗________周。
6. 心房颤动发作持续时间在________内，称为阵发性心房颤动。房颤发生在无心脏病变基础者，称为________。永久性房颤的治疗目的为________。

五、问答题

1. 简述阵发性室上性心动过速产生机制及治疗方法。
2. 简述心律失常的发生机制及治疗原则。
3. 简述抗心律失常药物的分类及作用机制，各类列举1种典型代表药物。
4. 简述心房颤动的治疗原则。

参考答案

一、单项选择题

1．B	2．E	3．B	4．E	5．B	6．A
7．D	8．B	9．C	10．C	11．E	12．B
13．A	14．E	15．B	16．B	17．C	18．B
19．C	20．D	21．C	22．B	23．C	24．C
25．E	26．E	27．E	28．A	29．B	30．A
31．A	32．E	33．B	34．E	35．E	36．D
37．C	38．C	39．D	40．A	41．C	42．E
43．D	44．B	45．E	46．B	47．C	48．B
49．A	50．D	51．C	52．A	53．B	54．A
55．C	56．D	57．B	58．D		

二、多项选择题

1．BD	2．BDE	3．BCDE	4．CD	5．BCD	6．CE
7．ABD	8．ACDE	9．ABCE	10．ABCDE	11．AB	12．ABCE

三、名词解释

1．Adams-Strokes综合征：因心率过慢或过快导致脑缺血，出现的暂时性意识丧失甚至抽搐。

2．房室传导阻滞：指房室交界区脱离了生理不应期后，心房冲动传导延迟或不能传导至心室，房室传导阻滞可发生在房室结、希氏束以及束支等不同部位。

3．室性并行心律：指心室异位起搏点自行发放冲动，并能阻止窦房结冲动的入侵，心电图表现包括下列几项。①异位室性搏动与窦性搏动配对间期不恒定；②异位室性搏动之间存在倍数关系；③可见室性融合波。

4．病态窦房结综合征：是由窦房结病变导致功能减退，产生多种心律失常的综合表现。

四、填空题

1．两条传导途径　缓慢传导　单向传导阻滞

2．非药物性引起的持续而显著的窦性心动过缓（50 次 / 分以下）　窦性停搏与窦房阻滞　窦房阻滞与房室传导阻滞同时并存

3．P 波消失　基线起伏不平　代之以出现 f 波　频率 350 ~ 600 次 / 分　心室率绝对不规则　QRS 波群形态略有差异

4．Vmax　AP　利多卡因　美西律

5．2　3　3 ~ 4

6．24 ~ 48 小时　孤立性房颤　控制过快的心室率

五、问答题

1．简述阵发性室上性心动过速产生机制及治疗方法。

答：电生理研究表明，大部分室上性心动过速由折返引起，折返可发生在窦房结、房室结及心房。也可发生房室间折返。其中，房室结折返性心动过速和房室折返性心动过速占全部室上性心动过速的 90% 以上。

治疗包括以下几个方面。

①刺激迷走神经。

②抗心律失常药物。

③直流电复律。

④经食管或经静脉心房或心室超声速起搏或程序刺激。

⑤抗心动过速起搏器。

⑥导管射频消融。

2．简述心律失常的发生机制及治疗原则。

答：发生机制：主要是冲动形成异常或冲动传导异常或两者均有。

（1）冲动形成异常

①自律性增高：自主神经兴奋性改变，或其内在病变导致自律性改变。在病理状态下，出现异常自律性，如心肌缺血、药物、电解质紊乱（特别是高钾血症）均致自律性形成。

②折返：折返是快速心律失常的最常见的发生机制。

③触发活动：有早期后除极和晚期后除极两种。主要为心房、心室与希氏束 - 浦肯野纤维系统在动作电位后的除极活动，其后除极振幅增高并达阈值，便可引起触发活动，如在儿茶酚胺升高、低钾血症、高钙血症或洋地黄中毒时。

（2）冲动传导异常：各部位发生传导阻滞或异常传导均可发生心律失常。

心律失常的治疗包括药物治疗、内科介入治疗和外科手术治疗。

3．简述抗心律失常药物的分类及作用机制，各类列举 1 种典型代表药物。

答：Ⅰ类：分为 A、B、C 三种。

A：中度减慢动作电位 0 相上升速率，减慢传导，延长动作时程，如奎尼丁。

B：轻度减慢动作电位 0 相上升速率，显著减慢传导，轻微延长动作电位时程，如利多卡因。

C：明显减慢动作 0 相上升速率，显著减慢传导，轻微延长动作电位时程，如普罗帕酮。

Ⅱ类：阻断 β 受体，减慢动作电位上升速率，抑制 4 相除极，如普萘洛尔。

Ⅲ类：延长动作电位时程，如胺碘酮。

Ⅳ类：钙通道阻断药，如维拉帕米。

4．简述心房颤动的治疗原则

答：(1) 转复为窦性心律，对于新发性心房颤动，阵发性心房颤动和持续性心房颤动可转复为窦律者可考虑。

(2) 控制心室率，对于急性心房颤动或者不能转复为窦性心律的永久性心房颤动伴有快速性心室率者，使用 β 受体阻断药或钙通道阻断药，使安静时心率保持在 80 次 / 分，轻微运动后不超过 100 次 / 分。

(3) 抗凝治疗预防栓塞并发症，慢性心房颤动，根据血栓栓塞风险评分 $CHAPS_2$-Vasc 评分，若评分 ≥ 2 分，口服华法林，使凝血酶原时间国际标准化比值维持在 2 ～ 3 之间，若不能使用华法林者可改用新型口服抗凝药物，如利伐沙班、达比加群等。

先天性心血管病

一、单项选择题

1．下列哪项可提供房间隔继发孔缺损分流程度的线索

A．超声心动图

B．第二心音分裂增宽

C．颈静脉搏动图呈高尖 V 波

D．三尖瓣关闭音增强

E．胸骨左缘中部听到舒张中期隆隆样杂音

2．下列哪一项不是产生连续性杂音的典型疾病

A．动静脉瘘

B．室间隔缺损合并主动脉反流

C．Blalock-Taussing 吻合术

D．冠状动静脉瘘

E．先天性发绀性心脏病时支气管侧支血流

3．下列哪一项病史对诊断先天性心脏病无帮助

A．首次发现杂音

B．患者生长发育情况

C．分娩时曾用产钳

D．妊娠期母亲患病史

E．喜蹲位或胸膝位史

4．出身后病情程度减轻或消失的先天性心脏病是

A．法洛四联症

B．先天性完全性心脏阻滞

C．室间隔缺损

D．房间隔继发孔缺损

E．房间隔原发孔缺损

5．女性，23 岁，有发绀，X 线胸片提示肺血流正常或减少，下述哪种疾病不需要鉴别

A．3 ∶ 1 左至右分流且肺血管阻力正常的房间隔继发孔缺损

B．艾森曼格室间隔缺损

C．法洛四联症

D．三尖瓣闭锁

E．三尖瓣埃布斯坦综合征

6．下列哪项不是主动脉缩窄的典型表现

A．高血压

B．上肢血压高于下肢

C．左心室扩大

D．胸骨左缘至中上腹部可闻及收缩中

晚期杂音
E. 可有发绀
7. 下列哪项不能正确反映肺动脉狭窄程度的体征或辅助检查
A. 第二心音分裂的程度
B. 右室搏动的特点
C. 标准阶梯心电图
D. 杂音的特征
E. 吸气时喷射性杂音减弱
8. 胸片提示肺血流增加的发绀性青年患者最可能的诊断是
A. 主动脉双瓣伴主动脉缩窄
B. 严重的肺动脉漏斗部狭窄的法洛四联症
C. 动脉干畸形
D. 肺动脉阻力正常的室间隔膜部缺损
E. 伴严重肺动脉狭窄的大血管转位
9. 关于先天性左至右分流损害和肺动脉高压，下列哪项不正确
A. 心房左至右分流多引起肺动脉高压
B. 肺动脉阻力增加时左至右分流减少
C. 如果肺与体循环血流比例等于或小于 1.5 ∶ 1，尽管分流所在位置不同，肺动脉高压少见
D. 劳力性发绀是肺动脉阻力增加的首要特征
E. 常合并肺动脉栓塞
10. 下列哪一种先天性心脏病生存期比正常人短
A. 功能正常的主动脉双瓣
B. 3 ∶ 1 左至右分流的动脉导管未闭
C. 肺血管阻力正常和 1.6 ∶ 1 左至右分流的室间隔缺损
D. 大动脉转位
E. 先天性完全性心脏传导阻滞
11. 动脉导管未闭的突出的体征为
A. 心脏增大
B. 心前区震颤
C. 胸骨左缘第 2 肋间连续性机械样杂音
D. 肺门舞蹈征
12. 动脉导管未闭容易并发
A. 感染性心内膜炎
B. 心力衰竭
C. 心源性猝死
D. 艾森曼格综合征
13. 透视下肺门舞蹈征是哪个疾病的特征性变化
A. 室间隔缺损
B. 房间隔缺损
C. 动脉导管未闭
D. 二叶式主动脉瓣
14. 以下疾病最容易发生夜间阵发性呼吸困难的是
A. 房间隔缺损
B. 心绞痛
C. 肺源性心脏病
D. 原发性高血压
E. 主动脉瓣关闭不全
15. 房间隔继发孔缺损最常见类型为
A. 下腔型缺损
B. 中央型缺损
C. 下腔型缺损
D. 混合型缺损
16. 房间隔缺损最典型的体征为
A. 肺动脉瓣区第二心音亢进呈固定性分裂，可闻及Ⅱ～Ⅲ级收缩期喷射样杂音
B. 胸骨右缘第 2 肋间闻及收缩期喷射样杂音
C. 三尖瓣听诊区闻及收缩期吹风样杂音
D. 肺动脉瓣区第二心音减弱，可闻及响亮的收缩期喷射样杂音
17. 埃布斯坦畸形 X 线检查特征性变化是
A. 肺门舞蹈征
B. “切迹”改变
C. 肺动脉段突出
D. 球形巨大心影
18. 发绀型先天性心脏病中最常见的畸形是

A．右室双出口
B．法洛四联症
C．大动脉转位
D．单心室

19．动脉导管未闭的病理解剖部位在
A．主动脉弓部与肺动脉分叉处
B．升主动脉与主肺动脉之间
C．肺动脉总干（或左肺动脉）与降主动脉
D．升主动脉与左肺动脉之间

20．动脉导管未闭最典型的体征是
A．胸骨左缘第2肋间响亮连续的机器样杂音
B．胸骨左缘第2肋间闻及收缩期喷射样杂音
C．三尖瓣听诊区闻及收缩期吹风样杂音
D．肺动脉瓣区第二心音亢进呈固定性分裂，可闻及Ⅱ～Ⅲ级收缩期喷射样杂音

二、多项选择题

1．关于主动脉狭窄下述正确的是
A．无左室衰竭时，左室舒张末压升高
B．无冠心病，但发生心绞痛
C．细菌性心内膜炎是常见的并发症
D．合并二尖瓣狭窄时导致临床低估其严重性
E．可导致低血压

2．下述哪种情况可由外科治愈或缓解
A．房间隔缺损
B．动脉导管未闭
C．主动脉瓣狭窄
D．艾森曼格室间隔缺损
E．原发性肺动脉高压

3．引起法洛四联症血流动力学典型变化的解剖学异常是
A．右室肥厚
B．右室流出道梗阻
C．主动脉右位
D．室间隔缺损
E．房间隔缺损

4．房间隔缺损最典型的体征为
A．肺动脉瓣区第二心音亢进呈固定性分裂
B．可闻及Ⅱ～Ⅲ级收缩期喷射性音
C．可闻及收缩期吹风样杂音
D．心尖部舒张期隆隆样杂音
E．胸骨左缘收缩期杂音

5．室间隔缺损其血流动力学效应为
A．肺循环血量增多
B．体循环血量增多
C．左室容量负荷增大
D．体循环血量下降
E．肺循环血量下降

6．肺动脉瓣狭窄可分为哪几型
A．瓣膜型
B．导管前型
C．瓣下型
D．导管后型
E．瓣上型

7．法洛四联症的临床表现有
A．进行性青紫
B．呼吸困难
C．晕厥
D．蹲踞
E．杵状指

8．房间隔缺损X线典型表现有
A．肺动脉增粗，肺动脉总干凸出
B．肺门舞蹈征
C．右心房、右心室增大
D．主动脉弓影缩小
E．肺野充血

三、名词解释

1．艾森曼格综合征
2．法洛四联症
3．埃勃斯坦畸形
4．先天性心血管疾病

四、填空题

1．法洛四联症的解剖异常包括________、________、________和________。

2．根据室间隔缺损的边界构成，分为三型________、________、________。

3．室间隔解剖上由________、________、________三部分构成。

4．房间隔缺损一般分为________、________。

5．单纯房间隔缺损分为________、________、________、________。

五、问答题

1．简述房间隔缺损封闭术的适应证与禁忌证。

2．简述室间隔缺损封闭术的适应证与禁忌证。

3．简述经皮球囊主动脉瓣成形术的适应证和禁忌证。

4．简述经皮球囊肺动脉瓣成形术的适应证和禁忌证。

参考答案

一、单项选择题

1．A	2．B	3．C	4．C	5．A	6．E
7．E	8．C	9．A	10．B	11．C	12．A
13．C	14．D	15．B	16．A	17．D	18．B
19．C	20．A				

二、多项选择题

1．ABCD	2．ABC	3．BD	4．AB	5．ACD	6．ACE
7．ABCDE	8．ABCDE				

三、名词解释

1．艾森曼格综合征：是一组先天性心脏病发展的结果，原来为左向右分流，由于进行性肺动脉高压发展至器质性肺动脉阻塞性病变出现右向左分流，从无青紫发展至有青紫时，即为艾森曼格综合征。

2．法洛四联症：是联合的先天性心血管畸形，包括肺动脉口狭窄、室间隔缺损、主动脉骑跨、右心室肥厚四种异常。

3．埃勃斯坦畸形：先天性三尖瓣下移畸形，前瓣叶大多附着于瓣环的正常部位，而隔瓣叶和后瓣叶发育不良且附着部位不在瓣环位置，而下移至左心室心尖部，常合并卵圆孔未闭或房间隔缺损。

4．先天性心血管疾病：是指心脏及大血管在胎儿期发育异常引起的，在出生时病变已存在的疾病，简称先心病。

四、填空题

1．肺动脉口狭窄　室间隔缺损　主动脉右位　右室肥大

2．Ⅰ型肌型缺损　Ⅱ型膜周部缺损　Ⅲ型动脉瓣下缺损

3．流入道　肌小梁部　流出道

4．原发孔缺损　继发孔缺损

5．中央型缺损　下腔型缺损　上腔型缺损　混合型缺损

五、问答题

1．简述房间隔缺损封闭术的适应证与禁忌证。

答：房间隔缺损封闭术的适应证：(1) 有手术指征的房间隔缺损患者符合以下条件可经导管行介入封堵术。① 房间隔（ASD）缺损最大延展直径小于 30mm；② 缺损上下房间隔边缘不小于 4mm；③ 房间隔的整体直径应大于拟使用的补片直径。(2) 外科修补术后残留缺损。

禁忌证：(1) 已有右向左分流者；(2) 多发性房间隔缺损；(3) 合并其他先天性心血管畸形。

2．简述室间隔缺损封闭术的适应证与禁忌证。

答：室间隔缺损封闭术的适应证：①对血流动力学有影响的膜周部室间隔（VSD），缺损口上缘距离主动脉右冠窦距离≥ 2mm；②肌部缺损型 VSD；③外科手术后，残余分流。

禁忌证：绝对禁忌证为已有右向左分流；相对禁忌证为不符合上述条件的单纯 VSD。

3．简述经皮球囊主动脉瓣成形术的适应证和禁忌证。

答：皮球囊主动脉瓣成形术的适应证：①典型主动脉瓣狭窄不伴主动脉瓣严重钙化，心输出量正常时经导管检查跨主动脉瓣压差≥ 60mmHg，无或仅轻度主动脉瓣反流；②青少年或成人患者，若主动脉瓣压差≥ 50mmHg，同时合并有劳力性呼吸困难、心绞痛、晕厥或先兆晕厥等症状，或体表心电图（安静或运动状态下）左胸导联出现 T 波或 ST 变化。

禁忌证：①先天性主动脉瓣狭窄伴有主动脉及瓣膜发育不良者；②合并中度或重度主动脉瓣反流者。

4．简述经皮球囊肺动脉瓣成形术的适应证和禁忌证。

答：经皮球囊肺动脉瓣成形术的适应证：①单纯肺动脉瓣狭窄，跨肺动脉压差≥ 40mmHg；②青少年及成人患者，跨肺动脉压差≥ 30mmHg，同时合并心绞痛、劳力性呼吸困难、晕厥或先兆晕厥等症状。

禁忌证：①肺动脉瓣下漏斗部狭窄、肺动脉瓣狭窄伴先天性瓣下狭窄、肺动脉瓣狭窄伴瓣上狭窄；②重度发育不良型肺动脉瓣狭窄；③肺动脉瓣狭窄伴需外科处理的三尖瓣重度反流。

高　血　压

一、单项选择题

1．目前我国最新的高血压诊断标准正确的是

A．收缩压≥ 160mmHg 和（或）舒张压≥ 95mmHg

B．收缩压≥ 140mmHg 和（或）舒张压≥ 90mmHg

C．收缩压≥ 130mmHg 和（或）舒张压≥ 90mmHg

D．收缩压≥ 160mmHg 和（或）舒张压≥ 90mmHg

E．收缩压≥ 140mmHg 和（或）舒张压≥ 95mmHg

2．关于老年人高血压的特点，下列哪项不符合

A．血压波动小

B．容易发生心功能不全

C．容易出现直立性低血压
D．压力感受器调节血压的敏感性减退
E．以收缩压增高为主
3．治疗高血压危象，首选下列哪一种药物治疗
A．美托洛尔
B．卡托普利
C．硝普钠
D．双氢克尿噻
E．哌唑嗪
4．男性，21岁，血压持续增高，阵发性加剧半年，血压升高时测定血中肾上腺素、去甲肾上腺素及其代谢产物（尿VMA）显著增高，最可能诊断为
A．肾实质性高血压
B．原发性醛固酮增多症
C．嗜铬细胞瘤
D．皮质醇增多症
E．高血压危象
5．男性，42岁，有高血压史。4小时前因劳累而感头痛、烦躁、心悸、多汗、恶心、面色苍白、视物模糊。收缩压33.8kPa（260mmHg），舒张压18.6kPa（140mmHg）采用以下哪一项治疗最适宜
A．氢氯噻嗪口服
B．普萘洛尔口服
C．静脉输液
D．硝普钠静滴
E．地西泮肌内注射
6．某高血压患者，与他人争吵后血压骤升至33/16kPa（250/120mmHg），发生癫痫样抽搐、呕吐、意识模糊等中枢神经系统功能障碍表现，最可能的诊断为
A．脑出血
B．高血压脑病
C．蛛网膜下隙出血
D．脑梗死
E．短暂性脑缺血发作
7．高血压引起的主要病理改变为
A．主动脉硬化
B．全身微血管硬化
C．小动脉玻璃样变
D．冠状动脉粥样硬化
E．主动脉夹层动脉瘤
8．高血压在我国最常见的死亡原因是
A．高血压现象
B．心肌梗死
C．脑血管意外
D．尿毒症
E．心力衰竭
9．急进型高血压病最常见的死亡原因是
A．高血压现象
B．心肌梗死
C．脑血管意外
D．尿毒症
E．心力衰竭
10．血压持续升高，眼底出血、视盘水肿，持续尿蛋白是
A．高血压脑病
B．高血压危象
C．急进型高血压病
D．缓进型高血压病
E．症状性高血压
11．在我国引起肾血管性高血压最常见的原因是
A．动脉粥样硬化
B．大动脉炎
C．肾动脉纤维肌性发育不良
D．狼疮性肾病
E．嗜铬细胞瘤
12．下列各种情况，哪种最适宜用β受体阻断药治疗
A．高血压伴血脂升高
B．高血压伴心动过缓
C．高血压伴支气管哮喘
D．高血压伴明显心力衰竭
E．高血压伴梗阻性肥厚型心脏病
13．高血压伴胰岛素抵抗的患者宜用哪项治疗
A．卡托普利

B．β 受体阻断药
C．利血平
D．硝苯地平
E．氢氯噻嗪

14．下列哪项有助于恶性高血压的诊断
A．血压明显升高，舒张压＞ 130mmHg
B．眼底出血、渗出、视盘水肿
C．肾功能不全，可有心力衰竭等
D．病理改变以肾最明显
E．以上都是

15．关于高血压的降压治疗，下列原则哪一条是错误的
A．发生高血压急症应迅速降压
B．血压控制满意后，可以立即停药
C．单个药物宜从小剂量开始
D．可以考虑联合用药
E．根据病情选择合适的降压药物治疗

16．体重指数（BMI），即体重（kg）/ 身高（m^2），其正常范围是
A．10 ～ 15
B．15 ～ 20
C．20 ～ 24
D．24 ～ 30

17．在降压药物选择中，下列哪种情况应该首先考虑选用噻嗪类利尿剂
A．高血压合并痛风
B．高血压合并糖尿病
C．高血压合并高胆固醇血症
D．高血压合并心功能不全

18．男性，40 岁，近 8 周反复发作剧烈头痛、心悸，未予治疗。近来 3 次不同时间测血压分别为 220/126mmHg、180/120mmHg 和 140/95mmHg。对其诊断和处理最重要的为
A．继续监测血压，以确定是否为高血压病
B．寻找血压升高的原因，以确定是否有继发性高血压
C．做头颅 CT、心脏超声与肾功能检查，迅速确定靶器官损害情况
D．使用卡托普利治疗，观察其用药反应

19．男性，35 岁，夜尿多，乏力，BP 200/100mmHg，Na^+ 142mmol/l，K^+ 3.0mmol/l，pH 7.5，尿 K^+ 25mmol/d，最可能的诊断为
A．大动脉炎
B．嗜铬细胞瘤
C．原发性醛固酮增多症
D．皮质醇增多症

20．下列有关高血压的叙述中，错误的是
A．高血压常引起左心室肥大
B．脑出血是高血压的主要致死原因
C．高血压晚期的肾常为颗粒性固缩肾
D．继发性高血压常见于糖尿病患者

21．可引起血压升高的血管活性物质是
A．NO
B．前列环素
C．缓激肽
D．内皮素
E．心钠肽

22．预防高血压并发症的措施中较重要的是
A．控制饮食，减轻体重
B．避免情绪激动
C．戒烟
D．长期降压治疗，控制血压稳定
E．低盐饮食

二、多项选择题

1．下列哪项符合原发性高血压高度危险组标准
A．高血压 2 级伴 1 个危险因素
B．高血压 2 级伴 2 个危险因素
C．高血压 2 级伴靶器官损害
D．高血压 1 ～ 2 级伴 3 个危险因素
E．高血压 3 级

2．高血压危象和高血压脑病紧急处理中最关键的是
A．绝对卧床休息

B．降低颅内压，控制抽搐
C．限制钠的摄入
D．迅速降低血压
E．吸氧

3．关于血管紧张素转化酶抑制剂（ACEI）类治疗高血压，哪种叙述正确
A．抑制转化酶，使血管紧张素Ⅱ（AngⅡ）生成减少
B．抑制激肽酶
C．使前列环素（PGI2）和NO生成减少
D．对所有类型高血压都适用
E．可改善胰岛素抵抗

4．关于高血压伴肾功能不全的用药原则，下列叙述错误的有
A．一般从大剂量开始
B．避免使用对肾有毒性的药物
C．血压降得越低越好
D．根据病人肌酐清除率和药物半衰期决定用药剂量
E．应选用增加或不明显减少肾血流量的降压药

5．降压药治疗对象，包括
A．高血压2级或以上患者（≥160/100mmHg）
B．高血压合并糖尿病
C．已经有心、脑、肾靶器官损害和并发症患者
D．血压持续升高，改善生活行为后，血压仍未有效控制者
E．高危及极高危患者

6．在肾动脉狭窄时，ACEI或血管紧张素Ⅱ受体阻断药（ARB）类药物使用的禁忌证包括
A．双侧肾动脉狭窄
B．肾功能已经受损
C．非狭窄侧肾肾功能较差患者
D．高血压极高危患者

7．原发性醛固酮增多症，降压药物治疗，应选择
A．ACEI
B．ARB
C．螺内酯
D．利尿剂
E．长效钙通道阻断药（CCB）

三、名词解释

1．高血压脑病
2．原发性高血压
3．胰岛素抵抗
4．顽固性（难治性）高血压
5．高血压急症

四、填空题

1．高血压患者，根据增高的血压水平可分为________、________、________级，危险变分层，可分为________、________、________、________组。

2．高血压合并心衰，宜选择降压________、________制剂。

3．高血压的并发症有________、________、________、______、________。

4．从血流动力学角度，血压主要决定于________和________，平均动脉血压（MBP）=________×________。

5．一般来说，左、右上臂血压相差<______~______/________mmHg，________侧>________侧。

6．高血压急症处理，应采取逐步控制性降压，即开始的1h内将平均动脉压降低%，2-6小时降到_____/ ____mmHg，48小时降到________。

五、问答题

1．简述高血压的分级。
2．简述高血压的治疗目的、原则和降压目标。
3．主要推荐的降压药联合治疗方案是什么？

参考答案

一、单项选择题

1．B　2．A　3．C　4．C　5．D　6．B
7．C　8．C　9．D　10．C　11．B　12．E
13．A　14．E　15．B　16．C　17．D　18．B
19．C　20．D　21．D　22．D

二、多项选择题

1．CDE　2．BD　3．ABE　4．AC　5．ABCDE　6．ABC
7．CE

三、名词解释

1．高血压脑病：血压突然或短期内升高的同时，出现中枢神经功能障碍征象。发生机制可能为过高的血压突破脑血管的自身调节机制，导致脑灌注过多，液体经血脑屏障漏出到血管周围脑组织，造成脑水肿。

2．原发性高血压：是以体循环动脉压升高为主要表现的心血管综合征，经多方检查不能找到确切病因的高血压，称为原发性高血压。是重要的心脑血管疾病的危险因素，可损伤心、脑、肾大血管的结构和功能，最终导致这些器官的功能衰竭。

3．胰岛素抵抗：是指必须以高于正常的血胰岛素释放水平来维持正常的糖耐量，表示机体组织对胰岛素处理葡萄糖的能力减退。

4．顽固性（难治性）高血压：是指尽管使用了3种以上合适剂量降压药物联合治疗（应该包括利尿剂），血压仍未达到目标水平。或者要使用4种或4种以上降压药血压才能达标也应考虑为难治性高血压。

5．高血压急症：是指原发性或继发性高血压患者，在某些诱因作用下，血压突然明显升高，一般超过180/120mmHg，伴有进行性重要器官组织如心脏、脑、肾、眼底、大动脉的严重功能障碍或不可逆损害的表现。

四、填空题

1．1级　2级　3级　低危　中危　高危　很危险
2．ACEI/ARB　β受体拮抗剂
3．脑血管病　心力衰竭　冠心病　慢性肾衰竭　主动脉夹层
4．心输出量　体循环周围血管阻力　心输出量（CO）　总外周血管阻力（PR）
5．10　20　10　右　左
6．＜25　160/100　正常水平

五、问答题

1．简述高血压的分级

答：

级别	收缩压（mmHg）	舒张压（mmHg）
理想血压	＜ 120	＜ 80
正常血压	＜ 130	＜ 85
正常高值	130 ～ 139	85 ～ 89
1 级高血压（轻度）	140 ～ 159	90 ～ 99
亚组：临界高血压	140 ～ 149	90 ～ 94
2 级高血压（中度）	160 ～ 179	100 ～ 109
3 级高血压（重度）	≥ 180	≥ 110
单纯收缩期高血压	≥ 140	＜ 90
亚组：临界收缩期高血压	140 ～ 149	＜ 90

2．简述高血压的治疗目的、原则和降压目标。

答：(1) 治疗目的：降低血压至正常范围，减少或防止心脑血管及肾并发症的发生率，降低死亡率、病残率。

(2) 治疗原则：高血压一般需长期甚至终身治疗，根据情况使用有效而无明显副作用，不影响生活质量的降压药，合理地联合用药，同时注意纠正心血管危险因素，坚持个体化治疗。

(3) 降压目标：原则上应将血压降至患者最大耐受水平，一般主张血压控制目标值至少＜ 140/90mmHg；合并糖尿病或慢性肾病者，血压控制目标值＜ 130/80mmHg；老年收缩期高血压降压目标水平：收缩压 140 ～ 150 mmHg，舒张压＜ 90 mmHg，但不低于 65 ～ 70 mmHg。

3．主要推荐的降压药联合治疗方案是什么？

答：包括：钙拮抗剂与 ACEI/ARB；利尿剂与 ACEI/ARB；二氢吡啶类钙拮抗剂与 β 受体阻断药；利尿剂与二氢吡啶类钙拮抗剂。

冠状动脉粥样硬化性心脏病

一、单项选择题

1．冠状动脉硬化最重要的危险因素是
A．脂质代谢异常
B．高血压
C．年龄
D．性别

2．对于动脉粥样硬化患者，为积极预防冠状动脉和脑动脉血栓栓塞，最常用的药物是
A．阿司匹林
B．氯吡格雷
C．辛伐他丁
D．吉非贝特

3．下列说法不符合非 ST 段抬高型心肌梗死的是

A．梗死范围未达心肌全层

B．病程中始终无 Q 波

C．可演变为 ST 段抬高型心肌梗死

D．心肌酶一般不升高

4．下列哪项为急性心肌梗死溶栓治疗的禁忌证

A．69 岁女性

B．近期有过重要脏器的手术史

C．有慢性心力衰竭病史

D．有糖尿病

E．发病 5 小时

5．心绞痛发作时，疼痛的典型部位是

A．心前区

B．左肩部

C．下颌

D．左臂内侧

E．胸骨后

6．严重的冠脉狭窄是指冠脉狭窄的程度达到

A．50%

B．60%

C．70%

D．90%

E．95% 以上

7．女性，65 岁。有陈旧性心肌梗死，现反复心绞痛发作 8 天，心电图（ECG）不能肯定这次是否有急性心肌梗死存在，检测下列哪种酶学最恰当且最有特异性

A．碱性磷酸酶（ALT）

B．肌酸磷酸激酶 MB 同功酶（CPK-MB）

C．心肌肌钙蛋白 T（cTnT）

D．血清谷丙转氨酶（SGPT）

E．乳酸脱氢酶（LDH）

8．男性，30 岁。因心悸、胸痛 1 个月，起立时眩晕 1 周入院。查体：血压正常，无发绀，心界稍扩大，胸骨左缘第 3 肋间闻及较粗糙的喷射性收缩期杂音，运动后增强，心电图示：Ⅱ、Ⅲ、avL、$V_4 \sim V_5$ 有病理性 Q 波，左心肥大，5 天后复查心电图仍为上述改变，最可能的诊断为

A．心肌梗死并室间隔穿孔

B．风湿性心脏病主动脉瓣狭窄

C．先心病室间隔缺损

D．梗阻性肥厚型心肌病

E．急性心肌炎

9．男性，58 岁。突然胸骨后剧痛 1 小时，伴心悸、气短，诊断为急性前间壁心肌梗死，其特征性心电图改变应见于

A．$V_1 \sim V_3$

B．Ⅱ、Ⅲ、VF

C．$V_3 \sim V_5$

D．$V_1 \sim V_5$

E．Ⅰ、avL、V_8

10．急性心肌梗死病人，突然出现心尖区响亮的收缩期杂音，无震颤，心力衰竭明显加重，最可能的原因是

A．室壁瘤

B．左心室扩大二尖瓣关闭不全

C．合并亚急性感染性心内膜炎

D．乳头肌功能失调或断裂

E．室间隔穿孔

11．男性患者，急性心肌梗死合并Ⅲ度房室传导阻滞，治疗最好采用

A．阿托品

B．麻黄碱

C．安装人工心脏起搏器

D．异丙肾上腺素

E．多巴胺

12．男性，58 岁。持续性胸骨后压榨性疼痛 10 小时，伴头昏、恶心、出汗，来院后急查心电图，表现为：$V_1 \sim V_5$ 导联 ST 段弓背向上抬高，病理性 Q 波，T 波倒置，你认为冠状循环病理改变最可能位于

A．左前降支

B．右冠状动脉

C．左冠状动脉回旋支

D．左冠状动脉主干
E．左冠状动脉回旋支 + 右冠状动脉

13．哪种血清酶增高对急性心肌梗死诊断的特异性最高
A．肌钙蛋白（cTnI、cTnT）
B．天门冬氨酸氨基转移酶（AST）
C．乳酸脱氢酶（LDH）
D．肌酸激酶（CK）
E．肌红蛋白

14．动脉粥样硬化病变最易累及哪支冠状动脉
A．左冠状动脉主干
B．右冠状动脉窦房结支
C．左冠状动脉窦房结支
D．左冠状动脉前降支
E．左冠状动脉回旋支

15．心肌梗死往往在饱餐后多发，其发生机制与下列哪种因素关系密切
A．进餐后心肌耗氧量增加
B．饱餐后腹胀，膈肌升高压迫心脏
C．血小板易于集聚而形成血栓
D．交感神经过度兴奋
E．冠状动脉易发生痉挛

16．下列哪一项检查对鉴别缺血性心肌病与扩张型心肌病最有意义
A．超声心动图
B．冠状动脉造影
C．无创性心脏功能测定
D．动态心电图
E．床边漂浮导管检查

17．男性，46 岁，既往健康，有吸烟史 15 年，20 支 / 日，肥胖体型。近半年来，偶于活动剧烈时感胸骨后疼痛，休息可缓解。查体：BP 100/60mmHg，心界不大，HR 92 次 / 分，律齐。为明确诊断，下列检查中首选哪项
A．平静心电图
B．24 小时动态心电图
C．高频心电图
D．血脂检查
E．心电图负荷试验

18．男性，49 岁，肥胖体型，有吸烟史 25 年，10 支 / 日。近 1 年来偶于活动剧烈时感胸骨后疼痛，向左肩放射，休息可缓解。活动平板试验可疑阳性。查体：BP 110/80mmHg，心界不大，HR 88 次 / 分，律齐。为明确诊断，最有助于诊断的检查方法是
A．放射性核素检查
B．冠脉造影
C．左心室造影
D．超声心动图
E．心脏 X 线片

19．男性，55 岁，有吸烟、饮酒史 15 年，肥胖体型。2 年来，活动后感胸骨后疼痛，休息可缓解，近日胸痛发作频繁。冠脉造影结果显示左前降支近端局限性狭窄达 90%，选择下列哪项治疗措施最佳
A．口服异山梨酯 + 普萘洛尔
B．左冠前降支病变狭窄处冠脉旁路术
C．口服阿司匹林 + 地西泮
D．口服硝苯地平 + 卡托普利
E．冠状动脉介入治疗术（PCI）

20．女性，65 岁，活动后胸痛，向左肩及左手臂内侧及小指放射，活动平板试验阳性。含化硝酸甘油多久后胸痛缓解
A．1 ~ 2 分钟
B．3 ~ 4 分钟
C．5 ~ 6 分钟
D．7 ~ 8 分钟
E．9 ~ 10 分钟

21．男性，47 岁，有吸烟史 18 年，肥胖体型。近半年来，偶于活动剧烈时感胸骨后疼痛，休息可缓解。查体：BP 100/70mmHg，心界不大，HR 92 次 / 分，律齐。冠脉造影结果显示：冠心病，诊断明确，以下哪种因素是决定预后的主要因素
A．年龄

B．体重
C．冠状动脉病变和心功能
D．性别
E．戒烟

22．男性，45 岁。持续性胸骨后压榨性疼痛 5 小时，伴恶心、出汗，来院后急查血，cTnI、cTnT 显著增高，你认为最可能的诊断是
A．心绞痛
B．肋软骨炎
C．急性心包炎
D．急性心肌梗死
E．急性胃炎

23．男性，58 岁。持续性胸骨后压榨性疼痛 10 小时，伴头晕、恶心、出汗，来院后急查心电图，如仍不足以确定诊断，你认为下述哪一种辅助检查最有诊断价值
A．血清胆固醇
B．血清甘油三酯
C．血清心肌损伤标志物
D．X 线胸片
E．超声心动图

24．缓解变异性心绞痛首选药物是
A．硝酸甘油
B．倍他洛克
C．地尔硫卓
D．卡托普利

25．监护室中，一个急性心肌梗死第 3 天的患者，呼吸频率较前增加 6 ~ 8 次 / 分，左腋下出现细湿啰音，心率加快，心尖出现第三心音，P2 亢进，但患者仍能安静卧床，此时除诊断急性心肌梗死（AMI）外，还应该诊断
A．并发呼吸道感染
B．合并左心衰竭
C．梗死面积扩大
D．出现乳头肌功能不全
E．合并右心功能不全

26．男性，65 岁，高血压 10 年，近半年经常出现半夜胸闷、胸痛。心电图 V_1 ~ V_3 导联 ST 段下移，诊断为
A．早期左心衰竭
B．变异性心绞痛
C．卧位型心绞痛
D．食管裂孔疝
E．混合性心绞痛

27．男性，60 岁，患高血压 15 年，15 分钟前突然出现胸骨后持续性压榨性疼痛，心电图未见异常 Q 波及 ST 段偏移，V_1 ~ V_3 导联可见高耸 T 波，最可能的诊断为
A．变异性心绞痛
B．急性心包炎
C．气胸
D．高血钾
E．急性心肌梗死超急性期

28．男性，55 岁，急性心肌梗死发病 3 周后，出现发热和心包摩擦音，ESR 30mm/h，WBC 6.1×10^9，N 55%，最可能的诊断为
A．急性心肌梗死后反应性心包炎
B．心脏破裂
C．早期复极综合征
D．伴发病毒性心包炎
E．室壁瘤

29．男性，60 岁，急性心肌梗死后 6 个月，心电图上 ST 段仍持续抬高提示
A．室壁瘤
B．乳头肌功能失调
C．近期将发生心脏破裂
D．伴发变异性心绞痛
E．心肌梗死后综合征

30．急性心肌梗死发病 12 小时内最重要的治疗方法是
A．吸氧
B．镇静、止痛
C．冠状动脉血运重建
D．强化他汀治疗
E．双联抗血小板治疗

31．改善急性心肌梗死并心源性休克患者预后最重要的治疗措施是
A．吸氧、镇静、止痛
B．大剂量多巴胺、去甲肾上腺素升压
C．直接 PCI 重建冠脉血运
D．强心、利尿等纠正心力衰竭
E．主动脉内球囊反搏
32．急性冠脉综合征的主要病理基础是
A．冠脉痉挛
B．冠脉存在易损斑块
C．冠脉重度狭窄
D．血压、心率不稳定
E．血小板与凝血功能异常
33．急性冠脉综合征强化他汀治疗的目标是使低密度脂蛋白（LDL-C）降至低于
A．1.4mmol/L
B．1.6mmol/L
C．1.8mmol/L
D．2.0mmol/L
E．2.2mmol/L
34．急性冠脉综合征强化他汀治疗仍不能使 LDL-C 达标常可再联合应用以下哪种药物
A．依折麦布
B．贝特类
C．烟酸类
D．前蛋白转化酶枯草溶菌素 9 抑制剂
E．普罗布考
35．具有稳定动脉粥样硬化斑块、抑制甚至逆转斑块生长的药物是
A．血管紧张素转化酶剂
B．血管紧张素Ⅱ受体制剂
C．硝酸异山梨酯阻断药
D．钙通道阻断剂
E．他汀类

二、多项选择题

1．能引起心绞痛的心脏病有
A．冠心病
B．主动脉瓣狭窄
C．梗阻性肥厚型心肌病
D．主动脉瓣关闭不全
E．高血压性心脏病
2．急性心肌梗死临床表现可有
A．持续性胸痛
B．第一心音增强
C．病理性第三心音
D．心电图出现病理性 Q 波，ST 抬高
E．心肌损伤标志物升高
3．急性心肌梗死并发严重乳头肌功能不全时，即刻可出现
A．心尖区响亮的收缩期杂者
B．右心室扩大
C．肺动脉压增高
D．静脉压增高
E．心输出量下降
4．男性，50 岁。胸痛 4 小时，心电图诊断为“急性下壁、右室心肌梗死”患者胸痛持续不缓解。查体：BP 85/55mmHg，颈静脉充盈，下肢水肿，正确的处理为
A．适当利尿，消除水肿
B．积极补液，适当应用多巴胺升压
C．立即行 PCI
D．静滴硝酸甘油缓解胸痛
E．使用洋地黄改善心功能
5．心电图Ⅱ、Ⅲ、avF、V_6、V_7 导联运动后出现 ST 断水平下降，最有可能涉及的冠脉是
A．右冠状动脉
B．左主干
C．左前降支
D．左回旋支
6．属于冠状动脉粥样硬化性心脏病（冠心病）的危险因素的是
A．糖尿病
B．吸烟
C．饮酒
D．肥胖
E．高血压

三、名词解释

1．变异性心绞痛
2．缺血性心脏病
3．心肌梗死后综合征
4．缺血性心肌病
5．再灌注损伤
6．心室重塑

四、填空题

1．急性冠脉综合征包括______，________，________。
2．心电图运动负荷试验阳性标准是运动中出现________，心电图改变是________并持续≥________。
3．不稳定型心绞痛（UA）与急性冠脉综合征（ACS）两者均无ST段抬高，两者的鉴别是检测________，UA检测结果是________，而ACS检测结果是________。
4．冠脉X综合征多见于女性，检查______阳性，而________为阴性。认为是冠状动脉系统________不良所致。
5．急性心肌梗死溶栓治疗后血栓溶解，除冠脉造影外临床间接判断血栓溶解的依据是________；________；________；________。
6．急性ST段抬高型心梗的并发症有______，________，________，________，________。
7．急性胸痛患者就诊时，应在________时间内获取________导联心电图，明确急性ST段抬高型心肌梗死诊断后应第一时间给予嚼服阿司匹林300mg+替格瑞洛180mg以抗血小板，并尽快采取________或________等方法进行冠脉血运重建。

五、问答题

1．冠状动脉造影常用心肌梗死溶栓治疗（TIMI）试验评定冠状动脉狭窄程度，请阐述TIMI试验分级指标。
2．试述冠心病的一级预防和二级预防。
3．简述急性心肌梗死溶栓疗法的适应证。
4．急性心肌梗死引起的心力衰竭，按Killip分级分为哪几级。
5．简述ST段抬高急性心肌梗死患者，心电图动态演变。
6．简述主要几支冠状动脉发生闭塞时各自累及心脏哪些部位。

参考答案

一、单项选择题

1．A	2．A	3．D	4．B	5．E	6．C
7．C	8．D	9．A	10．D	11．C	12．A
13．A	14．D	15．C	16．B	17．E	18．B
19．E	20．A	21．C	22．D	23．C	24．C
25．B	26．C	27．E	28．A	29．A	30．C
31．C	32．B	33．B	34．A	35．E	

二、多项选择题

1．ABCD	2．ACDE	3．ACE	4．BC	5．AD	6．ABDE

三、名词解释

1．变异性心绞痛：患者心绞痛发作于休息时，多见凌晨时，发作时ST段抬高，治疗以钙通道阻断药最好，可与硝酸酯合用，为冠状动脉固定狭窄的基础上又出现严重痉挛所致。

2．缺血性心脏病：冠状动脉粥样硬化性心脏病简称冠心病，包括冠状动脉硬化导致心肌缺血、缺氧而引起的心脏病，以及冠状动脉功能性改变（痉挛），两者统称为缺血性心脏病。

3．心肌梗死后综合征：患者发生心肌梗死后数周至数月，由于机体对坏死物质的过敏反应，出现发热、胸痛、心包炎、胸膜炎、肺炎等表现。

4．缺血性心肌病：由于冠状动脉病变，心肌长期缺血，心肌纤维组织增生，临床表现为心脏扩大、心律失常、心力衰竭，称缺血性心肌病。

5．再灌注损伤：再灌注损伤是指由于闭塞冠状动脉的开通，血流再灌注而导致的心肌细胞死亡，即心肌细胞不是因缺血而死亡，而于再灌注期死亡。

6．心室重塑：心肌梗死后，左心室体积增大、形状改变及梗死节段心肌变薄和非梗死节段心肌增厚，对心室的收缩效应及电活动均有持续不断的影响。

四、填空题

1．不稳定型心绞痛　非 ST 段抬高型心肌梗死　ST 段抬高型心肌梗死

2．心绞痛　ST 段压低≥ 0.1mV　2 分钟

3．心肌坏死标记物　正常　增高

4．心电图运动负荷试验阳性　冠状动脉造影　毛细血管功能

5．心电图抬高的 ST 段　胸痛　2 小时内出现　峰值提前出现

6．乳头肌功能失调或断裂　室壁瘤　心脏破裂　栓塞　心肌梗死后综合征

7．10 分钟　18　直接 PCI　溶栓

五、问答题

1．冠状动脉造影常用心肌梗死溶栓治疗（TIMI）试验评定冠状动脉狭窄程度，请阐述 TIMI 试验分级指标。

答：TIMI 试验分级指标

①0 级，无血流灌注，闭塞血管远端无血流；

②Ⅰ级，造影剂部分通过，冠状动脉狭窄远端不能完全充盈；

③Ⅱ级，冠状动脉狭窄远端可以完全充盈，但显影慢，造影剂消除也慢；

④Ⅲ级，冠状动脉的造影剂迅速完全充盈和消除。

2．试述冠心病的一级预防和二级预防。

答：冠心病的一级预防：预防动脉粥样硬化和冠心病。

冠心病的二级预防

A．aspirin　（抗血小板聚集）
　anti-anginals　（抗心绞痛）

B．beta-blocker　（使用 β 受体阻断药）
　blood pressure control　（控制血压）

C．cholesterol lowing　（控制血脂）
　cigarettes quiting　（戒烟）

D．diet control　（控制饮食）
　diabetes treatment　（治疗糖尿病）

E．education　（普及冠心病教育）

exercise （适当运动锻炼）

3．简述急性心肌梗死溶栓疗法的适应证。

答：①两个或两个以上的相邻导联 ST 段抬高（胸导联≥ 0.2mV，肢导联≥ 0.1mV）或病史提示急性心肌梗死伴左束支传导阻滞，起病时间＜ 12 小时，患者年 龄＜ 75 岁；

② ST 段显著抬高的心肌梗死，年龄＞ 75 岁，经慎重权衡利弊仍可考虑；

③ ST 段抬高的心肌梗死，发病时间已达 12 ～ 24 小时，但如有进行性缺血性胸痛，广泛 ST 段抬高者可考虑。

4．急性心肌梗死引起的心力衰竭，按 Killip 分级分为哪几级。

答：Killip 分级

Ⅰ级　无明显心力衰竭

Ⅱ级　有左心衰竭，肺部啰音＜ 50% 肺野

Ⅲ级　有急性肺水肿，全肺大、小，干、湿啰音

Ⅳ级　有心源性休克等不同程度或阶段的血流动力学变化。

5．简述 ST 段抬高急性心肌梗死患者，心电图动态演变。

答：①超急性期：起病数小时内，可无异常或异常高大两肢不对称 T 波。

②急性期：数小时后，ST 段明显抬高，弓背向上，与 T 波连接，形成单向曲线，数小时内至 2 日内出现病理性 Q 波，同时 R 波减低。

③亚急性期：ST 段抬高持续数日至 2 周左右，逐渐回到基线水平，T 波变为平坦或倒置。

④慢性期：数周至数月，T 波呈 V 型倒置，两肢对称，波谷尖锐。

6．简述主要几支冠状动脉发生闭塞时各自累及心脏哪些部位。

①左冠状动脉前降支闭塞：左室前壁、心尖部、前间隔、下侧壁、二尖瓣前乳头肌。

②左冠状动脉回旋支闭塞：左室高侧壁、膈面（左冠优势时）、左房，可能累及房室结。

③左冠状动脉主干闭塞：广泛前壁。

④右冠状动脉闭塞：左室膈面（右冠状动脉优势时）、右心室、后间隔，可能累及房室结、窦房结。

心脏瓣膜病

一、单项选择题

1．男性，46 岁，心脏杂音病史 20 年，发热 6 周住院。查体：睑结膜见瘀点，心尖部闻及双期杂音。超声心动图检查示二尖瓣增厚、回声增强，二尖瓣狭窄并关闭不全，二尖瓣叶可见赘生物。化验类风湿因子（+），血培养两次均检出草绿色链球菌（+）。此患者的诊断是

A．确诊为感染性心内膜炎

B．疑诊为感染性心内膜炎

C．心肌炎

D．类风湿性心脏病

E．结缔组织病

2．女性，32 岁，风湿性心脏病史 6 年，4 周前“感冒”后一直低热、咽痛，1 周来心悸、胸闷较前加重，乏力、多汗。查体：面色苍白，心尖部闻及收缩期乐音样杂音。此病人低热原因最可能为

A．金黄色葡萄球菌感染

B．真菌感染
C．立克次体感染
D．草绿色链球菌感染

3．各种感染或细菌寄居的皮肤黏膜创伤（如手术、器械操作等）常导致暂时性菌血症，以下描述错误的是
A．口腔组织创伤常导致草绿色链球菌菌血症
B．消化道创伤和感染常引起葡萄球菌菌血症
C．泌尿生殖道创伤和感染常引起肠球菌和革兰氏阴性杆菌菌血症
D．葡萄球菌菌血症见于皮肤和远离心脏部位的感染

4．下列哪项不是亚急性感染性心内膜炎的特征
A．中毒症状轻
B．病程数周至数月
C．感染迁移多见
D．病原菌以草绿色链球菌多见

5．发热患者下列哪项体征对诊断感染性心内膜炎最具有特征性
A．进行性贫血
B．脾大
C．皮肤、黏膜瘀点
D．主动脉瓣区突然出现舒张期杂音

6．感染性心内膜炎预后不良因素中最为严重的是
A．主动脉瓣损害
B．真菌致病
C．心力衰竭
D．肾衰竭

7．下列疾病中最易发生亚急性感染性心内膜炎的是
A．肺动脉瓣狭窄
B．二尖瓣关闭不全
C．动脉导管未闭
D．房间隔缺损

8．Osler 结节见于
A．急性风湿热
B．病毒性心肌炎
C．系统性红斑狼疮
D．感染性心内膜炎

二、多项选择题

1．感染性心内膜炎周围体征有
A．蝶形红斑
B．Roth 斑
C．Osler 结节
D．Janeway 损害
E．指和趾甲下线状出血

2．感染性心内膜炎肾损害包括
A．肾动脉栓塞和梗死
B．膜性肾病
C．肾小球肾炎
D．肾脓肿
E．肾淀粉样变性

3．关于感染性心内膜炎血培养检测，以下描述正确的是
A．亚急性患者，应在第一日间隔 2 小时采血 1 次，共 3 次
B．急性患者应在入院后 3 小时内，每隔 1 小时 1 次，共取 3 个血标本后开始治疗
C．感染性心内膜炎的菌血症为持续性，无需在体温升高时采血
D．血培养阴性率为 2.5% ~ 64%
E．近期未接受过抗生素治疗的患者血培养阳性率可达 95% 以上

4．感染性心内膜炎的临床表现有
A．发热
B．心脏杂音
C．周围体征
D．动静脉栓塞
E．感染的非特异症状

5．感染性心内膜炎的赘生物，下列哪项说法是正确的
A．可引起栓塞
B．以二尖瓣、主动脉瓣上常见
C．经食管超声心动图可检出 < 2mm 的

赘生物

D．易发生在二尖瓣反流面对的左心房壁

E．易发生在室间隔缺损的左心室侧

三、名词解释

Roth 斑

四、填空题

1．复发的肺动脉栓塞后三尖瓣赘生物大于时________，必须手术治疗。

2．感染性心内膜炎引起的神经系统并发症包括________、________、________、________、________、________。

3．引起感染性心内膜炎的主要病原微生物是________、________。

五、简答题

1．简述感染性心内膜炎的 Duke 诊断标准中的主要标准。

2．简述活动性自体瓣膜心内膜炎手术适应证。

3．人工瓣膜术后早期发生感染性心内膜炎，应积极考虑手术，瓣膜再置换的适应证是什么？

参考答案

一、单项选择题

1．A　2．D　3．B　4．C　5．D　6．C　7．B　8．D

二、多项选择题

1．BCDE　2．ACD　3．BCDE　4．ABCE　5．ABDE

三、名词解释

Roth 斑：为视网膜的卵圆形出血斑，其中心呈白色，多见于亚急性感染。

四、填空题

1．20mm

2．脑栓塞　脑细菌性动脉瘤　脑出血　中毒性脑病　脑脓肿　化脓性脑膜炎

3．链球菌　葡萄球菌

五、简答题

1．简述感染性心内膜炎的 Duke 诊断标准中的主要标准。

答：（1）血培养阳性（符合以下至少一项标准）：①两次不同时间的血培养检出同一项典型感染性的内膜炎致病微生物（如草绿色链球菌、链球菌、金黄色葡萄球菌）；②多次血培养检出同一感染性的内膜炎致病微生物（2 次至少间隔 12 小时以上的血培养阳性，所有 3 次血培养均阳性、4 次或 4 次以上的多数血培养阳性）；③ Q 热病原体 1 次血培养阳性或其 IgG 抗体滴度＞1 ∶ 800。

（2）心内膜受累证据（符合以下至少一项标准）：①超声心动图异常（赘生物、脓肿、人工瓣膜裂开）；②新出现的瓣膜反流。

2．简述活动性自体瓣膜心内膜炎手术适应证。

答：主要适应证包括：①由瓣膜功能衰竭所致的心力衰竭；②在积极抗生素治疗情况下，

仍有持续败血症；③再发栓塞。

次要适应证包括：①脓肿、假性动脉瘤以及1个（多个）瓣膜破裂或瘘引起异常交通的征象表明局部感染扩散（局部感染没有控制）时；②不容易治愈（如真菌、布鲁氏菌和Q热病原体）或对心脏结构破坏力大的病原微生物感染时；③抗生素治疗后仍病原不明；④伴有心力衰竭的左侧急性金黄色葡萄球菌性感染性的内膜炎；⑤血培养阴性，足够抗生素治疗，持续发热10天以上的再发。如二尖瓣赘生物＞10mm或抗生素治疗下赘生物体积增大或赘生物位于二尖瓣闭合的边缘时应尽考虑早手术治疗。复发的肺动脉栓塞后三尖瓣赘生物＞20mm时，必须手术治疗。

3．人工瓣膜术后早期发生感染性心内膜炎，应积极考虑手术，瓣膜再置换的适应证是什么？

答：①因瓣膜关闭不全致中至重度心力衰竭；

②真菌感染；

③充分抗生素治疗后有持续菌血症；

④急性瓣膜阻塞；

⑤X线透视发现人工瓣膜不稳定；

⑥新发生的心脏传导阻滞。

心肌疾病

一、单项选择题

1．下列哪一项对鉴别扩张型心肌病与缺血性心肌病最有意义

A．超声心动图

B．冠状动脉造影

C．无创性心脏功能测定

D．动态心电图

E．床边漂浮导管检查

2．下列哪项属于获得性心肌病范畴

A．扩张型心肌病

B．围生期心肌病

C．肥厚型心肌病

D．致心律失常型右室心肌病

E．限制型心肌病

3．下述哪项符合限制型心肌病

A．心内膜面瘢痕形成及心肌纤维化

B．心肌间质纤维化

C．心肌细胞呈漩涡状排列

D．心肌细胞变性坏死

E．心肌细胞凋亡

4．目前认为扩张型心肌病最主要的病因是

A．遗传

B．病毒感染

C．酒精中毒

D．内分泌疾病

E．代谢异常

5．男性，60岁，劳力性呼吸困难3年，双下肢水肿半个月。查体：唇绀，颈静脉怒张，HR 110次/分，律齐，S1，S2均减弱，P2大于A2，心尖区闻及舒张期奔马律及3/6级收缩期吹风样杂音，肝大，双下肢水肿，为明确诊断，最需做的检查是

A．心电图（ECG）

B．超声心动图

C．测定静脉压

D．心电向量图

E．胸部X线检查

6．鉴别扩张型心肌病和心包积液，下列哪项检查最有价值

A．心电图检查

B．X 线检查
C．放射性核素检查
D．超声心动图检查
E．血清酶检查

7．有关肥厚型心肌病，下列说法不正确的是
A．小部分可演变成扩张型心肌病
B．多数有心悸、胸痛、劳力性呼吸困难
C．可有晕厥
D．含服硝酸甘油可以使杂音减弱
E．β 受体阻断药和钙拮抗剂治疗有效

8．下列哪项支持急性心肌炎而不利于扩张型心肌病的诊断
A．心电图显示多样易变的心律失常
B．发病前 1 ～ 3 周有上呼吸道感染史，体检时心率增快与体温升高不相称
C．心尖部可闻 2/6 ～ 4/6 级收缩期杂音及舒张期奔马律
D．血清肌酸激酶（CK）增高
E．出现劳力性呼吸困难

9．扩张型心肌病病人有左心室扩大同时合并高血压，以下哪种药物为治疗首选
A．硝苯地平
B．厄贝沙坦
C．硝酸异山梨酯
D．利尿剂
E．特拉唑嗪

10．引起病毒性心肌炎的病毒较多见的是
A．柯萨奇 B 组病毒
B．流行性感冒病毒
C．埃可病毒
D．肝炎病毒
E．风疹病毒

11．限制型心肌病的临床表现与下列哪种疾病极为相似
A．心力衰竭
B．大量心包积液
C．肝硬化腹水
D．慢性肾炎
E．缩窄性心包炎

12．下列哪项不是扩张型心肌病的超声心动图表现
A．心脏四腔均扩大，以左室扩大为主
B．左室流出道变窄
C．室间隔运动减弱
D．左室后壁运动减弱
E．二尖瓣关闭不全

13．肥厚型心肌病猝死的常见原因是
A．心力衰竭
B．栓塞
C．心肌缺血
D．心室纤颤
E．房性心律失常

14．心脏磁共振（CMR）检查对病毒性心肌炎的诊断有较大价值，表现在 CMR 可发现
A．钆延迟增强扫描可见心肌片状强化
B．心室腔扩大
C．心室壁变薄
D．附壁血栓
E．瓣膜反流

15．下列哪项不属于病毒性心肌炎的发病机制
A．病毒的直接损害
B．神经激素受体异常
C．细胞免疫
D．细胞因子
E．一氧化氮

16．病毒性心肌炎的预后不正确的说法是
A．大多数经治疗可痊愈
B．少数重症者可死亡
C．部分演变成扩张型心肌病
D．一些心律失常可长期存在，常于上呼吸道感染、劳累后增多
E．多数慢性化，只有少数可治愈

17．女性，38 岁，因心悸、气急、胸闷半个月入院，病前两周曾有发热、腹泻史。体检：肺部无啰音，心界向左下明显扩大，HR 108 次 / 分，律齐，第一心音减弱，心尖闻及 2/6 级收缩期吹风样杂音，ESR 40mm/h，抗“O”试

验阴性，肌钙蛋白Ⅰ升高，心电图：窦性心动过速，Ⅰ度房室传导阻滞，ST-T改变。本例诊断最大可能是
A．风湿性心肌炎
B．病毒性心肌炎
C．扩张型心肌病
D．大量心包积液
E．以上都不是

18．男性，45岁，劳力性呼吸困难2年，双下肢水肿、上腹饱胀半个月。有长期大量饮酒史及吸烟史。查体：唇绀，颈静脉怒张，双下肺湿啰音，HR 110次/分，律齐，心界明显左下扩大，S1、S2均减弱，心尖区闻及舒张期奔马律及3/6级收缩期吹风样杂音，肝大，双下肢水肿。超声心动图显示全心扩大，室壁变薄，搏动明显减弱，二尖瓣中度反流。最可能的正确诊断是
A．扩张型心肌病
B．病毒性心肌炎
C．酒精性心肌病
D．缺血性心肌病
E．风湿性心脏病

19．下列哪项不是扩张型心肌病的特征
A．女性多于男性
B．一侧或双侧心腔扩大
C．充血性心力衰竭
D．常伴有心律失常
E．病死率较高

20．可使梗阻性肥厚型心肌病的心脏杂音减弱的药物是
A．硝酸甘油
B．地高辛
C．异丙肾上腺素
D．亚硝酸异戊酯
E．美托洛尔

21．男性，35岁，入院诊断为扩张型心肌病，心功能4级。ECG示HR 96次/分，心房颤动。血K^+ 6.5mmol/L，血Na^+ 130mmol/L，该患者不宜应用
A．硝普钠
B．呋塞米
C．螺内酯
D．地高辛
E．华法林

22．关于围生期心肌病描述错误的是
A．多发生在既往无心脏病的妊娠末期或产后6个月内的女性
B．症状表现为呼吸困难、水肿等
C．心室腔扩大，可有附壁血栓形成
D．多发生在30岁左右的初产妇
E．治疗针对心力衰竭

23．下列哪种方法可使肥厚型心肌病的杂音增强
A．使用比索洛尔
B．下蹲位
C．使用毛花苷C
D．大量补液
E．使用钙通道阻断药

二、多项选择题

1．对诊断急性病毒性心肌炎较有意义的辅助检查是
A．白细胞增高
B．心肌损伤标志物增高
C．心电图发现室性期前收缩
D．血清柯萨奇B组病毒（CVB）中和抗体滴度增高4倍以上
E．心内膜心肌活检发现病毒

2．下列哪项可使肥厚型心肌病患者的心脏杂音减弱
A．使用β受体阻断药
B．含服硝酸甘油
C．体力运动
D．下蹲位
E．洋地黄

3．梗阻性肥厚型心肌病有以下哪些表现
A．胸骨左缘3～4肋间粗糙收缩期杂音合并心尖部收缩期杂音
B．室间隔不对称性肥厚

C．二尖瓣前叶脱垂引起喀喇音
D．主动脉瓣狭窄
E．心尖部舒张期杂音

4．扩张型心肌病应与下列哪些疾病相鉴别
A．病毒性心肌炎
B．冠状动脉粥样硬化性心脏病
C．风湿性心脏病
D．心包积液
E．酒精性心肌病

5．关于扩张型心肌病临床表现的叙述，以下哪些是正确的
A．早期心脏扩大，常无自觉症状
B．常以全心功能不全为主要表现
C．早期即可出现舒张期奔马律
D．可发生栓塞或猝死
E．常有胸痛发作

6．下列哪些方法可使肥厚型心肌病的杂音增强
A．硝酸酯类药物
B．强心剂
C．改变体位为直立位
D．下蹲位
E．β受体阻断药

三、名词解释

1．扩张型心肌病（dilated cardiomyopathy，DCM）
2．SAM现象（systolic anterior motion，SAM）
3．肥厚型心肌病（hypertrophic cardiomyopathy，HCM）
4．围生期心肌病（peripartal cardiomyopathy）

四、填空题

1．梗阻性肥厚型心肌病患者，可在______听到粗糙的喷射性________杂音，凡能影响________、改变________的因素均可使杂音响变改变。
2．心肌病的分类有________、________及________。
3．在胸骨左缘第3～4肋间闻及收缩期杂音常见于________、________及________等疾病。

五、问答题

1．简述扩张型心肌病的诊断依据和治疗原则。
2．简述肥厚型心肌病的诊断依据和治疗原则。
3．简述梗阻性肥厚型心肌病杂音的特点。

参考答案

一、单项选择题

1．B	2．B	3．A	4．B	5．B	6．D
7．D	8．B	9．B	10．A	11．E	12．B
13．D	14．A	15．B	16．E	17．B	18．C
19．A	20．E	21．C	22．D	23．C	

二、多项选择题

1．BDE	2．AD	3．AB	4．ABCDE	5．ABCD	6．ABC

三、名词解释

1．扩张型心肌病（dilated cardiomyopathy，DCM）：主要特征是一侧或双侧心腔扩大，心肌收缩期功能障碍，伴或不伴充血性心力衰竭，常有心律失常，病死率高，发病率男高于女。

2．SAM 现象（systolic anterior motion，SAM）：梗阻性肥厚型心肌病患者做超声心动图检查时，可见室间隔流出道部分向左心室内突出，二尖瓣前叶在收缩期向前方运动。

3．肥厚型心肌病（hypertrophic cardiomyopathy，HCM）：是以心肌非对称性肥厚、心室腔变小为特征，以左心室血液充盈受阻，舒张期顺应性下降为基本病理特征的心肌病，可分为梗阻型和非梗阻型，常出现胸痛、呼吸困难和晕厥。

4．围生期心肌病（peripartal cardiomyopathy）：围生期心肌病可以在围生期首次出现，多发生在既往无心脏病的妊娠最后 1 个月至产后 6 个月内的女性，出现呼吸困难、痰中带血、肝大、水肿等心力衰竭症状，类似扩张型心肌病，通常预后良好，再次妊娠常引起疾病复发。

四、填空题

1．胸骨左缘第 3 ～ 4 肋间　收缩期　心肌收缩力　心脏后负荷

2．遗传性心肌病　混合性心肌病　获得性心肌病

3．梗阻性肥厚型心肌病　主动脉瓣狭窄　室间隔缺损

五、问答题

1．简述扩张型心肌病的诊断依据和治疗原则。

答：诊断依据：①临床上有慢性心力衰竭的表现；②超声心动图有心腔扩大、室壁变薄和心脏弥漫性搏动减弱；③除外各种病因明确的器质性心脏病，如病毒性心肌炎、风湿性心脏病、冠心病、先天性心血管病等。

治疗原则：针对充血性心力衰竭和心律失常进行治疗。控制感染，纠正电解质紊乱，限制体力活动，低盐饮食，使用洋地黄、利尿剂治疗时，再口服血管紧张素转化酶抑制剂（ACEI）或血管紧张素Ⅱ受体阻断药（ARB）、β 受体阻断药以及螺内酯可使患者预后改善。对有适应证患者进行心脏再同步化治疗（CRT）可缓解症状，改善心功能，另外，对内科治疗无效的患者，心脏移植术亦是一种有效的方法。

2．简述肥厚型心肌病的诊断依据和治疗原则。

答：诊断依据：①青壮年好发，有家族史。

②常有劳力性呼吸困难、胸痛及心悸，可出现晕厥。

③伴流出道梗阻的患者，可在胸骨左缘第 3 ～ 4 肋闻及粗糙的喷射性收缩期杂音。

④超声心动图有室间隔非对称性肥厚，室间隔：后壁≥ 1.3 ： 1，有梗阻的患者可出现 SAM 现象 。

⑤需除外高血压性心脏病、主动脉瓣狭窄、淀粉样变性等。

治疗原则：改善症状、减少合并症及预防猝死。减轻左心室流出道梗阻、改善心室顺应性、防止血栓栓塞事件、识别高危猝死患者。药物可使用 β 受体阻断药和非二氢吡啶类钙通道阻断药，抗凝治疗，治疗心律失常。对重度梗阻者可做介入或手术治疗：室间隔切除术、酒精室间隔消融术或双腔起搏器植入术。避免使用正性肌力药物及减轻心脏后负荷的药物，避免激烈运动。

3．简述梗阻性肥厚型心肌病杂音的特点。

答：在胸骨左缘第 3 ~ 4 肋间闻及较粗糙的喷射性收缩期杂音，心尖部也可听到收缩期杂音。其机制为：室间隔不对称肥厚造成左心室流出道狭窄，收缩期血流经过狭窄处的漏斗效应将二尖瓣吸引移向室间隔，使狭窄更为严重，于收缩晚期甚至可以完全阻挡流出道；而同时二尖瓣出现关闭不全。凡使心肌收缩力下降或使左心室容量增加的药物和方法均可使杂音减轻；反之，使杂音增强。

心包疾病

一、单项选择题

1．急性心脏压塞的主要特征

A．颈静脉怒张

B．Beck 三联征

C．听诊心音减弱

D．触诊脉搏减弱

E．收缩期血压下降，舒张压不变

2．缩窄性心包炎最常见的临床表现是

A．胸前区疼痛，干咳

B．微热，盗汗

C．颈静脉怒张，肝大，腹水

D．呼吸困难，心浊音界扩大

E．血沉增快

3．对心包积液最有诊断价值的检查是以下哪一种

A．X 线

B．心电图

C．超声心动图

D．实验室检查

E．同位素检查

4．不符合急性心包炎的心电图变化是下列哪项

A．弓背向下型 ST 段抬高

B．T 波平坦或倒置

C．QRS 波呈低电压

D．电交替

E．弓背向上的 ST 抬高

5．大量心包积液发生心脏压塞时，最快速解除压塞的治疗措施是

A．大量激素静脉滴注

B．大量抗生素静脉滴注

C．应用大量利尿剂

D．心包穿刺

E．应用血管扩张剂

6．奇脉见于

A．心包积液

B．全心衰竭

C．室性早搏

D．Ⅲ度房室传导阻滞

E．主动脉瓣关闭不全

7．心包腔内大量血性积液，结核菌素（OT）试验阳性见于

A．风湿性心包炎

B．结核性心包炎

C．化脓性心包炎

D．急性非特异性心包炎

E．尿毒症性心包炎

8．男性，46 岁。心脏进行性扩大 6 年，曾住院诊断为扩张型心肌病，本次因气急加重，水肿明显 1 周来诊，门诊检查后疑有大量心包积液，下列哪项最支持此诊断

A．吸气时收缩压较呼气时降低 20mmHg

B．心电图示肢导联低电压

C．心音弱

D．心界向两侧扩大

E．颈静脉怒张

9．男性，38 岁，因半个月来发热、乏力

就诊，无胸痛与关节痛。查体：颈静脉充盈，心界向两侧扩大，心音遥远，HR 103 次 / 分，肝大。化验血，WBC 10×10^9/L，ESR 25mm/h。B 超检查为心包积液，心包穿刺抽出 800ml 浅草黄色液体，光镜检查 WBC 0.4×10^9/L（400/mm^3），N 40%，LYM 60%，涂片未见结核分枝杆菌或其他细菌，本例心包炎的病因以哪项可能性最大

A．急性非特异性心包炎
B．风湿性心包炎
C．化脓性心包炎
D．结核性心包炎
E．阿米巴性心包炎

10．男性，34 岁，劳累后气急 1 年，近 2 个月来乏力、食欲缺乏伴腹胀就诊。查体：颈静脉充盈显著，心界轻度增大，HR 100 次 / 分，律齐，可闻及舒张早期额外心音。两肺呼吸音清，肝因大量腹水未能扪清，下肢水肿。X 线检查示右侧胸腔轻至中度积液，心影呈三角形，搏动减弱，左、右心缘平直，未见心包钙化影。本例测量血压时，发现吸气时血压下降 30mmHg，此现象可见于下列疾患，除外

A．心包缩窄
B．大量胸腔积液
C．支气管哮喘
D．严重肺气肿
E．右心衰竭

二．多项选择题

1．急性心包炎频发室性早搏，可选用

A．利多卡因
B．异丙肾上腺素
C．美西律
D．胺碘酮
E．以上均正确

2．浆液性心包积液的病因有

A．非特异性心包积液
B．病毒感染
C．低蛋白血症
D．充血性心力衰竭
E．放射治疗后

3．心包压塞的临床表现包括下列哪些

A．奇脉
B．休克
C．颈静脉怒张
D．心肌电交替
E．水冲脉

4．奇脉常见于下列哪些疾病

A．冠心病
B．心肌炎
C．心肌病
D．心包积液
E．缩窄性心包炎

三、名词解释

1．Kussmaul 征
2．Ewart 征

四、填空题

1．心包炎的常见病因________、________、________、________。

2．急性心包炎心包积液时最突出的症状是________。

3．心包压塞体征包括________、________、________、________。

4．急性心包炎典型心包摩擦音的特点是________。

五、问答题

1．简述奇脉形成的原因。
2．简述结核性心包炎的临床诊断要点。

参考答案

一、单项选择题

1．B　2．C　3．C　4．E　5．D　6．A
7．B　8．A　9．D　10．E

二、多项选择题

1．ACD　2．ABCDE　3．ABCD　4．DE

三、名词解释

1．Kussmaul 征：心包缩窄使心室舒张期扩张受阻，心室舒张期充盈减少，心搏量下降。吸气时周围静脉回流增多，而已缩窄的心包使心室失去适应性扩张的能力，致静脉压增高，吸气时颈静脉明显扩张，称为 Kussmaul 征。

2. Ewart 征：大量心包积液时，在左肩胛下区可出现浊音及支气管呼吸音，称为 Ewart 征。

四、填空题

1．感染性或结核性　非特异性　肿瘤性　风湿性
2．呼吸困难
3．颈静脉怒张　窦性心动过速低血压或休克　奇脉
4．三相摩擦者

五、问答题

1．简述奇脉形成的原因。

答：正常人吸气时由于胸腔负压增大，回心血量增多、肺循环血量也增多，因而左心搏出量无明显影响，脉搏强弱无变化。当心脏压塞或心包缩窄时，吸气时右心舒张受限，回心血量减少继而影响右心排出量，致使肺静脉回流入左心房血量减少，因而左室排血减少，导致脉搏减弱，甚至不能扪及的情况。

2．简述结核性心包炎的临床诊断要点。

答：病史中常伴有原发性结核病或与其他浆膜腔结核并存，常无发热、胸痛，可有心包摩擦音，白细胞计数正常或轻度增高，血培养阴性，心包积液量常为大量，多为血性，细胞分类以淋巴细胞较多，有时可找到结核分枝杆菌。

主动脉和周围血管病

一、单项选择题

1．治疗深静脉血栓形成的主要目的是
A．预防脑梗死
B．预防肺栓塞
C．预防心肌梗死
D．预防肾梗死
E．预防下肢梗死

2．动脉粥样硬化侵犯最多的动脉为
A．主动脉
B．胫动脉
C．腓动脉

D．髂动脉

E．股 - 腘动脉

3．下肢动脉严重狭窄时，踝肱指数比值应

A．小于 1

B．小于 0.5

C．小于 1.5

D．小于 0.8

E．小于 2

4．主动脉夹层最主要和最常见的表现是

A．疼痛

B．血压急剧升高

C．心率增快

D．神经系统缺血症状

E．心脏压塞

5．血栓闭塞性脉管炎最主要和典型的症状是

A．患肢萎缩

B．足部及小腿酸痛

C．间歇性跛行和静息痛

D．持续性静息痛

E．肢端青紫

6．深静脉血栓形成的抗凝治疗，调整华法林用量，使凝血酶原时间国际标准化比值（INR）维持在

A．2 ～ 3

B．1 ～ 2

C．3 ～ 4

D．0 ～ 1

E．2 ～ 4

二、多项选择题

1．促发静脉血栓形成的因素包括

A．静脉血流淤滞

B．血管损伤

C．血红蛋白减少

D．精神高度紧张

E．血液高凝状态

2．主动脉夹层的临床表现取决于

A．主动脉夹层动脉瘤的部位、范围和程度

B．主动脉分支累及情况

C．有无主动脉瓣关闭不全及向外破溃

D．血压升高程度

E．心率的快慢

三、名词解释

1．主动脉夹层

2．ABI

四、填空题

1．主动脉夹层在心血管系统的主要临床表现包括________、________和________。

2．新型的口服抗凝药物利伐沙班作为________因子抑制剂，可作为治疗成人 DVT 及预防复发性 DVT，可作为______的替代药物治疗。

五、问答题

试述深静脉血栓形成的治疗措施。

参考答案

一、单项选择题

1．B　2．E　3．A　4．A　5．C　6．A

二、多项选择题

1．ABE　2．ABC

三、名词解释

1．主动脉夹层：是指主动脉腔内的血液从主动脉内膜撕裂口进入主动脉中膜，并沿主

动脉长轴方向扩展，造成主动脉真假两腔分离的一种病理表现，因通常呈继发瘤样改变，故将其称为主动脉夹层动脉瘤。

2．ABI：即踝肱指数，用相应宽度压脉带分别测定踝及肱动脉的收缩压计算而得出 ABI ≥ 1 为正常，ABI < 0.9 为异常，灵敏度达到 95%，ABI < 0.5 为严重狭窄。

四、填空题

1．主动脉关闭不全和心力衰竭　心肌梗死　心脏压塞

2．Xa　华法林

五、问答题

试述深静脉血栓形成的治疗措施。

答：①卧床，抬高患肢超过心脏水平；

②抗凝剂防止血栓增大；

③机械性阻隔法预防肺栓塞：下腔静脉滤网置入术等；

④溶栓治疗。

心血管神经症

一、单项选择题

1．下列有关心血管神经症与器质性心脏病关系描述不正确的有

A．心血管神经症患者一般无器质性心脏病

B．器质性心脏病可伴有心血管神经症

C．心血管神经症可影响器质性心脏病的判断

D．器质性心脏病可能会掩盖心血管神经症

E．诊断心血管神经症必须排除器质性心脏病

2．下列哪项不是心血管神经症的特点

A．女性多于男性

B．50 岁以上多见

C．症状多而分散

D．客观检查无疾病证据

E．失眠、多梦、乏力

3．下列哪项不是心血管神经症的体征

A．心脏扩大

B．脉压稍增快

C．心率增快

D．心音增强

E．偶发室性期前收缩

4．心血管神经症的治疗不包括以下哪项

A．β 受体阻断药

B．运动锻炼

C．抗焦虑或者抗抑郁治疗

D．扩张冠状动脉

E．心理咨询

5．女性，45 岁。近 2 年来常感心慌、气促，伴头昏、失眠、多梦和上腹饱胀，劳累和情绪不佳时易发。查体：甲状腺不大，BP 120/70mmHg，心界不大，HR 120 次 / 分，偶闻及期前收缩，各瓣区无杂音。ECG：窦性心动过速，室性期前收缩，ST 段轻度下移。超声心动图：二尖瓣轻度反流，余无异常。T_3、T_4、TSH 均正常。此患者最有可能的诊断是

A．病毒性心肌炎

B．甲状腺功能亢进症

C．冠状动脉粥样硬化性心脏病

D．心血管神经症

E．心肌病

6．关于心血管神经症描述错误的是
A．大多发生在中青年，女性多于男性
B．发病可能与神经类型、环境因素和性格有关
C．一定发生于没有器质性心脏病的患者
D．主诉症状多而多变
E．以心理治疗为主，药物治疗为辅

7．心血管神经症的治疗正确的是
A．心理治疗
B．药物治疗
C．心理治疗为主，药物治疗为辅
D．药物治疗为主，心理治疗为辅
E．两者均重要

二、多项选择题

1．心血管神经症可有下列哪些表现
A．心悸
B．ST-T 段改变
C．期前收缩
D．失眠、多梦
E．低热

2．心血管神经症需与哪些病鉴别
A．心绞痛
B．嗜铬细胞瘤
C．甲状腺功能亢进症
D．病毒性心肌炎
E．二尖瓣脱垂综合征

3．下列哪些是心血管神经症胸痛的特点
A．疼痛部位不固定
B．疼痛多在静息状态发生
C．疼痛性质为针刺样
D．持续时间可为半小时
E．含服硝酸甘油 5 分钟内缓解

4．下列有关心血管神经症描述正确的是
A．女性多于男性，尤其多见于更年期的妇女
B．病因可能与神经类型、环境因素与性格有关
C．心血管神经症不会发生于器质性心脏病患者
D．常有神经系统的失调
E．常有内分泌系统的失调

三、名词解释

1．心血管神经症
2．双心医学

四、填空题

1．心血管神经症胸痛的特点有：疼痛部位________，疼痛多在________状态发生，疼痛性质为________，持续时间________，含硝酸甘油________缓解。
2．心血管神经症的治疗以________为主，________为辅。

五、问答题

1．简述心血管神经症的诊断依据是什么。
2．简述心血管神经症的临床表现的特点，鉴别诊断以及治疗原则是什么。

参考答案

一、单项选择题

1．D　2．B　3．A　4．D　5．D　6．C　7．C

二、多项选择题

1．ABCDE　2．ABCDE　3．ABCD　4．ABDE

三、名词解释

1．心血管神经症：心血管神经症是以心血管疾病的有关症状为主要表现的临床综合征，属于功能性神经症的一种类型。中青年（20 ~ 50）岁多见，女性多于男性，尤其多是更年期的女性。临床上无器质性心脏病的证据，预后良好，但长期症状严重的患者可明显影响正常生活和工作。

2．双心医学：双心医学是一门心脏病学与心理学交叉并综合形成的学科，主要研究心理疾患与心脏病之间的相关性，即研究人的情绪与心血管系统之间的深层联系，以及控制这些心理问题对心血管疾病转归的影响，是心身医学的重要分支。

四、填空题

1．不固定　静息　针刺样或牵扯样　长短不一，但一般较长　不能或数十分钟

2．心理治疗　药物治疗

五、问答题

1．简述心血管神经症的诊断依据是什么。

答：心血管神经症的诊断依据有：

①中青年女性多见，尤其是更年期的女性；

②症状多，而且多变，症状分散；

③以心血管的症状为主，同时伴有神经症的一些症状；

④缺乏有重要意义的阳性体征；

⑤需除外心绞痛、甲状腺功能亢进症、病毒性心肌炎、嗜铬细胞瘤和二尖瓣脱垂综合征等器质性疾病。

2．简述心血管神经症的临床表现的特点，鉴别诊断以及治疗原则是什么。

答：临床表现多而多变，一般都是主观感觉，缺乏有重要病理意义的阳性体征以及客观证据，通常以心血管病症状为主，如心悸、呼吸困难、胸痛等，多伴有其他神经症的症状，如失眠，多梦，手足发冷等。

本病需要与心绞痛、甲状腺功能亢进症、心肌炎、二尖瓣脱垂综合征、嗜铬细胞瘤等疾病鉴别。治疗原则是：以心理治疗为主，药物治疗为辅。鼓励患者自我调整心态，安排好作息时间，适量进行文娱、旅游和体育活动，减轻压力。焦虑症状较明显患者可选择抗焦虑药物治疗。

梅毒性心血管疾病

一、单项选择题

1．梅毒性心血管病常在初次感染梅毒后多长时间内发病

A．2 年内

B．3 年内

C．5 ~ 30 年

D．1 ~ 2 年

E．半年内

2．毒性主动脉瘤最常发生于

A．腹主动脉

B．升主动脉

C．主动脉弓

D．降主动脉

E．颈动脉

3．胸骨右缘第2肋间闻及金属、高调、响亮的舒张期杂音伴周围血管征见于

A．梅毒性主动脉瓣关闭不全

B．风湿性主动脉瓣关闭不全

C．风湿性二尖瓣狭窄

D．肺动脉瓣狭窄

E．主动脉瓣狭窄

4．梅毒性心血管病特异性梅毒血清试验是

A．性病研究实验室试验（VDRL）

B．快速血浆反应素环状卡片试验（RPR）

C．灭活血清反应素试验（USR）

D．梅素螺旋体血凝试验（TPHA）

E．康氏反应

5．有关梅毒性心血管病梅毒血清试验，下列说法不正确的是

A．VDRL和RPR灵敏度高而特异度低

B．USR灵敏度低而特异度高

C．TPHA灵敏度低而特异度高

D．华氏、康氏反应现已少用

E．荧光梅毒螺旋体抗休吸附（FTA-ABS）试验灵敏度低，而特异度高

二、多项选择题

1．下列哪些是梅毒性心血管病的病理特征

A．主动脉中层肌肉坏死

B．主动脉中层弹性组织坏死

C．主动脉瓣叶坏死变形

D．主动脉瓣环扩大

E．冠状动脉口狭窄

2．梅毒性心血管病特异性梅毒血清试验是

A．VDRL

B．RPR

C．USR

D．TPHA

E．FTA-ABS试验

三、名词解释

1．梅毒性心血管病

2．梅毒性主动脉瓣关闭不全

四、填空题

梅毒性心血管病主要包括________、________、________、________及________。

五、问答题

临床上梅毒性心血管病主要包括哪几类？

参考答案

一、单项选择题

1．C　2．B　3．A　4．D　5．B

二、多项选择题

1．ABDE　2．DE

三、名词解释

1．梅毒性心血管病：是由梅毒螺旋体侵入人体后引起的心血管病变，属晚期梅毒，绝大多数为后天性，男女之比为5∶1，本病进展缓慢。

2．梅毒性主动脉瓣关闭不全：梅毒感染使主动脉瓣环损害并扩大，造成主动脉瓣关闭不全。在胸骨右缘第2肋间闻及响亮、高调舒张期吹风样杂音，可伴周围血管征。

四、填空题

梅毒性主动脉炎　梅毒性主动脉关闭不全　梅毒性主动脉瘤　梅毒性冠状动脉口狭窄　梅毒性心肌树胶样肿

五、问答题

临床上梅毒性心血管病主要包括哪几类?

答：梅毒性心血管病主要包括：梅毒性主动脉炎、梅毒性主动脉关闭不全、梅毒性主动脉瘤、梅毒性冠状动脉口狭窄和梅毒性心肌树胶样肿。

消化系统疾病

胃食管反流病

一、单项选择题

1．对胃食管反流病的描述，下列哪项是错误的
A．胃十二指肠内容物反流入食管引起胃灼热等症状
B．可引起反流性食管炎
C．也可以不引起反流性食管炎
D．不会出现咽喉、气管等食管外组织损害
E．可以出现咽喉、气管等食管外组织损害

2．正常人静息时食管下括约肌（LES）压力为
A．0 ～ 20 mmHg
B．10 ～ 30 mmHg
C．20 ～ 40 mmHg
D．30 ～ 50 mmHg
E．40 ～ 60 mmHg

3．下列哪一类药物治疗胃食管反流病疗效最好
A．H_2受体拮抗剂
B．质子泵抑制剂（PPI）
C．抗酸药
D．胃黏膜保护剂
E．促胃肠动力药

4．诊断反流性食管炎最准确的方法是
A．24 小时食管 pH 监测
B．食管吞钡 X 线检查
C．食管测压
D．食管滴酸试验
E．胃镜检查

5．胃食管反流病最常见的症状是
A．胸痛
B．吞咽困难
C．咳嗽、哮喘及咽喉炎
D．胃灼热和反流
E．癔球症

6．下列哪一种因素不会引起下食管括约肌压力下降
A．胆囊收缩素
B．胰高血糖素
C．血管活性肠肽
D．抗胆碱能药物
E．莫沙必利

7．胃食管反流病不应该采用下列哪一种治疗
A．促胃肠动力药物
B．抑制胃酸分泌
C．抗反流手术
D．睡时抬高床头 10 ～ 20cm
E．钙通道阻断药

8．下列不是胃食管反流病并发症的是
A．胃癌
B．食管狭窄
C．食管腺癌
D．消化道出血
E．Barrett 食管

9．下列有关胃食管反流病胃灼热的描述，错误的是
A．胃灼热是指胸骨后或剑突下烧灼感
B．常在餐后半小时出现
C．腹压增高时可加重
D．弯腰时可加重
E．卧位可加重

10．下列哪项不属于胃食管反流病患者的抗反流机制异常
A．夜间胃酸分泌过多
B．食管下括约肌压力降低
C．异常的食管下括约肌一过性松弛
D．胃排空异常
E．食管酸廓清能力下降

11．下列哪项不是胃食管反流病的诱发因素
A．肥胖
B．妊娠
C．糖尿病
D．腹腔积液
E．发热

二、多项选择题

1．胃食管反流病，下列哪些情况需要维持治疗
A．停药后很快复发且症状持续者
B．食管炎并发食管溃疡者
C．食管炎并发食管狭窄者
D．食管炎并发 Barrett 食管者
E．食管炎并发食管癌者

2．胃食管反流病临床表现多样，主要表现为
A．胃灼热和反流
B．胸痛
C．咽喉炎
D．慢性咳嗽和哮喘
E．肺间质纤维化

三、名词解释

1．Barrett 食管
2．癔球症

四、填空题

1．胃食管反流病的并发症包括________、________、________。
2．胃食管反流病的病因有：______、______、________、________。
3．要确诊胃食管反流病最主要的检查是________、________、________。

五、问答题

1．简述胃食管反流病的药物治疗。
2．简述胃食管反流病的临床表现。
3．简述胃食管反流病的诊断措施。

参考答案

一、单项选择题

1．D　2．B　3．B　4．E　5．D　6．E
7．E　8．A　9．B　10．A　11．E

二、多项选择题

1．ABCD　2．ABCDE

三、名词解释

1．Barrett 食管：指食管贲门交界处的齿状线 2cm 以上的食管鳞状上皮被特殊的柱状上皮取代。

2．癔球症：有些患者诉咽部不适，有异物感、棉团感或堵塞感，但无真正吞咽困难，称癔球症。

四、填空题

1．上消化道出血　食管狭窄　Barrett 食管

2．抗反流屏障功能低下　胃酸廓清功能降低　食管黏膜的屏障功能破坏　胃十二指肠功能失常

3．内镜检查和 24 小时食管 pH 监测

五、问答题

1．简述胃食管反流病的药物治疗。

答：胃食管反流病的药物治疗主要包括：

（1）促胃肠动力药：莫沙必利等。

（2）抗酸和抑酸药：① H_2 受体拮抗剂，西咪替丁、雷尼替丁等；②质子泵抑制剂，奥美拉唑、埃索美拉唑等，这类药物疗效较好；③抗酸药，铝乳酸镁、铝碳酸镁等。

2．简述胃食管反流病的临床表现。

答：胃食管反流病的临床表现包括：

①食管症状，典型症状为胃灼热和反流是本病最常见症状，具有特征性；非典型症状为胸痛和吞咽困难。

②食管外症状，由反流物刺激或损伤食管以外的组织或器官引起，如咽喉炎、慢性咳嗽和哮喘。

③并发症，上消化道出血、食管狭窄、Barrett 食管。

3．简述胃食管反流病的诊断措施。

答：①内镜检查。

② 24 小时食管 pH 监测。

③质子泵抑制剂（PPI）试验。

④食管测压。

⑤食管滴酸试验。

⑥食管吞钡 X 线检查。

食　管　癌

一、单项选择题

1．下列哪项因素和食管癌的发生无关
  A．亚硝胺类化合物
  B．真菌毒素
  C．幽门螺杆菌
  D．Barrett 食管
  E．遗传因素

2．下列哪一种是食管癌的早期症状
  A．吞咽困难
  B．进食时胸骨后停滞感
  C．食物反流
  D．咽下疼痛
  E．黑便

3．上段食管癌应首选下列哪一种治疗方法
  A．手术治疗
  B．放射治疗
  C．化学治疗
  D．内镜下治疗
  E．免疫治疗

4．下列哪项是发现与诊断食管癌的首选方法
  A．内镜检查与活组织检查
  B．食管 X 线钡餐造影
  C．食管 CT 扫描检查
  D．食管黏膜脱落细胞检查
  E．超声内镜

5．下列哪项不符合早期食管癌的X线吞钡造影表现
A．黏膜皱襞增粗、迂曲及中断
B．食管边缘毛刺状
C．小充盈缺损与小龛影
D．管腔不规则狭窄
E．局限性管壁僵硬或有钡剂滞留

6．食管癌组织学分类中下列哪一种最常见
A．鳞状细胞癌
B．腺癌
C．鳞腺癌
D．未分化癌
E．印戒细胞癌

7．女性，42岁，胃镜检查提示慢性萎缩性胃窦炎，伴肠化生和轻度不典型增生，首选措施是
A．定期内镜随访检查
B．预防性手术治疗
C．胃液分析
D．定期X线吞钡检查
E．定期血清癌胚抗原检查

8．男性，47岁，反复上腹痛10余年，近1个月疼痛加重，五肽促胃液素刺激试验示胃酸缺乏，进一步的诊治方案首选
A．抗溃疡药物治疗2个月
B．手术治疗
C．X线吞钡检查
D．胃镜检查加活检
E．连续粪便隐血检查

二、多项选择题

下列哪些征象提示食管癌预后不良
A．食管癌位于食管下段
B．病变长度超过5cm
C．已侵犯食管肌层
D．癌细胞分化程度差
E．已有转移

三、名词解释

早期食管癌

四、填空题

1．中晚期食管癌的病理形态分型，可分为______、______、______、______、______。

2．早期食管癌的病理形态分型，可分为______、______、______、______。

五、问答题

1．简述食管癌的中晚期症状。
2．食管癌检查方法有哪些？
3．简述食管癌的临床表现。

参考答案

一、单项选择题

1．C　2．B　3．B　4．A　5．D　6．A
7．A　8．D

二、多项选择题

BCDE

三、名词解释

早期食管癌：指癌肿病变大小在3cm以下，范围仅限于黏膜或黏膜下层，无转移。

四、填空题

1．髓质型　蕈伞型　溃疡型　缩窄型　未定型

2．隐伏型　糜烂型　斑块型　乳头型

五、问答题

1．简述食管癌的中晚期症状。

答：食管癌的中晚期症状有：①进行性吞咽困难，是绝大多数患者就诊时的主要症状；

②食物反流；

③咽下疼痛；

④其他症状：如慢性脱水、营养不良、消瘦与恶病质等。

2．食管癌检查方法有哪些?

答：食管癌检查方法有：

①食管黏膜脱落细胞检查；

②内镜检查与活组织检查；

③食管 X 线检查；

④食管 CT 扫描检查；

⑤超声内镜。

3．简述食管癌的临床表现。

答：临床表现：①癌前状态为食管上皮类癌变。

②早期症状有胸骨后不适、烧灼感或疼痛，食物通过时局部有异物感或摩擦感，有时吞咽食物在某一部位有停滞或轻度梗阻感，下段食管癌还可以引起剑突下或上腹不适、呃逆、嗳气。

③中晚期症状有吞咽困难、梗阻、疼痛、出血、声音嘶哑、体重减轻和厌食。

④终末期症状和并发症有恶病质、脱水、衰竭、纵隔炎、脓肿、肺炎、致死性大出血、黄疸、呼吸困难、昏迷。

胃　炎

一、单项选择题

1．下列哪项不是引起急性糜烂出血性胃炎的常见原因

A．应用阿司匹林

B．应用吲哚美辛

C．应激

D．使用乙醇

E．幽门螺杆菌感染

2．男性，30 岁，3 天前因受凉后出现咳嗽、发热、咽痛，当地医生诊断“急性上呼吸道感染”，给予阿司匹林、磺胺等药物治疗后，症状好转。1 天前出现黑便，查体除见贫血貌以外，其他无异常。你认为该病人的诊断最可能是

A．消化性溃疡并出血

B．胃癌并出血

C．肝硬化并出血

D．食管黏膜撕裂症

E．急性糜烂出血性胃炎

3．下列哪种药物不属于非甾体抗炎药（NSAID）

A．阿司匹林

B．吲哚美辛

C．对乙酰氨基酚

D．质子泵抑制剂（PPI）

E．塞来昔布

4．一般应激所致的胃黏膜病损以

A．胃体、胃底为主

B．胃窦为主

C．十二指肠球部为主
D．胃体、胃窦为主
E．累及整个胃

5．一般 NSAID 所致的胃黏膜病损以
A．胃体、胃底为主
B．胃窦为主
C．十二指肠球部为主
D．胃体、胃窦为主
E．累及整个胃

6．男性，35 岁，1 天前和朋友聚会饮白酒半斤，2 小时前突然出现呕血和黑便，呕血 2 次，约 500ml，黑便 3 次，约 1000 克，伴头昏、乏力、心慌，无腹痛，病史无特殊。查体：除贫血貌外，未发现其他异常体征。对该病人的止血治疗应首选下列哪种药物
A．硫糖铝口服
B．法莫替丁静脉滴注
C．奥美拉唑静脉注射
D．去甲肾上腺素加生理盐水分次口服
E．米索前列醇口服

7．慢性浅表性胃炎最主要的病因为
A．服用 NSAID
B．幽门螺杆菌
C．自身免疫
D．酗酒
E．饮食和环境因素

8．对慢性多灶萎缩性胃炎的描述，下列哪项是错误的
A．在胃内呈多灶性分布
B．病变以胃窦为主
C．多由自身免疫引起
D．多由幽门螺杆菌感染引起的慢性浅表性胃炎发展而来
E．极少数经长期演变可发展为胃癌

9．根除幽门螺杆菌适用于下列幽门螺杆菌感染的慢性胃炎，但应除外
A．有胃癌家族史者
B．伴糜烂性十二指肠炎者
C．消化不良症状经常规治疗疗效差者
D．伴有胃黏膜糜烂、中至重度萎缩及肠化生、异型增生者
E．不伴有明显异常的慢性胃炎者

10．对自身免疫性胃炎的描述，下列哪项是错的
A．病变主要在胃窦
B．血液中存在自身抗体，如壁细胞抗体
C．由自身免疫引起
D．可伴有桥本甲状腺炎、白癜风等
E．可伴有恶性贫血

11．慢性胃炎的诊断主要依靠
A．幽门螺杆菌检测
B．胃镜及活组织检查
C．钡餐检查
D．自身免疫相关检查
E．典型的临床表现

12．多灶萎缩性胃炎主要由下列哪种因素引起
A．服用 NSAID
B．自身免疫
C．幽门螺杆菌
D．使用乙醇
E．胆汁反流

13．幽门螺杆菌在胃内定植的部位主要在
A．胃窦黏膜上皮表面和黏液底层
B．胃体黏膜上皮表面和黏液底层
C．十二指肠球部黏膜上皮表面和黏液底层
D．胃窦黏膜上皮和黏液表面
E．胃窦黏膜上皮内

14．Hp 感染致慢性胃炎的机制哪项不正确
A．Hp 分泌毒素引起炎症
B．Hp 产生的尿素酶直接破坏胃黏膜
C．Hp 的黏液酶降解黏液，促进 H^+ 反弥散
D．Hp 致黏膜屏障破坏，H^+ 逆向弥散，引起散在的胃黏膜糜烂
E．长期 Hp 感染可导致萎缩性胃炎

15．关于异型增生，下列哪项不正确

A．异型增生是胃癌的癌前病变
B．轻、中度异型增生是可逆的
C．对异型增生除给予积极治疗外，关键在于定期随访
D．对肯定的重度异型增生则宜予以预防性手术
E．异型增生是不可逆的

16．对慢性萎缩性胃炎内镜下表现的描述，下列哪项不正确
A．黏膜呈颗粒状
B．黏膜血管显露
C．色泽灰暗
D．皱襞粗大
E．黏膜萎缩变薄

17．女性，51岁，间断上腹疼痛2年，疼痛发作与情绪、饮食有关。查体：上腹轻压痛。内镜：窦皱襞平坦，黏膜粗糙无光泽，黏膜下血管可见。此患者考虑诊断为
A．消化性溃疡
B．急性胃炎
C．慢性浅表性胃炎
D．胃癌
E．慢性萎缩性胃炎

18．慢性胃炎最可靠的临床诊断手段是
A．胃镜检查和胃黏膜活检
B．X线吞钡检查
C．胃液分析
D．幽门螺杆菌检测
E．抗壁细胞抗体测定

19．萎缩性胃炎的判断哪项是错误的
A．其发病率高
B．其不可能逆转为浅表性胃炎
C．其患者溃疡病发病率高
D．慢性胃窦胃炎迟早要发生癌变
E．胃粘膜肠腺化生并非癌前病变

20．慢性活动性胃炎的判定依据是
A．胃黏膜糜烂
B．胃黏膜出血
C．胃黏膜中性粒细胞浸润
D．胃黏膜淋巴细胞浸润
E．胃黏膜过形成

21．提示萎缩性胃炎的病理改变主要为哪项
A．黏膜脐状突起
B．水肿，炎性渗出
C．肠化生
D．淋巴细胞浸润
E．胆汁反流

22．慢性胃炎伴有哪项属于癌前病变
A．肠化生
B．脐状突起
C．幽门腺化生
D．中度以上不典型增生
E．胆汁反流

23．关于慢性胃体萎缩性胃炎哪项不正确
A．血清壁细胞抗体阳性
B．血清内因子抗体阳性
C．维生素B_{12}吸收试验阳性
D．血清促胃液素水平下降
E．固有腺体减少

24．慢性萎缩性胃炎伴恶性贫血时可伴有的疾病不包括
A．周围神经病变
B．甲状腺炎
C．Addison病
D．白斑病
E．Cushing综合征

25．损害胃黏膜的饮食因素不包括
A．浓茶
B．咖啡
C．高盐
D．必需脂肪酸
E．辛辣食物

26．慢性胃炎的主要病因是
A．药物
B．食物
C．胆汁反流
D．幽门螺杆菌
E．物理因素

二、多项选择题

1. 慢性胃炎病人，根除幽门螺杆菌的指征包括
   A. 有胃癌家族史
   B. 伴糜烂性十二指肠炎
   C. 消化不良症状经常规治疗疗效差
   D. 伴有胃黏膜糜烂、中至重度萎缩及肠化生、异型增生
   E. 不伴有明显异常的慢性胃炎
2. 急性胃炎的急性应激的病因有哪些
   A. 严重创伤、感染、休克
   B. 大手术
   C. 手指烫伤
   D. 脑血管意外
   E. 严重器官功能衰竭
3. 下列哪些药物属于 NSAID
   A. 阿司匹林
   B. 吲哚美辛
   C. 对乙酰氨基酚
   D. 罗非昔布
   E. 塞来昔布
4. 对慢性萎缩性胃炎的描述，下列哪些是正确的
   A. 分为多灶萎缩性胃炎和自身免疫性胃炎
   B. 自身免疫性胃炎以胃窦为主
   C. 自身免疫性胃炎多由自身免疫引起
   D. 多灶萎缩性胃炎以胃体为主
   E. 多灶萎缩性胃炎多由幽门螺杆菌感染引起

三、名词解释

1. 急性糜烂出血性胃炎
2. 慢性萎缩性胃炎
3. 急性胃炎
4. 慢性浅表性胃炎

四、填空题

1. 按临床发病的缓急和病程的长短，一般将胃炎分为________和________。
2. 慢性胃炎分成______、______、______三大类。
3. 慢性萎缩性胃炎又可再分为________、________。
4. 引起急性糜烂出血性胃炎的常见病因有________、________、________。
5. 简述急性胃炎的病因有______、______、________、________。

五、问答题

1. 慢性胃炎患者，根除幽门螺杆菌的指征有哪些？
2. 试述急性糜烂出血性胃炎的治疗和预防措施。
3. 慢性胃炎按病变的解剖部位来分类，可以分几类，其主要鉴别点有哪些？

参考答案

一、单项选择题

1. E	2. E	3. D	4. A	5. B	6. C
7. B	8. C	9. E	10. A	11. B	12. C
13. A	14. B	15. E	16. D	17. E	18. A
19. D	20. C	21. E	22. D	23. D	24. E
25. D	26. D				

二、多项选择题

1. ABCD　2. ABDE　3. ABCDE　4. ACE

三、名词解释

1．急性糜烂出血性胃炎：是由各种病因引起的、以胃黏膜多发性糜烂为特征的急性胃黏膜病变，常伴有胃黏膜出血，可伴有一过性浅溃疡形成。

2．慢性萎缩性胃炎：是指胃黏膜已发生萎缩性改变，即胃黏膜固有腺体数量减少甚至消失的慢性胃炎，常伴有肠上皮化生。

3．急性胃炎：是指由多种病因引起的急性胃粘膜炎症，其主要病理改变为胃粘膜充血、水肿、糜烂和出血。

4．慢性浅表性胃炎：是指不伴有胃粘膜萎缩性改变，胃粘膜层以淋巴细胞和浆细胞为主的慢性炎症细胞浸润的慢性胃炎。

四、填空题

1．急性胃炎　慢性胃炎

2．浅表性　萎缩性　特殊类型

3．多灶萎缩性胃炎　自身免疫性胃炎

4．药物　应激　乙醇

5．急性感染和病原体毒素　理化因素　应激　血管因素

五、问答题

1．慢性胃炎患者，根除幽门螺杆菌的指征有哪些？

答：慢性胃炎患者，根除幽门螺杆菌的指征有：

①有明显异常（指胃黏膜糜烂、中 - 重度萎缩、中 - 重度肠化生、不典型增生）的慢性胃炎患者；

②有胃癌家族史者；

③伴糜烂性十二指肠炎者；

④消化不良症状经常规治疗疗效差者。

2．试述急性糜烂出血性胃炎的治疗和预防措施。

答：①对于患有严重疾病而处于急性应激状态者，除积极治疗原发病外，应常规给予抑制胃酸分泌的 H_2 受体阻断药或质子泵抑制剂；

②对服用 NSAID 的患者应视情况给予 H_2 受体阻断药、质子泵抑制剂或米索前列醇预防；

③对已发生上消化道大出血者，应采取综合措施，可用 H_2 受体阻断药、质子泵抑制剂静脉给药。

3．慢性胃炎按病变的解剖部位来分类，可以分几类，其主要鉴别点有哪些？

答：可分为慢性胃窦炎，慢性胃体炎

鉴别要点	慢性胃窦炎（又称 B 型胃炎）	慢性胃体炎（又称 A 型胃炎）
发病率	常见	少见
病因	Hp 感染为主	自身免疫反应
恶性贫血	-	+
胃酸	正常或增多	缺乏
血清促胃液素	↓	↑
抗壁细胞抗体	-	+
抗内因子抗体	-	+

消化性溃疡

一、单项选择题

1．下列哪项不属于胃黏膜的防御修复因素
A．上皮前的黏液和碳酸氢盐
B．上皮细胞
C．前列腺素 E
D．胃黏膜丰富的血流
E．胃蛋白酶

2．下列哪项不属于胃黏膜的侵袭性因素
A．非甾体抗炎药（NSAID）
B．幽门螺杆菌
C．胃黏膜丰富的血流
D．胃蛋白酶
E．胃酸

3．下列哪项不是消化性溃疡的病因
A．幽门螺杆菌
B．应用 NSAID
C．胃酸
D．前列腺素 E
E．胃蛋白酶

4．下列哪项是消化性溃疡的最常见病因
A．幽门螺杆菌
B．遗传
C．急性应激
D．吸烟
E．胃十二指肠运动异常

5．十二指肠溃疡患者的幽门螺杆菌检出率约为
A．90%
B．100%
C．80%
D．70%
E．60%

6．NSAID 致消化性溃疡的机制主要为
A．引起胃酸分泌增加
B．抑制环氧合酶（COX）
C．抑制表皮生长因子的合成
D．引起胃十二指肠运动异常
E．抑制上皮细胞分泌黏液和碳酸氢盐

7．确诊消化性溃疡的首选方法是
A．X 线钡餐检查
B．胃镜检查
C．幽门螺杆菌检测
D．典型的临床表现
E．胃液分析

8．女性，60 岁，3 年前开始患类风湿关节炎，长期服用双氯酚酸钠治疗。1 年前出现上腹痛、恶心和厌食，最近胃镜显示胃小弯 2cm 大小溃疡，边缘活检未显示癌的证据，Hp 检测阴性，类风湿关节炎病情严重使病人不能停用双氯酚酸钠，以下哪项是对该病人胃溃疡最有效的治疗
A．铋剂
B．H_2 受体拮抗剂
C．硫糖铝
D．质子泵抑制剂（PPI）
E．胃大部切除术

9．消化性溃疡的吞钡 X 线检查直接征象是
A．局部压痛
B．十二指肠球部激惹
C．龛影
D．十二指肠球部畸形
E．胃大弯侧痉挛性切迹

10．一青年男性患者，因反复中上腹饥饿痛 3 年，复发一周，呕血、黑便 10 小时急诊入院。查体：生命体征正常，神清，贫血貌，心肺无异常，肝、脾未触及，移动性浊音（–），余无异常。为明确诊断，应首选哪种检查
A．急诊吞钡 X 线检查
B．急诊胃镜检查
C．急诊 B 超检查

D．急诊血常规检查

E．急诊 CT 检查

11．对球后溃疡的描述，下列哪项是错的

A．位于十二指肠球部后壁

B．具有十二指肠溃疡的临床特点

C．夜间痛及背部放射痛多见

D．对药物治疗反应较差

E．较易并发出血

12．下列哪种药物不属于 PPI

A．奥美拉唑

B．法莫替丁

C．兰索拉唑

D．雷贝拉唑

E．埃索美拉唑

13．判断幽门螺杆菌是否已被根除，应在根除幽门螺杆菌治疗结束至少几周后进行

A．2 周

B．3 周

C．4 周

D．5 周

E．1 周

14．质子泵抑制剂治疗消化性溃疡的机制为

A．直接中和胃酸

B．抑制壁细胞膜上的组胺 H_2 受体

C．抑制壁细胞膜上的乙酰胆碱受体

D．抑制壁细胞膜上 H^+-K^+-ATP 酶

E．抑制壁细胞膜上的胃泌素受体

15．幽门螺杆菌根除治疗后复查的首选方法为

A．快速尿素酶试验

B．血清学检查

C．幽门螺杆菌培养

D．粪便幽门螺杆菌抗原检测

E．^{13}C 或 ^{14}C 尿素呼气试验

16．女性，32 岁，反复中上腹痛 3 年，呕血、黑便 1 天入院，2 年前胃镜检查诊断为十二指肠球部溃疡和幽门螺杆菌感染，曾给予联合应用胶体铋、甲硝唑、四环素、雷尼替丁治疗 1 周。本次急诊胃镜显示十二指肠球部溃疡，大小约 0.6cm×0.8cm，有白苔，球腔变形，Hp（++），应选用下列哪一种治疗方案

A．胶体铋、甲硝唑、四环素、雷尼替丁 2 周

B．胶体铋、甲硝唑、阿莫西林、雷尼替丁 2 周

C．PPI 治疗 6 周

D．PPI 治疗 4 周，克拉霉素、甲硝唑 1 周

E．PPI 治疗 4 周，克拉霉素、阿莫西林 1 周

17．男性，50 岁，有十二指肠球部溃疡病史 20 年，上腹痛伴呕吐 1 周入院。每日夜间呕吐大量酸酵食物。查体：中上腹部膨胀有压痛，振水音（+）。此病人应首先选用下列哪一种诊疗措施

A．急诊胃镜检查

B．放置胃管洗胃引流

C．抗胆碱能药物

D．促胃肠动力药物

E．PPI

18．女性，52 岁，反复中上腹痛 3 年，多于餐后半小时发作，至下一次进餐前缓解，劳累和季节变化腹痛加重，近 2 日出现黑便，粪便隐血（+++），最可能为下列哪一种诊断

A．胃溃疡并出血

B．十二指肠球部溃疡并出血

C．急性胃黏膜病变

D．胃癌并出血

E．贲门黏膜撕裂症

19．十二指肠溃疡并发急性穿孔，下列哪项适用于非手术治疗

A．顽固性溃疡穿孔

B．饮食后穿孔

C．单纯性小穿孔

D．伴有幽门梗阻

E．伴有大出血

20. 胃溃疡并合并瘢痕性幽门梗阻，频繁呕吐，最易出现
A. 代谢性酸中毒
B. 代谢性碱中毒
C. 低镁血症
D. 低钙血症
E. 高渗性脱水
21. 关于消化性溃疡的治疗，正确的说法是
A. 需长期应用黏膜保护剂以降低溃疡复发率
B. 为降低复发率，需长期应用质子泵抑制剂
C. 只要内镜证实溃疡已经愈合，溃疡就不会复发
D. 根除幽门螺杆菌可以降低溃疡复发率
E. 有消化道出血的溃疡患者必须长期为此治疗
22. 最易发生幽门梗阻症状的溃疡是
A. 胃角溃疡
B. 胃窦溃疡
C. 球后溃疡
D. 幽门管溃疡
E. 胃多发性溃疡
23. 消化性溃疡的主要病因是
A. 非甾体抗炎药
B. 胃蛋白酶
C. 胃动力异常
D. 幽门螺杆菌
E. 应激与心理因素
24. 消化性溃疡X线诊断的可靠依据是
A. 局部激惹
B. 局部压痛
C. 局部变形
D. 龛影在胃轮廓之外
E. 龛影在胃轮廓之内
25. 胃溃疡好发于
A. 胃大弯
B. 胃体部
C. 胃底部
D. 胃角
E. 贲门
26. 关于十二指肠球后溃疡哪项不正确
A. 指发生在十二指肠球后壁的溃疡
B. 多出现夜间痛和背部放射痛
C. 药物治疗效果差
D. 易并发出血
E. 常规检查易漏诊
27. 消化性溃疡最常见的并发症是
A. 上消化道出血
B. 穿孔
C. 幽门梗阻
D. 癌变
E. 复合溃疡
28. 消化性溃疡治疗中不属于抑制胃酸分泌的药物是
A. 氢氧化铝
B. 溴丙胺太林
C. 丙谷胺
D. 雷尼替丁
E. 奥美拉唑

二、多项选择题

1. 下列哪些药物属于胃黏膜保护剂
A. 硫糖铝
B. 米索前列醇
C. 西咪替丁
D. 奥美拉唑
E. 枸橼酸铋钾
2. 对长期使用NSAID的患者，下列哪些情况应常规予PPI或米索前列醇预防溃疡的发生
A. 既往有溃疡病史
B. 高龄或有严重伴随病
C. 同时应用抗凝血药或糖皮质激素
D. 幽门螺杆菌阴性者
E. 中青年患者
3. 特异性COX-2抑制剂包括
A. 塞来昔布
B. 阿司匹林

C．罗非昔布
D．对乙酰氨基酚
E．吲哚美辛
4．下列哪些是胃、十二指肠黏膜自身防御/修复因子
A．黏液/碳酸氢盐屏障
B．黏膜血循环和上皮细胞更新再生
C．前列腺素和表皮生长因子
D．胃酸/胃蛋白酶
E．十二指肠液反流
5．消化性溃疡外科手术治疗的适应证包括
A．大量出血经内科治疗无效
B．急性穿孔
C．器质性幽门梗阻
D．胃溃疡疑有癌变
E．严格内科治疗无效的顽固性溃疡

三、名词解释

1．球后溃疡
2．幽门管溃疡
3．NSAID 相关溃疡
4．消化性溃疡
5．Zollinger-Ellison 综合征

四、填空题

1．消化性溃疡的并发症有______、______、______、______。
2．近年的研究已经明确，______和______是损害胃十二指肠黏膜屏障从而导致消化性溃疡发病的最常见病因。
3．消化性溃疡主要指发生在______和______的慢性溃疡。
4．典型的消化性溃疡有如下临床特点①______；②______；③______。

五、问答题

1．简述消化性溃疡的药物治疗。
2．试述消化性溃疡并发大出血的治疗措施。
3．简述消化性溃疡临床表现的三大特点。
4．特殊类型的消化性溃疡有哪些？
5．简述胃良性溃疡和恶性溃疡的鉴别。

参考答案

一、单项选择题

1．E	2．C	3．D	4．A	5．A	6．B
7．B	8．D	9．C	10．B	11．A	12．B
13．C	14．D	15．E	16．E	17．B	18．A
19．C	20．B	21．D	22．D	23．D	24．D
25．D	26．A	27．A	28．A		

二、多项选择题

1．ABE　2．ABC　3．AC　4．ABC　5．ABCDE

三、名词解释

1．球后溃疡：发生于十二指肠球部以下、十二指肠乳头以上的近端，多发生在后壁。具球部溃疡的临床特点，但夜间痛和背部放射痛更为明显，对药物治疗反应差，易并发大出血。

2．幽门管溃疡：发生于胃和十二指肠交界处的幽门管，胃酸分泌一般较多。疼痛常缺乏典型节律，对药物治疗反应差，呕吐多见，易并发幽门梗阻、出血和穿孔。

3．NSAID相关溃疡：指患者因服用NSAID而导致的消化性溃疡，发生机制主要为NSAID抑制环氧合酶（COX）使胃和十二指肠黏膜前列腺素合成减少，从而使黏膜防御和修复功能受损所致。

4．消化性溃疡：胃肠道黏膜在某种情况下被胃酸、胃蛋白酶消化而造成的溃疡，可发生于食管、胃及十二指肠，也可发生于胃、空肠吻合口附近，以及含有胃粘膜的梅克尔憩室内。

5．Zollinger-Ellison综合征：胃泌素瘤，是胰腺的非β细胞瘤，可分泌大量的胃泌素刺激壁细胞增生而引起大量的胃酸分泌，临床上表现为多发性消化性溃疡，不仅在常见部位，非常见部位也易发生溃疡伴腹泻。溃疡难治，易出血、穿孔。

四、填空题

1．出血　穿孔　幽门梗阻　胃溃疡癌变

2．幽门螺杆菌　非甾体抗炎药

3．胃　十二指肠

4．慢性过程　周期性发作　上腹痛呈节律性

五、问答题

1．简述消化性溃疡的药物治疗。

答：(1）根除Hp治疗：根除Hp的方案主要有铋剂+两种抗生素、质子泵抑制剂（PPI）/枸橼酸铋雷尼替丁（RBC）+两种抗生素。

(2）抑制胃酸药物：① H_2受体拮抗剂，西咪替丁等；②质子泵抑制剂，奥美拉唑等。

(3）胃黏膜保护剂：硫糖铝、枸橼酸铋钾、米索前列醇等。

2．试述消化性溃疡并发大出血的治疗措施。

答：①一般治疗：流质或半流质饮食，监护生命体征。

②补充血容量：可用林格液、羧甲淀粉，输血等。

③药物止血：去甲肾上腺素加生理盐水口服，H_2受体拮抗剂（如西咪替丁静脉滴注），PPI（如奥美拉唑静脉注射）。

④胃镜下止血：可局部喷洒或注射止血药，也可用电凝、微波、激光、射频、钛夹等止血。

⑤放射介入治疗：选择性血管栓塞。

⑥手术治疗

3．简述消化性溃疡临床表现的三大特点。

答：①慢性病程：病程迁延，少数病人可达几年、甚至十几年。

②周期性发作：发作与缓解期交替出现，发作与季节有关，多在冬春、秋冬之交发作，也可因精神因素、某些药物和饮食不当而诱发。

③节律性疼痛：是消化性溃疡的特征性表现。

4．特殊类型的消化性溃疡有哪些？

答：①无症状性溃疡，多见于老年人。

②复合型溃疡。

③幽门管溃疡。

④球后溃疡。

⑤巨大溃疡。

⑥老年性溃疡。

⑦难治性溃疡。

5．简述胃良性溃疡和恶性溃疡的鉴别。

答：

鉴别点	良性溃疡	恶性溃疡
病史	较长	较短
临床特征	周期性、节律性上腹部疼痛明显，上腹部无包快，内科治疗效果好	病情急性加剧，全身表现明显，可有上腹部包块，内科治疗效果差或无效
粪便隐血检查	可短暂阳性	持续阳性或较长时间反复阳性
X 线钡餐	龛影直径常＜ 2.5cm，壁光滑，位于胃轮廓之外，周围胃壁柔软，可有星状聚合征	龛影直径常＞ 2.5cm，边缘不整，位于胃轮廓之内，周围胃壁僵直，向溃疡聚集的皱襞有融合中断现象
胃液分析	胃酸正常或偏低，无真性缺酸	缺酸者较多
胃镜检查	溃疡呈圆形或椭圆形，边缘光滑，底部平整，表面覆有白苔	溃疡形状不规则，边缘结节隆起，底部凹凸不平，污秽苔

胃　癌

一、单项选择题

1．早期胃癌最常见的类型是

A．隆起型

B．表浅隆起型

C．表浅平坦型

D．表浅凹陷型

E．凹陷型

2．男性，52 岁，因反复上腹隐痛不适 10 年，复发加重伴呕吐咖啡色样物质 1 天，消瘦，中度贫血，钡餐见：胃体上段腔内龛影。该患者需进一步做什么检查以明确诊断

A．腹部 B 超

B．上腹部 CT

C．上腹部 MRI

D．胃镜及病理检查

E．放射性核素扫描

3．恶性程度较高的胃癌可以超越常规的淋巴结转移方式，而直接侵犯远处淋巴结，其中最常见为

A．胰脾淋巴结

B．肝门淋巴结

C．腹腔淋巴结

D．锁骨上淋巴结

E．直肠上动脉淋巴结

4．早期胃癌的概念是

A．局限于胃窦内

B．局限于黏膜及黏膜下层

C．直径在 2cm 以内

D．无淋巴结转移

E．尚未侵及浆膜层

5．残胃癌多发生在第一次手术后约

A．5 ～ 10 年

B．10 ～ 15 年

C．20 ～ 25 年

D．30 ～ 35 年

E．35 ～ 40 年

6．关于胃癌，下列叙述哪项不正确
A．胃癌占我国消化道肿瘤的第一位
B．胃癌发病年龄以 40 ~ 60 岁多见
C．胃癌发生部位多在胃窦，其次是胃小弯
D．胃大弯和前壁一般不发生胃癌
E．贲门区胃癌比胃大弯更常见
7．关于胃癌，下列叙述哪项不正确
A．早期胃癌是指局限在黏膜和黏膜下层的胃癌
B．小胃癌是指病灶为 0.6 ~ 1.0cm 的胃癌
C．早期胃癌均无淋巴结转移
D．微小胃癌是指直径≤ 0.5cm 的癌
E．小胃癌和微小胃癌根治后 5 年存活率几乎达 100%
8．关于胃癌的淋巴转移，下列哪项是正确的
A．胃癌浸润深度与淋巴转移无相关关系
B．淋巴转移不是胃癌的主要转移途径
C．无跳跃式淋巴结转移
D．恶性程度较高或较晚期的胃癌可转移至锁骨上淋巴结
E．区域淋巴结转移部位与原发肿瘤的部位无关
9．KreKenberg 瘤是指胃癌转移到
A．肝
B．胰腺
C．肾上腺
D．直肠周围
E．卵巢
10．早期胃癌是指肿瘤的深度不超过
A．黏膜层
B．黏膜肌层
C．黏膜下层
D．肌层
E．未发现淋巴结转移者
11．男性，49 岁，胃溃疡病史 25 年，反复发作，给予抑酸对症治疗好转。2 个月来，又有疼痛发作，经内科治疗 8 周不见好转，且逐渐消瘦，最大可能是
A．消化性溃疡复发
B．消化性溃疡癌变
C．药物耐药，不敏感
D．复合溃疡
E．多发溃疡

二、多项选择题

1．胃癌的癌前疾病有
A．胃息肉
B．十二指肠溃疡
C．慢性萎缩性胃炎
D．残胃炎
E．胃溃疡
2．与胃癌发生有关的可能因素有
A．Hp
B．霉变食品
C．火山岩地带
D．冰冻食品
E．腌腊食品
3．进展期胃癌表现可包括
A．胃镜下见胃粘膜表面凹凸不平，有污秽苔
B．溃疡边缘呈结节状隆起
C．胃镜下见胃壁增厚、变硬
D．溃疡边缘呈放射状
E．溃疡呈圆形或椭圆形，边缘光整
4．内镜下治疗胃癌适应于
A．高分化或中分化胃癌
B．直径小于 2cm 且无淋巴结转者
C．进展期胃癌
D．早期胃癌
E．胃镜下可见明显溃疡病变

三、名词解释

1．Krekenberg 瘤
2．皮革胃
3．胃癌的癌前状态
4．早期胃癌

四、填空题

1．胃癌的侵袭与转移方式有________、________、________、________。

2．胃癌的癌前病变是________、________。

3．胃癌的好发部位依次为______、______、________、________。

4．肠型胃癌的发生顺序________、______、________、________、________、________。

五、问答题

1．试述 HP 诱发胃癌的可能机制。

2．胃癌发生并发症或转移时可表现有哪些特殊症状，试举例说明。

参考答案

一、单项选择题

1．D　2．D　3．D　4．B　5．B　6．D
7．C　8．D　9．E　10．C　11．B

二、多项选择题

1．ACDE　2．ABCE　3．ABC　4．ABD

三、名词解释

1．Krekenberg 瘤：胃癌细胞浸出浆膜层脱落入腹腔，种植于肠壁和盆腔，如种植于卵巢则称为 Krekenberg 瘤。

2．皮革胃：又称为弥漫浸润型胃癌。癌组织发生于黏膜表层之下，在胃壁内向四周弥漫、浸润、扩散，同时伴有纤维组织增生，如累及全胃，可使整个胃壁增厚、变硬，称为皮革胃。

3．胃癌的癌前状态分为癌前疾病和癌前病变。癌前疾病是指与胃癌相关的胃良性疾病，有发生胃癌的危险性，如慢性萎缩性胃炎、胃息肉、胃溃疡、残胃炎。癌前病变是指较易转变为癌组织的病理学变化，包括肠化生和异型增生。

4．早期胃癌：病灶局限且深度不超过黏膜下层的胃癌，不论有无局部淋巴结转移。

四、填空题

1．直接蔓延侵袭相邻器官　淋巴结转移　血行播散　种植转移

2．肠化生　异型增生

3．胃窦　贲门　胃体　全胃或大部分胃

4．慢性炎症　萎缩性胃炎　萎缩性胃炎伴肠化异型增生　胃癌

五、问答题

1．试述 Hp 诱发胃癌的可能机制。

答：① Hp 导致的慢性炎症有可能成为一种内源性致突变源；

② Hp 可还原亚硝酸盐，N- 亚硝基化合物是公认的致癌物；

③ Hp 的某些代谢产物促进上皮细胞的变异。

2．胃癌发生并发症或转移时可表现有哪些特殊症状，试举例说明。

答：如贲门癌累及食管下段时，可出现吞咽困难；当胃癌并发幽门梗阻时，可恶心、呕

吐宿食；当溃疡型胃癌并出血时，可出现呕血、黑便，继之出现贫血；当胃癌转移至肝可引起右上腹痛，黄疸或发热；当胃癌转移至肺，可引起咳嗽、咯血，当累及胸膜可产生胸腔积液，并伴发呼吸困难；当肿瘤累及胰腺时，可出现背部放射性疼痛。

肠结核和结核性腹膜炎

一、单项选择题

1．吞钡X线检查发现肠管有跳跃征象（Stierlin sign）考虑
A．克罗恩病
B．溃疡性结肠炎
C．肠道肿瘤
D．肠阿米巴病
E．肠结核

2．肠结核诊断最有意义的是
A．青壮年有肠外结核证据
B．腹痛、腹泻、发热、盗汗
C．右下腹压痛、肿块或肠梗阻
D．X线小肠钡剂造影有跳跃征象
E．粪便结核分枝杆菌阴性

3．结核性腹膜炎引起的腹水，其性质最常见为
A．漏出液
B．血性腹水
C．乳糜性腹水
D．渗出性腹水
E．黏液性腹水

4．肠结核晚期常见的并发症是
A．急性穿孔
B．播散性肺结核
C．结核性腹膜炎
D．肠梗阻
E．肠出血

5．溃疡型肠结核的主要临床表现是
A．右下腹痛
B．腹泻
C．黏液便、脓便
D．里急后重
E．腹部肿块

6．肠结核主要好发部位
A．空肠
B．横结肠
C．回盲部
D．升结肠
E．乙状结肠

7．女性，23岁，腹胀、腹痛3个月，近1个月有发热、盗汗。查体：移动性浊音阳性。腹腔积液常规：比重1.018，Hb 37g/L，WBC 580×10^6L，LYM 0.80，HBsAg（+），肝功能正常，最可能疾病是
A．结核性腹膜炎
B．肝硬化并自发性腹膜炎
C．肝硬化并结核性腹膜炎
D．卵巢囊肿
E．腹膜癌

8．结核性腹膜炎最常见的感染途径是
A．直接蔓延
B．血行播散
C．经口感染
D．经淋巴结扩散
E．以上都不是

9．结核性腹膜炎的主要特点不正确的是
A．多见于青壮年
B．常有邻近器官结核病
C．常为慢性腹膜炎表现
D．常有腹泻与便秘交替
E．腹水常为漏出液

10．结核性腹膜炎腹部肿块的特点，不正确的是
A．肿块易于推动，境界较清楚
B．肿块大小不一，边缘不整

C．肿块大多位于脐周
D．肿块由增厚的网膜与周围粘连而成
E．肿块多见于粘连型

11．女性，32 岁，腹胀，低热，盗汗 4 个月。查体：全腹压痛。右上腹可触及不易推动肿块。边缘不整。近 3 天频繁呕吐，考虑诊断可能是
A．结核性腹膜炎粘连型
B．结核性腹膜炎并肠梗阻
C．结核性腹膜炎并胃炎
D．结核性腹膜炎并神经性呕吐
E．结核性腹膜炎并消化性溃疡

二、多项选择题

1．关于肠结核的临床表现，下列哪些项正确
A．腹泻是溃疡型肠结核的主要表现
B．腹部包块主要见于增生型肠结核
C．多见于青少年与壮年
D．起病多数缓慢
E．常有下腹或脐周疼痛

2．回盲部为肠结核的好发部位的原因有下列哪几项
A．结核分枝杆菌与肠黏膜密切接触
B．肠内容物在回盲部停留较久，增加了局部肠黏膜的感染机会
C．回盲部有丰富的淋巴结组，易受结核分枝杆菌侵犯
D．回盲部动脉多有闭塞性内膜炎
E．常有肺结核

3．肠结核需与哪些疾病鉴别
A．克罗恩病
B．右侧结肠癌
C．肠淋巴瘤
D．耶尔森杆菌肠炎
E．肺结核

三、名词解释

X 线钡影跳跃征象

四、填空题

1．肠结核的病理类型为_______、_______、_______。
2．结核性腹膜炎病理分型有_______、_______、_______。
3．肠结核主要并发症有_______、_______。
4．肠结核主要发生于_______。
5．结核性腹膜炎的腹部肿块常有_______、_______、_______形成。

五、问答题

1．如何诊断结核性腹膜炎？
2．简述肠结核的治疗原则。
3．简述结核性腹膜炎腹水性质特征。
4．肠结核手术治疗适应证有哪些？

参考答案

一、单项选择题

1．E　2．D　3．D　4．D　5．B　6．C
7．A　8．A　9．E　10．A　11.B

二、多项选择题

1．ABCDE　2．BC　3．ABCD

三、名词解释

X 线钡影跳跃征象：是指溃疡型肠结核，钡剂于病变肠段呈现激惹征象，排空很快，充

盈不佳，而在病变的上、下段肠段则充盈良好，称为X线钡影跳跃征象。

四、填空题

1．溃疡型　增生型　混合型

2．渗出型　粘连型　干酪型　混合型

3．肠梗阻　结核性腹膜炎

4．回盲部

5．增厚的大网膜　肿大的肠系膜淋巴结　粘连成团的肠曲或干酪样坏死脓性物集聚

五、问答题

1．如何诊断结核性腹膜炎？

答：如有以下情况，则可诊断结核性腹膜炎

①中青年患者，有结核史，伴有其他器官结核病证据；

②长期发热原因不明，伴有腹痛、腹胀、腹水、腹部包块或腹部揉面感；

③腹水为渗出液性质，以淋巴细胞为主，普通细菌培养阴性；

④胃肠X线钡剂检查发现肠粘连等征象；

⑤结合菌素（PPD）试验为强阳性

2．简述肠结核的治疗原则。

答：肠结核的治疗原则：

①休息与营养；

②抗结核化学药物治疗；

③对症治疗；

④手术治疗。

3．简述结核性腹膜炎腹水性质特征。

答：结核性腹膜炎腹水性质对诊断有重要价值：①草黄色渗出液，静置后有自然凝固块，少数为淡血性，偶见乳糜性；

②比重超过1.018，蛋白含量在30g/L以上。检测血清-腹水白蛋白梯度有助于诊断；

③白细胞计数超过500×10^6/L，以淋巴细胞为主；

④腺苷脱氨酶活性常增高，有一定特异性；

⑤普通细菌培养为阴性，结核分枝杆菌培养阳性率很低。

4．肠结核手术治疗适应证有哪些？

答：肠结核手术治疗适应证包括：

①完全性肠梗阻；

②急性肠穿孔或慢性肠穿孔瘘管形成，经内科治疗未能闭合者；

③肠道大量出血经积极抢救不能有效止血者；

④诊断困难需剖腹探查者。

炎症性肠病

一、单项选择题

1. 关于溃疡性结肠炎的病因，以下哪项正确
   A. 感染
   B. 遗传
   C. 环境
   D. 免疫因素
   E. 病因未明
2. 炎症性肠病包括
   A. 肠结核
   B. 溃疡性结肠炎
   C. 克罗恩病
   D. 结肠炎
   E. 溃疡性结肠炎和克罗恩病
3. 溃疡性结肠炎的病理，以下哪项不正确
   A. 病变位于大肠，为节段性分布
   B. 多数在乙状结肠和直肠
   C. 基本病变为固有层内淋巴细胞、浆细胞、单核细胞等浸润
   D. 晚期发生结肠狭窄
   E. 可癌变
4. 溃疡性结肠炎的临床表现为
   A. 腹痛
   B. 便秘
   C. 腹泻
   D. 腹痛与便秘交替
   E. 腹痛、腹泻，可伴全身及肠外表现
5. 关于溃疡性结肠炎的分型，以下哪项不正确
   A. 据病程、病期、范围、程度综合分型
   B. 分为初发型、慢性复发型、慢性持续型、急性暴发型
   C. 分为活动期和缓解期
   D. 据病变严重程度分为轻、中、重度
   E. 病变呈节段性分布
6. 重症溃疡性结肠炎不应作下列哪项检查
   A. 粪便检查
   B. 结肠镜检查
   C. 钡剂灌肠检查
   D. 自身抗体检查
   E. 粪便培养
7. 溃疡性结肠炎的肠外表现为
   A. 胰腺炎
   B. 外周关节炎
   C. 冠心病
   D. 间质性肺炎
   E. 甲状腺功能亢进症
8. 关于溃疡性结肠炎的治疗，下列哪项不正确
   A. 慎用抗胆碱能药物
   B. 常规应用抗生素
   C. 常用氨基水杨酸制剂
   D. 急性发作期氨基水杨酸制剂疗效不好时，使用糖皮质激素
   E. 必要时使用免疫抑制剂
9. 克罗恩病的病变部位为
   A. 小肠
   B. 结肠
   C. 全消化道
   D. 肛门
   E. 胃窦
10. 克罗恩病的病理学特点为
    A. 干酪样坏死
    B. 连续性改变
    C. 裂隙样溃疡
    D. 瘘管形成少见
    E. 常有脓血便
11. 关于克罗恩病的肠外表现，下列哪项不正确
    A. 杵状指
    B. 结节性红斑

C．硬化性胆管炎
D．肠瘘
E．葡萄膜炎
12．克罗恩病与溃疡性结肠炎的鉴别，下列哪项正确
A．克罗恩病多为连续性病变
B．溃疡性结肠炎肠腔狭窄常见
C．克罗恩病直肠常受累
D．克罗恩病瘘管形成多见
E．溃疡性结肠炎脓血便少见
13．关于克罗恩病的治疗，下列哪项不正确
A．可使用抗生素
B．必要时可用抗胆碱能药物
C．糖皮质激素是控制本病最有效的药物
D．顽固性病人可加用免疫抑制剂
E．肠梗阻时必须手术治疗
14．关于克罗恩病预后，下列哪项正确
A．预后不佳
B．可自行缓解
C．常需手术治疗
D．药物疗效差
E．老年患者复发率高
15．克罗恩病常需做下列辅助检查
A．粪便培养
B．腹部 CT
C．内镜 + 病理检查
D．肾功能检查
E．B 超检查
16．关于克罗恩病与溃疡性结肠炎，下列哪项不正确
A．两者为同一疾病不同亚型
B．基本病理过程相似
C．发病主要与免疫因素有关
D．可能存在对正常菌群的免疫耐受缺失
E．常发生出血、穿孔
17．男性，18 岁，腹痛、腹泻 2 年，伴低热，结肠镜检查示回肠末端黏膜呈铺路石样表现，取活检病理报告为非干酪性肉芽肿，本例可诊断为
A．肠结核
B．克罗恩病
C．溃疡性结肠炎
D．伤寒
E．肠息肉
18．对克罗恩病具有重要诊断价值的病理改变是
A．干酪样肉芽肿
B．非干酪样肉芽肿
C．淋巴管扩张
D．炎症细胞浸润
E．肠系膜淋巴结肿大
19．下列哪项不是溃疡性结肠炎的手术适应证
A．中毒性巨结肠
B．肠穿孔
C．癌变
D．暴发型溃疡性结肠炎
E．脓肿和瘘管形成
20．女性，29 岁，反复发作脓血便，伴膝关节疼痛及结节性红斑。检查：左下腹轻度压痛。粪便检查有大量脓细胞及红细胞，多次细菌培养（–）。X 线钡剂灌肠检查显示结肠袋消失，管壁平滑、变硬，肠管缩短，肠腔狭窄。下列哪种诊断可能性大
A．克罗恩病
B．溃疡性结肠炎
C．结肠过敏
D．肠结核
E．慢性细菌性痢疾
21．下列结肠镜检查特点，哪点最能提示溃疡性结肠炎
A．黏膜节段性充血、脆性增加，常有糜烂或浅小溃疡
B．黏膜弥漫性充血、脆性增加，常有糜烂或浅小溃疡
C．黏膜节段性受累，有深大的溃疡
D．黏膜弥漫性受累，有深大的溃疡

E．病变常以近端结肠为主，并向远端发展，呈连续性分布

22．男性，29岁，持续反复发作黏液脓血便1年。2年前，患虹膜睫状体炎。结肠镜示黏膜粗糙呈细颗粒状，黏膜血管模糊，黏膜脆，易出血并附有脓血性分泌物。组织活检呈炎性改变，可见溃疡及隐窝脓肿，关于本病进一步诊断，下述何者为正确

A．本病可确诊为溃疡性结肠炎

B．应给予肾上腺皮质激素治疗

C．应给予免疫抑制剂治疗

D．应进一步检查体温、脉搏、血红蛋白、红细胞沉降率

E．应进一步行便常规检查、便细菌培养、厌氧菌培养及便阿米巴滋养体检查

二、多项选择题

1．溃疡性结肠炎的病理特征为

A．病变为连续性弥漫分布

B．多数在直肠、乙状结肠

C．肠腔狭窄多见

D．多为纵行溃疡

E．可累及全结肠

2．溃疡性结肠炎的结肠镜镜检表现为

A．黏膜粗糙，呈颗粒状

B．慢性病变见假息肉及桥状黏膜

C．病变明显处可见弥漫性糜烂

D．可有脓性分泌物

E．慢性期表现为杯状细胞增多

3．克罗恩病的消化系统表现为

A．腹痛

B．腹泻

C．腹部包块

D．慢性活动性肝炎

E．瘘管形成

4．克罗恩病的并发症有哪些

A．肠梗阻

B．腹腔内脓肿

C．急性穿孔

D．大量便血

E．糖尿病

三、名词解释

1．中毒性巨结肠

2．炎症性肠病

3．克罗恩病

四、填空题

1．炎症性肠病的发生，主要与________、________、________、________有关。

2．克罗恩病的药物治疗主要包括________、________、________、________、________。

3．溃疡性结肠炎的临床分型为________、________、________、________。

4．克罗恩病的主要肠外表现有________、________、________、________。

5．克罗恩病的三大主要症状________、________、________。

6．溃疡性结肠炎一个完整的诊断应该包括________、________、________、________、________。

7．溃疡性结肠炎的治疗目的________、________、________、________、________。

8．5-氨基水杨酸的药物过敏方面的不良反应有______、______、______、______。

五、问答题

1．溃疡性结肠炎的并发症有哪些？

2．简述溃疡性结肠炎的治疗原则

3．溃疡性结肠炎结肠镜下的主要表现有哪些？

参考答案

一、单项选择题

1. E	2. E	3. A	4. E	5. E	6. C
7. B	8. B	9. C	10. C	11. D	12. D
13. E	14. B	15. C	16. E	17. B	18. B
19. D	20. B	21. B	22. E		

二、多项选择题

1. ABE　　2. ABCD　　3. ABCE　　4. ABCD

三、名词解释

1. 中毒性巨结肠：多发生在重症或暴发型溃疡性结肠炎患者，临床表现为病情急剧恶化，毒血症明显，有脱水及电解质紊乱，出现鼓肠、腹部压痛、肠鸣音消失，血白细胞显著升高等，本病预后差，易引起急性肠穿孔。

2. 炎症性肠病：包括溃疡性结肠炎和克罗恩病，是指原因不明的炎症性肠病。

3. 克罗恩病：一种慢性炎性肉芽肿性疾病，病变多见于回肠及邻近结肠，呈节段或跳跃性分布。临床以腹痛、腹泻、体重下降、腹块、瘘管形成及肠梗阻为特点。

四、填空题

1. 环境　遗传　感染　免疫

2. 氨基水杨酸制剂　糖皮质激素　免疫抑制剂　抗菌药物　生物制剂如TNF-α单克隆抗体

3. 初发型　慢性复发型　慢性持续型　急性暴发型

4. 口腔黏膜溃疡　皮肤结节性红斑　关节炎　眼病

5. 腹痛　腹泻　体重下降

6. 临床类型　临床严重程度　病变范围　病情分期　并发症

7. 控制急性发作　黏膜愈合　维持缓解　减少复发　防治并发症

8. 皮疹　粒细胞减少　自身免疫性溶血　再生障碍性贫血

五、问答题

1. 溃疡性结肠炎的并发症有哪些?

答：溃疡性结肠炎的并发症有中毒性巨结肠，直肠、结肠癌变，肠大出血，肠穿孔等。

2. 简述溃疡性结肠炎的治疗原则。

答：溃疡性结肠炎的治疗原则为

(1) 一般治疗：强调休息、饮食及营养，慎用抗胆碱能药物和止泻剂。

(2) 药物治疗：①氨基水杨酸制剂；②糖皮质激素；③免疫抑制剂。

(3) 药物疗效不好患者，手术治疗。

3. 溃疡性结肠炎结肠镜下的主要表现有哪些?

答：结肠镜下见呈连续或弥漫分布，从直肠逆行向近端扩展。黏膜改变包括：

①黏膜血管纹理模糊、紊乱或消失、充血、水肿、出血及脓性分泌物附着。

②病变明显处见弥漫性糜烂和多发性浅溃疡。

③慢性病变常见黏膜粗糙、呈颗粒状，以及炎性息肉。

④可见结肠变形缩短，结肠袋变浅、变钝或消失。

大 肠 癌

一、单项选择题

1．肠癌最早出现的症状为

A．腹痛

B．腹部包块

C．排便习惯与粪便性状改变

D．消瘦、贫血

E．腹泻

2．确诊大肠癌最有价值的检查为

A．粪便检查

B．X 线钡剂灌肠

C．腹部 CT

D．结肠镜检查

E．血清癌胚抗原检测

3．大肠癌最常见的组织学类型为

A．腺癌

B．黏液癌

C．未分化癌

D．鳞癌

E．印戒细胞癌

4．大肠癌最常好发于哪个部位

A．盲肠

B．乙状结肠

C．直肠

D．升结肠

E．横结肠

5．大肠癌的最好的治疗方法为

A．化学疗法

B．放射治疗

C．外科早期根治切除

D．内镜治疗

E．手术后肠镜随访

6．关于大肠癌的病因，下列哪项不正确

A．与饮食因素有关

B．遗传

C．与炎症性肠病有关

D．胆囊切除术后大肠癌发生率较高

E．与炎症长期反复发作有关

7．大肠癌手术后结肠镜随访主张在

A．术后 3 ～ 6 个月

B．术后 1 ～ 2 年

C．术后 1 个月

D．术后 3 年

E．术后 6 ～ 12 个月

8．男性，65 岁，左侧腹痛半年，伴腹泻，间断出现血便，查体：腹部未触及包块，最合适的检查方法是

A．结肠镜检查

B．结肠 X 线钡剂灌肠

C．胃肠 X 线钡剂检查

D．腹部 CT

E．便常规

9．结直肠癌化学治疗药物首选

A．氟尿嘧啶

B．草酸铂

C．顺铂

D．希罗达

E．开拓普

二、多项选择题

1．大肠癌的多发生于下列哪些部位

A．直肠

B．盲肠

C．降结肠

D．升结肠

E．肛门

2．大肠癌的转移途径为

A．肠内转移

B．直接转移

C．淋巴转移

D．血行转移
E．肺转移

3．右侧大肠癌的主要表现
A．低热
B．贫血
C．腹部包块
D．便秘与腹泻交替
E．肠梗阻

4．男性，42 岁，因长期便秘来诊，症状自成年后一直存在。家族史：父亲及堂兄均检出有结直肠腺瘤。按目前结肠癌筛查指标，暂不必要进行的检查是
A．大便隐血试验
B．大便隐血试验和乙状结肠镜
C．气钡双重对比造影
D．结肠镜检查
E．可曲式乙状结肠镜

5．大肠癌的全身表现有
A．贫血
B．消瘦
C．恶病质
D．腹水
E．发热

三、名词解释

大肠腺瘤样息肉

四、填空题

1．大肠癌的发生是________、________、________、________、________、________、________演变过程。

2．进展期大肠癌病理分型________、________、________。

3．大肠癌的组织学分类有________、________、________，以________最多见。

4．简明实用的 Dukes 大肠癌临床病理分期法 A 期________，B 期________，C 期________，D 期________。

5．大肠癌的预后取决于________、________。

6．结直肠癌的发生途径包括________、________、________。

7．遗传学观点，家族性结直肠癌包括________、________。

8．左侧结直肠癌主要以________、________、________、________为主要表现。

五、问答题

1．发生大肠癌的高危因素有哪些？
2．如何早期发现大肠癌？
3．大肠癌的临床表现有哪些？
4．高危腺瘤满足条件包括哪些？

参考答案

一、单项选择题

1．C　2．D　3．A　4．C　5．C　6．E
7．A　8．A　9．A

二、多项选择题

1．ABCD　2．BCD　3．ABC　4．BCDE　5．ABCDE

三、名词解释

大肠腺瘤样息肉：是指发生在大肠的腺瘤样息肉，目前认为为癌前病变。腺瘤越大，形态越不规则，绒毛含量越高，上皮异型增生越重，癌变概率越高。

四、填空题

1．正常上皮　增生改变　早期腺瘤　中期腺瘤　后期腺瘤　癌　癌转移

2．肿块型　浸润型　溃疡型

3．腺癌　黏液癌　未分化癌　腺癌

4．癌局限于肠壁　癌穿透浆膜　有局部淋巴结转移　有远处转移

5．早期诊断　手术根治

6．腺瘤 - 腺癌途径　从无到有途径　炎症 - 癌症途径

7．家族性腺瘤性息肉病　家族遗传性非息肉病结直肠癌

8．便血　腹泻　便秘　肠梗阻

五、问答题

1．发生大肠癌的高危因素有哪些？

答：发生大肠癌的高危因素有：

①家族性结肠息肉综合征。

②大肠腺瘤性息肉。

③炎症性肠病。

④胆囊切除术后。

2．如何早期发现大肠癌？

答：通过以下方法可早期发现大肠癌

①认识大肠癌的有关症状如排便习惯与粪便形状改变、腹痛、贫血等，提高对结肠癌的警惕性。

②及早进行 X 线钡剂灌肠或结肠镜检查，是早期诊断结肠癌的关键。

③对 40 岁以上具有下列高危者，应进行长期随访，定期作结肠镜检查：大肠腺瘤，有家族史如大肠息肉综合征或家族遗传性非息肉大肠癌或一级血缘亲属中有大肠癌、溃疡性结肠炎者。

3．大肠癌的临床表现有哪些？

答：大肠癌起病隐匿，早期常仅见粪便隐血阳性，随后出现下列临床表现：

①排便习惯和粪便性状改变。

②腹痛。

③腹部肿块。

④直肠肿块。

⑤全身情况：可见贫血、消瘦、恶病质、腹水等。

4．高危腺瘤满足条件包括哪些？

答：①息肉或病变直径＞ 10mm。

②绒毛状腺瘤或混合性腺瘤中绒毛样结构超过 25%。

③伴高级别上皮内瘤样变者。

功能性胃肠病

一、单项选择题

1．肠易激综合征（IBS）腹泻型不能选用下列哪种药物
A．洛派丁胺
B．百忧解
C．聚乙二醇
D．蒙脱石
E．匹维溴胺
2．女性，38 岁，离异，反复上腹胀痛不适，伴嗳气 3 年，伴失眠。查体：上腹部剑突下轻压痛，余阴性。胃镜检查为慢性浅表性胃炎，最可能的诊断为
A．功能性消化不良
B．慢性胆囊炎
C．慢性胰腺炎
D．胃食管反流病
E．胃溃疡
3．女性，43 岁，反复腹胀、腹部隐痛伴腹泻 5 年，便后腹痛缓解，便常规、B 超、胃镜及结肠镜检查无异常发现，患者一般情况好，最可能的诊断是
A．慢性菌痢
B．阿米巴痢疾
C．IBS
D．肠结核
E．炎症性肠病（IDB）
4．对于肠易激综合征病人，下列有关腹痛的描述错误的是
A．部位不定
B．以下腹和右下腹多见
C．极少睡眠中痛醒
D．多于排便或排气后缓解
E．无明显体征
5．IBS 患者不常出现的大便异常情况是
A．腹泻 2 ～ 3 次 / 天
B．大便为稀黏便
C．大便为羊粪状
D．大便表面有黏液、脓血
E．排便困难
6．IBS 便秘型不能选用下列哪种药物
A．乳酸菌素片
B．阿米替林
C．乳果糖
D．甲基纤维素
E．洛派丁胺
7．依据罗马Ⅳ标准，功能性消化不良分为哪 2 个亚型
A．上腹痛综合征和胃食管反流病
B．上腹痛综合征和餐后不适综合征
C．餐后不适综合征和胃食管反流病
D．上腹烧灼感和餐后饱胀
E．动力障碍型和上腹痛综合征
8．中国消化不良诊治流程推荐的主要治疗药物是
A．促动力药，抑酸药
B．促动力药，消化酶
C．抑酸药，消化酶
D．抑酸药，微生态制剂
E．抑酸药，抗焦虑药
9．肠易激综合征病理生理学基础是
A．精神心理障碍
B．应激的超常反应
C．上消化道动力障碍
D．幽门螺杆菌感染
E．胃肠动力学异常和内脏感觉异常
10．有关功能性消化不良下列描述不正确的是
A．多见于年轻女性
B．有消化不良的症候
C．X 线或胃镜检查未见溃疡和胃炎，胃黏膜完全正常

D．检查未发现肝胆疾病
E．主要依据临床表现与消化性溃疡相鉴别

11．首先考虑功能性消化不良的临床表现是
A．吞咽困难
B．上腹伴贫血
C．反复反酸、胃灼热伴胸痛
D．突发上腹刀割样疼痛向腰、背部放射
E．间断餐后上腹部胀痛伴嗳气，不影响睡眠

12．肠易激综合征患者几乎都有的临床症状是
A．腹泻
B．肠瘘
C．腹痛
D．便秘
E．腹胀

13．女性，30岁。反复腹痛、腹泻10年。排便后腹痛可缓解，无发热、消瘦。多次查粪常规示软便或黏液便，镜检(–)，隐血(–)。最可能的诊断是
A．克罗恩病
B．肠结核
C．溃疡性结肠炎
D．慢性细菌性痢疾
E．肠易激综合征

14．肠易激综合征患者典型的腹痛特点是
A．具有季节性发作的特点
B．没有规律
C．便前疼痛，便后缓解
D．饭前疼痛，饭后缓解
E．夜间疼痛

二、多项选择题

1．功能性消化不良罗马Ⅳ诊断标准包括
A．有上腹疼痛、上腹灼热感、餐后饱胀、早饱症状的一种或多种
B．排除解释症状的器质性疾病
C．消化不良症状进行性加重
D．病程超过半年，近3个月来症状持续
E．症状排便后不缓解

2．功能性消化不良的治疗可包括下列哪些措施
A．H_2受体拮抗剂
B．非甾体抗炎药
C．三环类抗抑郁治疗药物
D．根除Hp治疗
E．促动力药物

3．功能性消化不良（FD）患者可出现下列哪些症状
A．恶心、呕吐
B．上腹饱胀不适
C．上腹隐痛、烧灼痛
D．头晕、头痛
E．上腹饥饿痛

4．IBS发病的可能机制有
A．结肠运动异常
B．肠道感染
C．神经精神因素
D．胆囊收缩素（CCK）分泌异常
E．内脏敏感性增高

三、名词解释

1．FD
2．IBS

四、填空题

肠易激综合征的病因及发病机有______、______、______、______。

五、问答题

简述IBS的罗马Ⅲ的诊断标准。

参考答案

一、单项选择题

1．C	2．A	3．C	4．B	5．D	6．E
7．B	8．A	9．E	10．E	11．E	12．C
13．E	14．C				

二、多项选择题

1．ABDE　2．ACDE　3．ABCDE　4．ABCDE

三、名词解释

1．FD：功能性消化不良，是指具有由胃和十二指肠功能紊乱引起的症状，经检查排除引起这些症状的器质性疾病的一组临床综合征，主要症状包括上腹痛、上腹灼热感、餐后饱胀和早饱症状的一种或多种，可同时存在上腹胀、嗳气、食欲缺乏、恶心、呕吐等。

2．IBS：肠易激综合征，是一种以腹痛或腹部不适，伴排便习惯改变为特征的功能性肠病，经检查排除引起这些症状的器质性疾病。

四、填空题

胃肠动力学异常　内脏感知异常　精神因素　感染

五、问答题

简述 IBS 的罗马Ⅲ的诊断标准。

答：(1) 病程半年以上且近 3 个月来持续存在腹部不适或腹痛，并伴有下列特点中至少 2 项：①症状在排便后改善；②症状发生伴随粪便性状改变；③症状发生伴随排便次数改变。

(2) 以下症状不是诊断所必备，但属常见症状，这些症状越多越支持 IBS 的诊断：①排便频率异常（每天排便 > 3 次或每周 < 3 次）；②粪便性状异常（块状 / 硬便或稀水样便）；③粪便排出过程异常（费力、急迫感、排便不尽感）；④黏液便；⑤胃肠胀气或腹部膨胀感。

(3) 缺乏可解释症状的形态学改变和生化异常。

慢性腹泻

一、单项选择题

1．男性，18 岁，间断左下腹痛、里急后重伴脓血便 2 年，大便多次培养未发现致病菌，阿米巴滋养体检查阴性，经使用多种抗生素无效。确诊的首选方法是

A．胃肠 X 线钡剂检查

B．血癌胚抗原（CEA）检查

C．结肠镜检查

D．手术探查

E．肛门指诊

2．男性，30 岁，左下腹疼痛伴脓血便半个月。查体：腹部未见异常。为明确诊断首选的检查是

A．大便常规 + 培养

B．腹部 B 超

C．钡剂灌肠

D．全消化道 X 线钡剂检查

E．结肠镜检查

3．下列哪项粪便检查阳性，可高度提示为小肠性腹泻
A．大便镜检见脓细胞
B．大便苏丹Ⅲ染色试验阳性
C．大便隐血试验阳性
D．大便镜检见原虫
E．大便镜检见到吞噬细胞
4．反映肠道内菌群失调的试验是
A．血培养
B．大便培养
C．^{14}C - 甘氨酸呼气试验
D．维生素 B_{12} 吸收试验
E．粪脂测定
5．里急后重是直肠的激惹症状，多见于
A．肠结核
B．克罗恩病
C．结肠癌
D．末端回肠炎
E．直肠炎、直肠癌
6．慢性腹泻是指腹泻病程超过
A．2 周
B．1 个月
C．2 个月
D．3 周
E．3 个月
7．腹泻是指
A．排便次数增多
B．排便次数增多，粪质稀薄
C．排便次数增多（> 3 次 / 日），粪便量增加（> 200g/d），粪质稀薄
D．排便次数增多（> 4 次 / 日），粪便量增加（> 100g/d），粪质稀薄
E．排便次数增加，粪便量增多
8．下面关于分泌型腹泻的特点描述不正确的是
A．每日大便量> 1L（可多达 10L）
B．大便为水样，无脓血
C．粪便 pH 多为酸性
D．禁食 48 小时后腹泻仍持续存在
E．是由于肠黏膜受到刺激而致水、电解质分泌过多或吸收抑制引起

二、多项选择题

1．胰腺功能不全所致脂肪泻，常见以下并发症
A．夜盲症
B．骨软化
C．脊髓亚急性联合变性
D．皮肤粗糙
E．出血倾向
2．消化系疾病治疗时应注意哪几项
A．结肠癌时用止泻药会掩盖主要症状而漏诊
B．抗胆碱能药物可加重幽门梗阻
C．消化性溃疡患者应慎用肾上腺糖皮质激素
D．克林霉素可引起伪膜性肠炎
E．常规性用抗生素
3．由肠运动加速引起腹泻的常见疾病有
A．肠易激综合征
B．糖尿病
C．甲状腺髓样癌
D．类癌综合征
E．结肠息肉
4．下列引起肠蠕动过快的物质有
A．甲状腺素
B．生长抑素
C．5- 羟色胺
D．P 物质
E．前列腺素
5．下列属于非感染性腹泻的疾病有
A．慢性血吸虫病
B．嗜酸性粒细胞性胃肠炎
C．Whipple 病
D．盲袢综合征
E．肠道菌群失调

三、名词解释

渗透性腹泻

四、填空题

1．渗透性腹泻的两大特点是________和________。

2．先天性氯化物腹泻为________缺陷。

五、问答题

简述小肠性腹泻与结肠性腹泻的鉴别要点。

参考答案

一、单项选择题

1．C　2．A　3．B　4．C　5．E　6．D
7．C　8．C

二、多项选择题

1．ABDE　2．ABCD　3．ABCD　4．ABCDE　5．BCDE

三、名词解释

渗透性腹泻：是由于肠腔内含有大量不能被吸收的溶质，使肠腔内渗透压升高，大量液体被动进入肠腔而引起腹泻。

四、填空题

1．禁食后腹泻停止或显著减轻　粪便渗透压差扩大

2．Cl^- ：HCO_3^- 交换机制

五、问答题

简述小肠性腹泻与结肠性腹泻的鉴别要点。

答：

	小肠性腹泻	结肠性腹泻
腹痛	脐周	下腹部或左下腹
粪便	量常多，烂或稀薄，可含脂肪，黏液少，臭	量少，肉眼可见脓、血，有黏液
大便次数	2～10次/天	次数可以更多
里急后重	无	可有
体重减轻	常见	少见

肝　硬　化

一、单项选择题

1．下列哪一项不是肝硬化代偿期的表现
　A．乏力、食欲减退
　B．食管和胃底静脉曲张
　C．肝质地结实或偏硬
　D．脾中度大
　E．肝功能轻度异常

2. 男性，50岁，既往体健，查体时发现肝在右肋下2厘米，质偏硬，脾可触及，谷丙转氨酶（ALT）正常范围，肝穿刺病理有假小叶形成，应诊断为
A. 慢性活动性肝炎
B. 慢性持续性肝炎
C. 代偿期肝硬化
D. 肝淤血
E. 多囊肝
3. 肝硬化失代偿期病人的下列检验中，哪项不正确
A. 凝血因子减少
B. 血红蛋白减低
C. 雄激素减少
D. 雌激素减少
E. 肾上腺糖皮质激素可减少
4. 肝硬化病人引起肝肾综合征的因素中下列哪项不正确
A. 去甲肾上腺素分泌增加
B. 肾素 - 血管紧张素Ⅱ系统活性增强
C. 前列腺素合成增加
D. 血栓素 A_2 增加
E. 白三烯产生增加
5. 肝硬化病人肝肾综合征的特点
A. 血尿氮素升高，血钠升高，尿钠升高
B. 血尿氮素升高，血钠升高，尿钠降低
C. 血尿氮素升高，血钠降低，尿钠降低
D. 血尿氮素降低，血钠降低，尿钠降低
E. 血尿氮素升高，血钠降低，尿钠升高
6. 肝硬化腹水患者，应首选的利尿药为
A. 甘露醇
B. 依他尼酸钠
C. 氢氯噻嗪
D. 螺内酯
E. 呋塞米
7. 对肝硬化的诊断，下列哪项最有价值
A. 脾大
B. 蜘蛛痣
C. 肝功能不正常
D. 超声波显示肝回声不均匀
E. 胃镜检查有食管静脉曲张
8. 肝硬化腹水的治疗中下列哪一项不宜采用
A. 低盐饮食
B. 静脉注射水解蛋白、血浆
C. 联合应用利尿剂
D. 自身腹水浓缩回输
E. 反复大量放腹水
9. 肝硬化患者在很短时间里出现剧烈腹痛和腹水迅速增加，不伴有发热，应首先考虑可能并发
A. 自发性腹膜炎
B. 原发性肝癌
C. 结核性腹膜炎
D. 肝肾综合征
E. 门静脉急性血栓形成
10. 肝硬化患者发生原发性腹膜炎的主要原因是
A. 抵抗力下降
B. 脾功能亢进
C. 肝合成白蛋白能力降低
D. 腹水形成
E. 肠道屏障功能减弱，下消化道细菌经淋巴系统进入腹腔
11. 下述哪项不是肝肺综合征的临床特征
A. 肺内血管收缩
B. 低氧血症
C. 肺泡 - 动脉氧梯度增加
D. 严重肝病
E. 多伴有呼吸困难
12. 我国肝硬化最常见的原因是
A. 慢性酒精中毒
B. 营养不良
C. 胆道阻塞
D. 血吸虫病
E. 病毒性肝炎
13. 肝硬化腹水患者容易并发自发性细菌性腹膜炎，下列哪项不正确
A. 病原菌多为来自于肠道的革兰氏阴性菌
B. 短期内腹水迅速增加

C．腹水为血性腹水
D．腹水 WBC 大于 $500 \times 10^6/L$
E．可表现为发热、腹痛
14．下列哪种肝硬化引起肝性脑病最多见
A．酒精性肝硬化
B．原发性胆汁性肝硬化
C．淤血性肝硬化
D．肝炎后肝硬化
E．血吸虫性肝硬化
15．肝肺综合征临床特征不包括
A．肺泡 - 动脉氧梯度增加
B．严重肝病
C．低氧血症
D．有心肺疾病基础
E．肺内血管扩张
16．关于肝性脑病的处理，下列哪项错误的
A．终止蛋白质饮食
B．用肥皂水灌肠
C．食醋保留灌肠
D．用冰帽降低颅内温度
E．口服乳果糖
17．反映肝纤维化的血清学指标不包括
A．Ⅲ前胶原氨基末端肽（PⅢP）
B．谷氨酰转肽酶（GGT）
C．Ⅳ型胶原
D．透明质酸
E．层粘连蛋白
18．下列哪项不是评价肝功能的主要指标
A．甲胎蛋白（AFP）
B．血清酶学
C．人血白蛋白
D．凝血酶原时间
E．血清胆红素
19．下列哪种因素不是肝硬化腹水形成的原因
A．血浆白蛋白＜ 30g/L
B．肝淋巴液生成＞ 7L/d
C．门静脉压力＜ $200mmH_2O$
D．抗利尿激素增多
E．有效血容量不足
20．下列各项中，哪种疾病门静脉高压最显著
A．酒精性肝硬化
B．布加氏综合征
C．心源性肝硬化
D．肝炎后肝硬化
E．血吸虫病性肝纤维化
21．男性，53 岁，患肝硬化 5 年，近 2 年便秘，1 个月前钡剂灌肠检查正常，X 线吞钡造影示食管静脉曲张，5 天前起排新鲜血便。其便血最可能的原因为
A．痔
B．直肠息肉
C．早期结肠癌
D．溃疡性结肠炎
E．直肠炎
22．女性，52 岁。肝硬化病人，腹胀、食欲缺乏 5 个月，近日尿少，每天约 350ml。全身检查：腹部移动性浊音（+），肝、脾无法扪清。化验：K^+ 3.5mmol/L，Na^+ 128mmol/L，BUN 12.8mmol/L，24 小时尿钠 115mmol（正常值 130 ～ 261mmol）。该病人最可能的诊断是
A．慢性肾小球肾炎并肾衰竭
B．急性肾小球肾炎并肾衰竭
C．慢性肾盂肾炎并肾衰竭
D．系统性红斑狼疮并肾病
E．肝肾综合征
23．下列哪项与肝性脑病主要诱因无关
A．感染
B．上消化道出血
C．便秘
D．电解质紊乱
E．黄疸
24．判断肝硬化肝细胞功能最有用的指标
A．血清胆固醇
B．血清碱性磷酸酶（ALP）
C．血清转肽酶
D．人血白蛋白及凝血酶原时间

E．乳酸脱氢酶（LDH）

25．下列哪项临床表现对诊断门静脉高压有特征性价值

A．脾大

B．肝缩小

C．肝质地硬化

D．腹水

E．侧支循环的建立和开放

26．肝硬化患者出现内分泌紊乱，下列哪项不正确

A．醛固酮增多

B．抗利尿激素增多

C．雌激素增多

D．肾上腺皮质激素增多

E．垂体前叶分泌功能受抑制

27．美国肝病学会推荐肝硬化基础上的肝肾综合征诊断标准，下列哪项不正确

A．肝硬化合并腹水

B．血肌酐升高大于133μmol/L

C．近期未使用肾毒性药物

D．有休克

E．不存在肾实质病变

28．引起肝硬化的肝炎病毒

A．只有乙型肝炎病毒

B．甲型、乙型肝炎病毒

C．乙型、丙型肝炎病毒

D．乙型、丙型和丁型肝炎病毒

E．乙型、戊型肝炎病毒

29．一般酗酒达到以下何种程度才会引起酒精性肝硬化

A．每日摄入酒精20g，持续10年

B．每日摄入酒精40g，持续10年

C．每日摄入酒精60g，持续10年

D．每日摄入酒精80g，持续10年

E．每日摄入酒精100g，持续10年

30．血吸虫病性肝硬化是属于

A．小结节性肝硬化

B．大结节性肝硬化

C．大小结节混合性肝硬化

D．再生结节不明显性肝硬化

E．坏死后肝硬化

31．肝硬化失代偿期患者下述哪项表现与门静脉高压无关

A．脾大

B．右侧胸腔积液

C．出现痔核

D．肝淋巴液生成增多

E．出现黄疸

32．代谢障碍引起肝硬化的肝豆状核变性（Wilson病）中，下列哪项为非特征性的

A．Kayser-Fleischer角膜色素环

B．血清铜增高

C．血浆铜蓝蛋白明显降低

D．尿铜排泄增多

E．肝铜含量增多

33．肝病患者下列哪项对肝硬化最具诊断价值

A．蜘蛛痣

B．肝掌

C．血清球蛋白升高

D．肝大

E．胃镜示食管静脉曲张

34．肝硬化合并自发性腹膜炎，最常见的致病菌为

A．大肠埃希氏菌

B．幽门螺杆菌

C．肠球菌

D．难辨梭状芽孢杆菌

E．金黄色葡萄球菌

35．氨对中枢神经系统的毒性作用主要是影响

A．脑细胞的蛋白质代谢

B．脑细胞的脂肪代谢

C．脑细胞的能量代谢

D．脑细胞的酶代谢

E．脑的血流

36．肝性脑病时脂肪对中枢神经系统的毒性以哪种最强

A．胆固醇

B．三酰甘油

C．短链脂肪酸
D．中链脂肪酸
E．长链脂肪酸
37．清除肠道氨吸收及减少肠道产氨，下列措施哪项是错误的
A．可用硫酸镁导泻
B．可用肥皂水清洁灌肠
C．口服甲硝唑
D．口服乳果糖可减少肠道氨的形成与吸收
E．调节大便次数到每日 2 ～ 3 次
38．引起肝性脑病的假性神经递质是
A．甲基硫醇和二甲基亚砜
B．酪氨酸和苯丙氨酸
C．酪氨和苯乙胺
D．苯乙醇胺
E．γ- 氨基丁酸
39．肝硬化最常见的并发症是
A．门静脉血栓形成
B．原发性肝癌
C．肝性脑病
D．上消化道大出血
E．自发性腹膜炎
40．男性，58 岁。反复腹胀、尿少，双下肢水肿 2 年，加重伴腹痛 1 周。口服螺内酯及呋塞米后尿量无明显增加，慢性乙型肝炎病史 15 年。腹腔穿刺抽出淡黄色腹水，腹水 WBC 750×10^9/L，N 580×10^9/L。以下治疗措施中错误的是
A．腹腔穿刺放液
B．限制钠盐摄入
C．应用广谱抗生素
D．补充白蛋白
E．腹水浓缩回输
41．女性，58 岁。反复腹胀、少尿 3 年，加重伴双下肢水肿、腹围明显增加 2 周。乙型肝炎病史 15 年。腹部查体中不可能出现的体征是
A．移动性浊音阳性
B．尺压试验阳性
C．液波试验阳性
D．全腹膨隆
E．腹式呼吸减弱
42．某肝硬化患者出现了持续肝内疼痛，腹水呈血性，应考虑并发了
A．急性穿孔
B．病毒性肝炎
C．胆汁淤积
D．原发性肝癌
E．肝性脑病
43．男性，45 岁，有酗酒史 20 年，查体：肝肋下 3cm，脾肋下 4cm，面颈部可见蜘蛛痣。患者出现蜘蛛痣可能的原因是
A．出血倾向
B．并发感染
C．脾功能亢进
D．内分泌紊乱
E．合并肝肾综合征
44．下列关于肝硬化患者发生胆结石的说法错误的是
A．随肝功能失代偿程度加重，胆石症发生率增高
B．肝硬化患者胆石症发生率女性大于男性
C．胆囊及肝外胆管结石均较常见
D．雌激素灭活作用的减退是肝硬化患者胆结石发生的原因之一
E．肝硬化时胆汁酸的减少是肝硬化患者胆结石发生的原因之一
45．下列关于肝硬化患者脾大、脾功能亢进的说法正确的是
A．脾大是肝硬化门静脉高压较早出现的体征
B．脾大在肝功能失代偿期出现
C．脾功能亢进时，患者外周血象呈白细胞数增加
D．小结节性肝硬化患者比大结节性肝硬化患者脾大更明显
E．酒精性肝硬化患者比血吸虫性肝硬

化患者脾大更为突出

46. 肝硬化患者体内减少的物质是
   A. 前列腺素
   B. 一氧化氮
   C. 胰高血糖素
   D. 雄激素
   E. 心房利钠肽

47. 肝硬化时，门静脉高压可引起
   A. 男性乳腺发育
   B. 食管静脉曲张
   C. 氨中毒
   D. 凝血因子减少
   E. 黄疸

48. 关于肝硬化腹水形成的因素，不正确的是
   A. 门静脉压力增高
   B. 原发性醛固酮增多
   C. 低白蛋白血症
   D. 肝淋巴液生成过多
   E. 抗利尿激素分泌过多

49. 关于肝硬化自发性腹膜炎，正确的描述是
   A. 一般起病急，伴高热、寒战、剧烈腹痛，出现板状腹、反跳痛
   B. 致病菌多为金黄色葡萄球菌
   C. 易出现顽固性腹水
   D. 治疗时应加强利尿治疗
   E. 应进行腹水培养，待培养结果出来后有针对性应用抗生素治疗

50. 男性，48岁，肝硬化患者，有腹水。不规则服用利尿剂治疗，两天来出现嗜睡。查体发现轻度黄疸，测 Na^+ 120mmol/L，K^+ 2.6mmol/L，氯化物92mmol/L，BUN 10mmol/L，血pH 7.5。此时最好的治疗是静脉滴注
   A. 谷氨酸钠
   B. 谷氨酸钠 + 精氨酸
   C. 谷氨酸钠 + 谷氨酸钾
   D. 谷氨酸钠 + 左旋多巴
   E. 谷氨酸钠 + 精氨酸 +10% 氯化钾

51. 下列最可能为肝硬化腹水的是
   A. 腹水比重 < 1.016，蛋白为20g/L
   B. 腹水比重 > 1.018，李凡他（Rivalta）试验阳性
   C. 乳糜样腹水
   D. 腹水细胞总数 > 10^9/L，分类以中性粒细胞为主
   E. 腹水细胞总数为 10^8/L，分类以间皮细胞为主

52. 常伴皮肤瘙痒的肝硬化是
   A. 小结节性肝硬化
   B. 大结节性肝硬化
   C. 心源性肝硬化
   D. 原发性胆汁性肝硬化
   E. 日本血吸虫性肝硬化

二、多项选择题

1. 关于肝硬化的治疗有
   A. 代偿期用高热量、高蛋白质及富含维生素饮食
   B. 同时选用多种保肝药物治疗
   C. 肝硬化并发症的治疗
   D. 中医中药治疗
   E. 有严重脾功能亢进者行脾切除术

2. 肝硬化腹水的治疗一般宜采用
   A. 强烈的利尿方法
   B. 保钾与排钾利尿药可配合使用
   C. 腹水回输
   D. 卧床休息，低钠饮食
   E. 输注白蛋白

3. 门静脉高压的特征是下列哪些情况
   A. 脐周静脉曲张
   B. 腹水
   C. 食管静脉曲张
   D. 周围性水肿
   E. 脾大

4. 下列哪些情况下一般不出现腹水
   A. 肝硬化
   B. 门静脉高压
   C. 肠易激综合征

D．低蛋白血症
E．溶血性黄疸
5．有关肝硬化腹水漏出液的特点，下列哪种说法是正确的
A．草黄色，清亮
B．比重小于 1.012
C．血清 - 腹水白蛋白梯度＞ 11 g/L
D．白细胞数大于 1000 /L
E．可见到恶性细胞成分
6．下列哪些是肝硬化内分泌紊乱的表现
A．男性乳房发育
B．面部毛细血管扩张
C．外周性水肿
D．甲状腺肿大
E．面部色素沉着
7．肝性脑病发病机制的主要学说有哪些
A．氨中毒学说
B．假性神经递质学说
C．肝细胞营养不良学说
D．氨基酸失衡学说
E．色氨酸毒性学说
8．肝性脑病的诱因有以下哪项
A．大量利尿放腹水引起电解质紊乱
B．长期蛋白质摄入不足引起神经细胞变性
C．便秘造成氨和毒素的肠道吸收增加
D．感染加重肝负担
E．消化道出血
9．肝硬化患者 Child-Pugh 分级标准包含下列哪几项
A．腹水
B．肝性脑病
C．总胆红素
D．血清白蛋白
E．凝血酶原时间
10．肝硬化患者血性腹水应考虑合并下列哪些疾病
A．肝癌
B．门静脉血栓形成
C．细菌性腹膜炎
D．门静脉炎
11．下列哪些属于肝硬化的病因
A．循环障碍
B．肝豆状核变性
C．血色病
D．营养障碍
E．砷中毒
12．肝硬化患者胆结石形成的病理生理机制是
A．胆汁酸减少
B．Kupffer 细胞减少
C．脾功能亢进
D．雌激素灭活作用减退
E．胆道感染
13．导致肝硬化电解质紊乱的常见原因有
A．长期钠摄入不足
B．利尿剂的不当使用
C．大量放腹水
D．腹泻
E．便秘

三、名词解释

1．肝肺综合征
2．肝肾综合征
3．门静脉高压性胃病
4．难治性腹水

四、填空题

1．肝硬化门静脉高压的临床表现有______、________、________。
2．肝硬化并发上消化道出血的主要原因有________、________、________。
3．肝硬化 Child-Pugh 分级临床或生化指标________、________、________、________、________。

五、问答题

1．简述肝硬化腹水的主要治疗措施。
2．失代偿期肝硬化的并发症有哪些？
3．简述肝硬化腹水形成的主要机制。
4．肝硬化的病因有哪些？

参考答案

一、单项选择题

1．B	2．C	3．D	4．C	5．C	6．D
7．E	8．E	9．E	10．E	11．A	12．E
13．C	14．D	15．D	16．B	17．B	18．A
19．C	20．E	21．A	22．E	23．E	24．D
25．E	26．D	27．D	28．D	29．D	30．D
31．E	32．B	33．E	34．A	35．C	36．C
37．B	38．D	39．D	40．E	41．B	42．D
43．A	44．B	45．A	46．D	47．B	48．B
49．C	50．E	51．A	52．D		

二、多项选择题

1．ACDE	2．BCDE	3．ABCE	4．CE	5．ABC	6．ABCE
7．ABDE	8．ACDE	9．ABCDE	10．ABD	11．ABCDE	12．ABCD
13．ABCD					

三、名词解释

1．肝肺综合征：是指发生在严重肝病基础上的低氧血症，主要与肺内血管扩张相关而过去无心肺疾病基础。临床特征为严重肝病、肺内血管扩张和低氧血症 / 肺泡 - 动脉氧梯度增加的三联征。

2．肝肾综合征：是指发生在严重肝病基础上的肾衰竭，但肾本身并无器质性损害，故又称功能性肾衰竭。主要见于伴有腹水的失代偿期肝硬化或急性肝功能衰竭患者。临床表现为自发性少尿或无尿、氮质血症和血肌酐升高、稀释性低钠血症和低尿钠。

3．门静脉高压性胃病：是指肝硬化失代偿期患者因门静脉高压致胃黏膜淤血、水肿和糜烂呈马赛克或蛇皮样改变，可致上消化道出血。

4．难治性腹水：使用最大剂量利尿剂（螺内酯 400mg/d 加上呋塞米 160mg/d）而腹水仍无减退。对于利尿剂使用虽未达最大剂量，腹水无减退且反复诱发肝性脑病、低钠血症、高钾血症或氮质血症者亦被视为难治性腹水。

四、填空题

1．脾大　门 - 体侧支循环开放　腹水

2．食管胃底静脉曲张破裂　消化性溃疡　门静脉高压性胃病

3．肝性脑病　腹水　血清白蛋白　总胆红素　凝血酶原时间

五、问答题

1．简述肝硬化腹水的主要治疗措施。

答：（1）一般治疗：休息、饮食、支持治疗。

（2）限制钠、水的摄入。

（3）使用利尿药：螺内酯联合呋塞米。

（4）提高血浆胶体渗透压：静脉输注白蛋白或新鲜血浆。

（5）难治性腹水的治疗：①大量排放腹水加输注白蛋白；②自身腹水浓缩回输；③经颈静脉肝内门体分流术。

2．失代偿期肝硬化的并发症有哪些？

答：肝硬化并发症包括：

①食管胃底静脉曲张破裂出血。

②感染：肝硬化患者免疫功能低下，常并发感染，如呼吸道、胃肠道等出现相应症状，有腹水患者常并发自发性细菌性腹膜炎。

③肝性脑病。

④肝肾综合征。

⑤原发性肝癌。

⑥肝肺综合征。

⑦电解质和酸碱平衡紊乱。

⑧门静脉血栓形成。

3．简述肝硬化腹水形成的主要机制。

答：腹水的形成机制为：钠、水的过量滞留，与下列腹腔局部因素和全身因素有关。

①门静脉压力增高。

②血浆胶体渗透压下降。

③淋巴液生成过多。

④继发性醛固酮增多，致肾钠重吸收增加。

⑤抗利尿激素分泌增多，致水的重吸收增加。

⑥有效循环血容量不足。

4．肝硬化的病因有哪些？

答案：①病毒性肝炎，乙型肝炎病毒感染为我国肝硬化最常见的病因，其次是丙型肝炎病毒感染。

②酒精中毒。

③胆汁淤积。

④免疫疾病。

⑤循环障碍。

⑥药物或化学毒物，如损伤肝的药物及接触四氯化碳、磷、砷等化学毒物。黄曲霉毒素也可使肝细胞发生中毒损害，引起肝硬化。

⑦代谢障碍，如血色病和肝豆状核变性（亦称 Wilson 病）等。

⑧血吸虫病，血吸虫病时由于虫卵沉积在门静脉附近，可引起显著的门静脉高压，亦称为血吸虫病性肝硬化。

⑨营养障碍。

⑩原因不明，部分肝硬化原因不明，称为隐源性肝硬化。

原发性肝癌

一、单项选择题

1．原发性肝癌的转移，下列哪项说法不正确
A．肝内血行转移发生最早也最常见
B．容易侵犯门静脉分支形成癌栓
C．肝外血行转移中，转移至肺的概率达半数
D．经淋巴转移至肝门淋巴结最多
E．种植转移常见

2．我国原发性肝癌的发生与下列哪种因素关系最大
A．肠道病毒感染
B．肠道寄生虫感染
C．肠道细菌感染
D．病毒性肝炎
E．酒精中毒

3．有关肝癌的临床表现下列哪项不正确
A．可完全不痛或仅有轻微钝痛
B．不会出现急腹症表现
C．有时表现为膈抬高
D．位于肋弓下的癌结节最易被触到
E．有时可在肝区听到吹风样血管杂音

4．男性，40岁，腹胀，食欲缺乏3个月，颈部有2个蜘蛛痣，肝肋下4厘米，质硬，抽淡红色腹水少许，比重1.013。可能诊断为
A．肝硬化
B．门静脉血栓形成
C．结核性腹膜炎
D．原发性肝癌
E．胰源性腹水

5．与原发性肝癌预后无关的因素是
A．肝癌的大小
B．甲胎蛋白（AFP）是否为阳性
C．癌肿包膜完整性
D．机体的免疫状态
E．是否合并肝硬化

6．原发性肝癌没有下列哪种表现
A．肝区疼痛
B．肝大
C．自发性血糖增高
D．腹腔淋巴结肿大
E．红细胞增多

7．下列哪种疾病与AFP增高无关
A．生殖系胚胎肿瘤
B．转移性肝癌
C．活动性肝炎
D．食管鳞癌
E．原发性肝癌

8．对于小肝癌的定位，下列各项中，哪项检查最好
A．B超检查
B．放射性核素扫描
C．数字减影肝动脉造影
D．CT检查
E．腹腔镜检查

9．下列哪项临床表现对原发性肝癌的诊断最有价值
A．肝区疼痛
B．肝质地坚硬，表面凹凸不平
C．黄疸
D．肝触痛
E．肝边缘钝

10．关于甲胎蛋白的临床意义哪项不正确
A．动态观察有助于诊断早期原发性肝癌
B．对判断原发性肝癌手术治疗效果有价值
C．慢性活动性肝炎亦可有暂时性增高
D．阴性结果可排除原发性肝癌诊断
E．对估计原发性肝癌的预后有价值

11．肝癌普查最合理的手段为
A．甲胎蛋白检测
B．B 超
C．CT 检查
D．体重指数（BMI）
E．癌胚抗原（CEA 等）

12．霉变谷物内主要致肝癌物质是
A．亚硝胺类
B．有机氯农药残留
C．黄曲霉菌
D．黄曲霉毒素 B_1
E．蓝绿藻毒素

13．原发性肝癌最主要的转移部位
A．肝内
B．肺部
C．左锁骨上淋巴结
D．腹腔
E．脑内

14．大多数原发性肝癌病人的首发症状
A．肝区疼痛
B．发热
C．黄疸
D．腹水
E．消瘦

15．男性，69 岁，右季肋下隐痛伴发热 2 个月，巩膜无黄染，肝右肋下 6cm，质硬，脾肋下 3cm，B 超示肝内未见液性暗区，放射性核素扫描示肝右后叶有一放射性缺损区，考虑诊断为
A．胆汁性肝硬化
B．原发性肝癌
C．阿米巴性肝脓肿
D．细菌性肝脓肿
E．肝囊肿

16．导致原发性肝癌死亡最多见的原因
A．上消化道出血
B．肝性脑病
C．肝癌结节破裂
D．败血症
E．门静脉栓塞

二、多项选择题

1．原发性肝癌可能并发
A．肝性脑病
B．肿瘤破裂腹内大出血
C．上消化道出血
D．肠道感染
E．败血症

2．可能出现甲胎蛋白增高的是
A．肝炎
B．妊娠期妇女
C．肝硬化
D．生殖腺胚胎癌
E．继发性肝癌

3．对原发性肝癌有协助诊断意义的辅助检查是
A．碱性磷酸酶同工酶（ALP-I）
B．甲胎蛋白（AFP）
C．γ- 谷胺酰转肽酶同工酶 II（GGT_2）
D．放射性核素肝扫描
E．CT

4．原发性肝癌的可能病因有哪些
A．肝硬化
B．黄曲霉毒素
C．丙型肝炎病毒（HCV）
D．乙型肝炎病毒（HBV）
E．华支睾吸虫

5．原发性肝癌应与哪些疾病相鉴别
A．肝脓肿
B．继发性肝癌
C．肝血管瘤
D．胆囊结石
E．肝硬化

6．原发性肝癌的大体形态分型为
A．小肝癌
B．混合型
C．块状型
D．结节型
E．弥漫型

7．原发性肝癌的伴癌综合征为

A．自发性低血糖症
B．红细胞增多症
C．类癌综合征
D．高钙血症
E．高脂血症

8．关于原发性肝癌哪项是正确的
A．绝大部分来源于肝细胞
B．小部分来源于肝内胆管细胞
C．AFP 阳性仅见于原发性肝癌
D．转移途径主要是血行转移
E．肝癌种植性转移较少见

9．下列哪项属于肝癌的伴癌综合征
A．红细胞增多症
B．高钙血症
C．自发性低血糖
D．黄疸
E．类癌综合征

10．下列关于 AFP 说法错误的是
A．AFP 大于 400ng/ml 可以诊断为肝癌
B．继发性肝癌 AFP 多呈阳性
C．病毒性肝炎活动时血清 AFP 呈短期高浓度升高
D．AFP 可用于肝癌的普查
E．AFP 是目前肝癌筛查的首选方法

三、名词解释

1．小肝癌
2．伴癌综合征

四、填空题

1．与原发性肝癌发病可能有关的病因有______、______、______、______。
2．原发性肝癌的细胞学分型______、______、______。
3．原发性肝癌的常见并发症是______、______、______、______。
4．原发性肝癌的肝外转移途径包括______、______、______。

五、问答题

1．试述 AFP 检查对原发性肝癌的诊断标准。
2．简述原发性肝癌肝区疼痛的特点及发生机制。
3．目前国际上广泛使用的肝癌诊断标准是什么？

参考答案

一、单项选择题

1．E	2．D	3．B	4．D	5．B	6．C
7．D	8．C	9．B	10．D	11．A	12．D
13．A	14．A	15．B	16．B		

二、多项选择题

1．ABCDE	2．ABCDE	3．ABCDE	4．ABCDE	5．ABCE	6．ACDE
7．ABCDE	8．ABDE	9．ABCE	10．ABCE		

三、名词解释

1．小肝癌：孤立的直径小于 3cm 的癌结节或相邻两个癌结节直径之和小于 3cm，则称为小肝癌。

2．伴癌综合征：指原发性肝癌患者由于癌肿本身代谢异常或癌组织对机体影响而引起内分泌或代谢异常的一组症候群。主要表现为自发性低血糖症、红细胞增多症，其他罕见的

有高钙血症、高脂血症、类癌综合征等。

四、填空题

1．病毒性肝炎　肝硬化　黄曲霉毒素　饮用水污染

2．肝细胞型　胆管细胞型　混合型

3．肝性脑病　上消化道出血　肝癌结节破裂出血　继发感染

4．血行转移　淋巴转移　种植转移

五、问答题

1．试述 AFP 检查对原发性肝癌的诊断标准。

答：在排除妊娠、肝炎和生殖腺胚胎瘤基础上，血清 AFP 检查诊断原发性肝癌的标准为：① AFP 大于 500μg/L，持续 4 周以上。

② AFP 在 200μg/L 以上的中等水平，持续 8 周以上。

③ AFP 由低浓度逐渐升高不降。

2．简述原发性肝癌肝区疼痛的特点及发生机制。

答：多呈持续性胀痛或钝痛，是由于肿瘤增长过速，肝包膜被牵拉所引起；但如肿瘤生长缓慢，则可完全无痛或仅有轻微钝痛。如病变侵犯膈，痛可牵涉右肩或右背；当肝表面的癌结节破裂，坏死的癌组织及血液流入腹腔时，可突然引起剧痛，从肝区开始迅速延至全腹，产生急腹症的表现。

3．目前国际上广泛使用的肝癌诊断标准是什么？

答：满足下列三项中的任何一项，即可诊断为肝癌：①两种典型影像学（超声检查、增强 CT、MRI、选择性肝动脉造影）表现，病灶＞ 2cm。

②一种影像学检表现，病灶＞ 2cm，AFP 大于 400ng/ml。

③肝活检发现癌细胞。

肝性脑病

一、单项选择题

1．下列哪项检查对明确诊断肝性脑病最有帮助

A．血尿素氮（BUN）

B．血氨

C．血清谷氨酸丙酮酸转氨酶（SGPT）

D．黄疸指数

E．血糖

2．肝性脑病最常见的原发病是

A．肝炎后肝硬化

B．妊娠急性脂肪肝

C．胆道梗阻

D．原发性肝癌

E．中毒性肝炎

3．肝性脑病为减少肠道有毒物质的产生首选的抗菌药物是

A．新霉素

B．青霉素

C．磺胺嘧啶

D．小檗碱

E．氯霉素

4．肝性脑病出现抽搐时最好选用

A．异丙嗪

B．吗啡

C．副醛

D．地西泮

E．硫喷妥钠

5．下列哪项不适用于肝性脑病的治疗
A．乳酸菌口服
B．酸性液体灌肠
C．输注支链氨基酸
D．使用大量利尿剂
E．终止蛋白质饮食
6．肝性脑病时氨的毒性作用可能主要是
A．加重肝细胞损害
B．对中枢神经系统直接抑制作用
C．影响大脑细胞糖氧化过程，减少能量来源
D．抑制大脑细胞脂肪分解代谢
E．抑制脑细胞蛋白质合成，脑细胞变性坏死
7．肝性脑病最早出现的临床表现是
A．性格、行为异常
B．定向障碍
C．嗜睡
D．腱反射亢进
E．脑电图异常
8．肝性脑病给予抗生素的主要目的是
A．消除细菌毒素
B．减少真菌繁殖
C．抑制肠道细菌生长
D．防止原发性腹膜炎
E．防止肠道继发性感染
9．关于肝性脑病，下列哪项是错误的
A．血中 NH_3 易入血脑屏障
B．低钾性碱中毒时 NH_3 易进入脑组织
C．肠道 pH 在 6 以下时，易使 NH_4 变为 NH_3
D．肠道 pH 为 5 时，NH_3 不易被吸收
E．便秘时不应用肥皂水洗肠
10．腹水患者，6 天前起反复呕血、黑便，经抢救后好转，近日嗜睡，夜间烦躁不安，认人不清。检查：轻度黄疸，两手平举腕下垂时掌腕阵发震颤，考虑哪种最可能引起意识障碍
A．贫血
B．失血性休克
C．氮质血症
D．肝性脑病
E．电解质紊乱
11．肝性脑病灌肠或导泻宜选用
A．液状石蜡胃内灌注（30ml）
B．肥皂水灌肠
C．开塞露肛门塞入
D．33% 硫酸镁胃管内注入
E．弱酸性液灌肠
12．关于肝性脑病的化验检查，哪项是错误的
A．80% ～ 90% 病人血氨升高
B．支链氨基酸增高
C．短链脂肪酸增多
D．血钾可降低
E．低血糖
13．关于肝性脑病的诊断，下列哪项是错误的
A．前驱期易误诊为精神病
B．血氨不增高，可排除肝性脑病
C．扑翼样震颤、血氨增高、脑电图异常同时出现有利于诊断
D．扑翼样震颤也可见于尿毒症
E．应与其他引起昏迷的疾病相鉴别
14．用乳果糖治疗肝性脑病，下列哪项是不正确的
A．是一种多糖，口服后在小肠被分解
B．每日剂量 30 ～ 60 克，分 3 次口服
C．口服后到达结肠被细菌分解为乳酸、乙酸
D．适用于各期急、慢性肝性脑病
E．治疗的目的是降低肠道 pH 值，减少氨的生成和吸收
15．产生肝性脑病的机制，目前认为是
A．氨中毒
B．假性神经递质学说
C．氨基酸代谢紊乱
D．GABA/GZ 复合体学说
E．上述因素的综合作用

16．治疗顽固性肝性脑病最有效的手段
A．灌肠
B．应用 L- 鸟氨酸 -L 门冬氨酸（OA）
C．应用氟马西尼
D．应用支链氨基酸
E．肝移植
17．慢性肝病患者，血氨升高导致肝性脑病发生的机制，是干扰了大脑的
A．蛋白质代谢
B．脂肪代谢
C．微量元素代谢
D．水盐代谢
E．能量代谢
18．肝性脑病前驱期的主要表现是
A．定向力减退
B．性格改变
C．计算能力减退
D．巴宾斯基征阳性
E．生理反射亢进
19．48 岁，肝硬化病史 6 年，大量放腹腔积液后出现睡眠障碍、扑翼样震颤、脑电图异常，最可能的诊断是
A．肝性脑病 1 级
B．肝性脑病 2 级
C．肝性脑病 3 级
D．肝性脑病 4 级
E．亚临床肝性脑病
20．男性，42 岁，呕吐、腹泻两天，意识模糊、烦躁不安半天急诊入院。查体：BP 110/70mmHg，神志恍惚，巩膜中度黄染，颈部可见数枚蜘蛛痣，心肺未见异常，腹软，肝肋下未触及，脾肋下 3cm，双上肢散在出血点，Hb 90g/L，WBC 3.2×10^9，血糖 7.0mmol/L，尿糖（+），尿酮（–），尿镜检未见异常。如果患者躁动不安，不宜选用
A．东莨菪碱
B．地西泮
C．水合氯醛
D．氯苯那敏
E．异丙嗪
21．女性，53 岁，腹痛，腹胀、低热 4 周，表情淡漠、嗜睡 1 天。腹部 B 超示肝实质弥漫性病变、脾大及腹水。对该患者诊断最有意义的阳性体征是
A．肌张力升高
B．巴宾斯基征阳性
C．扑翼样震颤阳性
D．腹壁反射消失
E．腱反射亢进
22．治疗肝性脑病时，可以促进氨代谢的药物是
A．新霉素
B．支链氨基酸
C．乳果糖
D．氟马西尼
E．L- 鸟氨酸 -L- 门冬氨酸
23．男性，55 岁；诊断乙肝肝硬化 4 年，黑便 2 天，不认家人、吵闹 2 小时。下列治疗中不恰当的是
A．静脉应用奥美拉唑
B．静脉应用 L- 鸟氨酸 -L- 门冬氨酸
C．口服地西泮
D．口服利福昔明
E．口服乳果糖
24．妊娠合并急性病毒性肝炎时，昏迷前期口服新霉素是为了
A．预防感染
B．减少游离氨基酸及其他毒素的形成
C．消除肠道内感染灶
D．控制重症肝炎发展
E．抑制需氧菌和厌氧菌
25．乳果糖治疗肝性脑病的作用为
A．促进肝细胞再生
B．抑制肠道细菌增殖
C．吸附肠内毒素
D．减少肠内氨的形成和吸收
E．供给糖，以提供热量

二、多项选择题

1．哪项可诱发肝性脑病
   A．上消化道出血
   B．高蛋白饮食
   C．低钾性碱中毒
   D．腹泻
   E．应用大量利尿剂
2．肝性脑病倾向病人忌用
   A．吗啡
   B．短链巴比妥
   C．副醛
   D．地西泮
   E．氯苯那敏 / 异丙嗪
3．肝性脑病的治疗措施有
   A．去除诱因
   B．纠正水电解质及酸碱失衡
   C．乳果糖 30 ~ 60g/d
   D．口服甲硝唑
   E．使用利尿剂
4．对轻微肝性脑病的诊断具有重要价值的实验室检查是
   A．临界视觉闪烁频率
   B．脑电图
   C．诱发电位
   D．心理智能测验
5．扑翼样震颤可见于肝性脑病的
   A．0 期
   B．1 期
   C．2 期
   D．3 期
   E．4 期

三、名词解释

1．轻微肝性脑病
2．扑翼样震颤
3．诱发电位

四、填空题

1．肝性脑病的发生机制有______、______、______、______。
2．清除血氨的主要途径有______、______、______、______。
3．肝性脑病分期______、______、______、______。
4．常见肝性脑病的诱因______、______、______、______等。
5．肝性脑病中减少肠内氮源性毒物的生成与吸收的主要方法有______，______，______，______。
6．肝性脑病的发病机制上，主要的三大神经递质发生变化是：______，______，______。

五、问答题

1．简述肝性脑病的主要诊断依据。
2．简述肝性脑病的治疗方法。
3．轻微肝性脑病的诊断依据是什么？

参考答案

一、单项选择题

1．B	2．A	3．A	4．A	5．D	6．C
7．A	8．C	9．D	10．D	11．E	12．B
13．B	14．A	15．E	16．E	17．E	18．B
19．B	20．C	21．C	22．E	23．C	24．B
25．D					

二、多项选择题

1. ABCDE 2. ABC 3. ABCD 4. ACD 5. BCD

三、名词解释

1. 轻微肝性脑病：过去称为亚临床肝性脑病，是指无明显肝性脑病的临床表现及生化异常而用精细的智力测验和（或）电生理检测能发现异常的情况。

2. 扑翼样震颤：亦称肝震颤，是指嘱患者两臂前伸，肘关节固定，手掌向背侧伸展，手指分开时，可见到手向外侧倾斜，掌指关节、腕关节、甚至肘关节与肩关节不规则地扑击样震动。

3. 诱发电位：是大脑皮质或皮质下层接受有各种受刺激的信息后所产生的电位，其有别于脑电图所记录的大脑自发性电活动。

四、填空题

1. 神经毒素 假性神经递质 γ-氨基丁酸/苯二氮䓬复合体学说 色氨酸毒性
2. 尿素合成 肝、脑、肾利用氨合成谷氨酰胺 肾排泄 肺呼出
3. 前驱期 昏迷前期 昏睡期 昏迷期
4. 大量蛋白质食物 感染 消化道出血 便秘 大量放腹水 镇静剂使用（任选四个）等
5. 清洁肠道 服用乳果糖/乳糖醇 口服抗生素 益生菌制剂
6. γ-氨基丁酸/苯二氮䓬神经递质 假性神经递质 色氨酸

五、问答题

1. 简述肝性脑病的主要诊断依据。

答：肝性脑病的主要诊断依据为：

①严重肝病或门体侧支分流。

②出现精神紊乱、昏睡、昏迷，可引出扑翼样震颤。

③有肝性脑病的诱因。

④反映肝功能的生化指标明显异常或血氨增高。

⑤脑电图异常。

2. 简述肝性脑病的治疗方法。

答：可采取以下措施治疗肝性脑病

（1）一般治疗：①调整饮食结构。低蛋白饮食，以植物蛋白为主。②慎用镇静药。③注意电解质和酸碱平衡。④止血和清除肠道积血。⑤口服抗生素如新霉素等。⑥益生菌制剂。

（2）药物治疗：①可选用乳果糖、乳糖醇、口服肠道不易吸收的抗生素等以减少氨的生成和吸收；②促进体内氨的代谢。可用L-鸟氨酸-L门冬氨酸、鸟氨酸-α-酮戊二酸、谷氨酸、精氨酸等以促进氨的代谢；还可用GABA/BZ复合受体拮抗剂，如氟马西尼；也可以减少或拮抗假性神经介质，如使用支链氨基酸。

（3）其他治疗：人工肝、肝移植等。

（4）重症监护：预防脑水肿、纠正电介质、保持呼吸道通畅等。

3. 轻微肝性脑病的诊断依据是什么？

答：轻微肝性脑病的诊断依据有

①有严重肝病和（或）广泛门体侧支循环形成的基础；

②心理智能测验、诱发电位、头颅CT或MRI及临床视觉闪烁频率异常。

胰 腺 炎

一、单项选择题

1．在我国引起急性胰腺炎的最常见原因为
A．大量饮酒和暴饮暴食
B．手术和创伤
C．高钙血症
D．并发于流行性腮腺炎
E．胆道结石

2．急性胰腺炎时对胰腺自身消化起主要作用的消化酶是
A．淀粉酶、脂肪酶、胰蛋白酶
B．胰蛋白酶、糜蛋白酶、弹性蛋白酶
C．肠激酶、胰蛋白酶、糜蛋白酶
D．磷脂酶 A、弹性蛋白酶、激肽释放酶
E．肠激酶、α_1-抗胰蛋白酶、抗糜蛋白酶

3．急性胰腺炎患者出现下述何种表现为重症和预后不佳的征兆
A．代谢性酸中毒
B．代谢性碱中毒
C．低钾血症
D．低镁血症
E．低钙血症

4．急腹痛发作一周后，对胰腺炎较有诊断价值的检查为
A．白细胞计数及分类
B．血清淀粉酶
C．血清脂肪酶
D．空腹血糖测定
E．X 线腹部平片

5．下列药物可诱发急性胰腺炎，除外
A．噻嗪类利尿剂
B．肾上腺糖皮质激素
C．生长抑素
D．磺胺类药物
E．硫唑嘌呤

6．关于急性胰腺炎下列哪一项是错误的
A．急性轻症胰腺炎症状相对较轻，有自限性过程
B．急性轻症胰腺炎患者可出现急性呼吸窘迫综合征
C．急性重症胰腺炎症状严重，常伴休克和多种并发症
D．急性重症胰腺炎患者可有胰腺假性囊肿形成
E．胰腺炎患者可产生腹水和胸水

7．下列哪项不是急性重型胰腺炎所特有的
A．血清淀粉酶异常升高
B．钙皂斑
C．Grey-Turner 征
D．Cullen 征
E．胰腺脓肿

8．急性胰腺炎患者，下述指标提示预后不良，除外
A．血尿淀粉酶异常增高
B．血钙降低＜ 1.5mmol/L
C．人血白蛋白降低
D．低氧血症（动脉氧分压＜ 7.98Kpa）
E．长时间持续休克

9．急性胰腺炎腹痛符合下列特点，除外
A．疼痛多在中上腹部
B．持续性疼痛
C．呕吐以后腹痛可缓解
D．可放射到腰背部
E．腹痛为本病主要表现和首发症状

10．关于急性胰腺炎的治疗，下列哪一项是错误的
A．禁食与胃肠减压，以减少胃酸和胰液分泌
B．奥曲肽（octreotide）为治疗急性重型腺炎效果较好的药物
C．疼痛剧烈用阿托品效果不佳时，可

同时加用吗啡

D．肾上腺糖皮质激素仅适用于急性重症胰腺炎伴有休克或成人呼吸窘迫综合征

E．抑肽酶治疗仅适用于急性重型胰腺炎的早期

11．急性胰腺炎腹痛机制与下列因素有关，除外

A．胰腺肿胀，牵拉包膜神经末梢

B．胰液渗出刺激腹膜

C．消化道出血

D．炎症累及肠道，引起肠胀气、肠麻痹

E．胆道炎症、结石

12．急性胰腺炎发病过程中，哪种酶与胰腺出血有关

A．弹性蛋白酶

B．磷脂酶 A

C．激肽酶

D．脂肪酶

E．胰蛋白酶

13．关于急性胰腺炎的临床表现下述哪种说法不准确

A．常有恶心、呕吐

B．常有低钙血症

C．多数出现黄疸

D．大部分有中度以上的发热

E．上腹部压痛及反跳痛

14．慢性胰腺炎患者的粪便性状通常为

A．稀薄水样便伴未消化食物

B．脓血黏液便

C．洗肉水样便

D．含脂肪，泡沫状便

E．米汤水样便

15．鉴别急性轻型胰腺炎和急性重型胰腺炎，下列哪项意义不大

A．血清淀粉酶明显升高

B．血钙降低

C．血清正铁白蛋白阳性

D．胁腹部及脐周皮肤出现紫色瘀斑

E．发病后很快出现休克

16．急性胰腺炎起病后 12 小时内其主要实验室诊断项目为

A．血清淀粉酶

B．尿淀粉酶

C．血清脂肪酶

D．血钙

E．血糖

17．急性重型胰腺炎临床表现中，以下哪项是不符合的

A．血清淀粉酶 500U（Somogyi 法）

B．血压 75/45mmHg

C．Grey-Turner 征阳性

D．上腹部疼痛较轻

E．血 Ca^{2+} 1.60mmol/L

18．对一位轻型的急性胰腺炎患者不需要采取哪项治疗措施

A．禁食和胃肠减压

B．应用抗生素

C．补液及电解质

D．应用肾上腺糖皮质激素

E．应用镇痛药

19．急性胰腺炎治疗时，下列属抑制胰酶活性的药物是

A．抑肽酶

B．胰高血糖素

C．降钙素

D．生长抑素

E．质子泵抑制剂

20．急性胰腺炎外科手术适应证，除外

A．胆源性急性胰腺炎需手术解除胆道梗阻

B．血白细胞总数大于 2.0×10^9/L

C．并发胰腺脓肿

D．重症胰腺炎经内科治疗无效

E．并发假性囊肿

21．诊断胰腺坏死的最佳方法是

A．血清淀粉酶超过正常值 3 倍

B．腹部 B 超

C．增强 CT 扫描

D．血白细胞总数大于 $2.0 \times 10^9/L$
E．并发假性囊肿

22．女性，40 岁，确诊为急性胰腺炎，内科正规治疗 2 周后体温仍在 38 度以上，左上腹压痛明显。尿淀粉酶 256U（Winslow 法），血 WBC 16×10^9，可能性最大的是
A．病情迁延未愈
B．并发胰腺脓肿
C．并发胰腺假性囊肿
D．进展为败血症
E．合并急性胆囊炎

23．男性，41 岁，上腹疼痛 7 小时，伴发热，T 38.5℃，频繁呕吐。查体：上腹部肌紧张、压痛，无移动性浊音。血 WBC $15 \times 10^9/L$。X 线检查示膈下未见游离气体。最可能的诊断是
A．急性心肌梗死
B．急性胰腺炎
C．胆石症
D．胃溃疡穿孔
E．肠梗阻

24．急性胰腺炎假性囊肿形成的时间一般是病后
A．3 ～ 4 小时
B．24 小时
C．3 ～ 4 天
D．3 ～ 4 周
E．3 ～ 4 个月

25．男性，65 岁，患急性胰腺炎入院，出现多器官功能不全综合征，分析其发生机制，不属于重要损害因子的是
A．细胞因子
B．生长因子
C．炎性介质
D．全身炎性反应
E．组织缺血 - 再灌注过程

26．诊断急性出血坏死型胰腺炎最有意义的检查是
A．血淀粉酶检测
B．腹部 B 超
C．腹部 CT 检查
D．血 C- 反应蛋白检测
E．血清甲胎蛋白检测

27．男性，40 岁，晚餐后 5 小时开始上腹疼痛，向左肩腰部放射伴恶心、呕吐、腹胀，现已 7 小时。曾有胆结石史。查体：R 24 次 / 分，T 38.9 ℃，BP 90/75 mmHg。巩膜可疑黄染，全腹压痛，上腹部显著伴肌紧张和反跳痛，移动性浊音阳性，血 WBC $16 \times 10^9/L$，N 89%。为确定诊断，最有价值的检查是
A．测定血淀粉酶
B．测定尿淀粉酶
C．腹部 X 线检查腹腔
D．腹部 B 超检查
E．穿刺液检查并测定淀粉酶

28．急性重症胰腺炎的临床表现一般不包括
A．休克
B．呼吸衰竭
C．发热
D．腹泻
E．消化道出血

29．男性，45 岁。进食高脂餐并饮酒后上腹部持续疼痛 8 小时，呕吐 2 次后疼痛无缓解。查体：T 37.8℃，上腹部偏左处压痛、反跳痛阳性。如需使用抗生素治疗，抗生素选择的最佳配伍是甲硝唑和
A．环丙沙星
B．克林霉素
C．阿奇霉素
D．头孢拉定
E．青霉素

30．男性，70 岁。上腹部痛 1 年，进食后加重，大便 10 次 / 天，可见脂肪滴。查体：上腹中部压痛（+）。腹部 B 超：胰腺多发钙化灶。应给予的药物是
A．胰酶制剂
B．质子泵抑制剂

C．钙通道抑制剂

D．H_2 受体拮抗剂

E．抗胆碱能药物

31．下列各项中最能支持慢性胰腺炎诊断的是

A．反复发作的上腹痛

B．血糖增高

C．便苏丹Ⅲ染色镜下有脂肪滴

D．B 超检查胰腺增大

E．CT 检查胰腺增大有钙化灶

32．慢性胰腺炎最突出的症状是

A．呕吐

B．发热

C．便秘

D．腹部包块

E．腹痛

33．男性，45 岁，酗酒后 8 小时出现中上腹疼痛，放射至两侧腰部，伴恶心、呕吐。查体：腹部有压痛、肌紧张及两侧腰腹部出现蓝棕色斑，BP 75/55mmHg，P 110 次 / 分。对诊断困难者应进一步采取

A．剖腹探查

B．经内镜逆行性胰胆管造影术（ERCP）检查

C．抗感染治疗下严密观察

D．抗休克治疗

E．腹腔穿刺

34．在急性胰腺炎发病机制中，与胰腺组织坏死和溶血关系密切的酶是

A．脂肪酶

B．磷脂酶 A_2

C．弹力蛋白酶

D．糜蛋白酶

E．胰蛋白酶

35．女性，48 岁。进食肉食后上腹部疼痛伴呕吐 6 小时。腹痛为持续性、阵发性加重、向左腰背部放射，呕吐为胃内容物。对明确诊断最有意义的实验室检查是

A．尿淀粉酶

B．血淀粉酶

C．血白细胞计数

D．血胆红素

E．尿常规

36．反映胰腺腺泡功能的实验室检查方法是

A．血清淀粉酶

B．苯替酪胺试验

C．血浆胰多肽测定

D．血清缩胆囊素测定

二、多项选择题

1．下列哪些为急性重型胰腺炎的主要并发症

A．消化道出血

B．成人呼吸窘迫综合征

C．急性肾损伤

D．休克

E．急性胆囊炎

2．引起急性胰腺炎的病因有

A．Vater 壶腹部梗阻或 Oddi 括约肌功能紊乱

B．感染

C．酗酒，暴饮暴食

D．各类型休克

E．高脂血症

3．急性重型胰腺炎的临床表现可为

A．剧烈腹痛，高热持续不退

B．常出现弥漫性全腹膜炎，低血容量性休克

C．腹水淀粉酶测定升高

D．血清正铁白蛋白阴性

E．可开始即陷入休克、昏迷，以致死亡

4．急性胰腺炎产生休克的机制主要为

A．高热、呕吐、脱水所致

B．胰腺分泌多肽类物质抑制心肌

C．激肽酶对血管的舒张作用

D．并发消化道出血

E．由胰蛋白酶、脂肪酶及低钙所致

5．诊断急性胰腺炎时，常依靠下列哪几项检查
A．血清淀粉酶超过正常值 3 倍
B．增强 CT 扫描显示胰腺肿胀、坏死，胰腺周围积液
C．B 超检查发现胰腺肿大，网膜囊及腹腔积有液体
D．既往有胆道疾病
E．有进食脂餐史
6．下列哪些是重型急性胰腺炎的局部并发症
A．急性呼吸窘迫综合征
B．败血症
C．胰腺假性囊肿
D．消化道出血
E．胰腺脓肿
7．区别轻型与重型急性胰腺炎，有以下表现应当按重型胰腺炎处置
A．烦躁不安、四肢厥冷、皮肤呈斑点状
B．Grey-Turner 征
C．Cullen 征
D．腹腔诊断性穿刺有高淀粉酶活性的腹水
E．血钙显著下降 2mmol/L 以下
8．急性胰腺炎影像学检查方法有哪些
A．同位素扫描
B．CT 显像
C．腹部 B 超
D．腹部平片
E．腹腔动脉造影
9．可导致急性胰腺炎的急性传染病是
A．急性流行性腮腺炎
B．甲型流感
C．科萨奇病毒感染
D．肺炎支原体感染
10．Grey-Turner 征见于
A．重症急性胰腺炎
B．轻症急性胰腺炎
C．胰腺外伤
D．腹膜后血肿
11．下列哪些生化指标常提示急性胰腺炎患者病情危重
A．血 Ca^{2+} < 1.87mmol/L
B．血 K^{+} < 3.0mmol/L
C．非糖尿病患者血糖 > 11.1mmol/L
D．血清淀粉酶 > 500U/dl
12．急性坏死性胰腺炎的主要并发症包括
A．消化道出血
B．急性呼吸窘迫综合征
C．胰性脑病
D．胰源性腹泻

三、名词解释

1．胰腺假性囊肿
2．Grey-Turner 征

四、填空题

1．急性胰腺炎休克的主要原因________、______、________。
2．在急性胰腺炎发病过程中，起主要作用的酶有________、________、________。
3．急性胰腺炎的病因甚多，常见的病因有________、________和________，其中最常见的为________。
4．急性胰腺炎的主要表现和首发症状常为________。
5．急性胰腺炎的局部并发症包括________和________。
6．在急性胰腺炎发病过程中，血清淀粉酶在起病后________小时开始升高，______小时开始下降，持续________天。血清淀粉酶超过正常值________倍可确诊急性胰腺炎。
7．________对就诊较晚的急性胰腺炎患者有诊断价值，且特异性较高。
8．在急性胰腺炎病程中，持久的空腹血糖高于________反映胰腺坏死，提示预后不良，若血钙低于________以下亦提示预后不良。
9．影像学对急性胰腺炎有重要诊断价值，

其中________诊断价值最高。

10．血清脂肪酶常在起病后________小时开始升高，持续________天，对病后就诊较晚的患者有诊断价值，且特异性较高。

11．胰腺炎自身消化理论中涉及主要的四种胰酶的激活，分别是______、______、________、________。

12．慢性胰腺炎的五联征分别是：________、________、________、________、________。

13．胰岛素瘤的典型临床表现胃 Whipple 三联征：________、________、________。

14．慢性胰腺炎常见的四大病因有：______、________、________、________。

15．国内引起急性胰腺炎常见的三大主要病因：________、________、________。

五、问答题

1．急性重型胰腺炎常见的并发症有哪些?

2．简述急性重型胰腺炎的内科治疗原则。

3．诊断急性胰腺炎的实验室检查方法有哪些?

4．简述急性胰腺炎腹痛特征及发生机制。

参考答案

一、单项选择题

1．E	2．D	3．E	4．C	5．C	6．B
7．A	8．A	9．C	10．C	11．C	12．A
13．C	14．D	15．A	16．A	17．D	18．D
19．A	20．B	21．C	22．B	23．B	24．D
25．B	26．C	27．E	28．D	29．A	30．A
31．E	32．E	33．E	34．B	35．B	36．B

二、多项选择题

1．ABCD	2．ABCE	3．ABCE	4．ABCD	5．ABC	6．CE
7．ABCDE	8．BCD	9．ABC	10．ACD	11．AC	12．ABC

三、名词解释

1．胰腺假性囊肿：是急性重型胰腺炎的局部并发症之一，常在病后 3 ~ 4 周形成，系由胰液和液化的坏死组织在胰腺内或其周围包裹所致。

2．Grey-Turner 征：急性胰腺炎时，少数患者因胰酶、坏死组织及出血沿腹膜间隙与肌层渗入腹壁下，致两侧胁腹部皮肤呈暗灰蓝色，称 Grey-Turner 征。

四、填空题

1．有效血容量不足　周围血管扩张　消化道出血

2．磷脂酶 A　弹性蛋白酶　激肽释放酶

3．胆石症　大量饮酒　暴饮暴食　胆石症

4．腹痛

5．胰腺脓肿　假性囊肿

6．6 ~ 12　48　3 ~ 5　3

7．血清脂肪酶

8．11.2mmol/L　1.5mmol/L

9．增强 CT

10．24 ～ 72　7 ～ 10

11．磷脂酶　弹性蛋白酶　激肽酶　脂肪酶

12．腹痛　体重下降　糖尿病　腹部包块　脂肪泻

13．空腹或运动后出现低血糖症状　症状发生时，血糖低于 2.8mmol/L　进食或静脉推注葡萄糖可迅速缓解症状

14．饮酒　胆道系统疾病　自身免疫性胰腺炎　急性复发性胰腺炎

15．胆道疾病　高脂血症　大量饮酒

五、问答题

1．急性重型胰腺炎常见的并发症有哪些？

答：局部并发症有：胰腺脓肿、胰腺假性囊肿。

全身并发症有：急性呼吸衰竭、急性肾损伤、心力衰竭与心律失常、消化道出血、胰性脑病、败血症及真菌感染、高血糖、慢性胰腺炎。

2．简述急性重型胰腺炎的内科治疗原则。

答：急性胰腺炎的内科治疗原则包括以下几个方面。

①监护：体温、脉搏、心率、血压，局部及全身症状、体征。

②禁食，胃肠减压。

③营养支持：维持水、电解质平衡和保持血容量。

④减少胰液分泌：质子泵抑制剂，生长抑素。

⑤抗生素：重型急性胰腺炎常规使用抗生素。

⑥抑制胰酶活性：仅用于急性胰腺炎早期。

⑦对症处理：缓解疼痛，纠正休克。

⑧中医、中药。

3．诊断急性胰腺炎的实验室检查方法有哪些？

答：急性胰腺炎的实验室检查方法有：

①白细胞计数；

②血、尿淀粉酶测定；

③血清脂肪酶测定；

④ C- 反应蛋白；

⑤生化检查，如血糖、血钙等。

4．简述急性胰腺炎腹痛特征及发生机制。

答：急性胰腺炎腹痛特点有：

①腹痛为本病的主要表现和首发症状。

②疼痛部位多在中上腹，可向腰背部呈带状放射，弯腰抱膝可缓解疼痛。

③程度轻重不一。

④性质可为钝痛、刀割样疼痛、钻痛或绞痛，持续性伴阵发性加重，进食可加剧，呕吐以后腹痛不缓解。

⑤极少数年老体弱者可无腹痛或轻微腹痛。

发生机制：①胰腺的急性水肿，炎症刺激和牵拉包膜上的神经末梢。
②胰腺的炎性渗出液和胰液外溢刺激腹膜和腹膜后组织。
③胰腺炎症累及，导致肠胀气和肠麻痹。
④胰管堵塞或伴胆囊炎、胆结石引起疼痛。

胰 腺 癌

一、单项选择题

1．关于胰腺癌，下述哪项是正确的
A．多数由慢性胰腺炎伴钙化演变而来
B．多为起源于胰腺腺泡细胞的髓样癌
C．胰头癌最多见
D．胰头癌较胰体、尾部癌转移更广泛
E．转移途径主要是经血循环转移至肝、肺、骨、脑等处

2．关于胰腺癌的发病，哪项不正确
A．随着医疗水平提高，近年来胰腺癌发病率下降
B．胰腺癌的发病，男多于女，60 岁左右为高峰
C．胰腺癌恶性程度高，发展较快，预后极差
D．胰腺癌的确切病因至今未查明
E．胰腺癌的发病，可能与饮食、吸烟摄入的致癌物质及环境污染有关

3．临床疑诊为胰腺癌，首选下列哪项检查
A．CA19-9 与其他胰癌标记物
B．B 超检查
C．吞钡 X 线造影检测
D．CT 扫描
E．选择性动脉造影

4．为判断胰腺癌的病变范围和切除可能性，首选
A．B 超检查
B．CT 检查
C．经内镜逆行性胰胆管造影
D．选择性动脉造影
E．内镜超声

5．在胰腺癌标记物检测中最有用的检测方法为
A．癌胚抗原（CEA）
B．胰腺癌相关抗原（PCAA）
C．弹力蛋白酶Ⅰ
D．血清胰核糖核酸酶（RNase）
E．糖抗原 CA19-9

6．男性，55 岁，巩膜皮肤黄染进行性加重 2 个月余，胆囊肿大呈圆形，可推动，无触痛、压痛。首先考虑的疾病是
A．胆囊癌
B．急性胆囊炎
C．胆囊结石
D．急性病毒性肝炎
E．胰头癌

7．胰腺癌首选的影像学检查是
A．腹部 B 超
B．腹部 CT
C．磁共振胰胆管造影（MRCP）
D．经内镜逆行性胰胆管造影（ERCP）

8．男性，60 岁，黄疸、尿色变深、皮肤瘙痒 2 周。查体：T 36.5℃，皮肤巩膜黄染。右上腹无痛性圆形肿块，随呼吸上下活动。其肿块最可能是
A．胆囊
B．胰头部肿瘤
C．胆总管囊肿
D．肝下缘

二、多项选择题

1．40 岁以上的患者，近期出现下列哪些症状时应考虑有胰腺癌的可能
A．持续性上腹疼痛，进餐后加重伴食欲下降

B．不能解释的进行性消瘦
C．不能解释的糖尿病或糖尿病突然加重
D．多发性深静脉血栓或游走性静脉炎
E．有胰腺癌家族史

2．胰腺体部癌的临床特点是
A．常有明显腹痛，并向背部放射
B．取仰卧位可使腹痛减轻
C．进行性消瘦
D．常早期出现黄疸
E．疼痛部位在中上腹部深处

3．哪些检查对胰腺癌和胰腺囊肿的鉴别诊断有用
A．胰血管造影
B．磁共振成像
C．超声内镜
D．CT 检查
E．腹部 B 超

4．关于胰腺癌，下列生化指标正确的是
A．结合胆红素升高
B．低血糖
C．尿胆原阳性
D．血清淀粉酶和脂肪酶升高

5．关于胰腺癌，下列体征正确的是
A．上腹压痛
B．黄疸
C．腹水
D．脐周血管杂音

三、名词解释

Courvoisier 征

四、填空题

1．胰腺癌主要指________的恶性肿瘤。
2．胰腺癌大多起源于______，称为______，占胰腺癌的________以上。
3．胰体、尾癌患者为了减轻腹痛而采取的强迫体位是________。
4．胰腺癌首发的症状是________，最突出的症状是________，最典型的体征是________。
5．壶腹部周围癌包括：________、________、________。
6．胰腺内分泌肿瘤中胃催乳素瘤的典型表现：________、________。

五、问答题

简述典型的胰腺癌腹痛特点。

参考答案

一、单项选择题

1．C　2．A　3．B　4．E　5．E　6．E　7．B　8．B

二、多项选择题

1．ABCDE　2．ACE　3．ABCDE　4．AD　5．ABCD

三、名词解释

Courvoisier 征：约有半数的胰头癌患者，在有肝外胆汁淤积性黄疸时可扪到囊状、无压痛、表面光滑并可推移的肿大胆囊，称 Courvoisier 征，是诊断胰腺癌的重要体征。

四、填空题

1．胰腺外分泌腺
2．腺管上皮细胞　导管细胞癌　90%

3．前倾坐位

4．腹痛　黄疸　Courvoisier 征

5．壶腹癌　胆总管下端癌　十二指肠癌

6．难治性消化性溃疡　腹泻

五、问答题

简述典型的胰腺癌腹痛特点。

答：典型的胰腺癌腹痛特点为：

①位于中上腹深处，胰头癌略偏右、胰体尾癌则偏左。

②常为持续性进行性加剧的钝痛或钻痛，可有阵发性绞痛，餐后加剧，用解痉止痛药难以奏效，常需要麻醉药，甚至成瘾。

③夜间和（或）仰卧与脊柱伸展时加剧，俯卧、蹲位、弯腰坐位或蜷膝侧卧位可使腹痛减轻。

④腹痛剧烈者常有持续腰背部剧痛。

消化道出血

一、单项选择题

1．男性，18 岁，因关节疼痛服用吲哚美辛 3 天，出现上腹不适，呕吐咖啡色液体 300ml，为进一步明确诊断，首选的检查措施为

A．急诊胃肠钡餐检查

B．急诊胃镜检查

C．急诊肠镜探查

D．腹部 B 超检查

E．出血停止一周后再做有关检查

2．上消化道出血的临床观察方面，最早出现变化的是

A．血红蛋白

B．血细胞比容

C．末梢循环改变及心率加快

D．网织红细胞计数

E．血尿素氮的测定

3．消化道出血的病人，急诊时下列哪项能最敏感地反映消化道的出血量

A．血红蛋白浓度

B．血细胞比容

C．血压

D．心率改变

E．尿量

4．女性，28 岁，间歇性、节律性上腹痛 3 年，1 小时内解柏油样大便 3 次来院就诊，治疗 2 天后黑便停止，以下哪项检查结果不可能出现

A．网织红细胞增高

B．血尿素氮升高

C．红细胞计数降低

D．血细胞比容降低

E．血 pH 值增高

5．男性，36 岁，主诉间断上腹隐痛伴反酸 2 年，排成形黑便 2 天来院就诊。查体：HR 86 次 / 分，血压正常，腹部无明显压痛、未扪及腹部肿块，经胃镜检查诊断十二指肠球部溃疡并出血，此时应给予哪种治疗最为合适

A．饮食控制

B．应用止血药

C．应用质子泵抑制剂

D．减轻工作

E．补充营养

6．如果一个上消化道大出血的病人来院就

诊，临床怀疑该患者为食管静脉曲张破裂出血，反映门静脉高压的体征是
A．上腹部固定压痛
B．心率＞120 次 / 分
C．肝掌和蜘蛛痣
D．腹壁静脉曲张
E．肝左叶肿大

7．有关消化道出血下列哪种说法不正确
A．每日出血量在 5ml 以上，粪便隐血试验阳性
B．每日出血量在 50 ～ 70ml 才会出现黑便
C．胃内储血量在 250 ～ 300ml 可引起呕血
D．出血部位在幽门以下，无呕血，仅见黑便
E．出血部位在幽门以上可表现黑便和呕血

8．男性，47 岁，2 小时前无明显诱因黑便，随即呕血约 1000ml，感头昏、心慌，曾一度晕厥。查体：P 124 次 / 分，BP 75/60mmHg，腹平软，肠鸣音活跃。此时最紧要和首要的措施是
A．紧急胃镜检查以明确诊断
B．头低位和吸氧
C．立即口服去甲肾上腺素盐水
D．积极补充血容量
E．立即输入酚磺乙胺等止血药物

9．男性，40 岁，突然呕血 300ml，暗红色，并排黑便 2 次。查体：蜘蛛痣，肝肋下 1.5cm，质硬，脾肋下 3cm，质软，少量腹水。首选治疗方法是
A．静脉注射维生素 K
B．输白蛋白
C．法莫替丁静脉滴注
D．服用氢氧化铝凝胶
E．静脉滴注垂体后叶素

10．男性，32 岁，近 3 天排柏油样便，1 日 2 ～ 3 次，以往常有上腹痛，晚间重，进食可缓解，反酸。查体：贫血貌，肝、脾不大，右上腹压痛。最有可能的诊断是
A．肝硬化并发胃底静脉曲张破裂出血
B．胃癌并发出血
C．胃炎并发出血
D．溃疡病并发出血
E．胆石症并发出血

11．女性，36 岁，因排暗红色便 2 天入院，总量约 700ml，Hb 70g/L，既往类似病史 5 年，共发作 10 余次。BP 100/70mmHg，P 90 次 / 分，已做胃镜、结肠镜检查，均未见异常。下列哪一项检查应首选
A．胃肠 X 线钡剂检查
B．小肠气钡双重造影
C．血管造影
D．小肠镜检查
E．消化道核素显像

12．关于急性上消化道出血，下列哪项说法是错误的
A．出血量超过 50ml，即可出现黑便
B．咖啡渣样液是血液经胃酸作用后形成正铁血红素所致
C．出血早期血压、血红蛋白可正常
D．48 小时内可做急诊胃镜检查
E．大量出血就是食管胃底静脉曲张破裂出血

13．男性，50 岁，昨晚宴会后突然呕鲜血 2 次，约 1000ml，后又排柏油样大便 2 次，伴头昏、多汗。既往有二十余年大量喝酒史。BP 70/50mmHg，面部可见多个蜘蛛痣，脾侧位肋下 2.0cm。下列疾病哪种可能性最大
A．胃癌并大出血
B．消化性溃疡并大出血
C．应激性溃疡
D．贲门黏膜撕裂综合征
E．肝硬化并上消化道大出血

14．上消化道大出血患者约有 15% ～ 20% 有持续出血或反复出血，甚至导致死

亡。提示预后不良或危险性高的因素下列哪项为错误的
A．高龄患者（> 60 岁）
B．急性胃黏膜病变出血
C．消化性溃疡伴有内镜下活动性出血，如暴露血管或溃疡面上有血痂
D．特殊病因或部位的出血，如食管静脉曲张破裂出血
E．有严重心、肝、肾、脑的合并症

15．患者因消化道出血住院 3 天，今晨起感头晕、心慌，BP 80/60mmHg，P 118 次 / 分，血 BUN 12.4mmol/L。最可能的原因是
A．肾功能不全
B．电解质紊乱
C．酸中毒
D．继续出血
E．低血糖

16．男性，有慢性上腹痛史，HBsAg 阳性，突然呕血约 300ml。为尽快查明出血原因，首先应检查
A．全消化道钡餐
B．血常规，凝血酶原时间
C．胃镜检查
D．CT 检查
E．B 超检查

17．上消化道大出血患者，下列哪种情况需做选择性动脉造影
A．十二指肠球部溃疡反复出血
B．肝硬化食管静脉曲张破裂出血
C．为了解周围循环衰竭的情况
D．胃镜检查后仍未能明确病变，出血量大于 0.5ml/min
E．可作为首选的诊断方法

18．对于急性上消化道出血，原因不明时，一般主张
A．立即剖腹探查
B．尽可能保守治疗
C．立即 X 线钡餐检查
D．急诊胃镜检查
E．急诊 B 超检查

19．急性糜烂性胃炎（包括应激性溃疡）并发出血的最主要治疗方法是
A．应用增加血液凝固性药物
B．应用抑制胃酸分泌的药物
C．降低胃壁温度，以减少血流量
D．应用保护胃黏膜的药物
E．应用垂体后叶加压素静脉滴注

20．对于门脉高压症并发上消化道出血，下列哪项是正确的
A．出血后门静脉压力降低，对肝有益
B．出血后血中有毒物质排出体外，可使肝性脑病减轻
C．出血后血氨升高
D．出血后脾缩小，脾功能亢进可得到一定程度改善
E．出血后血容量减少，可降低门静脉压力

21．抢救上消化道大出血患者时，能够判断血容量明显不足的征象是
A．头晕、心慌、乏力
B．呕血、黑便
C．患者由平卧位改为坐位时心率加快小于 10 次 / 分
D．患者由平卧位改为坐位时血压下降超过 15 ～ 20mmHg
E．烦躁不安

22．上消化道出血患者出现哪种征象考虑大出血
A．收缩压低于 100 mmHg
B．休克状态
C．心率大于 100 次 / 分
D．血红蛋白低于 70g/L
E．面色苍白

23．上消化道出血患者出现哪种征象考虑大出血
A．突然起立发生晕厥
B．呕吐咖啡渣样液体 1000ml
C．黑便呈柏油样
D．血红蛋白低于 70g/L

E．发热

24．下列哪项不是上消化道出血的原因

A．消化性溃疡

B．过敏性紫癜

C．反流性食管炎

D．功能性消化不良

E．胃癌

25．下列哪项不是判断上消化道或是下消化道出血的征象

A．黑便大多来自上消化道

B．血便大多来自下消化道

C．呕血提示上消化道出血

D．上消化道短时间大量出血可排鲜血便

E．大量出血多来自上消化道

26．在确定急性上消化道出血的原因时不合适的检查是

A．急诊胃镜

B．急诊 X 线钡剂造影检查

C．血常规

D．肝、肾功能检查

E．腹部 B 超

27．男性，52 岁，进食质硬食物后呕鲜血 500ml。查体：BP 70/48mmHg，胸前区可见蜘蛛痣，肝肋下未触及，脾肋下 3cm。目前应采取的措施是

A．手术治疗

B．液体复苏，抗休克治疗

C．内镜治疗

D．静脉注射氨甲环酸

E．注射 H_2 受体拮抗剂

28．男性，62 岁，1 小时前呕血 1000ml。既往史：HBsAg（+）20 年，冠心病史 10 年。近期有心绞痛发作。不宜应用的药物是

A．血管加压素

B．生长抑素

C．支链氨基酸

D．奥美拉唑

E．法莫替丁

29．男性，65 岁，上腹部无规律性隐痛 2 个月，因饮酒后咖啡样物 150ml，柏油便 300ml 来诊，无肝病史。查体：BP 90/60mmHg，P 100 次 / 分，Hb 90g/L，上腹部轻度压痛，肝脾肋下未触及，其止血措施最好选择

A．三腔二囊管压迫

B．垂体后叶素静脉滴注

C．奥美拉唑静脉滴注

D．6- 氨基己酸静脉滴注

E．维生素 K_1 静脉滴注

30．男性，48 岁，呕血 5 小时入院。查体：P 120 次 / 分，BP 80/50mmHg。神志不清，营养状况差。巩膜明显黄染，腹壁可见静脉曲张，肝肋下 6cm，移动性浊音阳性，肠鸣音弱。首选的检查是

A．腹部 X 线

B．腹部 B 超

C．腹部 CT

D．上消化道 X 线钡剂检查

E．腹腔动脉造影

31．男性，反复上腹痛 2 年，黑便 2 天，呕血伴头晕 4 小时。最适合的止血方式是

A．急诊手术

B．经胃镜止血

C．静脉应用血管加压素

D．冰盐水胃腔灌洗

E．口服凝血酶

32．关于上消化道出血的定义，正确的是

A．贲门以上部位出血

B．幽门以上部位出血

C．空肠以上部位出血

D．Treitz 韧带以上部位出血

E．十二指肠乳头水平以上部位出血

33．男性，50 岁，呕血小时，量约 600ml；既往慢性乙型肝炎史 10 年。查体：脾肋下 2cm。出血病因首先考虑是

A．胃癌

B．消化性溃疡

C．胃血管畸形破裂

D．食管、胃底静脉曲张破裂
E．食管、贲门黏膜撕裂综合征
34．发生应激性溃疡最常见的部位是
A．十二指肠
B．空肠
C．食管
D．胃
E．口腔
35．患者排柏油样便最可能出血的部位是
A．胃
B．回肠
C．直肠
D．空肠
E．乙状结肠
36．下列疾病可有肠鸣音活跃的是
A．上消化道穿孔
B．上消化道出血
C．急性胰腺炎
D．麻痹性肠梗阻
E．肠系膜上动脉栓塞
37．男性，66 岁，食用坚果后突发呕血 4 小时，伴心悸、胸闷、气短；既往慢性乙型肝炎史 20 年，冠心病史 8 年。查体：BP 90/50mmHg，P 110 次 / 分，心律失常，期前收缩 10 次 / 分。最适合的治疗药物是
A．硝酸甘油
B．普萘洛尔
C．西咪替丁
D．生长抑素
E．血管加压素
38．消化性溃疡并发出血时，首选的治疗药物是
A．维生素 K
B．垂体后叶素
C．法莫替丁
D．奥美拉唑
39．对胃肠道出血定位诊断最有价值的检查方法是
A．三腔二囊管压迫
B．内镜检查
C．选择性腹腔动脉造影
D．放射性核素检查

二、多项选择题

1．胃溃疡并发大出血时，可采用下列哪些措施
A．去甲肾上腺素稀释口服
B．阿托品注射
C．内镜下止血
D．三腔二囊管压迫止血
E．质子泵抑制剂静脉注射
2．上消化道出血量的估计哪些正确
A．呕血提示胃内储血量＞ 250 ～ 300ml
B．粪便隐血试验阳性，失血量＞ 5ml/d
C．黑便提示出血量＞ 50 ～ 70ml/d
D．出血量＞ 400ml/d 可有急性失血表现
E．急性周围循环衰竭，失血量达循环血容量的 20%
3．下列哪项提示上消化道出血仍未停止
A．肠鸣音高度活跃
B．心率持续＞ 120 次 / 分
C．仍有柏油样稀便
D．面色苍白
E．上腹痛不缓解
4．上消化道出血的早期表现为
A．血压正常，但脉压小，脉率速
B．头晕、心悸、口渴甚至晕厥
C．呕血及黑便
D．血红蛋白及红细胞减少
E．血尿素氮升高
5．为了迅速查明活动性下消化道出血的原因及部位，可进行哪些检查
A．X 线钡剂检查
B．内镜检查
C．动脉造影
D．超声检查
E．肝功能检查
6．肝硬化并发上消化道出血的常见原因
A．门静脉高压性胃病

B．溃疡病
C．动脉血管畸形
D．慢性萎缩性胃炎
E．食管静脉曲张破裂出血

7．可以导致急性糜烂出血性胃炎的病因
A．乙醇
B．阿司匹林
C．奥美拉唑
D．吲哚美辛
E．法莫替丁

8．非静脉曲张上消化道大出血的止血措施主要有
A．输血
B．静脉应用抑制胃酸分泌药物
C．内镜治疗
D．介入治疗
E．手术治疗

9．对上消化道出血有诊断价值的检查措施有
A．胃镜检查
B．胶囊内镜
C．X 线钡餐检查
D．选择性腹部动脉造影
E．B 超检查

10．食管静脉曲张破裂出血的临床特征有
A．出血量大
B．再出血率高
C．常常呕血为首发症状
D．死亡率高
E．呕出血液颜色鲜红

11．下列哪些属于输注浓缩红细胞的指征
A．收缩压＜ 90mmHg
B．心率＞ 100 次 / 分
C．血红蛋白＜ 60g/L
D．血细胞比容＜ 25%

12．由炎症及免疫性病变引起的中下消化道出血时采用的止血治疗
A．糖皮质激素
B．生长抑制剂或奥曲肽
C．5- 氨基水杨酸类
D．手术治疗

13．下列情况哪种考虑消化道活动性出血
A．反复呕血或黑便次数增多，粪质稀薄
B．网织红细胞计数持续增高
C．补液及尿量足够情况下，血尿素氮持续增高
D．肠鸣音减弱或消失

三、名词解释

1．Mallory-Weiss syndrome
2．肠源性氮质血症
3．应激相关胃黏膜损伤

四、填空题

1．消化道出血活动期大便隐血试验阳性提示每天出血量不少于________。
2．上消化道出血最常见的原因为________。
3．________是目前诊断上消化道出血的首选检查方法。
4．上消化道出血的临床表现主要取决于________及________。
5．消化道出血病人行 X 线钡剂造影检查一般要求在大出血停止至少________之后进行。
6．用三腔二囊管压迫止血，其胃囊囊内压________，食管囊囊内压为________。用气囊压迫过久会导致黏膜糜烂，故持续气囊压迫时间最长不应超过________。
7．上消化道大出血患者，在出血后，组织液渗入血管内，使血液稀释，一般需经________小时以上才出现贫血，出血后________小时血液稀释到最大程度；出血________内网织红细胞即见增高；出血________白细胞计数升高，血止后________才恢复正常。
8．下消化道出血最常见的二大原因：______、______。
9．消化道出血的临床表现取决于________、________、________、________，与患者

的年龄及循环功能的代偿能力有关。

10. 临床上主要以______、______、______，______，以及预后的估计等五大方面，诊断及评估消化道出血。

11. 上消化道出血的最常见的四大病因：______、______、______、______。

12. 气囊压迫短暂止血效果肯定，但患者痛苦大，并发症较多，如______、______、______、______、______等，不能长期使用，停用后早期再出血发生率高；一般持续压迫时间不应超过______小时。

13. 食管胃底静脉曲张出血时，可使用的血管活性药物如______、______、______、______，减少静脉血流量，降低门静脉压，从而止血；______、______因不伴全身血流动力学改变，短期使用无严重不良反应，成为治疗食管胃底静脉曲张出血的最常用药物。

五、问答题

1. 判断上消化道出血是否停止时有哪些迹象表明患者仍有继续出血或再出血？

2. 男性，40 岁，1 小时前排柏油样便 2 次，伴头晕、出汗、面色苍白。T 37.5℃，HR 100 次 / 分，BP 10.6/8 KPa，R 24 次 / 分。①接诊该病人后询问病史的重点及首先采取的措施是哪些？②如果体检示心肺无异常，腹软，剑突下轻度压痛，肝脾未扪及，无移动性浊音，肠鸣音亢进。此时需做哪些必要的辅助检查？③如果输液后血压为 12/8kPa（90/60mmHg），HR 100 次 / 分，Hb 80g/L，WBC 12×10^9/L。此时给予禁食、输血、补液、多巴胺及垂体后叶素静滴、第一代头孢菌素抗生素抗感染，毛花苷 C 静脉推注，哪些措施不妥，为什么？

参考答案

一、单项选择题

1. B	2. C	3. D	4. E	5. C	6. D
7. D	8. D	9. E	10. D	11. E	12. E
13. D	14. B	15. D	16. C	17. D	18. D
19. B	20. C	21. D	22. B	23. A	24. D
25. E	26. B	27. B	28. A	29. C	30. B
31. B	32. D	33. D	34. D	35. A	36. B
37. D	38. C	39. C			

二、多项选择题

1. ACE	2. ABCDE	3. ABC	4. ABC	5. BC	6. ABE
7. ABD	8. BCDE	9. ABCD	10. ABCDE	11. ABC	12. AD
13. ABC					

三、名词解释

1. Mallory-Weiss syndrome：又称食管黏膜撕裂症，是指由于剧烈呕吐和腹内压骤然升高等因素引起食管内压力突然增高，导致食管下段和胃贲门部黏膜撕裂而引起的上消化道出血为主的一组症候群。

2．肠源性氮质血症：上消化道大量出血后，由于大量血液蛋白质的消化产物在肠道被吸收，血中尿素氮浓度可暂时增高，称为肠源性氮质血症。

3．应激相关胃黏膜损伤：各种严重疾病引起的应激状态下产生的急性糜烂出血性胃炎至溃疡形成称为应激相关胃黏膜损伤，可以发生出血，发生大出血以溃疡形成多见。

四、填空题

1．5ml

2．消化性溃疡

3．胃镜检查

4．出血量　出血速度

5．3 天

6．50 ～ 70mmHg　35 ～ 45mmHg　24 小时

7．3 ～ 4　24 ～ 72　24 小时　2 ～ 5 小时　2 ～ 3 天

8．痔　肛裂

9．出血量　出血速度　出血部位　出血性质

10．确定消化道出血　出血的程度及周围循环状态的判断　判断出血是否停止　判断出血的部位及病因

11．消化性溃疡　食管胃底静脉曲张破裂　急性糜烂性出血性胃炎　胃癌

12．吸入性肺炎　窒息　食管黏膜坏死　呼吸衰竭　心律失常　24

13．生长抑素　奥曲肽　特利加压素　垂体加压素　生长抑素　奥曲肽

五、问答题

1．判断上消化道出血是否停止时有哪些迹象表明患者仍有继续出血或再出血？

答：临床上出现下列情况应考虑继续出血或再出血：

①反复呕血，或黑遍次数增多、粪质稀薄，伴有肠鸣音亢进。

②周围循环衰竭的表现经充分补液输血而未见明显改善，可虽暂时好转而又恶化。

③血红蛋白浓度、红细胞计数与血细胞比容继续下降，网织红细胞计数持续增高。

④补液与尿量足够的情况下，血尿素氮持续或再次增高。

2．答：①询问发病原因、诱因以及其他消化道伴随症状，有无咳嗽、咯血史等对鉴别诊断也有一定价值，大便的性状及总量对估计消化道出血量也很重要，既往疾病史对明确诊断有重要意义。该患者为急性上消化道出血，有血压下降、心率增快等表现，治疗必须及时补充血容量，改善循环功能。及时建立静脉通道是完全必要的，其输液速度和是否输血应根据出血的情况给予调整，同时观察血压、心率等变化。

②血常规、血尿素氮、肌酐是必要的，如果患者继续出血，血压下降，有输血指征，必须做血型检测，在无休克的情况下为明确诊断，待血容量补足后可考虑做急诊胃镜检查。

③急性上消化道出血应当予以暂时禁食。患者血压下降，主要是通过补充血容量来治疗，输血、输液可补充血浆胶体渗透压和晶体渗透压，暂可不必加用升压药物，因无肝病门静脉高压出血的迹象，故不考虑应用垂体后叶素静脉滴注。消化道出血患者可有发热（一般不超过 38.5℃），并可有白细胞升高（一般不超过 12×10^9/L）。若无明显其他感染迹象，不需加用抗生素。心率增快是由于血容量不足和失血性贫血所致，应用洋地黄类强心药物有害而无利。

泌尿系统疾病

总 论

一、单项选择题

1．男性，16 岁，咽痛咳嗽半个月，颜面水肿 3 天，查体：BP 145/95mmHg，尿蛋白（++），红细胞（++），上皮细胞（+），诊断考虑

A．急性肾小球肾炎

B．尿路感染

C．肾结核

D．慢性肾小球肾炎

E．系统性红斑狼疮 狼疮肾炎

2．男性，25 岁，因上呼吸道感染后 3 天出现水肿，乏力，食欲缺乏，化验尿蛋白（++），肌酐 178μmmol/L，Hb 90g/L，原发疾病最可能的诊断是

A．急性肾小球肾炎

B．急进性肾小球肾炎

C．隐匿性肾小球肾炎

D．慢性肾小球肾炎

E．肾病综合征

3．以下哪项是正确的

A．蛋白尿是确诊肾盂肾炎的重要依据

B．肾盂肾炎不伴血尿

C．白细胞管型是活动性肾盂肾炎的特征

D．肾盂肾炎常伴全身水肿

E．肾盂肾炎不伴畏寒、发热

4．红细胞管型见于下述哪个疾病

A．尿路结石

B．肾盂肾炎

C．高血压肾病

D．急性肾小球肾炎活动期

E．急性出血性膀胱炎

5．关于血尿的描述哪项是错误的

A．红细胞管型是急性肾小球肾炎的特征

B．肾小球性血尿中红细胞形态均一正常

C．非肾小球性血尿中红细胞形态均一正常

D．变形红细胞血尿为肾小球性

E．以上都不对

6．重吸收原尿中大部分水的部位是

A．远曲小管

B．近曲小管

C．集合管

D．髓袢升支

E．髓袢降支

7．促红细胞生成因子的作用是

A．延长凝血时间

B．促进血小板生成

C．刺激骨髓红细胞系统造血

D．增加造血原料

E．延长血小板寿命

8．大量蛋白尿的定义是

A．尿蛋白定量＞3.5g/24h，

B．尿蛋白定量＞1.5g/24h

C．尿蛋白定量＜3.5g/24h

D．尿蛋白定量＞1.0g/24h

E．尿蛋白定量＞2g/24h

9．尿检发现红细胞管型见于

A．出血性膀胱炎

B．肾结核

C．肾结石

D．急性肾小管坏死

E．急性肾小球肾炎

10．肾不能分泌的激素是

A．促红细胞生成素
B．肾素
C．前列腺素
D．1α- 羟化酶
E．醛固酮

11．代表早期肾小球滤过功能受损的指标是
A．内生肌酐清除率
B．血尿素氮
C．血肌酐
D．血尿酸
E．尿尿酸

12．24 小时尿蛋白定量 3.5g 提示
A．肾小球性蛋白尿
B．肾小管性蛋白尿
C．功能性蛋白尿
D．溢出性蛋白尿
E．分泌性蛋白尿

13．白细胞管型见于
A．急性肾小球肾炎
B．急性肾盂肾炎
C．慢性肾小球肾炎
D．膀胱炎
E．小血管炎

14．关于原发性肾小球疾病的病理分类，下列哪项不正确
A．轻微肾小球病变
B．硬化性肾小球肾炎
C．肾病综合征
D．膜性肾病
E．增生性肾炎

15．慢性肾炎治疗的主要目的
A．消除蛋白尿
B．消除血尿
C．控制感染
D．应用血小板解聚药
E．防止或延缓肾衰竭

16．男性，65 岁，诊断多发性骨髓瘤、骨髓瘤肾病，尿常规蛋白（+），24 小时尿蛋白 6.15g/24h，此患者的蛋白尿属于哪种类型的蛋白尿
A．肾小球性蛋白尿
B．生理性蛋白尿
C．溢出性蛋白尿
D．肾小管性蛋白尿
E．以上均不正确

17．男性，23 岁，蜂蜇伤后 2 余小时入院，尿色呈酱油色，查尿常规，尿蛋白（+++），血肌红蛋白大于检测上限，此患者的蛋白尿属于哪种类型的蛋白尿
A．肾小球性蛋白尿
B．生理性蛋白尿
C．溢出性蛋白尿
D．肾小管性蛋白尿
E．以上均不正确

18．下列关于血尿的论述，正确的是
A．尿隐血是快速判断血尿的标准，如果患者尿隐血阳性，患者有 90% 以上可能性诊断为真性血尿
B．尿红细胞的多少是肾病综合征严重程度的判断标准之一，尿红细胞越多，提示病情越重
C．肾小球源性血尿的尿红细胞分布曲线中，尿红细胞多呈非对称分布
D．肾小球疾病尿中不可能出现非肾小球源性红细胞
E．尿红细胞形态不可能受尿 pH 值影响

19．女性，16 岁，既往体健，运动后出现蛋白尿，医生诊断为生理性蛋白尿，那么她的蛋白尿水平应该在下列哪个水平
A．小于 0.5g/24h
B．小于 1g/24h
C．小于 1.5g/24h
D．小于 2g/24h
E．大于 3.5g/24h

20．女性，65 岁，无自觉症状，既往史无特殊，查尿常规尿红细胞（++），尿蛋白（–），尿红细胞 0 ~ 2/HP，白细胞 0 ~ 3/HP，关于该患者尿常规解读下

列正确的是

A．患者尿红细胞2+，患肾小球疾病可能性较大

B．患者尿红细胞2+，患肾血管性疾病可能性较大

C．患者尿红细胞2+，患泌尿系肿瘤可能性较大

D．患者尿蛋白阴性，能完全除外肾小球疾病

E．以上均不正确

21．尿中发现大量透明样管型，提示病变在

A．肾小管和肾盏

B．肾小管和肾盂

C．肾小管和肾小球

D．肾小管和输尿管

E．肾小管和膀胱

22．不出现管型尿的肾疾病是

A．肾病综合征

B．急进性肾炎

C．急性肾小球肾炎

D．急性膀胱炎

E．急性肾盂肾炎

二、多项选择题

1．下列哪些检查可鉴别血尿来源

A．尿常规

B．新鲜尿沉渣相差显微镜检查

C．尿红细胞容积分布曲线

D．尿培养

E．静脉肾盂造影

2．关于血尿的描述下列哪项是正确的

A．变形红细胞尿为肾小球源性

B．均一形态红细胞尿为非肾小球性

C．非对称性尿红细胞容积分布曲线为肾小球性

D．对称性尿红细胞容积分布曲线为非肾小球性

E．肾小球性血尿大多有血凝块

3．关于蛋白尿错误的描述是

A．尿路感染不会出现蛋白尿

B．蛋白尿只见于肾疾病

C．尿蛋白的多少与病情严重程度成正比

D．肾小球滤过膜受损时可出现大量蛋白尿

E．功能性蛋白尿定量一般小于1g/d

4．以下哪项是治疗肾小球性高血压，具有肾保护作用的降压药

A．血管紧张素转换酶抑制剂（ACEI）

B．利尿剂

C．血管紧张素II受体阻断药（ARB）

D．利血平

E．镇静剂

5．肾小球疾病的临床症状包括

A．血尿

B．蛋白尿

C．水肿

D．高血压

E．尿隐血

6．下列可能出现水肿的疾病包括

A．肾小球疾病

B．甲状腺功能减退症

C．心功能不全

D．肝功能不全

E．血管栓塞性疾病

7．肾小球疾病合并高血压的机制包括

A．水、钠潴留

B．肾素 - 血管紧张素分泌增多

C．高血钾

D．肾内降压物质分泌减少

E．肾内升压物质分泌过多

8．按照常用的肾小球疾病分类，下列哪些属于原发性肾小球疾病的临床分类

A．糖尿病肾病

B．急性肾小球肾炎

C．膜性肾病

D．系膜毛细血管性肾小球肾炎

E．肾病综合征

三、名词解释

1．肾炎综合征

2．功能性蛋白尿

四、填空题

1．蛋白尿可分为________、______、______、________蛋白尿。

2．终末期肾衰竭的肾替代治疗包括______、________、________。

3．肾的主要生理功能是________、______、________。

4．肾分泌的主要血管活性激素包括______、________、________、______等。

5．肾分泌的非血管活性激素主要包括________、________。

6．无症状性尿异常是指________、________、________。

7．肾小球疾病的主要发病机制包括______、________、________。

8．肾小球疾病高血压的发生机制为______、________、________。

9．肾炎综合征的临床特点是________、________、________。

10．肾小球疾病可分为________、________、________。

五、问答题

1．简述原发性肾小球疾病的临床分型。

2．简述肾疾病治疗原则。

参考答案

一、单项选择题

1．A	2．D	3．C	4．D	5．B	6．B
7．C	8．A	9．E	10．E	11．A	12．A
13．B	14．C	15．E	16．C	17．C	18．C
19．B	20．E	21．C	22．D		

二、多项选择题

1．BC	2．ABCD	3．ABC	4．AC	5．ABCD	6．ABCDE
7．ABD	8．BE				

三、名词解释

1．肾炎综合征：是以蛋白尿、血尿、高血压为特点的综合征。按病程及肾功能改变，可分为急性肾炎综合征、急进性肾炎综合征和慢性肾炎综合征。

2．功能性蛋白尿：一良性过程，因高热、剧烈运动、急性疾病、直立体位而发生的蛋白尿。

四、填空题

1．功能性　肾小球　肾小管性　溢出性

2．腹膜透析　血液透析　肾移植

3．排泄代谢产物　调节水电解质、酸碱平衡　维持机体内环境稳定

4．肾素　血管紧张素　前列腺素　激肽类系统

5．1α-羟化酶　促红细胞生成素

6．单纯性血尿　无症状性蛋白尿　不能解释的脓尿和白细胞尿

7．免疫反应　炎症反应　非免疫机制

8．钠水潴留　肾素分泌增多　肾内降压物质减少

9．血尿　蛋白尿　高血压

10．原发性　继发性　遗传性

五、问答题

1．简述原发性肾小球疾病的临床分型。

答：临床分型为：急性肾小球肾炎、急进性肾小球肾炎、慢性肾小球肾炎、隐匿性肾小球肾炎［无症状性血尿和（或）蛋白尿］、肾病综合征。

2．简述肾疾病治疗原则。

答：去除诱因、一般治疗、抑制免疫及炎症反应、防治并发症、延缓肾疾病进展和肾替代治疗。

肾小球肾炎

一、单项选择题

1．引起急性肾小球肾炎最常见的病因是
A．乙型肝炎病毒感染
B．肺炎链球菌感染
C．葡萄球菌感染
D．溶血性链球菌感染
E．草绿色链球菌感染

2．急性肾小球肾炎的免疫发病机制，下列哪项是错误的
A．免疫球蛋白在肾小球沉积
B．肾小球系膜细胞及内皮细胞内可见到链球菌抗原
C．肾小球毛细血管内有链球菌菌栓
D．血清免疫复合物增高
E．抗链球菌溶血素O抗体（ASO）在感染后1～3周才升高

3．急性肾小球肾炎最常见的临床表现是
A．水肿、蛋白尿、高血压、高血脂
B．血尿、蛋白尿、高血压、高血脂
C．水肿、少尿、血尿、蛋白尿、高血压
D．水肿、少尿、血尿、高血脂
E．水肿、血尿、蛋白尿、低蛋白血症

4．急性肾小球肾炎治疗后，下列哪组临床所见最后恢复正常
A．水肿、蛋白尿
B．高血压、血尿
C．蛋白尿、血尿
D．水肿、高血压
E．高比重尿、血尿

5．急性肾小球肾炎的ASO检查，下述哪项错误
A．滴度上升只表明近期有过链球菌感染史，不能确定目前是否存在链球菌感染
B．滴度高低多与链球菌感染的严重性相一致
C．滴度高低与肾炎的严重性及预后无关
D．滴度不升高，可否定链球菌感染史
E．多于1年内恢复正常，少数人需2年

6．急性肾小球肾炎的治疗，下述错误的是
A．急性期卧床休息的原则：肉眼血尿消失、水肿减退、血压降至正常后，才能逐渐增加活动
B．急性肾炎尿蛋白水平可能大于3.5g/24h
C．用青霉素控制肾炎症
D．如果C3水平持续8周以上不恢复，应考虑建议患者行肾活检
E．患者尿红细胞多为非均一型

7．急进性肾小球肾炎早期临床表现最突出的是
A．蛋白尿
B．血尿
C．少尿或无尿
D．高血压
E．水肿
8．急进性肾小球肾炎的病理特点是
A．肾小球弥漫性增生
B．肾小球有大量新月体形成
C．局灶性增生和局灶性硬化
D．基底膜增厚为主，伴细胞增生
E．动脉内膜增厚和入球小动脉纤维蛋白样坏死
9．无症状性蛋白尿和（或）血尿的常见临床表现应除外
A．一过性蛋白尿，一般不超过1+
B．单纯性蛋白尿，一般不超过1+
C．反复发作性血尿
D．持续性蛋白尿伴发作性血尿
E．病情轻，病程长，可有自行缓解期
10．关于慢性肾小球肾炎，下述哪项正确
A．都有明显的急性肾炎病史
B．大部分与急性肾炎之间有肯定的因果关系
C．是肾小球毛细血管被细菌毒素直接损害所致
D．发病机制往往是一个免疫反应过程
E．以上都正确
11．慢性肾小球肾炎的主要病变部位是
A．单侧肾的肾小球
B．双侧肾的肾小球
C．单侧肾的肾小球和肾小管
D．双侧肾的肾小球和肾小管
E．双侧肾间质
12．男性，42岁。因急性肾小球肾炎入院。入院后第3天出现少尿，继之尿闭、头痛、头晕、恶心、呕吐、抽搦，直至昏迷。此时应想到患者可能并发了
A．心力衰竭
B．急性肾功能不全
C．急性胃肠炎
D．高血压脑病
E．以上都不是
13．男性，13岁。因水肿，尿少4天入院。BP 160/100mmHg，尿比重1.023，尿蛋白（++），红细胞3～5/HP。入院后第二天凌晨突然出现气促、烦躁不安，HR 160次/分，双肺细湿啰音，本例应考虑
A．急性肾小球肾炎合并急性肺炎
B．急性肺炎合并心力衰竭
C．急性肾小球肾炎合并中毒性心肌炎
D．急性肾小球肾炎合并心力衰竭
E．以上都不是
14．女性，22岁。明显水肿3周，尿量持续减少，血尿，入院时已进入昏迷状态。BP 180/100mmHg，尿蛋白（++），红细胞满视野，红细胞管型3～5/HP，血肌酐520μmol/L，肾活检见肾小球囊中新月体形成约占60%，诊断是
A．急性肾小球肾炎合并急性肾损伤
B．慢性肾小球肾炎急性发作
C．急性肾小管坏死
D．急进性肾小球肾炎
E．急进性高血压
15．有关慢性肾小球肾炎下述哪项说法不对
A．成人多见
B．病程在一年以上，长者可达数十年
C．有蛋白尿、血尿、高血压等
D．多数病人有急性肾小球肾炎史
E．晚期肾萎缩可致肾衰竭
16．哪项不是急进性肾小球肾炎的临床特征
A．起病急，初期表现仅为急性肾炎
B．持续性血尿、高血压和蛋白尿
C．常出现少尿与急剧肾功能恶化，可于数周或数月死于尿毒症
D．可有咯血及肺部病变
E．激素疗效好
17．下列哪项情况出现于所有的急性肾小

球肾炎病例
A．中等量蛋白尿
B．肉眼或镜下血尿
C．高血压
D．水肿
E．肾功能减退

18．下列哪项治疗对急性肾小球肾炎活动期最合适
A．休息和控制感染
B．低蛋白饮食
C．透析疗法
D．大量激素和免疫抑制剂
E．非特异性抗感染治疗

19．下列哪一项对鉴别急性肾炎与慢性肾炎急性发作没有帮助
A．先驱感染严重程度、发病时间间隔
B．贫血与蛋白尿
C．肾变小
D．少尿与血肌酐升高
E．眼底有高血压视网膜动脉硬化及管状渗出物

20．男性，20 岁，5 个月来头痛、头晕、面色苍白，近月加重，并出现水肿，恶心、呕吐，自幼耳聋及血尿史。贫血貌，下肢水肿，尿蛋白（++），红细胞 0 ~ 1/HP，有蜡样管型，肌酐 460μmol/L，最可能的诊断是
A．慢性肾小球肾炎
B．急进性高血压肾损害
C．急进性肾炎
D．家族性出血性肾炎
E．肾动脉狭窄

21．下列哪项对诊断急性肾小球肾炎最有价值
A．血沉增快
B．抗链球菌溶血素 O 抗体增高
C．尿沉渣可见红细胞管型
D．肾功能下降
E．肾活检

22．以急性肾炎综合征起病的慢性肾炎与感染后急性肾炎的主要鉴别点是
A．尿中出现红细胞的量多
B．血压中度升高
C．出现明显的水肿
D．有氮质血症
E．有潜伏期及补体 C3

23．在肾小球疾病中存在低补体血症的疾病，应除外下列哪一种疾病
A．急性肾炎
B．狼疮肾炎
C．冷球蛋白相关肾损害
D．膜增生性肾炎
E．膜性肾病

24．男性，18 岁，上呼吸道感染后 2 周发病，初诊时出现明显低补体血症，查尿常规蛋白（+++）、24 小时尿蛋白 2.6g/24h，诊断急性肾炎。3 个月后该患者复查补体仍不恢复，复查尿常规蛋白（+++），24 小时尿蛋白 2.8g/24h，血浆白蛋白 31g/L，肌酐 101μmol/L，下列哪项为最佳处理
A．明确有无肾穿刺活检禁忌，若无禁忌则考虑行肾活检
B．给予抗生素治疗，清除感染灶
C．查看患者有无扁桃体肿大表现，如存在扁桃体肿大，建议患者切除扁桃体
D．给予泼尼松 60mg、qd 治疗
E．继续观察，不需做特殊处理

25．下列肾小球疾病中，属于可以使用糖皮质激素的类型是
A．糖尿病肾病、狼疮肾炎、急进性肾炎
B．急性肾炎、急进性肾炎、遗传性肾病
C．膜增生性肾炎、急进性肾炎、膜性肾病
D．糖尿病肾病、急性肾炎、遗传性肾病
E．狼疮肾炎、遗传性肾病、糖尿病

肾病

26．女性，18岁，发病前有上呼吸道感染史，因“反复眼睑水肿1+周”入院，查见低补体血症，尿常规蛋白（++），红细胞28/HP，诊断急性肾炎。患者经过休息，清除感染灶等治疗，病情缓解出院。出院后2周门诊复查尿常规（-），血压110/82mmHg，仍见补体降低。患者下一步处理最合适的是

A．暂无需进一步特殊处理，动态观察补体变化，维持原方案治疗

B．给予泼尼松30mg、qd治疗

C．给予血管紧张素转化酶抑制剂（ACEI）/血管紧张素Ⅱ受体阻断药（ARB）类药物

D．建议患者肾活检

E．以上均不正确

27．女性，26岁，既往无肾病史，G1P036周孕，患者孕32周时出现皮肤破溃，本院皮肤科诊断皮肤细菌感染，此次因主诉“眼睑水肿1周”入院，入院后查自身抗体阴性，补体降低，尿常规蛋白（+++），24小时尿蛋白3.6g/24h，BP 120/80mmHg，入院1天患者顺利产下一健康女婴。产后1周复查24小时尿蛋白下降不明显，行肾活检提示弥漫性毛细血管内增生性肾小球肾炎，给予对症处理后患者病情缓解出院，期间未使用糖皮质激素。出院后1个月复查患者尿常规正常。根据患者临床经过，患者诊断可能性最大的是

A．狼疮肾炎

B．IgA肾病

C．急性肾炎

D．新月体肾炎

E．妊娠高血压综合征相关肾损害

28．抗肾小球基底膜病导致的肾损害属于急进性肾炎的哪一类型

A．Ⅰ型

B．Ⅱ型

C．Ⅲ型

D．Ⅳ型

E．Ⅴ型

29．如诊断新月体肾炎成立，其光镜下应有多少比例的肾小球出现新月体形成

A．25%

B．50%

C．75%

D．100%

E．只要有1个以上的肾小球出现新月体，就该考虑患者合并新月体肾炎

30．男性，65岁，因“反复全身水肿伴关节疼痛1周”入院，入院时查尿常规，尿蛋白（+++），肌酐250μmol/L，入院时24小时尿量1000ml，尿常规，尿蛋白（+++），红细胞500/HP，为非均一性红细胞形态。入院后3天复查肌酐550μmol/L，血浆白蛋白32g/L，查GBM抗体（+），ANA（-），补体正常。大便隐血阴性，彩超提示肾增大，未见结石及梗阻征象。关于患者病情下列论述不正确的是

A．该患者具有血浆置换指征

B．该患者行肾活检病理表现为毛细血管内增生性肾小球肾炎

C．该患者需要注意排除有无潜在感染灶

D．排除禁忌证给予甲强龙500mg、qd，连用三天

E．该患者行肾活检病理表现最大的可能性为新月体肾炎

31．当代肾脏病学关于肾小球疾病诊断治疗及判断预后最重要的是

A．肾功能判断

B．肾彩超检查

C．血肌酐清除率检查

D．静脉肾盂造影

E．肾穿刺活检

32．急性肾炎恢复最慢的指标是

A．血压

B．血浆白蛋白

C．血红蛋白

D．尿白细胞

E．C3

33．男性40岁，因“活动后心累伴全身水肿2周入院，伴呕吐，入院查肌酐450μmol/L，尿常规尿蛋白（++），血浆白蛋白34g/L，血常规提示HGB 78g/L，24小时尿蛋白2.4g/24h，患者病因诊断为下列哪个选项可能性最大

A．急性肾炎

B．急进性肾炎

C．慢性肾炎

D．无症状性血尿、蛋白尿

E．以上均不正确

34．男性，35岁，既往5余年因自觉需要“清热解毒”长期自服关木通（剂量不详），此次查尿常规尿蛋白（+），血肌酐254μmol/L，BP 130/80mmHg，血常规提示Hb 85g/L，自身抗体和抗中性粒细胞胞浆抗体阴性，补体正常，该患者诊断考虑下列哪种可能性大

A．马兜铃酸肾病

B．痛风性肾病

C．原发性高尿酸肾病

D．新月体肾炎

E．以上均不正确

35．下列关于慢性肾小球肾炎的治疗，错误的是

A．慢性肾小球肾炎如合并高血压，需要积极控制高血压

B．提倡在使用α-酮酸的同时给予低优质蛋白饮食

C．需要积极控制镜下血尿水平，血尿对加重慢性肾小球肾炎作用确切

D．对于表现为肾小球硬化及广泛肾纤维化的患者，多不需要使用糖皮质激素

E．注意预防感染，避免过度劳累

二、名词解释

1．急进性肾小球肾炎

2．慢性肾小球肾炎

3．急性肾小球肾炎

三、填空题

1．于链球菌感染后______周发生______、______、______和______，甚至少尿及氮质血症等急性肾炎综合征表现，伴______下降，病情于发病______内逐渐减轻到完全恢复正常者，即可临床诊断为急性肾炎。

2．仅有少数慢性肾炎是由______发展所致（直接迁延或临床痊愈若干年后再现）。慢性肾小球肾炎的病因、发病机制和病理类型不尽相同，但起始因素多为______。导致病程慢性化的机制除免疫因素外，______因素占有重要作用。

3．隐匿肾小球肾炎也称为无症状性血尿或（和）蛋白尿，患者无水肿、高血压及肾功能损害，而仅表现为______或（和）______的一组肾小球病。

4．急进性肾炎的肾体积通常______，肾活检的典型病理表现是______。

四、问答题

简述慢性肾小球肾炎的诊断与鉴别诊断。

参考答案

一、单项选择题

1. D	2. C	3. C	4. C	5. D	6. C
7. E	8. B	9. A	10. D	11. B	12. D
13. D	14. D	15. D	16. E	17. B	18. A
19. D	20. D	21. E	22. E	23. E	24. A
25. C	26. A	27. C	28. A	29. B	30. E
31. B	32. E	33. C	34. A	35. C	

二、名词解释

1. 急进性肾小球肾炎：急进性肾小球肾炎是以急性肾炎综合征、肾功能急剧恶化、多早期出现少尿性急性肾损伤为临床特征，病理类型为新月体肾小球肾炎的一组疾病。

2. 慢性肾小球肾炎：慢性肾小球肾炎是指以蛋白尿、血尿、高血压、水肿为基本临床表现，起病方式各有不同，病情迁延，病变缓慢进展，可有不同程度的肾功能减退，最终将发展为慢性肾衰竭的一组肾小球病。

3. 急性肾小球肾炎：是一组以急性肾炎综合征为主要临床表现，以血尿、蛋白尿、高血压和水肿为特征的疾病，可伴有一过性肾功能损害。多种病原微生物均可致病，但多数为链球菌感染后肾小球肾炎。

三、填空题

1. 1～3周　血尿　蛋白尿　水肿　高血压　血清C3　8周内

2. 急性肾炎　免疫介导炎症　非免疫非炎症

3. 肾小球源性血尿　蛋白尿

4. 增大　肾小球内广泛新月体形成

四、问答题

简述慢性肾小球肾炎的诊断与鉴别诊断

答：凡尿化验异常（蛋白尿、血尿、管型尿）、水肿及高血压病史达一年以上，无论有无肾功能损害均应考虑此病，在除外继发性肾小球肾炎及遗传性肾小球肾炎后，临床上可诊断为慢性肾小球肾炎。

慢性肾小球肾炎主要应与下列疾病鉴别：

（1）继发性肾小球肾炎，如狼疮肾炎、过敏性紫癜肾炎等，依据相应的系统表现及特异性实验室检查，一般不难鉴别。

（2）家族性出血性肾炎，常起病于青少年（多在10岁之前），患者有眼（球形晶状体等）、耳（神经性耳聋）、肾（血尿，轻、中度蛋白尿及进行性肾功能损害）异常，并有阳性家庭史（多为连锁显性遗传）。

（3）其他原发性肾小球病，包括以下几项。①隐匿型肾小球肾炎。临床上轻型慢性肾炎应与隐匿型肾小球肾炎相鉴别，后者主要表现为无症状性血尿和（或）蛋白尿，无水肿、高血压和肾功能减退。②感染后急性肾炎。有前驱感染并以急性发作起病的慢性肾小球肾炎需与此病相鉴别。慢性肾小球肾炎急性发作多在短期内（数日）病情急骤恶化，血清C3一般无动态变化，有助于与感染后急性肾小球肾炎相鉴别；此外，疾病的转归不同，慢性肾小球肾炎无自愈倾向，呈慢性进展，可与之区别。

（4）原发性高血压损害，呈血压明显增高的慢性肾炎需与原发性高血压继发肾损害（即良性小动脉性肾硬化症）鉴别，后者先有较长期高血压，其后再出现肾损害，临床上远曲小管功能损伤（如尿浓缩功能减退、夜尿增多）多较肾小球功能损伤早，尿改变轻微（微量至轻度蛋白尿，可有镜下血尿及管型），常有高血压的其他靶器官（心、脑）并发症。

肾病综合征

一、单项选择题

1．肾病综合征水肿的主要原因是
A．水钠潴留
B．血浆胶体渗透压下降
C．肾小球滤过率下降
D．抗利尿激素增多
E．“球 - 管失衡”

2．肾病综合征最主要的特点是
A．高度水肿
B．高脂血症
C．镜下血尿
D．尿蛋白定量＞ 3.5g/d
E．高血压

3．目前认为肾病综合征出现高脂血症的重要的原因是
A．肝合成脂蛋白增加
B．肝分解脂蛋白减弱
C．脂肪摄入过多
D．过度利尿
E．高血压

4．对激素依赖肾病综合征最合适的治疗是
A．抗凝治疗
B．加大激素用量
C．激素 + 免疫抑制剂
D．中药治疗
E．首选免疫抑制剂

5．激素治疗肾病综合征时，错误的方法是
A．尿蛋白阴转即刻减量停药
B．起始大剂量
C．可联合抗凝治疗
D．严重水肿可适当利尿
E．激素无效加用环磷酰胺（CTX）

6．治疗肾病综合征首选的激素是
A．氢化可的松
B．地塞米松
C．泼尼松
D．倍他米松
E．甲泼尼龙

7．下列哪条不是肾病综合征的诊断标准
A．高度水肿
B．高脂血症
C．大量蛋白尿
D．肉眼血尿
E．低蛋白血症

8．肾病综合征饮食治疗哪项是错误的
A．给予常量的优质低蛋白饮食
B．水肿时应低盐饮食
C．应少进食富含饱和脂肪酸的饮食
D．多进富含不饱和脂肪酸饮食
E．应多进高蛋白饮食

9．治疗肾病综合征水肿哪项是错误的
A．利尿治疗不宜过快、过猛
B．利尿需注意防低钾低氯血症
C．应大量输注白蛋白
D．肾功能正常者可用渗透性利尿药
E．肾功能不全者慎用潴钾利尿药

10．肾病综合征使用环磷酰胺的主要不良反应是
A．脱发
B．出血性膀胱炎
C．性腺抑制

D．骨髓抑制
E．恶心、呕吐

11．男性，18 岁，体重 50kg 的肾病综合征患者，激素使用应为
A．每日 30mg 顿服
B．20mg，每天 2 次
C．10mg，每天 3 次
D．15mg，每天 2 次
E．每日 50mg 顿服

12．男性肾病综合征患者，水肿，少尿，尿蛋白定量 4g/d，血浆白蛋白 20g/L，血常规 Hb 110g/L，WBC 2.4×10^9/L，暂不能使用的药物是
A．双嘧达莫
B．呋塞米
C．泼尼松
D．厄贝沙坦
E．环磷酰胺

13．青年女性，水肿，关节痛，脱发 3 个月，尿蛋白（+++），红细胞（+），Hb 90g/L，WBC 3.0×10^9/L，诊断考虑
A．慢性肾炎
B．急性肾炎
C．原发性肾病综合征
D．急进性肾炎
E．狼疮肾炎

14．一早期膜性肾病，肾功能正常，治疗应首选
A．单用泼尼松
B．泼尼松 + 环磷酰胺
C．单用环孢素
D．吲哚美辛
E．双嘧达莫

15．治疗肾病综合征激素起始足量是指
A．泼尼松 1mg/（kg · d），口服 4 周
B．泼尼松 0.5mg/（kg · d），口服 8 ～ 12 周
C．泼尼松 1mg/（kg · d），口服 8 ～ 12 周
D．泼尼松 0.5mg/（kg · d），口服 8 ～ 12 周
E．泼尼松 4mg/（kg · d），口服 8 ～ 12 周

16．激素治疗肾病综合征哪项原则是错误的
A．起始足量
B．缓慢减量
C．长期维持
D．激素依赖型联合使用细胞毒药物
E．激素依赖型可以无限期足量使用激素

17．女性，24 岁，颜面及全身水肿，伴关节痛，间歇发热，浆膜腔积液，尿蛋白（++++），红细胞（+），白细胞（+），最可能的诊断是
A．急性肾炎
B．慢性肾炎
C．系统性红斑狼疮（SLE）
D．原发肾病综合征
E．急进性肾炎

18．男性，28 岁，全身高度水肿，尿蛋白（++++），血浆白蛋白 16g/L，泼尼松足量使用已 3 个月，尿蛋白仍然持续（+++），进一步治疗应首选
A．再加大激素用量
B．行肾穿刺活检明确病理类型后调整治疗方案
C．加用抗凝药
D．原剂量继续维持
E．加用吲哚美辛

19．一位肾病综合征患者，全身高度水肿，使用呋塞米效果不佳，为增强利尿消肿，可选用
A．低分子右旋糖酐
B．氨苯喋啶
C．高渗葡萄糖
D．甘露醇
E．双氯噻嗪

20．女性，20 岁，全身水肿，大量蛋白尿，低蛋白血症，要确诊是否原发肾病综合征，哪项检查是必需的
A．血常规
B．肾功能

C．血脂
D．自身抗体谱
E．双肾 B 超

21．男性，25 岁，肾病综合征，血压 130/70mmHg，尿蛋白（+++），尿红细胞 2 ～ 4/HP。应用激素治疗 2 周突然出现右下肢明显肿胀淤滞，这时要考虑
A．全身感染
B．下肢静脉血栓形成
C．淋巴管炎
D．股骨头坏死
E．下肢静脉栓塞

22．男性，16 岁，近半个月全身水肿，检查尿蛋白（++++），透明管型 2 ～ 3/HP，Hb 120g/L，BP 120/80mmHg，血 BUN 5mmol/L，血肌酐 178μmol/L。若诊断肾病综合征，以下的各项检查哪项最有意义
A．血浆蛋白定量
B．24 小时尿蛋白总量
C．血胆固醇增高
D．血液流变学检查
E．肾功能

23．男性，18 岁，水肿，尿蛋白（+++），应用激素治疗中突然出现右下肢疼痛，最可能的原因是
A．右下肢静脉炎
B．右下肢血栓形成
C．肾性骨病
D．动脉栓塞
E．高尿酸血症（痛风）

24．激素效果对下列哪种病理类型最好
A．轻微病变型
B．膜性肾病
C．局灶节段性肾小球硬化
D．硬化型肾小球肾炎
E．膜增生性肾小球肾炎

25．患者，62 岁，因“反复全身水肿 1 个月”入院，全身高度水肿，患者入院后给诊断肾病综合征明确，肾穿刺结果示膜性肾病。患者给予泼尼松 60mg 治疗 3 周，水肿缓解仍不明显。半小时前患者突然出现气促、呼吸困难，测 BP 120/80mmHg，HR 98 次 / 分，节律整齐，双肺呼吸音低。复查血生化血浆白蛋白 10g/L，动脉血气分析提示氧饱和度 45%，氧分压 25mmHg，二氧化碳分压 30mmHg，pH 7.387，BE –2mmol/L，D- 二聚体阳性。患者经给氧后症状缓解不明显，于 2 小时后死亡。患者死因考虑可能性最大的是
A．肺部感染
B．高钾血症
C．心功能衰竭
D．肺栓塞
E．心肌梗死

26．女性，20 岁，因“反复双下肢水肿 2 周”于本院诊断肾病综合征，患者及家属拒绝行肾活检，遂给予泼尼松 55mg、qd 治疗，2 周后患者复查尿蛋白下降不明显。下列哪项处理是正确的
A．给予甲强龙 500mg、qd，静脉滴注 3 天
B．加用环孢素
C．加用环磷酰胺
D．加用血管紧张素转化酶抑制剂（ACEI）/ 血管紧张素Ⅱ受体阻断药（ARB）类药物
E．继续原方案治疗，暂不做调整

27．男性，64 岁，因“反复骨痛、乏力半年，双下肢水肿 1 周”入院。辅查血浆白蛋白 25g/L，球蛋白 80g/L，肌酐 110μmol/L，24 小时尿蛋白 8.2g/L，尿常规蛋白（++），便常规隐血阴性。患者及家属拒绝行肾活检。针对患者病情，下列论述正确的是
A．患者 24 小时尿蛋白、血浆白蛋白均符合肾病综合征诊断标准，可以给予泼尼松 1mg/kg 治疗。
B．患者尿常规与 24 小时尿蛋白检查

结果不一致，最大可能性是存在检验误差
C．该患者考虑原发性肾病综合征可能性大，但鉴于年龄大，副作用多，故存在糖皮质激素使用禁忌
D．骨髓涂片、免疫固定电泳是该患者下一步应该考虑做的检查
E．以上均不正确

28．有1/3自发缓解可能的肾病综合征病理类型是
A．轻微病变型
B．膜性肾病
C．局灶性节段性肾小球硬化症
D．硬化性肾小球肾炎
E．膜增生性肾小球肾炎

29．糖皮质激素使用的副作用及风险包括以下哪个选项
A．高血压
B．消化道出血
C．增加感染风险
D．高血糖
E．以上均是

30．发生血栓性并发症可能性最大的是以下哪种病理类型
A．轻微病变型
B．膜性肾病
C．局灶性节段性肾小球硬化症
D．硬化性肾小球肾炎
E．膜增生性肾小球肾炎

31．女性，40岁，诊断肾病综合征明确，查肌酐198μmol/L，给予泼尼松治疗4周，患者病情缓解仍不明显，全身呈现高度水肿。复查肌酐720μmol/L，BUN 42.74μmol/L，血常规提示Hb 180g/L，24小时尿量小于500ml。某日患者自行进食芒果2斤后突然出现心悸不适，心电图提示Ⅲ度房室传导阻滞，HR 35次/分，造成这一情况最大的可能性为
A．肺部感染
B．高钾血症
C．肺栓塞
D．激素副作用
E．低血糖反应

32．女性，40岁，诊断肾病综合征明确，查肌酐198μmol/L，给予泼尼松治疗4周患者病情缓解仍不明显，全身呈现高度水肿。复查肌酐720μmol/L，BUN 42.74μmol/L，血常规提示Hb 180g/L，24小时尿量小于500ml。下列最佳的治疗方式是
A．建议患者行血液透析
B．给予ACEI/ARB类药物
C．给予低分子肝素
D．给予双嘧达莫
E．继续等待糖皮质激素显效

33．男性，63岁，既往糖尿病病史1年。既往于本院内分泌科随访尿检未见异常。此次因“反复全身水肿1周”入院，门诊查尿常规蛋白（+++），24小时尿蛋白4.5g/24h，自身抗中性粒细胞胞浆抗体（ANCA）阴性，以“肾病综合征”收入住院。关于该患者的诊治，以下论述不正确的是
A．该患者考虑糖尿病肾病可能性大，故不宜给予糖皮质激素
B．肾穿刺活检是此例患者下一步该做的检查
C．该患者不能除外继发性肾病综合征
D．该患者下一步应考虑行眼底检查
E．该患者下一步有可能需要使用糖皮质激素治疗

34．乙肝相关性肾炎最常见的病理类型是
A．微小病变型
B．膜性肾病
C．局灶性节段性
D．毛细血管内增生型
E．系膜增生性

35．男性，34岁，既往乙肝病史2余年，未予正规治疗。因主诉“反复全身水肿半年”入院，查乙肝病毒DNA（+），

24 小时尿蛋白 4.2g/24h，肾穿刺考虑膜性肾病，肾组织标本乙肝抗原（+），关于患者下一步治疗正确的是

A．该患者考虑原发性肾病综合征

B．该患者考虑继发性膜性肾病可能性大

C．膜性肾病主要鉴于中老年患者，故该患者肾穿刺活检诊断存在诊断误差可能性极大

D．该患者不需要进行乙肝抗病毒治疗

E．以上均不正确

36．关于环孢素，下列论述正确的是

A．目前已成为肾病综合征的一线治疗药物

B．是一种黄嘌呤单核苷酸脱氢酶抑制剂，常用剂量 1.5 ~ 2g/d，可以抑制 T、B 细胞增殖而达到治疗目的

C．主要用于治疗激素及细胞毒药物无效的肾病综合征，用药期间需要监测药物浓度

D．在体内被肝细胞微粒体羟化，代谢产物具有较强的免疫抑制作用

E．常用剂量 1mg/kg，连续使用 8 周，必要时延长至 12 周，后逐渐缓慢减量

37．女性，54 岁，既往糖尿病病史 10 年，入院前 1 年开始出现反复双下肢水肿，症状时轻时重，伴有视物模糊及皮肤针刺感，此次因“再发全身水肿 1 个月”入院。患者尿常规提示蛋白（+++），血浆白蛋白 21.5g/L，血肌酐 110μmol/L，血常规 Hb 92g/L，24 小时尿蛋白 4.2g/24h，针对该患者的诊治以下论述最佳的是

A．该患者符合肾病综合征诊断标准，如查自身抗体及乙肝，同时无肿瘤证据，即可给予泼尼松 60mg、qd 治疗

B．如果该患者接受肾活检，肾组织出现毛细血管内增生可能性极大

C．该患者应立即加用中医、中药消减蛋白尿

D．该患者如果接受肾活检，肾组织表现为肾小球结节样增生可能性极大，多无使用糖皮质激素指征

E．该患者符合肾病综合征诊断标准，如查自身抗体及乙肝，同时无肿瘤证据，血糖低于 11.1mmol/L，即可给予泼尼松 60mg、qd 治疗

38．男性，69 岁，4 个月前患者双下肢水肿，Hb 150g/L，尿常规尿蛋白（+），24 小时尿蛋白定量 5.9g，血浆白蛋白 19.2g/L，血肌酐 108μmol/L，诊断“肾病综合征”。现患者双下肢无水肿，但腹水明显增加，Hb 180g/L，24 小时尿蛋白定量 4.8g，血浆白蛋白 16.7g/L，血肌酐 268μmol/L。患者考虑合并哪种并发症

A．感染

B．心功能不全

C．急性肾损伤并下腔静脉血栓

D．真性红细胞增多症

E．消化道出血

二、多项选择题

1．决定肾病综合征预后的主要因素有

A．病理类型

B．临床因素：大量蛋白尿、高血压、高脂血症

C．反复感染

D．血栓、栓塞并发症

E．使用利尿剂

2．关于肾病综合征治疗哪些是错误的

A．激素无效型加用环磷酰胺

B．纠正低蛋白血症应大量输入白蛋白

C．严重水肿者应快速消肿利尿

D．激素依赖型则不能撤减激素

E．激素应首选静脉滴注地塞米松

3．肾病综合征诊断标准不包括

A．管型尿

B．血尿
C．大量蛋白尿
D．低蛋白血症
E．高脂血症

4．下列哪些描述是正确的
A．微小病变型肾病综合征初治者可单用激素
B．局灶节段型肾小球硬化足量激素应延长 3 ~ 4 个月减量
C．肾病综合征利尿消肿不宜过快过猛
D．细胞毒药物一般不作为肾病综合征首选
E．凡是肾病综合征均可无条件用激素

5．治疗肾病综合征除激素外减少尿蛋白可选用下列哪些药物
A．利尿剂
B．白蛋白
C．ACEI 制剂
D．ARB 制剂
E．长效钙通道阻断药（CCB）制剂

6．常见的继发性肾病综合征包括
A．糖尿病肾病
B．狼疮肾炎
C．乙肝相关性肾炎
D．肿瘤相关性肾病
E．紫癜性肾炎

7．下列属于肾病综合征治疗中的免疫抑制剂及细胞毒药物选择的是
A．呋塞米
B．环磷酰胺
C．环孢素
D．霉酚酸酯
E．来氟米特

8．肾病综合征并发症包括
A．感染
B．血栓和栓塞
C．急性肾损伤
D．骨质疏松
E．蛋白质和脂肪代谢紊乱

9．肾病综合征患者易发感染的原因包括
A．遗传背景所致
B．尿中免疫球蛋白大量丢失
C．免疫功能紊乱
D．营养不良
E．激素及免疫抑制剂使用

10．男性，54 岁，2 余年前诊断肾病综合征，肾穿提示局灶性节段性硬化，给予泼尼松 60mg、qd 及环磷酰胺治疗，患者尿蛋白消减一直不明显，现患者彩超检查发现肾缩小，复查肌酐 760μmol/L，血常规提示 Hb 76g/L，根据患者临床经过下列论述正确的是
A．患者下一步需要接受血液透析可能性大
B．患者贫血多为消化道出血所致
C．患者肾穿刺病理类型对激素效果敏感
D．患者贫血考虑合并造血系统肿瘤可能性大
E．患者贫血考虑肾性因素可能性大

三、名词解释

1．肾病综合征
2．激素依赖型肾病综合征

四、填空题

1．肾病综合征诊断标准是______、______、________、________。

2．肾病综合征必需的诊断标准是________、________。

3．原发性肾病综合征激素使用原则是________、________、________。

4．肾病综合征激素治疗反应可分为______、________、________。

5．肾病综合征并发症有 -________、________、________、________。

6．肾病综合征可分为________、________。

7．原发性肾病综合征病理分型________、________、________、________、________。

8．肾病综合征引起血栓栓塞的原因是

________、________、________。

9．肾病综合征并发急性肾衰竭的治疗措施包括______、________、________、______。

10．细胞毒类药物可用于________、________肾病综合征患者。

11．对肾病综合征患者利尿的治疗原则是________、________。

12．肾病综合征持续大量蛋白尿可导致________、________、________。

13．肾病综合征合并感染与______、______、________有关。

14．肾病综合征的诊断应包括________、________、________三个方面。

15．能同时降压和减少尿丢失的药物是________、________。

五、问答题

1．简述肾病综合征病理分型。

2．简述肾病综合征并发急性肾损伤的治疗措施。

参考答案

一、单项选择题

1．B	2．D	3．B	4．C	5．A	6．C
7．D	8．E	9．C	10．D	11．E	12．E
13．E	14．B	15．C	16．E	17．C	18．B
19．A	20．D	21．B	22．B	23．B	24．A
25．D	26．E	27．D	28．B	29．E	30．B
31．B	32．A	33．A	34．B	35．B	36．C
37．D	38．C				

二、多项选择题

1．ABCD	2．BCDE	3．AB	4．ABCD	5．CD	6．ABCDE
7．BCDE	8．ABCE	9．BCDE	10．AE		

三、名词解释

1．肾病综合征：各种原因所致的大量蛋白尿、低蛋白血症、明显水肿、高脂血症的临床综合征。

2．激素依赖型肾病综合征：激素治疗有效，但减药到一定程度即复发。

四、填空题

1．尿蛋白定量大于 3.5g/d　血浆白蛋白小于 30g/L　水肿　高脂血症

2．尿蛋白定量大于 3.5g/d　血浆白蛋白小于 30g/L

3．起始足量　缓慢减量　长期维持

4．激素敏感型　激素依赖型　激素抵抗型

5．感染　血栓及栓塞　急性肾损伤　蛋白质及脂质代谢紊乱

6．原发性　继发性

7．微小病变性肾病　系膜增生性肾小球肾炎　系膜毛细血管性肾炎　膜性肾病　局灶性节段性肾小球硬化

8．血液黏稠度增加　凝血抗纤溶系统失衡　高凝状况

9．袢利尿药　血液透析　原发病治疗　碱化尿液

10．激素依赖型　激素抵抗型

11．不宜过快　过猛

12．肾小球高滤过　加重肾小管间质损伤　促进肾小球硬化

13．蛋白质营养不良　免疫功能紊乱　糖皮质激素治疗

14．确诊肾病综合征　确认病因　确定有无并发症

15．血管紧张素转换酶抑制剂　血管紧张素Ⅱ受体阻断药

五、问答题

1．简述肾病综合征病理分型。

答：微小病变性肾病、系膜增生性肾小球肾炎、系膜毛细血管性肾炎、膜性肾病、局灶节段性肾小球硬化。

2．简述肾病综合征并发急性肾损伤的治疗措施。

答：袢利尿药、血液透析、原发病治疗、碱化尿液。

IgA 肾病

一、单项选择题

1．IgA 肾病的临床表现最常见的是

A．蛋白尿

B．血尿

C．发热

D．腰痛

E．尿痛

2．IgA 肾病的诊断主要依靠

A．尿常规

B．肾功能检查

C．血清免疫学检查

D．肾活检

E．自身抗体谱

3．下列哪个不是 IgA 肾病的临床表现

A．血尿

B．蛋白尿

C．水肿

D．急性肾损伤

E．关节疼痛

4．关于 IgA 肾病，下述正确的是

A．血清 IgA 水平均增高

B．皮肤活检均可见 IgA 沉积

C．是亚太区地区最常见的肾小球疾病之一

D．IgA 肾病不会发展为慢性肾衰竭

E．只有 IgA 肾病肾组织有明显的 IgA 沉积

5．关于 IgA 肾病，下述正确的是

A．IgA 在肾小球内沉积的多少与肾小球损伤的严重程度相关

B．IgA 在肾小球内沉积的多少与尿蛋白量相关

C．血清 IgA 水平高低与预后相关

D．病变的严重性及活动性与预后相关

E．以上均正确

6．IgA 肾病主要病理类型为

A．局灶性肾小球病变

B．轻微性肾小球病变

C．毛细血管内增生性肾小球肾炎

D．新月体肾小球肾炎

E．系膜增生性肾小球肾炎

7．IgA 肾病好发年龄及性别为

A．好发于青少年，男性

B．好发于青少年，女性

C．好发于儿童，男性

D．好发于儿童，女性
E．好发于中年，男性

8．男性，25 岁，病毒性上感后 4 天发现肉眼血尿，3 天后血尿消失，无腰痛、水肿、尿痛，血压正常。应首先怀疑是
A．急性肾小球肾炎
B．隐匿性肾炎、IgA 肾病
C．过敏性紫癜肾损害
D．泌尿系统结石
E．肾结核

9．下列国家或地区，IgA 肾病发病率最低的是
A．中国
B．日本
C．美国
D．新加坡
E．香港

10．在中国，肾小球性血尿的常见原因是
A．IgA 肾病
B．糖尿病肾病
C．胡桃夹综合征
D．肾结核
E．IgM 肾病

11．男性，20 岁，3 个月前因上呼吸道感染后发作镜下血尿，诊断急性肾炎。现复查尿常规红细胞 23/HP，蛋白（+），补体 C3、C4 正常，24 小时尿蛋白 1.4g/24h，无自觉症状，患者诊断可能性最大的是
A．IgA 肾病
B．急性肾炎
C．胡桃夹综合征
D．肾结核
E．IgM 肾病

12．下列关于 IgA 肾病发病机制的论述，正确的是
A．IgA 肾病患者血清 IgA 水平均高于正常
B．肾小球系膜区沉积的 IgA 均为寡聚体 IgA，更容易在肾组织沉积
C．黏膜免疫系统异常与 IgA 肾病发病机制关系确切
D．IgA 肾病患者血清生成 IgA 单克隆轻链异常是 IgA 肾病发生机制的核心
E．IgA 肾病主要呈现膜性肾病样改变

13．女性，17 岁，有家族性血尿发作历史（病理诊断不详），此次入院发现肾小球源性血尿，行肾穿刺，电镜提示基底膜弥漫变薄，患者诊断考虑何种诊断可能性最大
A．IgA 肾病
B．薄基底膜肾病
C．肾结核
D．尿路感染
E．紫癜性肾炎

14．Berger 病又叫
A．系膜增生性肾病
B．膜性肾病
C．糖尿病肾病
D．IgM 肾病
E．IgA 肾病

15．关于 IgA 肾病的临床表现，下列不正确的是
A．反复发作肉眼血尿的 IgA 肾病患者间歇期可有持续存在的尿检异常
B．IgA 肾病患者一般不会出现高血压
C．某些继发性肾小球疾病也可能出现肾组织中以 IgA 沉积为主的表现
D．是我国常见的肾小球疾病类型
E．好发于青少年，男性居多

二、名词解释

IgA 肾病

三、填空题

1．IgA 肾病的诊断依靠________标本的免疫病理学检查，即________或伴______以________为主的免疫球蛋白呈颗粒样或团块样沉积。诊断原发性时，必须排

除________、________、等所致继发性IgA沉积的疾病后方可成立。

2. IgA肾病与链球菌感染后肾炎鉴别包括________、________。

四、问答题

试述IgA肾病的临床表现。

参考答案

一、单项选择题

1. B	2. D	3. E	4. C	5. D	6. E
7. A	8. B	9. C	10. A	11. A	12. C
13. B	14. E	15. B			

二、名词解释

IgA肾病：是指肾小球系膜区以IgA或IgA沉积为主的原发性肾小球疾病。IgA肾病是肾小球源性血尿最常见的病因。

三、填空题

1. 肾活检　肾小球系膜区　毛细血管壁　IgA　肝硬化　过敏性紫癜

2. 疾病潜伏期是否存在自愈倾向　C3、IgA等特征性实验室检查指标

四、问答题

试述IgA肾病的临床表现。

答：可包括原发性肾小球病的各种临床表现，但几乎所有患者均有血尿。好发于青少年，男性多见。起病前多有感染，常为上呼吸道感染（咽炎、扁桃体炎），其次为消化道、肺部和泌尿系统感染。典型患者常在上呼吸道感染后（24 ~ 72小时，偶可更短）出现突发性肉眼血尿，持续数小时至数日。肉眼血尿发作后，尿红细胞可消失，也可转为镜下血尿。肉眼血尿有反复发作的特点，肉眼血尿发作时可有轻微全身症状，如低热、腰痛、全身不适等。尿痛有时很显著。另一类患者起病隐匿，主要表现为无症状性尿异常，常在体检时偶然发现，呈持续性或间发性镜下血尿，可伴或不伴轻度蛋白尿；其中少数患者病程中可有间发性肉眼血尿。IgA肾病是原发性肾小球病中呈现单纯性血尿的最常见病理类型，占60% ~ 70%。10% ~ 15%的患者呈现血尿、蛋白尿、高血压、尿量减少、轻度水肿等急性肾炎综合征的表现。国内报道IgA肾病呈现肾病综合征者较国外明显高，为10% ~ 20%。治疗反应及预后与病理改变程度有关。少数IgA肾病患者（< 10%）可合并急性肾损伤（ARF），其中多数患者伴肉眼血尿发作，常有严重腰痛，肾活检可显示急性肾小管坏死、广泛的红细胞管型和部分的小新月体形成。IgA肾病早期高血压并不常见（5% ~ 10%），随着病程延长高血压发生率增高，年龄超过40岁的IgA肾病患者高血压发生率为30% ~ 40%。少数患者可呈恶性高血压，持续高血压者预后差。十年内有10% ~ 20%IgA肾病患者发展为慢性肾衰竭（CRF）。

间质性肾炎

一、单项选择题

1．确诊肾小管间质疾病一般需
A．血常规检查
B．尿常规检查
C．肾穿刺病理检查
D．CT 检查
E．肝功能检查

2．病人发生急性间质性肾炎（AIN）伴急性肾衰竭时应及时
A．透析
B．控制感染
C．去除病因
D．采用免疫抑制剂
E．应用吲哚美辛

3．急性肾小管间质肾炎病人常出现
A．水肿
B．高血压
C．大量蛋白尿
D．无菌性白细胞尿
E．尿频、尿急、尿痛

4．对慢性间质性肾炎临床诊断下列哪项检查最有意义
A．肾小管功能检查
B．指甲肌酐
C．尿常规
D．血常规
E．肾 B 超

5．致慢性间质性肾炎的药物是
A．青霉素
B．先锋霉素
C．利复星
D．龙胆泻胆丸
E．以上都不是

6．慢性间质性肾炎主要病理改变是
A．肾小球内皮细胞增生
B．肾小管坏死
C．肾小血管壁厚
D．肾间质纤维化
E．肾间质水肿

7．药物性慢性间质性肾炎早期治疗的关键是
A．多喝水
B．予以抗生素抗感染治疗
C．中药治疗
D．停用致病的可疑药物
E．血液透析

8．下列哪项是慢性间质性肾炎的特征
A．腰痛
B．面部及下肢水肿
C．乏力
D．尿糖阳性
E．肉眼血尿

9．药物引起的 AIN，间质浸润以何种细胞为主
A．多核细胞
B．单核细胞
C．巨噬细胞
D．中性粒细胞
E．嗜酸性粒细胞

二、多项选择题

1．肾小管间质疾病的病变主要在
A．肾小管
B．肾间质
C．肾小管及间质
D．肾小球及血管
E．输尿管及膀胱

2．可致慢性间质性肾炎的常见药物有哪些
A．镇痛药
B．环孢素
C．马兜铃酸

D．青霉素

E．维生素 C

三、名词解释

慢性肾小管间质肾炎

四、填空题

1．肾小管间质疾病的发病机制主要为________和________两大机制致病。

2．慢性肾小管间质肾炎病人常出现______、________、________等症状。

3．慢性间质性肾炎早期化验改变是______。

4．引起 AIN 的药物主要为________和________等。

五、问答题

慢性间质性肾炎的治疗原则是什么？

参考答案

一、单项选择题

1．C　2．A　3．D　4．A　5．D　6．D

7．D　8．D　9．B

二、多项选择题

1．ABC　2．ABC

三、名词解释

慢性肾小管间质肾炎：慢性间质性肾炎是一组以肾间质 - 肾小管病变为主的慢性肾疾病。肾病理以肾小管萎缩及间质纤维化、细胞浸润为突出表现，临床以肾小管损害先于和重于肾小球的损害。

四、填空题

1．免疫反应　毒性反应

2．高血压　肾性糖尿　贫血

3．尿渗透压下降

4．抗生素　非甾体抗炎药（NSAIDs）

五、问答题

慢性间质性肾炎的治疗原则是什么？

答：慢性间质性肾炎的治疗原则：

①去除病因（如停用致病药物、停止接触重金属及放射线等）及治疗原发病（如风湿病、代谢病等）。

②延缓肾损害进展治疗。应用低蛋白饮食、血管紧张素转换酶抑制剂或血管紧张素Ⅱ受体阻断药、抗纤维化。中药治疗是否确能延缓慢性间质性肾炎（CIN）进展，尚需大规模临床试验验证。某些病例（如风湿病继发性 CIN，尤其病理上并存肾间质炎细胞浸润时）可能还需应用免疫抑制剂治疗。

③对症治疗，如治疗高血压、肾性贫血及肾小管酸中毒等。

④肾替代治疗，当 CIN 已进展至尿毒症时，即应采用透析或肾移植治疗维持生命。

尿路感染

一、单项选择题

1．引起肾盂肾炎最多见的致病菌是
A．大肠埃希氏菌
B．副大肠埃希氏菌
C．变形杆菌
D．葡萄球菌
E．粪链球菌

2．肾盂肾炎最常见的感染途径是
A．血行感染
B．直接感染
C．淋巴道感染
D．上行感染
E．邻近组织的感染

3．尿路感染女性发病率高于男性的主要原因是
A．尿路解剖差异
B．女性抵抗力较男性低
C．卫生习惯差异
D．生理差异
E．女性易感性强

4．肾盂肾炎病人做尿培养时，清洁留尿后多长时间送培养合适
A．3 小时
B．2 小时
C．1 小时
D．4 小时
E．5 小时

5．在肾盂肾炎的上行感染中，哪项是主要原因
A．尿道口周围有细菌寄生
B．粪便污染尿道口
C．污染细菌数量多
D．反复憋尿
E．尿路黏膜抵抗力低

6．中段尿培养大肠埃希氏菌菌落计数至少达到多少，方为有意义的细菌尿
A．> 1/ml
B．> 10^3/ml
C．> 10^5/ml
D．> 2×10^5/ml
E．> 10^6/ml

7．急性肾盂肾炎并发急性肾损伤主要是因为
A．炎症严重，使肾乳头坏死
B．炎症严重，使肾实质广泛坏死
C．炎症严重，使尿路梗阻
D．炎症严重，毒素吸收入血
E．炎症严重，引起大量脓性分泌物

8．急性肾盂肾炎的临床治愈标准为
A．症状消失，尿常规正常，疗程结束后第 1 ~ 2 周尿培养阴性
B．症状消失，尿常规正常，疗程结束后第 2 ~ 6 周尿培养阴性
C．临床症状消失，体力恢复正常
D．尿常规连续 3 次阴性
E．肾小管功能恢复正常

9．诊断急性肾盂肾炎最有价值的是
A．尿急、尿频、尿痛
B．尿急、尿频、尿痛伴尿培养菌落计数> 10^5/ml
C．畏寒、发热、腰痛伴尿培养菌落计数> 10^5/ml
D．尿急、尿频、尿痛伴尿白细胞计数> 3×10^5/h
E．尿急、尿频、尿痛伴亚硝酸盐试验阳性

10．女性，38 岁，反复发作腰痛，伴间歇性眼睑轻度水肿 5 年，3 天前又发作。查体：BP 170/110mmHg，尿蛋白(+)，尿白细胞 20 ~ 25/HP，尿红细胞 0 ~ 2/HP，BUN 7.6mmol/L，ESR 25mm/h，尿培养一次为大肠埃希氏菌阳性，3 次为阴性。尿比重 1.012。最可能的诊断是

A．慢性肾小球肾炎
B．急性肾炎
C．慢性肾盂肾炎
D．高血压肾病
E．肾结核

11．年轻女性，反复出现尿频、尿急伴右腰阵发性剧痛，且放射至下腹部。近1个月来2次排全程血尿，尿涂片发现革兰氏阴性杆菌。为明确诊断，哪项检查最有意义
A．尿结核分枝杆菌培养
B．尿培养
C．内生肌酐清除率测定
D．膀胱镜检查
E．泌尿系腹平片（KUB）+静脉肾盂造影（IVP）检查

12．急性肾盂肾炎的临床治愈标准为
A．主观症状消失
B．A项+尿常规转阴
C．B项+尿培养1次转阴
D．B项+每周复查1次尿常规及培养共2～3次连续转阴
E．D项+6周后复查尿培养阴性

13．鉴别上、下尿路感染最直接的依据是
A．尿中发现白细胞管型
B．尿中发现抗体包裹细菌
C．输尿管插管导尿，培养杆菌10个/毫升
D．肾小管功能受损
E．单剂抗菌治疗无效

14．鉴别急性或是慢性肾盂肾炎最重要的一项是
A．病史超过半年
B．病史超过1年
C．经严格内科治疗肾小管功能不恢复
D．经严格内科治疗肾盂扩张畸形不恢复
E．经严格治疗细菌尿不消失

15．急性肾盂肾炎患者，疗程完后第6～7周尿培养均为大肠埃希氏菌，为鉴别急性肾盂肾炎属复发或再感染，应选何种方法鉴别
A．分别测定两种细菌血清型是否一致
B．再继续尿培养3次
C．荧光鉴别是否为抗体包裹细菌
D．尿沉渣涂片染色显微镜下区别
E．作尿沉渣计数的细胞数量是否有异常

16．低剂量抑菌疗法治疗肾盂肾炎的正确方法是
A．减少用药剂量，分次口服
B．用全天剂量的1/2，睡前一次服
C．用常规一次量，睡前一次服
D．用常规一次量，清晨一次服
E．用常规一次量，中餐后一次服

17．关于肾盂肾炎，下列哪项是错误的
A．孕妇易感染
B．多为上行感染
C．大肠埃希氏菌感染常见
D．尿大肠埃希氏菌菌落计数超过10 000/ml
E．尿沉渣涂片找细菌对及时选择用药有意义

18．膀胱炎不常见的临床表现是
A．尿频
B．尿急
C．尿痛
D．腰痛
E．下腹胀痛

19．慢性肾盂肾炎最严重的并发症是
A．败血症
B．肾周围脓肿
C．肾性高血压
D．肾结石
E．尿毒症

20．在肾盂肾炎的上行性感染中哪项不属于诱发因素
A．尿道局部抵抗力下降
B．外阴、肛周皮肤炎症
C．女性月经期
D．尿液过度浓缩

E．未养成按时排尿习惯

21．患者尿培养考虑假阴性，主要见于下列哪些情况

A．留取尿液前 1 周使用过抗生素

B．尿液在膀胱停留少于 4 ～ 6 小时

C．消毒液混入尿液

D．L 型细菌、厌氧菌等未行特殊培养

E．以上均是

22．女性，25 岁，因“反复关节疼痛 2 余月，加重伴尿检异常 1 周”入院。患者入院前曾有发热（体温不详），尿频、尿急不明显，入院后查尿常规白细胞（+++），尿蛋白（+），红细胞 5/HP，C3、C4 降低，ds-DNA 抗体（+）。针对患者下一步诊治，错误的是

A．患者尿中白细胞增多，需要考虑存在上尿路感染。可在完善细菌培养基础立即给予抗感染治疗

B．该患者需要留取尿培养

C．该患者不能除外系统性结缔组织疾病

D．该患者有行尿抗酸杆菌染色的必要

E．依据患者目前情况，尿路感染证据不足

23．女性 60 岁，既往糖尿病病史 10 余年，长期血糖控制欠佳。1 小时前突然发热、腰痛，左肾区扣击痛（+），尿常规白细胞 3245/HP，红细胞 198/HP，血常规 WBC 20×10^9，彩超未见结石

A．该患者考虑下尿路感染可能性大

B．该患者目前不考虑尿路感染

C．该患者疾病与糖尿病基础疾病关系不大

D．该患者需要除外肾乳头坏死、肾周积脓等危重情况

E．以上均不正确

24．女性，43 岁，反复腰疼、尿频、尿急 2 余年，未予重视。查 BP 160/ 100mmHg，血常规提示 Hb 85g/L，CT 提示双肾缩小，表面凹凸不平，肾盂扩大变性。尿常规白细胞 15 ～ 20/HP，红细胞 6 ～ 8/HP。该患者诊断考虑

A．肾病综合征

B．急性肾炎综合征

C．急性肾盂肾炎反复发作

D．慢性肾盂肾炎

E．膀胱炎

25．女性，24 岁，消瘦，既往反复出现潮热、盗汗。患者因“反复尿频、尿急、尿痛 2 周”入院。入院前曾自行口服阿莫西林 1 周，患者入院后查尿常规白细胞 10 ～ 20/HP，红细胞 5 ～ 8/HP，尿蛋白（+），24 小时尿蛋白 0.89g/24h，彩超未见泌尿系梗阻及结石，患者下一步诊治方案最佳的是

A．患者外院曾口服抗生素，故目前不需要进行尿培养

B．患者目前效果不佳，考虑与给药方式错误关系较大，下一步改为静脉滴注阿莫西林

C．立即安排该患者行膀胱镜检查

D．该患者影像学很可能发现肾盏样缺损，尿中可能查见抗酸杆菌（+）

E．以上均不正确

二、多项选择题

1．与尿路感染有关系的压痛点包括

A．脊肋点

B．季肋点

C．脐周点

D．麦氏点

E．膀胱点

2．关于肾结核和肾盂肾炎的鉴别要点，下列哪几项是正确的

A．肾结核的膀胱刺激征明显

B．肾结核的尿一般进行细菌培养

C．发射型计算机断层扫描（ECT）对肾结核无诊断意义

D．肾结核 X 线检查可发现肾区结核钙化影

E．肾结核的尿亚硝酸盐还原试验阳性

3．正规尿细菌培养包括
A．尿液在膀胱内停留 4 ～ 8 小时
B．尿液新鲜在 1 小时内处理标本
C．清洁消毒外阴及尿道口留尿
D．疗程完后立即培养
E．留中段尿
4．属于尿路感染诊断标准的项目为
A．中段尿培养杆菌＞ 10^5/ml，球菌＞ 10^3/ml
B．膀胱穿刺尿培养＞ 1 个 /ml
C．尿沉渣涂片＞ 1 个 / 油镜视野
D．尿沉渣白细胞＞ 10/HP
E．尿沉渣发现白细胞管型
5．下列属于尿路感染易感因素的是
A．尿路梗阻
B．糖尿病
C．长期留置导尿管
D．附睾炎
E．外阴皮肤慢性炎症

三、名词解释

1．真性菌尿
2．再发性尿路感染

四、填空题

1．尿路感染的严重并发症有________、________。
2．尿路感染最常见的致病菌是________。
3．发生于尿路器械检查后的尿路感染最常见的致病菌是________。
4．尿路结石伴感染常见的致病菌是______、________。
5．尿沉渣白细胞一般不超过________/HP。
6．有临床意义的细菌尿培养含菌量为________。
7．尿路综合征分为________和________。
8．再发性尿感包括________和________。
9．急性肾盂肾炎抗生素治疗________天无效应更换抗生素。
10．清洁中段尿培养菌落计数若低于________可考虑污染。
11．女性 IVP 的适应证为________、________、________、________。
12．肾盂肾炎最常见的感染途径是________。
13．诊断尿路感染的金标准是________。
14．尿沉渣镜检细菌，平均每个视野________个细菌则为有意义的细菌尿。
15．一次导尿后尿路感染的发生率为________，留置导尿管 3 天以上尿路感染的发生率为________。

五、问答题

1．简述上尿路感染和下尿路感染的临床鉴别要点。
2．简述尿路感染的易感因素。

参考答案

一、单项选择题

1．A	2．D	3．A	4．C	5．E	6．C
7．B	8．B	9．C	10．C	11．E	12．E
13．C	14．D	15．A	16．C	17．D	18．D
19．E	20．E	21．E	22．A	23．D	24．D
25．D					

二、多项选择题

1．ABE　2．ABCD　3．ABCE　4．ABCD　5．ABCE

三、名词解释

1．真性菌尿：①在排除假阳性的前提下，清洁中段尿细菌定量培养≥ 10^5/ml，如临床上无症状，则要求两次细菌培养均为有意义的细菌尿，且为同一菌种；②膀胱穿刺尿细菌定性培养有细菌生长。

2．再发性尿路感染：指尿路感染经治疗后，细菌尿阴转，但以后再次发生细菌尿，可分为复发和重新感染。

四、填空题

1．肾周脓肿　肾乳头坏死

2．大肠埃希氏菌

3．铜绿假单胞菌

4．变形杆菌　克雷伯杆菌

5．5 个

6．≥ 10^5/ml

7．感染性尿道综合征　非感染性尿道综合征

8．复发　重新感染

9．3

10．10^4/L

11．复发的尿感　疑为复杂性尿感　拟诊为肾盂肾炎　感染持续存在对治疗反应差

12．上行感染

13．膀胱穿刺尿做细菌定性培养

14．≥ 20

15．1%　＞ 90%

五、问答题

1．简述上尿路感染和下尿路感染的临床鉴别要点。

答

	下尿路感染	上尿路感染
症状	尿路刺激症状、可有血尿、下腹不适	可有尿路感染症状，常有腰痛及全身感染症状等
体征	可有下腹压痛	常有肋角压痛或（和）肾区叩痛、体温升高等
实验室检查	血象不高，膀胱冲洗后尿培养为阴性	常有血象增高，膀胱冲洗后尿培养为阳性

2．简述尿路感染的易感因素。

答：①各种原因导致的排尿不畅如结石、功能性梗阻等；

②泌尿系统畸形和结构异常；

③尿路器械的使用；

④尿路内和尿道口周围有炎症病灶；

⑤机体免疫力下降；

⑥局部使用有杀精作用的化合物避孕；

⑦遗传因素。

肾小管疾病

一、单项选择题

1．目前一般按肾小管功能的部位不同，将肾小管性酸中毒（RTA）分为四型，它们是哪四型
A．远端型、近端型、混合型和高钾血症型
B．远端型、近端型、混合型和高钙血症型
C．远端型、近端型、混合型和高钠血症型
D．远端型、近端型、混合型和中间型
E．远端型、近端型、混合型和低钾血症型

2．肾小管酸中毒以哪两型较常见
A．Ⅰ、Ⅳ型
B．Ⅰ、Ⅱ型
C．Ⅱ、Ⅳ型
D．Ⅲ、Ⅳ型
E．Ⅰ、Ⅲ型

3．肾性尿崩症主要由于
A．远端小管 - 收集管器质性损害
B．远端小管 - 收集管功能性损害
C．远端小管 - 收集管器质性或功能性损害
D．近端小管 - 收集管器质性或功能性损害
E．以上全不是

4．多伴有范科尼综合征的是哪一型肾小管酸中毒
A．近端肾小管酸中毒
B．远端肾小管酸中毒
C．混合型肾小管酸中毒
D．高钾血症型肾小管酸中毒
E．以上全不是

5．肾小管性酸中毒相同的治疗原则是
A．降低高血钾
B．应用肾上腺皮质激素
C．纠正酸中毒
D．利尿剂（呋塞米、氢氯噻嗪等）
E．口服或静脉补钾

6．Ⅱ型肾小管酸中毒是
A．远端肾小管酸中毒
B．近端肾小管酸中毒
C．混合型肾小管酸中毒
D．高钾血症型肾小管酸中毒
E．以上全不是

7．范科尼综合征的几种表现中，以下列哪种最为常见
A．磷酸盐尿
B．尿酸尿
C．氨基酸尿
D．肾性糖尿
E．以上全不是

8．氯化铵试验有助于诊断的肾小管酸中毒的类型是
A．Ⅰ型
B．Ⅱ型
C．混合型
D．Ⅳ型
E．以上均不正确

9．可以出现高钾血症的肾小管酸中毒类型是
A．Ⅰ型
B．Ⅱ型
C．混合型
D．Ⅳ型
E．以上均不正确

二、多项选择题

1．肾小管酸中毒常见的并发症包括
A．电解质紊乱
B．肾结石
C．骨软化
D．心律失常

E．贫血

2．继发性 RTA 的常见疾病有哪些

A．急性、慢性间质性肾炎

B．慢性肾小球肾炎

C．肾病综合征

D．结缔组织病

E．糖尿病

三、名词解释

1．Fanconi syndrome

2．肾性尿崩症

3．肾性糖尿

四、填空题

1．当尿量＞2500ml/24h 时称为________，当尿量＞3500ml/24h 时，称为________。

2．目前一般按肾小管功能的部位不同，将 RTA 分为四型，它们是哪四型：______、________、________、________。

3．Ⅰ型 RTA 临床表现有：__________、________、________。

4．Ⅳ型 RTA 主要特点是：___________、________；多见于________。

五、问答题

1．肾小管酸中毒的常见并发症有哪些?

2．Ⅱ型 RTA 的诊断依据主要有哪些?

参考答案

一、单项选择题

1．A　2．A　3．C　4．A　5．C　6．B

7．D　8．A　9．D

二、多项选择题

1．ABC　2．ABCDE

三、名词解释

1．Fanconi syndrome：又称范科尼综合征，是一种遗传性或获得性疾病，特征是近端肾小管复合功能异常，引起肾性糖尿、磷酸盐尿、氨基酸尿、碳酸氢盐尿。

2．肾性尿崩症：主要由于远端小管 - 收集管器质性或功能性损害，造成抗利尿激素（ADH）受体或受体后障碍所致。此时，ADH 水平正常或增高，但远端小管 - 收集管上皮细胞则对 ADH 的作用表现出“抵抗”或“不敏感”，因而造成水重吸收减少，尿量过度增加。

3．肾性糖尿：肾糖阈降低，尿糖排出增多，血糖往往正常。

四、填空题

1．多尿　“尿崩症”

2．远端型　近端型　混合型　高钾血症型

3．高氯血症代谢性酸中毒　低钾血症　钙磷代谢障碍

4．高氯血症性代谢性酸中毒　高钾血症　老年人

五、问答题

1．肾小管酸中毒的常见并发症有哪些?

答：肾小管酸中毒的常见并发症有：电解质紊乱、肾结石、肾性骨病（包括骨软化、继

发性甲状旁腺功能亢进)、肾功能不全、肾性贫血、肾性尿崩症、感染、发育障碍、营养不良以及免疫功能下降、神志障碍、肌肉萎缩等。

2．Ⅱ型 RTA 的诊断依据主要有哪些？

答：Ⅱ型 RTA 诊断依据主要有：

①高氯血症性代谢性酸中毒，血 HCO_3^- < 21mmol/L。

②低钾血症。

③碳酸氢根尿，HCO_3^- 排泄分数，即 $FEHCO_3$ > 6% ~ 8%；某些不完全性Ⅱ型 RTA 病人的 $FEHCO_3$ 可仅有轻度增高（$FEHCO_3$ 为 2% ~ 6%）。

④常伴有范科尼综合征。

⑤尿 pH 变化较大，常 pH > 5.5，但酸中毒严重时则 pH < 5.5，故属于“有阈性 RTA”。

肾血管疾病

一、单项选择题

1．诊断肾动脉狭窄的“金标准”是
A．MRI 或螺旋 CT 血管造影
B．超声检查
C．肾动脉血管造影
D．放射性核素肾显像
E．腹部 X 线平片

2．肾静脉血栓确诊可通过以下哪种检查
A．选择性静脉肾盂造影
B．MRI
C．CT
D．多普勒超声
E．腹部 B 超

3．恶性小动脉性肾硬化症治疗上应
A．控制舒张压在 100mmHg 以下
B．控制收缩压在 140mmHg 以下
C．控制在正常血压以下
D．将平均动脉压控制在 100mmHg 以下，收缩压在 140mmHg 以下
E．以上都不是

4．恶性小动脉性肾硬化症，降低血压时应
A．使用静脉用药，尽快降低血压
B．首先使用口服药，缓慢降低血压
C．首先使用静脉用药，再使用口服药物巩固疗效，血压下降不宜过快、过低
D．首先使用口服药物，再使用静脉用药巩固疗效，血压下降不宜过快、过低
E．以上都不是

5．肾动脉栓塞和血栓最可靠、最直接的诊断手段是
A．放射性核素肾显像
B．B 超检查
C．MRI
D．选择性肾动脉造影
E．CT

6．肾静脉血栓（RVT）脱落可引起
A．肺栓塞
B．脑栓塞
C．门静脉栓塞
D．脾栓塞
E．下肢静脉栓塞

7．老年患者出现肾动脉狭窄，考虑何种原因可能性大
A．动脉粥样硬化
B．肾动脉纤维肌性发育不良
C．大动脉炎
D．血管炎
E．以上均不正确

8．男性，23 岁，有肾病家族史（具体不

详），明确诊断双侧肾动脉狭窄，该患者使用下列何种药物为绝对禁忌

A．硝苯地平缓释片
B．美托洛尔
C．阿魏酸哌嗪
D．贝拉普利
E．以上均不能使用

二、多项选择题

1．青年患者肾动脉狭窄多由以下哪几种疾病引起

A．动脉粥样硬化
B．肾动脉纤维肌性发育不良
C．大动脉炎
D．血管炎
E．系统性红斑狼疮（SLE）

2．良性动脉性肾硬化症，临床上首先出现以下哪些症状

A．夜尿
B．蛋白尿、血尿
C．肾衰竭
D．低比重尿
E．低渗透压尿

三、填空题

临床上以肾病综合征并发肾静脉血栓（RVT）最常见，其临床表现取决于________、________、________、________等。

四、问答题

急性肾静脉血栓的典型临床表现有哪些？

参考答案

一、单项选择题

1．C　2．A　3．D　4．C　5．D　6．A
7．A　8．D

二、多项选择题

1．BC　2．DE

三、填空题

血栓形成快慢　被阻塞静脉的大小　血流阻断程度　有无侧支循环形成

四、问答题

急性肾静脉血栓的典型临床表现有哪些？

答：典型临床表现有：

①患侧腰胁痛或腹痛；
②尿异常，出现血尿（镜下或肉眼血尿）及蛋白尿（原有蛋白尿增多）；
③肾功能异常，双侧静脉主干大血栓可致急性肾损伤；
④患侧肾增大（影像学检查证实）。

急性肾损伤

一、单项选择题

1．引起肾前性急性肾损伤的病因是
A．急性肾炎
B．肾血栓形成
C．休克
D．汞中毒
E．尿路梗阻

2．引起肾后性肾衰竭的病因是
A．急性肾小球肾炎
B．汞中毒
C．急性间质性肾炎
D．尿路梗阻
E．肾结核

3．下述哪项在非少尿型急性肾损伤时不常见
A．尿量小于 400ml/24h
B．低比重尿
C．尿钠含量减少
D．氮质血症
E．高钾血症

4．下述哪项可以用做判定功能性肾衰竭或是器质性肾衰竭的指标
A．肾小球滤过率
B．肾小管稀释功能
C．尿比重
D．尿钾含量
E．氮质血症

5．急性肾损伤少尿期，病人最常见的酸碱平衡紊乱类型是
A．代谢性酸中毒
B．代谢性碱中毒
C．呼吸性酸中毒
D．呼吸性碱中毒
E．呼吸性碱中毒合并代谢性碱中毒

6．下述哪项不是急性肾损伤多尿期出现多尿的机制
A．肾小球滤过功能逐渐恢复
B．肾小管阻塞解除
C．抗利尿激素分泌减少
D．新生的肾小管上皮细胞浓缩功能低下
E．渗透性利尿

7．急性肾损伤少尿期，病人最常见的电解质紊乱是
A．高钠血症
B．高钾血症
C．低钾血症
D．高钙血症
E．低镁血症

8．以肾小管损害为主的疾病是
A．急性肾小球肾炎
B．急性中毒性肾小管坏死
C．慢性肾小球肾炎
D．急性间质性肾炎
E．肾结核

9．述哪项不是急性肾损伤者的主要临床表现
A．高钠血症
B．水潴留
C．高钾血症
D．氮质血症
E．代谢性酸中毒

10．判定少尿的标准是尿量低于
A．1500ml/24h
B．1000ml/24h
C．800ml/24h
D．400ml/24h
E．100ml/24h

11．急性肾损伤时，肾内血流量减少最明显的部位是
A．肾皮质
B．整个肾

C．肾髓质
D．肾间质
E．肾盂

12．下列哪一条不适合治疗急性肾损伤
A．低蛋白饮食
B．限制水、钠摄入
C．限制钾的摄入
D．早期血液透析
E．超负荷容量时及时给予毛花苷C及硝普钠

13．女性，32岁，因马蜂蜇伤后13余小时入院，入院患者尿色呈酱油色，查肌酐1200μmol/L，BUN 37.8μmol/L，ALT 564U/L，AST 300U/L，总胆红素109μmol/L，K^+ 6.7mmol/L，BP 120/80mmHg，患者下一步血液净化方案首选是
A．腹膜透析
B．普通血液透析
C．连续性血液净化
D．中药灌肠
E．以上均不正确

14．男性，38岁，因“头痛、恶心、呕吐1周入院”，入院见睑结膜苍白，查体见心脏增大，BP 170/80mmHg，辅助检查Hb 78g/L，肌酐1320μmol/L，便隐血（–），根据患者情况下列论述错误的是
A．患者考虑急性肾损伤可能性大
B．患者贫血考虑与肾性因素可能性大
C．患者彩超提示肾缩小可能性大
D．患者尿常规提示慢性肾衰竭可能性大
E．初判断患者具备透析指征

15．患者误食“百草枯”后1余天入院，既往无肾病史。入院后查肌酐1534μmol/L，诊断“急性肾损伤”。该患者急性类型属于下列哪种类型可能性大
A．肾前性
B．肾性
C．肾后性
D．急性肾小管坏死
E．混合性

16．下列情况考虑肾前性急性肾损伤，应除外哪种情况
A．钠排泄分数大于1
B．尿肌酐/血肌酐＞40
C．尿渗透压＞500mOsm/L
D．血尿素氮/肌酐＞10
E．以上均不正确

17．下列药物中，对急性肾损伤的肾保护作用循证医学证据最强的是
A．黄芪
B．呋塞米
C．小剂量多巴胺
D．前列地尔
E．以上药物肾保护作用均不确切

18．某急性肾损伤患者，入院前24小时未进食，暂无血容量不足表现，不伴发热，入院前24小时均无小便，泌尿系彩超未探及结石及泌尿系统梗阻，在不考虑其他干扰因素情况下，该患者理论推算入液量为
A．500ml
B．800ml
C．1200ml
D．1600ml
E．1800ml

二、多项选择题

1．急性肾损伤时下列那些与应用呋塞米有关
A．增加肾小球滤过率
B．肾小管重吸收水的功能下降
C．酸中毒减轻
D．造成低钠，细胞水肿
E．非少尿型对它尚有反应，使用时易出现失钠性低钠血症

2．急性肾损伤透析治疗的目的为
A．清除体内过多的水分和毒素
B．纠正高钾血症
C．纠正代谢性酸中毒

D．有助于液体、热量、蛋白质及营养物质的摄入

E．有利于肾损伤细胞的修复和再生

3．急性肾损伤高钾血症的处理措施包括

A．钙剂稀释后静脉缓慢注射

B．5% 碳酸氢钠或 11.2% 乳酸钠 100 ~ 200ml 静脉滴注

C．50% 葡萄糖溶液 50ml 加胰岛素 10U 缓慢静脉滴注

D．口服阳离子交换树脂

E．血液透析

三、名词解释

1．急性肾损伤

2．肾衰指数

四、填空题

1．根据尿量的变化，可将急性肾损伤分为________、________两种类型。

2．造成急性肾小管坏死的主要原因可以分为________、________。

3．根据发病原因，通常将急性肾损伤分为________、________、________三类。

4．急性肾损伤的发病机制是________、________、________、________。

5．急性肾损伤发生的水、电解质和酸碱平衡紊乱可表现________、________、________。

6．急性肾小管坏死时，尿钠含量________，尿比重________。

五、问答题

1．简述急性肾损伤少尿期处理的措施。

2．简述急性肾损伤时高钾血症的处理措施。

参考答案

一、单项选择题

1．C	2．D	3．A	4．C	5．A	6．C
7．B	8．B	9．A	10．D	11．A	12．E
13．C	14．A	15．B	16．B	17．E	18．A

二、多项选择题

1．ABCD　2．ABCDE　3．ABCDE

三、名词解释

1．急性肾损伤：指各种病因致肾功能在短期内急剧下降而致含氮产物体内积聚及水、电解质、酸碱平衡紊乱为特征的临床综合征。

2．肾衰指数：肾衰竭指数 = 尿钠 /（尿肌酐 / 血肌酐）。

四、填空题

1．少尿型　非少尿型

2．肾缺血　肾毒性物质

3．肾前性肾衰竭　肾性肾衰竭　肾后性肾衰竭

4．肾血流动力学异常　肾小管上皮细胞代谢障碍　肾小管上皮细胞脱落　管腔中管型形成

5．代谢性酸中毒　高钾血症　低钠血症

6．> 20mmol/L　< 1.015

五、问答题

1．简述急性肾损伤少尿期处理的措施。

答：①液体平衡治疗：采用“量入为出”的原则，每日补入液量（ml）= 显性失水 +500ml，体温增加 1℃增加 100ml。

②维持电解质平衡：尤其要防止和及时纠正高钾血症。

③纠正酸中毒：一般 CO_2 CP < 15mmol/l 时应静脉补碱，纠正酸中毒。

④营养治疗：急性肾损伤病死率高的一个重要原因是急性肾损伤引起分解代谢，因而营养治疗很重要，足够热量和蛋白质可减轻负氮平衡，有利于急性肾损伤患者的组织修复。

⑤积极预防及治疗可能出现的并发症：如应用抗酸剂治疗应激性肾炎及胃肠道出血；选用无肾毒性或肾毒性小的抗生素控制感染。

2．简述急性肾损伤时高钾血症的处理措施。

答：①钙剂稀释后静脉缓慢注射；

② 5% 碳酸氢钠或 11.2% 乳酸钠 100 ～ 200ml 静脉滴注；

③ 50% 葡萄糖溶液 50ml 加胰岛素 10U 缓慢静脉滴注；

④口服阳离子交换树脂；

⑤血液透析。

慢性肾衰竭

一、单项选择题

1．我国现阶段慢性肾衰竭最常见的病因是

A．遗传性肾小球肾炎

B．慢性肾盂肾炎

C．慢性肾小球肾炎

D．糖尿病肾病

E．高血压性肾损害

2．尿毒症最早出现的症状是

A．消化系统症状

B．血液系统症状

C．神经系统症状

D．循环系统症状

E．呼吸系统症状

3．尿毒症最少见的内分泌紊乱是

A．糖皮质激素减少

B．红细胞生成素减少

C．活性维生素 D 减少

D．甲状旁腺素增高

E．性激素减少

4．尿毒症病人病情危重的表现是

A．高血压

B．血尿素氮（BUN）升高

C．心包炎

D．贫血

E．骨病

5．慢性肾功能不全患者突然发生抽搐，意识丧失，心搏骤停而死，其死亡原因可能是

A．代谢性酸中毒

B．低钙血症

C．尿毒症脑病

D．高钾血症

E．心功能不全

6．男性，28 岁，血压升高，反复水肿 4 年，近年牙龈出血、夜尿增多，口渴、

气促，Hb 60g/L，昨起排稀水及柏油便，逐渐昏迷。半年前患急性肝炎，已愈，为尽快确诊，下列那一项为首选检查
A．骨髓穿刺涂片
B．肝功能检查
C．血尿素氮检查
D．血糖和尿糖检查
E．血肌酐检查

7．尿毒症患者，BP 180/120mmHg，贫血外貌，全身中度水肿，鼻出血，BUN 50mmol/L，血 K^+ 6.17 mmol/L，Ca^{2+} 2.0 mmol/L，CO_2CP 13 mmol/L，在纠正酸中毒过程中突然手足搐搦，意识清楚，其原因可能是
A．脑出血
B．酸中毒引起
C．高血压引起
D．尿毒症脑病
E．补碱引起

8．女性，31 岁，发热、咳嗽 7 天，伴少尿 2 天入院，过去史不详。Hb 60g/L，血肌酐 883μmmol/L，Ca^{2+} 1.43 mmol/L，人血白蛋白 30g/L，尿蛋白（+），红细胞 3 ~ 5/HP，最可能的临床诊断为
A．急性肾损伤
B．慢性肾功能不全急性加剧
C．急性肾小球肾炎
D．急性肾盂肾炎
E．急进性肾小球肾炎

9．男性，30 岁，慢性肾炎，水肿少尿 1 个月，呕吐 3 天，BP 160/90mmHg，两肺底散在水泡音，颈静脉怒张，BUN 40mmol/L，血 K^+ 6.5mmol/L，最宜采用
A．给予 5% 碳酸氢钠
B．给予 0.9% 生理盐水
C．给予 50% 葡萄糖
D．血液透析
E．以上都不是

10．患者慢性肾炎肾功能不全病史数年，因再次出现尿毒症中毒入院。尿量少，利尿剂效果不好，出现呼吸困难，肺底少许水泡音，HR 120 次 / 分，此时进一步处理应
A．使用 5% 碳酸氢钠
B．改用利尿合剂
C．给予强心、扩血管药物治疗
D．吸氧
E．应用乳酸钠

11．慢性肾功能不全的病人，有高度水肿及轻度左心衰竭，同时又有严重的代谢性酸中毒，应给药物纠正酸中毒最好用
A．11.2% 乳酸钠
B．10% 葡萄糖
C．10% 葡萄糖酸钙
D．7.28% 三羟甲基氨基甲烷
E．5% 碳酸氢钠

12．除哪一项外，均可用于治疗尿毒症性贫血
A．适当补充铁剂和叶酸
B．必要时输少量新鲜血液
C．注射促红细胞生成素
D．注射丙酸睾酮和苯丙酸诺龙
E．给予足量的动物蛋白饮食

13．慢性肾功能不全时，引起继发性甲状旁腺功能亢进的原因
A．血钾升高
B．血肌酐升高
C．血磷升高，血钙降低
D．BUN 升高
E．二氧化碳结合力降低

14．尿毒症并发高血压患者，下列哪一项治疗可使病情恶化
A．用肼苯达嗪降压
B．适当补充必需氨基酸及动物蛋白
C．按正常剂量使用肠道吸附剂
D．血液透析
E．大量输血纠正贫血

15．男性，58 岁，恶心、呕吐，伴腹泻 1 个月，有关节炎及肾绞痛史，尿比重 1.015，尿蛋白（+），尿红细胞

10 ~ 20/HP，血 BUN 20 mmol/L，血尿酸 839μmol/L，血肌酐 560μmmol/L，诊断为

A．狼疮肾炎导致的尿毒症

B．痛风肾病，肾功能不全

C．肾结石并尿毒症

D．肾结核伴尿毒症

E．肾动脉硬化伴尿毒症

16．男性，45 岁，尿蛋白 8 年，乏力、恶心 2 个月，平时血压偏高，贫血貌，心肺听诊无异常，血肌酐 1024μmmol/L，肌酐清除率 8ml/min，K^+ 6.8mmol/L，Cl^- 100mmol/L，临床诊断为尿毒症。首选治疗为

A．口服透析

B．血液透析

C．饮食治疗 + 必需氨基酸疗法

D．静脉输注袢利尿剂

F．肾移植

17．男性，25 岁，反复间断水肿 5 年，近日出现恶心、呕吐、头痛、呼吸困难，查体：BP 240/140mmHg，心前区可听到广泛的心包摩擦音，发热，尿比重 1.010，Hb 60g/L，BUN 49mmol/L，血肌酐 1890μmmol/L。一年前病人开始血液透析治疗，现停止血液透析 1 个月。此时病人病情危重的表现是

A．高血压

B．心包摩擦音

C．贫血

D．少尿

E．内分泌失调

18．女性，40 岁，体重 50kg，10 年来反复出现颜面及下肢水肿，1 年来乏力，BP 24/13kPa（160/110mmHg），Hb 90g/L。尿常规：蛋白（++），沉渣红细胞 3 ~ 5/HP，比重 1.010 ~ 1.012。血 BUN 15mmol/L，血肌酐 250μmol/L，肌酐清除率 40ml/min，B 超示：双肾偏小。延缓慢性肾衰竭的肾功能进行性恶化措施，不包括

A．低磷饮食

B．使用血管紧张素转化酶抑制剂（ACEI）类药物

C．低蛋白饮食 + 必需氨基酸

D．积极治疗慢性肾衰竭的原发病

E．使用利尿剂

19．男性，28 岁，既往诊断慢性肾衰竭（尿毒症）明确，该患者已行腹膜透析 2 余年，患者近半个月出现腹透液浑浊，3 余天前出现腹痛，查体反跳痛（+），根据患者情况考虑腹痛原因可能性最大的原因是

A．消化道出血

B．心功能不全

C．腹膜透析相关性腹膜炎

D．胰腺炎

E．以上均不正确

20．尿毒症毒素包括

A．尿素、甲基胍、二甲基胍、肌酐

B．尿酸盐、吲哚

C．肽类激素及其代谢产物

D．脂肪酸代谢终产物

E．以上均是

21．根据 KDIGO 制定的指南，慢性肾疾病持续存在肾损伤的时间需要大于

A．1 个月

B．3 个月

C．6 个月

D．9 个月

E．1 年

22．典型慢性肾功能不全时的水电解质紊乱是

A．代谢性酸中毒、低钙血症、高磷血症、高钾血症

B．代谢性酸中毒、低钙血症、低磷血症、高钾血症

C．代谢性酸中毒、低钙血症、高磷血症、高钠血症

D．代谢性碱中毒、低钙血症、高磷血

症、高钾血症

E. 代谢性酸中毒、高钙血症、高磷血症、低钾血症

23. 促红细胞生成素的作用是

A. 刺激骨髓红细胞系统增殖、分化，促进血红蛋白合成

B. 改善饮食，增加造血原料

C. 促使红细胞不易破坏，延长寿命

D. 改善血小板功能，减轻出血

E. 增加血小板数量

24. 病人患慢性肾炎 10 年，近 2 周来持续性少尿、水肿、恶心，伴呼吸困难，BP 164/96 mmHg，HR 110 次 / 分，双肺底可闻及湿啰音，BUN 54mmol/L，CO_2CP15mmol/L，静注呋塞米 60 mg，治疗无效。下列最有效治疗措施是

A. 透析疗法

B. 低盐饮食

C. 静脉注射毛花苷 C

D. 静脉滴注血管扩张剂

E. 加大呋塞米的剂量

25. 下列哪项疾病不是导致慢性肾衰竭的常见病因

A. 糖尿病

B. 高血压

C. 糖尿病

D. 缺铁性贫血

E. 痛风

26. 属于促红细胞生成素的副作用的是

A. 急性肝损伤

B. 肺纤维化

C. 高血压

D. 铁缺乏

E. 以上均不正确

27. 对于慢性肾衰竭（尿毒症）患者的急诊透析指征，下列各项中应除外

A. 肌酐 707μmol/L

B. 急性左心衰竭发作，一般药物治疗无效

C. 严重代谢性酸中毒

D. 血钾 > 6.5mmol/L，一般药物治疗无效

E. 尿毒症脑病

28. 矫枉失衡学说的典型例子体现在下列慢性肾病何种并发症的发病机制中

A. 急性肾损伤

B. 尿毒症脑病

C. 肾性贫血

D. 慢性肾病矿物质代谢和骨异常

E. 尿毒症相关营养不良

29. 关于慢性肾衰竭非透析治疗，下列各项错误的是

A. 当患者出现代谢性酸中毒时，由于常常合并呼吸性碱中毒，所以一般不需要补碱

B. 明显贫血时应使用促红细胞生成素（EPO）

C. 有铁缺乏时，应该注意补充铁剂

D. 蛋白质摄入 0.3 ～ 0.6g/kg，以优质蛋白为主

E. 开同片 4 ～ 6 片，一天三次

二、多项选择题

1. 关于慢性肾衰竭饮食治疗原则下列哪些是正确的

A. 高生物效价的低蛋白饮食

B. 供给充分非必需氨基酸

C. 尽可能低磷饮食

D. 摄入充分热量，力求达到正氮平衡

E. 高蛋白饮食

2. 尿毒症患者发生肾性骨病原因包括

A. 铁负荷过重和铝中毒

B. 继发性甲状腺功能亢进症

C. 营养不良

D. 活性维生素 D 合成障碍

E. 钙盐沉积

3. 慢性肾衰竭伴心脏损害的表现为

A. 心脏扩大

B. 心肌损害

C. 心力衰竭

D．心脏破裂
E．心肌梗死
4．晚期尿毒症的并发症有
A．贫血
B．心律失常
C．并发感染
D．心脏损害
E．血尿

三、名词解释

1．慢性肾病矿物质代谢和骨异常
2．肾性贫血
3．矫枉失衡学说

四、填空题

1．肾性骨病的病因________、________、________、________、________。
2．肾性贫血的原因________、________、________、________、________。
3．肾小球疾病进展中发生的肾小球毛细血管的“三高”状态指________、________、________。

五、问答题

1．简要回答治疗慢性肾衰竭非透析疗法的措施。
2．简述促使肾衰竭恶化的因素。
3．简述肾性贫血的原因。

参考答案

一、单项选择题

1．C	2．A	3．A	4．C	5．D	6．E
7．E	8．B	9．D	10．C	11．E	12．E
13．C	14．E	15．B	16．B	17．B	18．E
19．C	20．E	21．B	22．A	23．A	24．A
25．D	26．C	27．A	28．D	29．A	

二、多项选择题

1．ACD　2．ABCD　3．ABC　4．ABCD

三、名词解释

1．慢性肾病矿物质代谢和骨异常：是由慢性肾疾病导致的矿物质和骨代谢异常综合征，临床表现为钙、磷、甲状旁腺激素（PTH）代谢异常，骨转化、矿化等骨异常，血管和其他软组织钙化。

2．肾性贫血：为慢性肾衰竭的一常见临床表现。主要由于慢性肾衰竭时肾生成促红细胞生成素减少、失血、尿毒症毒素的骨髓抑制、胃肠吸收功能下降所致，表现为血红蛋白下降、血细胞比容降低。

3．矫枉失衡学说：慢性肾衰竭引起的机体某些代谢失衡，可引起机体的适应性变化来代偿和纠正这种失衡，但这种失衡可能造成新的失衡，造成机体损害。这称为代谢失衡学说。例如在低钙、高磷的情况下，低血钙可以促进 PTH 分泌，通过促进肾小管排磷，纠正高血磷，但是肾小管对 PTH 反应低下，反而可能促进软组织钙化，加重机体损伤。

四、填空题

1．1,25（OH）$_2D_3$ 缺乏　继发性甲状旁腺功能亢进　营养不良　铝中毒　铁负荷过重

2．肾生成 EPO（促红细胞生成素）减少　铁摄入不足　红细胞寿命缩短　叶酸等营养缺乏　骨髓受抑

3．高灌注　高压力　高滤过

五、问答题

1．简要回答治疗慢性肾衰竭非透析疗法的措施。

答：(1) 延缓肾病进展的速度

①治疗原发病因，避免或及时纠正诱发因素。

②限制蛋白质和磷的摄入：低蛋白饮食 [优质蛋白 0.4 ~ 0.6g/（kg · d），单用或加用必需氨基酸或酮酸制剂]、低磷饮食（< 600mg/d）。

③控制高血压。目标，BP < 130/85 mmHg；方法，限制钠盐的摄入< 2g/d，可选血管紧张素转化酶抑制剂（ACEI）、血管紧张素Ⅱ受体阻断药（ARB）、钙通道阻断药（CCB）、利尿剂、α1 受体阻断药、β2 受体阻断药等药物治疗。

④降低蛋白尿：可使用 ACEI、ARB、CCB，免疫抑制剂、非甾体抗炎药（慎用）。

⑤治疗高血脂。

⑥消化道排泄：使用包醛氧淀粉，药用炭。

⑦中药治疗：大黄制剂。

(2) 尿毒症及并发症的治疗：

①水肿：适当限水、盐，使用利尿剂（呋塞米）。

②纠正水、电解质、酸碱平衡失调。

③贫血：促红细胞生成素（EPO）50 ~ 150U/kg，2 ~ 3 次 / 周，补充铁剂、维生素。

④胃肠道症状（恶心，呕吐）：甲氧氯普胺。上消化道出血：H_2 受体阻断药。

⑤皮肤瘙痒：H_1 受体阻断药，纠正高磷血症、控制甲状旁腺功能亢进。

2．简述促使肾衰竭恶化的因素。

答：①有效循环血容量不足；

②高钙、高磷血症或转移性钙化；

③急性应激状态；

④使用肾毒性药物；

⑤尿路梗阻；

⑥严重高血压；

⑦心力衰竭；

⑧感染。

3．简述肾性贫血的原因。

答：原因有：

① EPO 减少；

②红细胞寿命缩短；

③造血原料缺乏；

④铝中毒；

⑤合并出血。

血液系统疾病

贫血概述

一、单项选择题

1．我国贫血的诊断标准是

A．成年男性 Hb < 120g/L，成年女性 Hb < 110g/L，孕妇 Hb < 100g/L

B．面色苍白

C．皮肤、黏膜苍白

D．身软、乏力

E．有慢性失血病史

2．有关贫血的概念错误的是

A．人体内循环血液中红细胞容量减少

B．单位体积内 Hb 含量减少

C．单位体积内红细胞计数减少

D．贫血是血液系统的一个疾病

E．贫血是许多疾病所致的综合临床症状

3．最常见的小细胞低色素贫血是

A．地中海贫血

B．缺铁性贫血

C．溶血性贫血

D．全身性贫血

E．失血性贫血

4．叶酸、维生素 B_{12} 缺乏所致的贫血是

A．正常细胞性贫血

B．小细胞低色素性贫血

C．慢性贫血

D．大细胞性贫血

E．急性贫血

5．小细胞低色素性贫血最常见原因是由于

A．红细胞丢失

B．红细胞再生障碍

C．红细胞过多破坏

D．叶酸缺乏

E．缺铁

6．再生障碍性贫血属于

A．小细胞低色素性贫血

B．造血原料缺乏所致的贫血

C．大细胞性贫血

D．恶性贫血

E．正细胞性贫血

7．确定患者是否贫血的首选实验室检查是

A．血常规

B．骨髓检查

C．B超检查

D．溶血试验

E．大便隐血试验

8．溶血性贫血是由于

A．患者营养缺乏

B．红细胞破坏过多

C．红细胞生成障碍

D．造血原料缺乏

E．免疫功能异常

9．再生障碍性贫血是由于

A．红细胞丢失

B．红细胞寿命缩短

C．红细胞生成减少

D．造血原料缺乏

E．以上都不是

10．贫血时皮肤、黏膜苍白的主要机制是

A．皮肤营养不良

B．缺氧

C．皮肤变薄

D．血管收缩，血供减少

E．以上都是

11．贫血时病人出现头痛、失眠等神经系

统表现是因为

A. 病人紧张

B. 颅内高压

C. 颅内肿瘤可能性大

D. 脑供血不足

E. 脑组织缺氧

12. 贫血症状的轻重与下列哪项有关

A. 血容量下降程度

B. 贫血的原因

C. 贫血发生速度

D. 血液携氧能力下降程度

E. 以上都是

13. 贫血治疗包括

A. 对症治疗和病因治疗

B. 输血

C. 输红细胞悬液

D. 补充铁剂

E. 去除病因

14. 临床最常见的贫血是

A. 再生障碍性贫血

B. 缺铁性贫血

C. 巨幼细胞性贫血

D. 溶血性贫血

E. 肾性贫血

15. 正常时 Hb 较一般成年人的 Hb 低者为

A. 婴儿、儿童

B. 老年人

C. 孕妇

D. 成年男性

E. A+C

16. 导致 Hb 浓度降低的常见病理因素有

A. 低蛋白血症

B. 心力衰竭

C. 巨球蛋白血症

D. 脾大

E. 以上都是

17. 由于血液浓缩，导致 Hb 浓度升高者

A. 小便过多

B. 输血过多

C. 失血、脱水

D. 输液过多

E. 过度肥胖

18. 45 岁，农民，因身软、头痛、活动后心累、气促 3 个月就诊，近两年常有生病史，查体发现患者皮肤、黏膜苍白，门诊医师首选何种辅助检查最为合适

A. 胸部 CT

B. 心脏 B 超

C. 肺部 MRI

D. 查肾功能

E. 血常规

19. 男性，30 岁，因腹部外伤 2 小时，神志不清半小时入院。查体：浅昏迷，面色苍白，四肢凉，BP 80/50mmHg。为明确有无腹腔内出血，下列哪项指标有意义

A. WBC 升高

B. Plt 下降

C. Hb 升高

D. Hb 下降

E. Plt 升高

20. 贫血按病因和发病机制分类为

A. 红细胞生成减少、破坏过多及丢失

B. 大细胞性贫血、正细胞性贫血和小细胞低色素性贫血

C. 失血性贫血、溶血性贫血和缺铁性贫血

D. 巨幼细胞性贫血、小细胞性贫血和失血性贫血

E. 红细胞生成减少、破坏过多和全身性贫血

二、多项选择题

1. 贫血按细胞形态分类

A. 大细胞性贫血

B. 红细胞生成减少

C. 红细胞丢失

D. 小细胞低色素性贫血

E. 正细胞性贫血

2．贫血的常见临床表现有
A．皮肤、黏膜苍白
B．头痛、失眠、多梦
C．身软、活动后心累
D．呼吸加快、加深
E．腹胀、消化不良、食欲减退
3．为明确贫血的诊断，应
A．详细询问病史
B．仔细查体
C．血常规检查
D．CT 检查
E．针对贫血病因的相关检查
4．贫血的治疗原则
A．对症治疗
B．应积极输血
C．服用补血药
D．对因治疗
E．补充铁剂
5．下列哪些是红细胞生成减少引起的贫血
A．长期月经量增多
B．急性消化道大出血
C．再生障碍性贫血
D．溶血性贫血
E．肾性贫血

三、名词解释

1．贫血
2．极重度贫血

四、填空题

1．贫血是指人体外周血________，低于________的一种常见临床症状。
2．贫血按细胞形态分为________、________、________。
3．贫血的治疗原则是________、________。
4．贫血的临床表现与________、________、________、________、________五个因素有关。
5．按病因和发病机制分为________、________、________。
6．婴儿、儿童和孕妇的血红蛋白较成人________。
7．高原地区居民血红蛋白较海平面居民________。
8．红细胞生成主要取决于________、________、________三大因素。
9．按血红蛋白浓度贫血分为________、________、________、________贫血。
10．按贫血进展速度分为________、________。

五、问答题

1．贫血的诊断步骤有哪些？
2．贫血的治疗原则是什么？

参考答案

一、单项选择题

1．A　2．D　3．B　4．D　5．E　6．E
7．A　8．B　9．C　10．D　11．E　12．E
13．A　14．B　15．E　16．E　17．C　18．E
19．D　20．A

二、多项选择题

1．ADE　2．ABCDE　3．ABCE　4．AD　5．ACE

三、名词解释

1．贫血：外周血红细胞容量减少，低于正常下限，不能运输足够的氧至组织而产生的综合征。

2．极重度贫血：血红蛋白浓度低于30g/L。

四、填空题

1．红细胞容量减少　正常范围下限

2．大细胞性贫血　正细胞性贫血　小细胞低色素性贫血

3．对症治疗　对因治疗

4．贫血的病因　血液携氧能力下降程度　血容量下降程度　贫血发生的速度　机体代偿和耐受程度

5．红细胞生成减少　红细胞丢失　红细胞破坏过多

6．低

7．高

8．造血细胞　造血调节　造血原料

9．轻度　中度　重度　极重度

10．急性贫血　慢性贫血

五、问答题

1．贫血的诊断步骤有哪些？

答：询问病史、查体、血常规、骨髓和贫血发病机制检查。

2．贫血的治疗原则是什么？

答：对症治疗、对因治疗。

缺铁性贫血

一、单项选择题

1．缺铁性贫血是
- A．机体内营养物耗竭
- B．铁利用障碍
- C．机体内贮存铁耗尽
- D．红细胞耗竭
- E．血红蛋白消耗殆尽

2．缺铁性贫血是铁缺乏的
- A．早期表现
- B．中期表现
- C．唯一表现
- D．最终表现
- E．最早信号

3．人体内铁分两部分
- A．功能状态铁和贮存铁
- B．贮存铁和乳铁蛋白
- C．功能铁和血红蛋白铁
- D．血红蛋白铁和运铁蛋白铁
- E．贮存铁和肌红蛋白铁

4．铁的吸收主要在
- A．胃、十二指肠
- B．十二指肠和空肠上段
- C．空肠和结肠上段
- D．胃小弯部
- E．胃和空肠

5．缺铁性贫血的高发病率分布在
- A．发达地区

B．肥胖人群
C．经济不发达地区的婴、幼儿和育龄期妇女
D．沿海地区
E．老年人

6．缺铁性贫血细胞形态呈
A．正细胞性贫血
B．大细胞性贫血
C．巨幼细胞性贫血
D．小细胞低色素性贫血
E．小细胞正色素性贫血

7．正常人每天造血约需要
A．10 ~ 15mg 铁
B．25 ~ 35mg 铁
C．35 ~ 45mg 铁
D．50mg 铁
E．20 ~ 25mg 铁

8．正常人每天造血所需铁剂主要来自
A．食物
B．胃、肠道
C．运铁蛋白
D．衰老破坏的红细胞
E．机体贮存铁

9．铁容易吸收的食物
A．植物中的铁
B．苹果中的铁
C．菠菜中的铁
D．海带
E．动物食品

10．下列何者不是需铁量增加的人群
A．成年男性
B．哺乳期妇女
C．婴幼儿
D．青少年
E．妊娠妇女

11．以下哪项不影响铁的吸收
A．胃大部切除术后
B．月经量过多
C．慢性肠炎
D．长期腹泻
E．克罗恩病

12．以下哪项不引起铁剂慢性丢失
A．胃、十二指肠溃疡
B．肠道寄生虫感染
C．无偿献血
D．胃、肠肿瘤
E．月经过多

13．缺铁对机体的影响不包括以下哪项
A．贮存铁减少
B．血清铁蛋白降低
C．血红蛋白合成障碍
D．红细胞成熟障碍
E．细胞中含铁酶活性降低

14．以下哪项不是缺铁所致的贫血
A．胃癌术后
B．十二指肠溃疡术后
C．哺乳
D．钩虫感染
E．铁粒幼细胞贫血

15．以下哪项不是缺铁性贫血的临床表现
A．皮肤、黏膜黄染
B．贫血表现
C．缺铁原发病表现
D．儿童生长发育迟缓
E．组织缺铁表现

16．缺铁性贫血患者血常规的典型改变是
A．正常细胞性贫血
B．小细胞低色素性贫血
C．大细胞性贫血
D．全血细胞减少
E．网红细胞减少

17．缺铁性贫血时，血清铁蛋白常低于
A．20μg/L
B．30μg/L
C．12μg/L
D．15μg/L
E．25μg/L

18．男性，50 岁，因面色苍白，心累、气促 1 个多月入院，查血常规示 Hb 67g/L，平均红细胞体积（MCV）68 fl，平

均红细胞血红蛋白量（MCH）18pg，红细胞平均血红蛋白浓度（MCHC）25%，血清铁蛋白5μg/L，白细胞和血小板计数正常，下一步应首选以下哪项检查
A．骨髓检查
B．心脏彩色B超
C．胸部CT
D．全消化道X线钡剂检查
E．肾功能检查

19．男性，7岁，因身材矮小，面色苍白，学习成绩差1年多就诊，查血常规 示Hb70g/L，MCV62fl，MCH20pg，MCHC23%，为明确该患者是否为缺铁性贫血，应首选的检查
A．肝功能
B．肾功能
C．电解质
D．血微量元素
E．血清铁蛋白

20．女性，30岁，因放置宫内节育器后月经量增多、经期延长2年多，乏力、活动后心累2个月，Hb50g/L，MCV66fl，MCH16pg，MCHC22%，WBC 6.5×10^9/L，Plt 240×10^9/L，血清铁蛋白3μg/L，最可能的诊断
A．功能失调性子宫出血
B．再生障碍性贫血
C．慢性贫血
D．缺铁性贫血
E．失血性贫血

21．慢性铁缺乏发展的正确顺序为
A．骨髓铁储存被动员和耗竭，血清铁降低，低血红蛋白，贫血
B．血清铁降低，骨髓铁储存被动员和耗竭，贫血，低血红蛋白
C．血清铁降低，贫血，骨髓铁储存被动员和耗竭，低血红蛋白
D．骨髓铁储存被动员和耗竭，贫血，低血红蛋白，血清铁降低
E．血清铁降低，低血红蛋白，贫血，骨髓铁储存被动员和耗竭

22．明确缺铁诊断的实验室检查为
A．平均红细胞血红蛋白量（MCH）减少
B．血清蛋白浓度下降
C．血清铁浓度下降
D．骨髓储存铁缺乏
E．平均红细胞体积（MCV）下降

23．何种实验室检查可鉴别缺铁性贫血与铁幼粒细胞贫血
A．血清铁饱和度
B．MCV，MCH，MCHC
C．骨髓铁染色
D．红细胞内游离原卟啉
E．血清总铁结合力

24．以下何种实验室检查可鉴别缺铁性贫血与慢性感染性贫血
A．血清铁
B．红细胞内游离原卟啉
C．骨髓细胞外铁
D．骨髓红细胞内铁
E．MCV，MCH，MCHC

25．关于铁吸收的叙述错误的是
A．高铁化合物比亚铁易吸收
B．维生素C可增强铁的吸收
C．植物纤维素和鞣酸盐之类的食物可干扰铁的吸收
D．小肠内pH为酸性和中性时铁的吸收可增强
E．其他微量元素如铜，可帮助铁吸收

26．以下何种发现有助于鉴别此病人为铁或维生素B_{12}缺乏
A．吞咽困难
B．神经炎
C．舌炎
D．脾大
E．食欲缺乏

27．以下哪些实验室发现有助于鉴别铁或维生素B_{12}缺乏

A．血小板减少
B．血小板增多
C．血清乳酸脱氢酶（LDH）升高
D．血清尿素氮（BUN）升高
E．含铁血黄素尿

28．关于缺铁的铁剂治疗正确的是
A．胃肠外营养
B．注射铁制剂有效
C．一旦红细胞计数恢复正常，铁治疗就可终止
D．有效的铁制剂开始治疗后 48 小时可见到症状好转

29．缺铁性贫血的首要原因
A．铁的摄入不足
B．铁需要量增多
C．铁吸收不良
D．慢性失血，铁损失过多
E．骨髓造血功能减退

30．缺铁性贫血采用铁剂治疗，观察疗效最早的标志是
A．血红蛋白上升
B．MCH 增多
C．MCV 增大
D．网织红细胞增高
E．骨髓血细胞形态恢复

31．血清铁降低而总铁结合力增高提示
A．再生障碍性贫血
B．溶血性贫血
C．缺铁性贫血
D．铁粒细胞性贫血
E．慢性感染性贫血

32．缺铁性贫血注射铁剂的指征是
A．口服铁剂 2 周血红蛋白不恢复
B．慢性失血
C．消化道吸收障碍
D．合并有巨幼细胞贫血者
E．不愿服铁剂者

33．缺铁性贫血发展的过程正确的是
A．血清铁降低—红细胞减少—小细胞低色素—骨髓铁减少
B．骨髓铁减少—血清铁降低—红细胞减少—小细胞低色素
C．血清铁降低—骨髓铁减少—小细胞低色素—红细胞减少
D．骨髓铁减少—血清铁降低—小细胞低色素—红细胞减少
E．红细胞减少—小细胞低色素—血清铁降低—骨髓铁减少

34．口服铁剂治疗缺铁性贫血正确的是
A．从小量开始，以减少胃肠道反应
B．与维生素 B_{12} 同服可增强疗效
C．服药两周后血象恢复正常
D．血象正常即可停药
E．服药两周血象未恢复正常应该改用注射剂

35．诊断缺铁性贫血最有意义的是
A．小细胞低色素
B．红细胞平均血红蛋白降低
C．红细胞平均血红蛋白浓度降低
D．血清铁降低
E．骨髓铁降低

36．缺铁性贫血的最常见原因是
A．慢性胃炎
B．慢性肝病
C．慢性感染
D．慢性溶血
E．慢性失血

37．关于缺铁性贫血正确的是
A．血清铁降低，总铁结合力增高，运铁蛋白饱和度增高
B．血清铁降低，总铁结合力增高，运铁蛋白饱和度降低
C．血清铁降低，总铁结合力降低，运铁蛋白饱和度升高
D．血清铁降低，总铁结合力增高，运铁蛋白饱和度正常
E．血清铁降低，总铁结合力降低，运铁蛋白饱和度降低

38．关于铁的代谢正确的是
A．植物食品铁吸收率高

B．铁蛋白是功能状态铁
C．铁主要在空肠下段吸收
D．三价铁经铜蓝蛋白还原为二价铁
E．含铁血黄素是储存铁

39．含铁最少的食物是
A．蛋黄
B．牛肉
C．猪肝
D．白菜
E．豆类

40．关于缺铁性贫血，错误的是
A．线粒体功能障碍所致血红蛋白合成减少
B．小细胞低色素性贫血
C．主要原因是慢性失血
D．多见于育龄妇女，经产妇尤多
E．慢性渐进性的发展过程

41．有关铁代谢的正常值错误的是
A．体内总铁量女性 35 ~ 40mg/kg
B．男性储存铁为 1000 mg
C．食物铁摄入 10 ~ 15 mg/d
D．妊娠时需 2 ~ 4mg/d
E．排出量约 1mg/d

42．缺铁的主要原因是
A．多次妊娠
B．胃肠道吸障碍
C．慢性失血
D．需要增加
E．偏食

43．缺铁性贫血的临床表现少见的是
A．原发病的临床表现
B．皮肤苍白，活动后气促
C．细胞含铁酶缺乏的表现
D．外胚叶营养障碍的表现
E．视盘水肿，脾大

44．符合缺铁时最早出现的是
A．储存铁下降
B．血清铁下降
C．运铁蛋白饱和度下降
D．小细胞低色素性贫血
E．以上都不是

45．缺铁性贫血的实验室检查最可靠的是
A．MCV MCHC
B．血清铁
C．总铁结合力
D．骨髓铁粒幼红细胞
E．骨髓含铁血黄素染色

46．缺铁性贫血所致细胞内含铁的氧化还原酶活性降低，临床表现是
A．口腔炎、舌炎、舌乳突萎缩
B．慢性萎缩性胃炎
C．胃酸减少
D．胃溃疡

47．缺铁性贫血所致外胚叶营养障碍，临床表现是
A．毛发干燥无光泽
B．皮肤干燥发皱
C．指甲扁平或反甲
D．杵状指

48．小细胞低色素性贫血见于
A．缺铁性贫血
B．肾性贫血
C．溶血性贫血
D．再生障碍性贫血

49．血清铁降低的疾病有
A．缺铁性贫血
B．慢性感染性贫血
C．慢性失血性贫血
D．地中海贫血

50．符合储备铁缺乏的依据是
A．MCV < 80mm
B．血清铁少于 50mg /dl
C．血红蛋白降低
D．骨髓铁染色阴性

51. 无机铁制剂是
A．硫酸亚铁
B．琥珀酸亚铁
C．葡萄糖酸亚铁
D．右旋糖酐铁

52．钩虫病患者，Hb 80g/L，驱虫后服铁剂，

判断疗效正确的是

A．3 日后骨髓红细胞形态显著改变

B．3 个月后血红蛋白上升

C．3 周后网织红细胞上升

D．5 天后网织红细胞开始上升达高峰

二、多项选择题

1．缺铁性贫血的诊断依据

A．血清铁蛋白＜ 12μg/L

B．小细胞低色素性贫血

C．骨髓小粒可染铁消失

D．钩虫感染史

E．经常头痛、头晕、记忆力差

2．缺铁性贫血应与下列哪些疾病鉴别

A．铁粒幼细胞性贫血

B．急性失血性贫血

C．海洋性贫血

D．肾性贫血

E．慢性病性贫血

3．缺铁性贫血的治疗

A．口服阿胶浆

B．反复多次输红细胞

C．去除病因

D．补充铁剂

E．多饮浓茶

4．缺铁性贫血铁剂治疗有效的指标

A．服药 5 ～ 10 天网织红细胞升高

B．服药 2 周左右血红蛋白上升

C．血红蛋白 2 个月左右恢复正常

D．红细胞大小很快恢复正常

E．患者症状消失

5．缺铁性贫血的预防

A．注意育龄妇女的营养

B．婴幼儿应及时添加含铁食物

C．定期查治钩虫

D．妇女月经量过多应及时诊疗

E．做好肿瘤防治

三、名词解释

1．缺铁性贫血

2．网织红细胞

3．未饱和铁结合力

4．总铁结合力

四、填空题

1．缺铁性贫血是指机体对铁的________，导致体内________，继之________最终引起________。

2．缺铁性贫血的病因分为____________、________、________、________、______、________。

3．铁剂需要量增加而摄入不足多见于________、________、________、______。

4．缺铁性贫血的临床表现包括________、________、________。

5．小细胞低色素贫血指平均红细胞体积低于________，平均红细胞血红蛋白量低于________，平均红细胞血红蛋白浓度低于________。

6．治疗缺铁性贫血的原则是__________、________。

7．铁剂治疗有效一般首先是________，2 周后________。

8．注射用铁的总量按公式计算 =________。

9．进食________、________和________等可抑制铁剂吸收。

10．预防缺铁性贫血的重点应放在________和________、________的营养保健。

五、问答题

1．试述缺铁性贫血的常见病因及实验室检查。

2．试述缺铁性贫血的治疗。

参考答案

一、单项选择题

1．C	2．D	3．A	4．B	5．C	6．D
7．E	8．D	9．E	10．A	11．B	12．C
13．D	14．E	15．A	16．B	17．C	18．D
19．E	20．D	21．A	22．D	23．C	24．C
25．A	26．A	27．A	28．B	29．D	30．D
31．C	32．C	33．B	34．A	35．E	36．E
37．B	38．E	39．D	40．A	41．C	42．C
43．E	44．A	45．E	46．A	47．A	48．A
49．A	50．D	51．A	52．D		

二、多项选择题

1．ABCD　2．ACE　3．CD　4．ABC　5．ABCDE

三、名词解释

1．缺铁性贫血：机体对铁的供求失衡，导致机体内贮存铁耗尽，继之红细胞内缺铁，最终贫血。

2．网织红细胞：尚未完全成熟的红细胞，在周围血液中的数值可反映骨髓红细胞的生成功能，因而对血液病的诊断和治疗反应的观察均有其重要意义。

3．未饱和铁结合力：总铁结合力（TIBC）是指每升血清中的运铁蛋白所能结合的最大铁量，由 TIBC 减去血清铁值就是未饱和铁结合力。

4．总铁结合力：是指每升血清中的运铁蛋白所能结合的最大铁量，实际反映运铁蛋白的水平。

四、填空题

1．需求与供给失衡　贮存铁耗尽　红细胞内铁缺乏　缺铁性贫血

2．铁摄入不足　供不应求　吸收不良　转运障碍　丢失过多　利用障碍

3．婴幼儿　青少年　妊娠期　哺乳期

4．缺铁原发病表现　贫血表现　组织缺铁表现

5．80fl　27pg　32%

6．根除病因　补足贮存铁

7．网织红细胞升高　血红蛋白升高

8．(需达到的血红蛋白浓度 – 患者血红蛋白浓度) ×0.33× 患者体重（kg）

9．谷类　乳类　茶

10．婴幼儿　青少年　妇女

五、问答题

1．试述缺铁性贫血的发病机制及实验室检查。

答：(1) 发病机制如下：① 摄入不足；②需铁量增加；③丢失过多；④吸收障碍。

(2) 实验室检查常用：①贫血形态学检查，其中包括以下几个方面。a. 外周血检查（小

细胞低色素，网织红细胞正常或增高）。b. 骨髓检查：红细胞系统增生活跃，中、晚幼红细胞为主，核老浆幼，粒系、巨核系无异常。②铁代谢检查，血清铁和运铁蛋白饱和度降低，总铁结合力升高。③缺铁性红细胞生成检查，红细胞原卟啉 FEP 升高，FEP/Hb ＞ 4.5μg/gHb。④储备铁缺乏检查，骨髓小粒可染铁消失，铁粒幼细胞减少，血清铁蛋白减少。

2．试述缺铁性贫血的治疗。

答：包括病因治疗和补充铁剂。

再生障碍性贫血

一、单项选择题

1．再生障碍性贫血的可能病因有

A．病毒感染

B．化学因素

C．放射线

D．遗传因素

E．除 D 以外均是

2．根据病情、血象、骨髓象及预后，再生障碍性贫血分为

A．轻、中、重型

B．轻型和重型

C．急性型和慢性型

D．重型和非重型

E．中间型和轻型

3．下列哪项不是重型再生障碍性贫血的表 现

A．进行性贫血

B．肝脾大

C．严重感染

D．广泛出血

E．起病急、进展快、病情重

4．下列哪项不是再生障碍性贫血的血象改变

A．外周血有大量幼稚细胞

B．全血细胞减少

C．正色素性贫血

D．网织红细胞减少

E．血小板计数减少

5．下列哪项不是再生障碍性贫血的骨髓象改变

A．增生减低

B．粒细胞系统细胞减少

C．巨核细胞增多

D．非造血细胞增多

E．红细胞系统细胞减少

6．阵发性睡眠性血红蛋白尿与再生障碍性贫血的鉴别试验以下哪项最有意义

A．血常规

B．尿常规

C．骨髓象

D．肝功能

E．酸溶血试验阳性

7．关于再生障碍性贫血的治疗以下哪项正确

A．所有患者都应积极输血

B．雄激素适合于所有患者

C．环孢素只适用于重型再生障碍性贫血

D．抗淋巴细胞球蛋白适用于所有患者

E．造血生长因子只适用于重型患者

8．下列哪项不是再生障碍性贫血患者使用人造血干细胞移植治疗的适应证

A．非重型再生障碍性贫血

B．重型再生障碍性贫血

C．40 岁以下

D．无感染

E．无肝、肾功能损害

9．雄激素治疗再生障碍性贫血的严重副作用是

A．恶心、呕吐

B．肾功能损害

C．肝功能损害和男性化

D．心电图改变

E．电解质紊乱

10．全部再生障碍性贫血都适用的免疫抑制剂是
A．糖皮质激素
B．CD3 单克隆抗体
C．抗胸腺细胞球蛋白
D．环孢素
E．环磷酰胺

11．Fanconi 贫血是
A．获得性再生障碍性贫血
B．先天性难治性贫血
C．先天性溶血性贫血
D．先天性铁利用障碍性贫血
E．先天性再生障碍性贫血

12．下面哪一型不需与再生障碍性贫血鉴别
A．急性白血病
B．慢性白血病
C．阵发性睡眠性血红蛋白尿
D．骨髓增生异常综合征
E．恶性组织细胞病

13．下列哪项不是再生障碍性贫血的诊断标准
A．全血细胞减少、网织红细胞百分比降低
B．全身淋巴结肿大
C．骨髓中造血细胞减少
D．除外其他全血细胞减少性疾病
E．骨髓多部位增生减低

14．以下哪项不是再生障碍性贫血的临床表现
A．发热
B．皮肤、黏膜出血
C．脾中度增大
D．心悸、气短
E．眼底出血

15．再生障碍性贫血输注红细胞的指征一般是
A．重型患者
B．伴有贫血症状
C．有出血倾向
D．贫血，血红蛋白低于 60g/L
E．有感染存在

16．引起再生障碍性贫血的常见化学因素有
A．苯类化合物
B．磺胺类抗生素
C．氯霉素
D．抗肿瘤药物
E．以上都是

17．再生障碍性贫血的免疫异常有
A．外周血中淋巴细胞比例增高
B．骨髓中淋巴细胞比例增高
C．T 细胞亚群失调
D．T 细胞分泌的造血负调控因子增多
E．以上都是

18．再生障碍性贫血的发病机制
A．以下都无关
B．干细胞恶性克隆性病变
C．病态造血
D．血细胞对补体敏感
E．细胞核生成障碍

19．女性，24 岁，因身软、心悸 5 个月，牙龈出血、月经量增多两个多月就诊。查体：贫血面容，口腔黏膜见出血点，肝、脾、淋巴结未扪及。血常规：Hb 56 g/L，WBC 2.1×10^9/L，分类：LYM 58%，N 42%，Plt 25×10^9/L，下一步应做的检查首选
A．腹部 B 超
B．骨髓检查
C．凝血试验
D．妇科检查
E．口腔科检查

20．男性，20 岁，因重度贫血住院，查体：贫血面容，皮肤见散在出血点，肝、脾、淋巴结未扪及。血常规：Hb 35g/L，WBC 1.7×10^9/L，分类：LYM 80%，N 20%，Plt 5×10^9/L。骨髓检查结果：增生重度减低，粒细胞、红细胞系统细胞显著减少，未见巨核细胞，骨髓小粒空虚，非造血细胞显著增多，该患者最可能的诊断是

A．急性白血病
B．骨髓增生异常综合征（MDS）
C．重型再生障碍性贫血
D．非重型再生障碍性贫血
E．阵发性睡眠性血红蛋白尿症（PNH）

21．下列骨髓象的描述，哪项符合再障的诊断
A．骨髓增生活跃，巨核细胞增多，有成熟障碍
B．骨髓增生活跃，粒细胞系统和红细胞系统增生，粒细胞系统有成熟障碍
C．骨髓增生减低，粒细胞红细胞比例正常，巨核细胞正常
D．骨髓增生减低，骨髓小粒、非造血细胞增多，巨核细胞减少
E．以上都不是

22．骨髓巨核细胞减少可见于
A．再生障碍性贫血
B．溶血性贫血
C．缺铁性贫血
D．铁粒幼红细胞性贫血
E．失血性贫血

23．关于再生障碍性贫血的病因描述，下列哪项不正确
A．与放射性物质有关
B．与某些化学因素有关
C．与某些病毒有关
D．是克隆性恶性疾病
E．与某些药物有关

24．下列哪项最支持再生障碍性贫血的诊断
A．有贫血、出血和感染
B．血象三系减低
C．网织红细胞减少
D．骨髓涂片呈增生不良、巨核细胞缺如
E．肝、脾、淋巴结不肿大

25．骨髓涂片检查，下列哪项不支持再生障碍性贫血的诊断
A．骨髓增生减低
B．骨髓非造血细胞团增多
C．巨核细胞增多
D．脂肪滴增多
E．骨髓淋巴细胞比例增高

26．下列哪项符合重型再生障碍性贫血的诊断
A．网织红细胞绝对值$< 15 \times 10^9$/L，中性粒细胞绝对值$< 0.5 \times 10^9$/L，血小板$< 20 \times 10^9$/L
B．网织红细胞绝对值$< 20 \times 10^9$/L，中性粒细胞绝对值$< 1.00 \times 10^9$/L，血小板$< 20 \times 10^9$/L
C．网织红细胞绝对值$< 30 \times 10^9$/L，中性粒细胞绝对值$< 0.5 \times 10^9$/L，血小板$< 15 \times 10^9$/L
D．网织红细胞绝对值$< 40 \times 10^9$/L，中性粒细胞绝对值$< 0.5 \times 10^9$/L，血小板$< 15 \times 10^9$/L
E．网织红细胞绝对值$< 50 \times 10^9$/L，中性粒细胞绝对值$< 0.5 \times 10^9$/L，血小板$< 15 \times 10^9$/L

27．雄激素对治疗慢性再生障碍性贫血有效，其机制为
A．促进蛋白合成
B．改变骨髓微环境
C．刺激骨髓造血
D．兴奋中枢神经，改善微环境
E．抑制免疫

28．下列哪项检查对鉴别慢性再生障碍性贫血与 PNH 最有意义
A．血常规
B．尿常规
C．肝、脾 B 超
D．酸溶血和糖水试验
E．尿含铁血黄素试验

29．下列哪项符合再生障碍性贫血血象骨髓象特点
A．细胞大小不等，中心淡染区扩大
B．骨髓增生活跃，全血细胞减少
C．骨髓巨核细胞增多，血片血小板计数减少

D．骨髓增生不良、巨核细胞缺如
E．骨髓增生减低、巨核细胞正常

30．对初治的重型再生障碍性贫血，下列哪项治疗方法为首选
A．雄性激素
B．输血、输血小板等支持疗法
C．糖皮质激素
D．细胞因子
E．异基因骨髓移植

31．女性，25岁，一年来逐渐面色苍白，疲乏无力。检查：Hb 60g/L，WBC $2.5\times10^9/L$，N 0.35，Plt $40\times10^9/L$，网织红细胞 0.002。最可能的诊断是
A．缺铁性贫血
B．巨幼红细胞性贫血
C．溶血性贫血
D．再生障碍性贫血
E．感染性贫血

32．再生障碍性贫血的发病机制不包括
A．骨髓微循环异常
B．造血干细胞缺陷
C．骨髓基质受损
D．造血原料缺乏
E．免疫异常

33．在我国诱发再生障碍性贫血的最主要因素为
A．核泄漏
B．药物滥用
C．遗传因素
D．环境污染
E．职业接触有害物质

34．在再生障碍性贫血的发病机制中，最重要的环节为
A．造血干细胞受损
B．造血微环境缺陷
C．免疫异常
D．核苷酸代谢异常
E．基因缺陷

35．鉴别再生障碍性贫血与白血病最有价值的是
A．贫血的程度
B．感染的种类
C．浸润体征
D．出血的部位
E．白细胞计数

36．再生障碍性贫血的典型血象特点为
A．全血细胞减少
B．嗜点彩红细胞比例增多
C．网织红细胞＜1.5%
D．淋巴细胞比例减少
E．形态呈大细胞性贫血

37．下列哪项不符合获得性单纯红细胞再生障碍性贫血
A．血红蛋白及红细胞进行性下降
B．粒细胞红细胞比明显增高
C．网织红细胞减少
D．白细胞数目轻度减低
E．骨髓有核细胞增生减低

38．获得性单纯红细胞再生障碍性贫血，下列哪项检查是错误的
A．呈正常细胞性贫血
B．骨髓有核细胞增生减低
C．网织红细胞数减少
D．白细胞数和血小板数正常或轻度减低
E．血红蛋白及红细胞进行性下降

39．原发性单纯红细胞再生障碍性贫血患者血清所含抗体是
A．自身 POE 或幼红细胞抗体
B．自身 EPO 或幼红细胞抗体
C．自身 EOP 或幼红细胞抗体
D．自身 EOE 或幼红细胞抗体
E．自身 PEO 或幼红细胞抗体

40．先天性单纯红细胞再生障碍性贫血患者的病因是
A．病毒感染
B．遗传
C．中毒
D．细菌感染
E．外伤

41. 关于单纯红细胞再生障碍性贫血的结果，下列正确的是
  A. 血清铁蛋白减低
  B. 血清铁下降
  C. 网织红细胞数增多
  D. 骨髓多数增生减低
  E. 血和尿中促红细胞生成素增多

二、多项选择题

1. 再生障碍性贫血的发病机制有
  A. 造血干细胞和造血祖细胞缺陷
  B. 干细胞恶变
  C. 免疫异常
  D. 造血原料利用障碍
  E. 造血微环境异常
2. 再生障碍性贫血的可能病因有
  A. 食物因素
  B. 化学因素
  C. 经济因素
  D. 病毒因素
  E. 长期接触射线
3. 再生障碍性贫血的临床表现有
  A. 进行性贫血
  B. 不同程度的出血
  C. 器官浸润
  D. 多系统损害
  E. 感染
4. 再生障碍性贫血的诊断标准
  A. 骨髓巨核细胞减少
  B. 全血细胞减少
  C. 骨髓增生减低
  D. 一般无肝、脾大
  E. 除外引起全血细胞减少的其他疾病
5. 针对再生障碍性贫血发病机制的治疗有
  A. 输血治疗
  B. 止血治疗
  C. 抗感染治疗
  D. 免疫抑制治疗
  E. 促进造血治疗

三、名词解释

1. 再生障碍性贫血
2. Fanconi 贫血

四、填空题

1. 再生障碍性贫血是一种获得性________。
2. 根据再生障碍性贫血患者的病情、血象、骨髓象及预后，将该病分为________和________。
3. 再生障碍性贫血发病机制中造血干祖细胞缺陷包括________和________的异常
4. 再生障碍性贫血的发病机制有________、________、________。
5. 再生障碍性贫血的可能病因有________、________、________。
6. 重型再生障碍性贫血的临床特点是________、________、________。
7. 急性白血病需要与再生障碍性贫血相鉴别，特别是________和________白血病。
8. 再生障碍性贫血的促造血治疗有______、________。

五、问答题

1. 简述再生障碍性贫血的诊断标准。
2. 再生障碍性贫血需与哪些疾病鉴别？

参考答案

一、单项选择题

1. E	2. D	3. B	4. A	5. C	6. E
7. B	8. A	9. C	10. D	11. E	12. B

13. B　14. C　15. D　16. E　17. E　18. A
19. B　20. C　21. D　22. A　23. D　24. D
25. C　26. A　27. C　28. D　29. D　30. E
31. D　32. D　33. B　34. A　35. C　36. A
37. E　38. B　39. B　40. B　41. E

二、多项选择题

1. ACE　2. BDE　3. ABE　4. BCDE　5. DE

三、名词解释

1. 再生障碍性贫血：是一种获得性骨髓造血功能衰竭症，临床表现为全血细胞减少。

2. Fanconi 贫血：是一种遗传性干细胞质异常性疾病。

四、填空题

1. 骨髓造血功能衰竭症
2. 重型　非重型
3. 质　量
4. 造血干细胞和造血祖细胞缺陷　造血微环境异常　免疫异常
5. 病毒因素　化学因素　长期接触射线
6. 起病急　进展快　病情重
7. 白细胞减少性　低增生性
8. 雄激素　造血生长因子

五、问答题

1. 简述再生障碍性贫血的诊断标准。

答：①全血细胞减少，网织红细胞百分数＜1%；
②一般无肝、脾大；
③骨髓多部位增生减低或重度减低，造血细胞减少，非造血细胞增加，骨髓小粒空虚；
④除外引起全血细胞减少的其他疾病。

2. 再生障碍性贫血需与哪些疾病鉴别？

答：①阵发性睡眠性血红蛋白尿；
②骨髓增生异常综合征；
③自身抗体介导的全血细胞贫血；
④急性白血病；
⑤恶性组织细胞病。

溶血性贫血

一、单项选择题

1. 关于溶血性贫血的定义，哪一项是正确的

A. 红细胞寿命缩短
B. 红细胞破坏增加
C. 骨髓造血功能亢进
D. 红细胞破坏增加，骨髓功能代偿

E．红细胞破坏增加，超过骨髓代偿能力

2．原位溶血时红细胞破坏的部位最主要在
A．肝
B．脾
C．血
D．骨髓
E．以上都不是

3．急性溶血的开始症状是
A．腰背及四肢酸痛、头痛、呕吐、寒战、高热等
B．血红蛋白尿
C．休克
D．昏迷
E．肾衰竭

4．血管内溶血的主要实验室检查为
A．红细胞及血红蛋白下降
B．粪胆原排泄增高
C．血红蛋白尿及含铁血黄素尿试验阳性
D．网织红胞数增高
E．骨髓中幼红细胞增长明显

5．下列哪项结果不符合溶血性贫血
A．尿中胆红素阴性而尿胆原增多
B．红细胞减少，网织红细胞数明显增高
C．红细胞形态可正常，而寿命缩短
D．骨髓内幼红细胞明显减少
E．血中胆红素、黄疸指数增高而肝功能正常

6．下列哪项结果不符合溶血性贫血
A．网织红细胞增加
B．肾髓幼红细胞增加
C．尿中尿胆红素无排泄增加
D．血中非结合性胆红素增加
E．血清结合珠蛋白增加

7．周围血反应骨髓幼红细胞增生程度准确的指标是
A．血红蛋白和红细胞计数
B．网织红细胞百分数
C．网织红细胞绝对数
D．出现有核红细胞
E．出现染色质小体

8．诊断溶血性贫血最可靠的指标是
A．网织红细胞明显增高
B．尿胆原排泄增加
C．尿含铁血黄素阳性
D．血清结合珠蛋白降低
E．红细胞寿命缩短

9．关于溶血性贫血下列哪一项是不正确的
A．血清间接胆红素升高
B．血清结合珠蛋白升高
C．血涂片中出现幼红细胞
D．网织红细胞数升高
E．红细胞寿命缩短

10．下列哪种疾病抗人球蛋白试验阳性
A．6- 磷酸葡萄糖脱氢酶（G-6-PD）缺乏症
B．海洋性贫血
C．遗传性球形红细胞增多症
D．阵发性睡眠性血红蛋白尿
E．自身免疫性溶血性贫血

11．对阵发性睡眠性血红蛋白尿症最新最有确诊意义的试验是
A．酸化血清溶血试验
B．抗人球蛋白试验
C．FLAER
D．蔗糖溶血试验
E．菊糖发酵试验

12．下列溶血性贫血的检查哪组是错误的
A．抗人球蛋白试验——自身免疫性溶血性贫血
B．酸化血清溶血试验——阵发性睡眠性血红蛋白尿
C．红细胞渗透性增高——遗传性球形红细胞增多症
D．外周血中出现大量靶形红细胞——海洋性贫血
E．血红蛋白电泳——蚕豆病

13．贫血伴轻度黄疸最可能的诊断是
A．再生障碍性贫血
B．脾功能亢进
C．特发性血小板减少性紫癜

D．溶血性贫血
E．急性白血病

14．诊断慢性血管内溶血的重要依据是
A．贫血与黄疸
B．脾大
C．血红蛋白尿
D．尿含铁血黄素阳性
E．粪胆原增加

15．脾切除对以下哪种溶血性贫血疗效最好
A．自身免疫性溶血性贫血
B．阵发性睡眠性血红蛋白尿
C．海洋性贫血
D．遗传性球形红细胞增多症
E．红细胞 6- 磷酸葡萄糖脱氢酶缺乏症

二、多项选择题

阵发性睡眠性血红蛋白尿可选用下列哪些治疗
A．输洗涤红细胞悬液
B．输全血或补铁
C．糖皮质激素短期应用
D．维生素 E
E．雄激素

三、名词解释

1．溶血性贫血
2．溶血性疾病
3．原位溶血
4．血管内溶血
5．血管外溶血

四、填空题

慢性溶血性贫血以血管外溶血多见有________、________、________三大特征。

五、问答题

1．急性溶血性贫血时，有哪些临床表现？
2．溶血性贫血实验室检查按发病机制分为哪几个方面？

参考答案

一、单项选择题

1．E	2．D	3．A	4．C	5．D	6．E
7．C	8．E	9．B	10．E	11．C	12．E
13．D	14．D	15．D			

二、多项选择题

ACDE

三、名词解释

1．溶血性贫血：溶血是指红细胞遭破坏寿命缩短的过程。溶血超过造血代偿时出现的贫血称溶血性贫血。

2．溶血性疾病：溶血发生而骨髓能够代偿时，可以不出现贫血，称为溶血性疾病。

3．原位溶血：指骨髓内的幼红细胞在释入血液循环之前已在骨髓内破坏，可伴有黄疸，其本质是一种血管外溶血，常见于巨幼细胞性贫血，骨髓增生异常综合征等。

4．血管内溶血：红细胞在血液循环中被破坏，释放游离血红蛋白形成血红蛋白血症。

5．血管外溶血：红细胞被脾等单核 - 巨噬细胞系统吞噬消化，释放的血红蛋白分解为珠蛋白和血红素。

四、填空题

贫血　黄疸　肝脾大

五、问答题

1．急性溶血性贫血时，有哪些临床表现？

答：可有严重的腰背及四肢酸痛，伴头痛、呕吐、寒战，随后高热、面色苍白和血红蛋白尿、黄疸，严重者出现周围循环衰竭和急性肾功能衰竭。

2．溶血性贫血实验室检查按发病机制分为哪几个方面？

答：①红细胞破坏增加的检查；

②红细胞系统代偿性增生的检查；

③针对红细胞自身缺陷和外部异常的检查。

白　血　病

一、单项选择题

1．白细胞不增多性白血病是

A．白血病患者外周血很难找到原始细胞，且白细胞计数正常或减少

B．骨髓中原始细胞不增多

C．白血病细胞浸润的症状、体征很明显

D．临床类似白血病而实质非白血病

E．白血病患者外周血中白细胞计数明显增高

2．确诊急性粒细胞白血病的主要依据是

A．全血细胞减少

B．白细胞计数异常增多

C．周围血片可见幼稚细胞

D．骨髓增生极度活跃

E．骨髓涂片原始粒细胞＞20%

3．关于中枢神经系白血病，下列哪项正确

A．成人较儿童多见

B．主要见于急性淋巴细胞白血病

C．初诊时见不到，一般在完全缓解后出现

D．脑膜不受累

E．脑脊液中未找到白血病细胞可排除此病

4．慢性粒细胞白血病最突出的体征是

A．绿色瘤

B．肝大

C．浅表淋巴结肿大

D．胸骨压痛

E．脾巨大

5．女性，40 岁，右上腹痛伴高热 1 周。查体：巩膜轻度黄染，右下肺呼吸音明显减弱，Murphy 征可疑（+），肝、脾未扪及；Hb 119g/L，WBC 41 × 10^9/L，N 0.95，LYM 0.05，Plt 101 × 10^9/L。可能的诊断是

A．慢性粒细胞白血病

B．急性粒细胞白血病

C．右下肺节段性肺炎

D．胆道感染致类白血病反应

E．急性肝炎

6．男性，40 岁，牙龈反复少量出血，发热半个月。查体：Hb 50g/L，WBC 12 × 10^9 /L，原始粒细胞 0.30，Plt 7 × 10^9/L。患者贫血的主要原因是

A．出血

B．红细胞寿命缩短

C．造血原料缺乏

D．幼稚红细胞增殖受到异常增生细胞的干扰

E．无效性红细胞生成

7．白血病患者，12 岁，近日左眼眶出现 2cm × 2cm 大小无痛性肿块。最可能是

下列哪型白血病
A．慢性粒细胞白血病
B．慢性淋巴细胞白血病
C．急性淋巴细胞白血病
D．急性粒细胞白血病
E．急性单核细胞白血病

8．下列哪项符合急性淋巴细胞白血病
A．为儿童的主要白血病类型
B．与 EB 病毒感染有关
C．对化学治疗反应差
D．常用化学治疗为 DA 方案
E．中枢神经系统白血病少见

9．男性，28 岁，M5 诱导缓解治疗 2 个疗程后完全缓解。半年后出现头痛、呕吐、神志模糊、发热。查体：T 39.5℃，神志欠清，空间定向力差，肝、脾轻度肿大。WBC 5×10^9/L，N 0.70，LYM 0.30，Plt 90×10^9/L。其可能诊断应考虑
A．急性白血病复发
B．急性非淋巴细胞白血病并病毒性脑炎
C．病毒性脑炎
D．中枢神经系统白血病
E．白血病未复发，不可能有中枢性白血病

10．下列哪项不符合急性白血病初诊时的表现
A．贫血
B．白细胞正常
C．白细胞减少
D．白细胞增多
E．血小板增多

11．哪项不见于慢性粒细胞白血病白细胞慢性期
A．高尿酸血症
B．基础代谢率降低
C．体重降低
D．出汗增多
E．低热

12．男性，40 岁，乏力、腹胀半年。查体：贫血貌，肝于右肋下 1cm 触及，脾于左肋下 8cm 触及。Hb 70g/L，WBC 250×10^9/L，分类可见中、晚幼粒为主，Plt 400×10^9/L，中性粒细胞碱性磷酸酶（NAP）积分降低。可能诊断为
A．骨髓纤维化
B．慢性粒细胞白血病
C．类白血病反应
D．脾功能亢进
E．黑热病

13．女性，36 岁，体检时发现巨脾，WBC 150×10^9/L，以中晚幼粒及嗜酸、嗜碱性粒细胞增多为主。根据以上资料，何药为首选
A．伊马替尼
B．阿糖胞苷
C．柔红霉素
D．羟基脲
E．长春新碱

14．某急性白细胞患者，染色体检查发现：（15；17）（q22；21），属何种亚型
A．急性非淋巴细胞白血病 M5
B．慢性粒细胞白血病
C．急性非淋巴细胞白血病 M3
D．急性非淋巴细胞白血病 M2
E．急性非淋巴细胞白血病 M7

15．慢性粒细胞白血病周围血象的白细胞分类特征应是
A．中性粒细胞核象右移
B．中性分叶核增多
C．嗜碱性粒细胞及嗜酸性粒细胞比例显著增加
D．单核细胞比例增高
E．成熟小淋巴细胞比例增高

16．关于慢性粒细胞白血病急变，下列哪项不符
A．贫血和血小板减少加重
B．外周血出现有核红细胞
C．骨、关节剧痛
D．脾进行性大
E．高热，抗菌治疗无效

17．女性，14 岁，低热，全身关节疼痛一周。查体：双侧颈部淋巴结肿大，肝、脾均于肋下 2cm 触及；Hb 60g/L，WBC 4×10^9/L，分类：N 0.30，LYM 0.70，Plt 20×10^9/L。该患者首要考虑的诊断是
A．风湿热
B．传染性单核细胞增多症
C．急性白血病
D．系统性红斑狼疮（SLE）
E．恶性淋巴瘤
18．中性粒细胞碱性磷酸酶积分降低见于
A．类白血病反应
B．再生障碍性贫血
C．脓毒血症
D．慢性粒细胞白血病
E．大叶性肺炎
19．男性，65 岁，左上腹胀痛半年。查体：肝大 2cm，脾肋下齐平。Hb 60g/L，WBC 3×10^9/L，Plt 15×10^9/L。最有助于诊断的检查是
A．脾穿刺活检
B．骨髓穿刺
C．肝穿刺
D．腹部 B 超
E．肝功能检查
20．白血病发病与下列哪些因素有关
A．化学因素
B．遗传因素
C．病毒
D．电离辐射
E．与以上因素都有关
21．慢性粒细胞白血病最典型的染色体异常是
A．t（9；22）（q34；q11）
B．t（15；17）（q22；q21）
C．t（8；21）（q 22；q22）
D．t（22；9）（q 34；q11）
E．t（17；15）（q21；q22）
22．男性，20 岁。近 10 天来发热伴皮肤出血点和牙龈出血。查体：Hb 65g/L，WBC 3.2×10^9/L，Plt 16×10^9 /L。骨髓增生明显活跃，原始细胞 31%，早幼粒细胞 15%。最可能的诊断是
A．骨髓增生异常综合征（MDS）
B．类白血病反应
C．阵发性睡眠性血红蛋白尿（PNH）
D．急性白血病
E．急性再生障碍性贫血
23．骨髓增生异常综合征 - 难治性贫血伴原始细胞增多（MDS-RAEB）患者骨髓中原始细胞数为
A．＞ 5%
B．＜ 5%
C．5% ～ 20%
D．20% ～ 30%
E．＞ 30%
24．中性粒细胞缺乏症的诊断标准是
A．中性粒细胞绝对数＜ 0.5×10^9/L
B．中性粒细胞绝对数＜ 1.0×10^9/L
C．中性粒细胞绝对数＜ 1.5×10^9/L
D．中性粒细胞绝对数＜ 2.0×10^9/L
E．中性粒细胞绝对数＜ 4.0×10^9/L
25．下列哪种类型白血病易发生中枢神经系统白血病
A．急性非淋巴细胞白血病
B．急性淋巴细胞白血病
C．急性早幼粒细胞白血病
D．慢性粒细胞白血病
E．慢性淋巴细胞白血病
26．下列哪种疾病不会出现骨髓增生减低
A．急性白血病
B．再生障碍性贫血
C．骨髓纤维化症
D．缺铁性贫血
E．以上疾病都有可能
27．男性，25 岁，皮肤瘀斑 10 余天。查：WBC 84×10^9/L，外周血涂片可见大量幼稚细胞。下列哪种检查结果有助于诊断急性白血病
A．糖原染色（PAS）强阳性

B．铁染色阴性
C．过氧化物酶染色（POX）阳性
D．中性粒细胞碱性磷酸酶阳性率增高
E．以上都对

28．对 MDS 患者下面那种分型与临床表现不符
A．难治性贫血（RA）常呈全血细胞减少或两个系列受累
B．环形铁粒幼细胞性难治性贫血（RAS）以贫血为主，可伴出血
C．难治性贫血伴原始细胞增多（RAEB）及难治性贫血伴原始细胞增多 - 转变型（RAEB）-T 可伴肝脾大
D．RAEB 及 RAEB-T 呈慢性过程，病情可长期变化不明显
E．慢性粒 - 单核细胞白血病（CMML）以贫血为主，常有肝脾大

29．下列哪种疾病不属于 MDS
A．难治性贫血
B．环形铁粒幼细胞性难治性贫血
C．难治性贫血伴原始细胞增多
D．难治性贫血伴原始细胞增多转变型
E．慢性粒细胞性白血病

30．下列患者除那种均应进行异基因骨髓移植
A．复发难治性急性淋巴细胞性白血病（ALL）
B．CR1 期低危 ALL
C．CR2 期 ALL
D．CR1 期高危组
E．慢粒急变 CR

31．急性早幼粒细胞白血病（急非淋 M3 型）特异性分子生物学改变是
A．AML1/ETO
B．PML/RARa
C．Ig H 重排
D．P 210
E．TCR 重排

32．男性，45 岁，腹胀 1 个月余，行消化道 X 线钡餐未见异常。血常规：Hb 92g/L，Plt 384×10^9/L，WBC 108×10^9/L。腹部 B 超示：巨脾。首选药物治疗为
A．多柔比星
B．长春新碱
C．伊马替尼
D．环磷酰胺
E．羟基脲

33．男性，32 岁，皮肤瘀斑 20 余天，伴发热 1 周。查体：肝、脾及浅表淋巴结肿大。血常规示全血细胞减少。最可能的诊断是
A．慢性白血病
B．急性白血病
C．再生障碍性贫血
D．淋巴瘤
E．特发性血小板减少性紫癜（ITP）

34．男性，50 岁，牙龈出血半年。查体：贫血貌，肝脾可触及。Hb 50g/L，WBC 3.4×10^9/L，Plt 1.6×10^9/L。为明确诊断，首选检查为
A．腹部 B 超
B．骨髓穿刺检查
C．肝、脾活检
D．肝功能检查
E．肝、脾 CT

35．Ph 染色体常见于
A．急性淋巴细胞白血病
B．急性粒细胞白血病
C．慢性淋巴细胞白血病
D．慢性粒细胞白血病
E．急性单核细胞白血病

36．对急性白血病的 FAB 分类，下列哪项描述不正确
A．可分为急性淋巴细胞白血病和急性非淋巴细胞白血病
B．可分为 B 和 T 淋巴细胞白血病
C．急性非淋巴细胞白血病可分为 M0 ~ M7
D．急性淋巴细胞白血病可分为 L1 ~ L3

E．M5 为急性单核细胞白血病

37．下列各型急性白血病中，哪型 POX 反应阴性，而 PAS 反应阳性

A．急性髓细胞白血病（AML）-M1

B．AML-M3

C．ALL-L1

D．AML-M5

E．AML-M7

38．急性单核细胞白血病细胞化学染色的特点是

A．POX（+），非特异性酯酶（++），能被 FNA 抑制

B．POX（+），非特异性酯酶（++），不能被 FNA 抑制

C．POX（–），PAS（+），非特异性酯酶（–）

D．POX（–），PAS（–）非特异性酯酶（–）

E．以上都不是

39．急性白血病出血的主要原因是

A．血管脆性增加

B．血中凝血因子减少

C．血中有抗凝物质

D．血小板减少

E．纤维蛋白溶解亢进

40．下列哪一型急性白血病易发生弥散性血管内凝血（DIC）

A．ALL-L1

B．ALL-L3

C．AML-M3

D．AML-M6

E．AML-M7

41．中枢神经系统白血病多见于

A．AML-M1

B．AML-M2

C．AML-M3

D．AML-M5

E．ALL-L1

42．白血病的牙龈肿胀、皮肤硬节状浸润多见于

A．ALL-L1

B．AML-M1

C．AML-M3

D．AML-M5

E．AML-M7

43．关于急性白血病贫血原因的描述，哪项是不正确的

A．出血

B．骨髓受白血病细胞浸润

C．红细胞生成受抑制

D．红细胞生存时间缩短

E．缺乏造血原料

44．费城染色体是指

A．t（9；22）（q34；q11）

B．t（8；14）（q24；q32）

C．t（1；19）（q23；p13）

D．t（1；14）（p32；q11）

E．t（6；9）（q23；q34）

45．对于急性淋巴细胞白血病，下列哪项是错误的

A．儿童发病率比较高

B．容易引起睾丸白血病

C．容易引起中枢神经系统白血病

D．容易引起 DIC

E．对糖皮质激素敏感

46．Auer 小体常见于

A．急性淋巴细胞白血病

B．慢性淋巴细白血病

C．慢性粒细胞白血病

D．慢性粒单细胞白血病

E．急性粒细胞白血病

47．慢性粒细胞白血病伴巨脾患者，WBC 65×10^9/L，突发左上腹剧痛，最可能的诊断是

A．心肌梗死

B．急性胰腺炎

C．脾梗死、脾周炎

D．急性胆囊炎

E．急性阑尾炎

48．对于急性淋巴细胞白血病，下列哪项

是错误的
A．骨髓幼稚淋巴细胞大于 20%
B．过氧化物酶染色大于 3%
C．血涂片检出幼稚淋巴细胞
D．氯化醋酸 AS-D 萘酯酶染色阴性
E．糖原染色阳性

49．急性白血病最常见浸润部位是
A．肝、脾、淋巴结
B．睾丸
C．皮肤
D．中枢神经系统
E．心脏

50．bcr/abl 融合基因见于
A．慢性淋巴细胞白血病
B．急性早幼粒细胞白血病
C．急性单核细胞白血病
D．慢性粒细胞白血病
E．急性红白血病

51．下列组合哪项正确
A．急性淋巴细胞白血病——常见 Auer 小体
B．急性粒细胞白血病——皮肤损害多见
C．慢性粒细胞白血病——中枢神经系统白血病多见
D．急性单核白血病——费城染色体阳性
E．急性早幼粒细胞白血病——DIC 发生率高

52．中性粒细胞碱性磷酸酶积分降低见于
A．骨髓纤维化症
B．再生障碍性贫血
C．慢性粒细胞白血病
D．葡萄球菌肺炎
E．真性红细胞增多症

53．对于急性淋巴细胞白血病的诊断，下列哪项实验室检查是错误的
A．骨髓幼稚淋巴细胞大于 20%
B．过氧化物酶染色大于 3%
C．血涂片检出幼稚淋巴细胞
D．氯化醋酸 AS-D 萘酯酶染色阴性
E．碱性磷酸酶染色积分增高

54．下列哪项检查支持慢性粒细胞白血病的诊断
A．疲乏无力，脾进行性大，中性粒细胞显著增高
B．骨髓中原始粒细胞＞20%
C．明显出现贫血
D．外周血出现有核红细胞
E．外周血嗜酸粒细胞增高

55．选择初治急性淋巴细胞白血病的化学治疗方案
A．HOAP
B．CHOP
C．VDP
D．DA
E．TAD

56．选择初治急性粒细胞白血病的化学治疗方案
A．HOAP
B．VP
C．VDP
D．DA
E．TAD

57．下列哪一型白血病首选维 A 酸治疗
A．急性单核细胞白血病
B．急性淋巴细胞白血病
C．急性粒 - 单细胞性白血病
D．急性早幼粒细胞白血病
E．慢性粒细胞白血病

58．慢性粒细胞白血病首选的化学治疗药物是
A．白消安
B．羟基脲
C．美法仑
D．维 A 酸
E．泼尼松

59．对于骨髓增生异常综合征，下面哪项描述是错误的
A．是非造血干细胞克隆性疾病

B．血象和骨髓有病态造血
C．按 FAB 可分为 5 型
D．难治性贫血是其中一种类型
E．治疗效果差

60．中枢神经系统白血病首选的治疗方法是
A．大剂量化学治疗
B．鞘内注射氨甲蝶呤 + 地塞米松
C．鞘内注射阿糖胞苷
D．脑部放射治疗
E．延长化学治疗时间

61．发生中枢神经系统白血病的主要原因是
A．多数化学治疗药物不能通过血脑屏障
B．药物剂量不够大
C．疗程不够长
D．白血病细胞产生耐药
E．以上都不是

62．下列哪项检查对慢性粒细胞白血病和类白血病的鉴别有意义
A．白细胞总数增高
B．血涂片可见中幼粒细胞
C．中性粒细胞碱性磷酸酶活性减低
D．中性粒细胞胞浆可见中毒性颗粒
E．血片嗜酸细胞稍增高

63．按照 WHO（2008）分类，急性髓细胞白血病诊断应包括
A．骨髓形态、组化、免疫分型、细胞遗传学
B．骨髓形态、免疫分型、细胞遗传学、分子生物学检测
C．骨髓形态、组化、细胞遗传学、分子生物学检测
D．骨髓形态、分子生物学检测、血液生化、免疫分型

64．染色体：inv（16）或 t（16；16）或 t（8；21），伴有 c-kit 突变的危险分层应属于
A．高危
B．中危
C．预后良好
D．分类不明

65．急性髓细胞白血病缓解后治疗包括
A．常规剂量化学治疗
B．中大剂量阿糖胞苷治疗
C．异基因造血干细胞移植
D．以上都是

66．预后良好急性髓细胞白血病初治缓解后治疗不包括
A．中大剂量阿糖胞苷
B．联合 CD33 单克隆抗体
C．常规剂量化学治疗
D．异基因造血干细胞移植

67．男性，26 岁，急性髓细胞白血病，染色体 t（8；21），c-kit 突变检测阳性，DA 方案化学治疗一程完全缓解，有 HLA 相合同胞兄弟 1 人，缓解后治疗建议
A．异基因造血干细胞移植
B．免疫治疗
C．常规剂量维持化学治疗
D．中大剂量阿糖胞苷

68．急性早幼粒细胞白血病的典型染色体核型是
A．t（8；21）
B．t（15；17）
C．t（9；22）
D．t（9；11）

69．哪一项不是急性早幼粒细胞白血病常见的临床表现
A．贫血
B．脱发
C．发热
D．出血

70．细胞中 Auer 小体不会出现于以下哪一种疾病
A．骨髓增生异常综合征
B．急性早幼粒细胞白血病
C．急性淋巴细胞白血病
D．急性髓细胞白血病 M2 型

71. 不用于治疗急性早幼粒细胞白血病的药物是
A. 门冬氨酸酶
B. 羟基脲
C. 全反式维 A 酸
D. 三氧化二砷

72. 分化综合征的处理措施不包括
A. 停用全反式维 A 酸
B. 地塞米松治疗
C. 柔红霉素降低白细胞
D. 粒细胞刺激因子治疗

73. 表观遗传学现象包括
A. 非编码 RNA
B. 组蛋白修饰
C. 以上都不是
D. 以上都是

74. 急性髓细胞白血病甲基化异常包括
A. 低甲基化
B. 高甲基化
C. 以上都不是
D. 以上都是

75. 可以成为急性髓细胞白血病治疗的靶点的是
A. 白血病干细胞（LSC）和骨髓微环境
B. 基因突变
C. 信号转导通路
D. 表观遗传通路失调控
E. 以上都是

76. 关于老年人急性髓细胞白血病治疗，以下表述不正确的是
A. 化学治疗优于观察等待
B. 化学治疗可以延长生存期
C. 化学治疗增加老年急性髓细胞白血病死亡
D. 化学治疗减少早期死亡

77. 判断老年人急性髓细胞白血病治疗效果的预测因素包括
A. 疾病危险分层
B. 身体机能状态
C. 合并症指数
D. 以上都是

78. 去甲基化药物主要改善哪一类老年急性髓细胞白血病疗效
A. 预后良好核型患者
B. 年龄大于 75 岁患者
C. 预后不良核型患者
D. 以上都不是

79. 老年急性髓细胞白血病接受异基因造血干细胞移植数量增长最大的群体是
A. 50 ~ 59 岁
B. 60 ~ 69 岁
C. 75 ~ 79 岁
D. 80 ~ 85 岁

80. 急性早幼粒细胞白血病患者及易发生出血，因此需要对哪些出凝血指标进行检测
A. 纤维蛋白原（FIB）
B. 凝血酶原时间（PT）
C. 活化的部分凝血活酶时间（APTT）
D. 以上都是

81. 以下不是急性早幼粒细胞白血病高危组患者进行诱导治疗方案的是
A. 全反式维甲酸（ATRA）+ 亚砷酸或口服砷剂 + 蒽环类药物
B. ATRA + 柔红霉素（DNR）
C. ATRA+ 去甲氧柔红霉素（IDA）
D. ATRA+ 去甲氧柔红霉素（IDA）+ 阿糖胞苷（Ara-C）

82. 急性早幼粒细胞白血病（APL）患者出现分化综合征有哪些临床表现
A. 胸膜或心包周围渗出
B. 低氧血症
C. 发热
D. 以上都是

二、名词解释

1. 粒细胞缺乏症
2. 骨髓增生异常综合征
3. 急性白血病

4．complete remission
5．Ph 染色体
6．慢性粒细胞白血病

三、填空题

1．粒细胞缺乏症的标准是外周血中性粒细胞绝对计数小于________。
2．外周血白细胞绝对计数低于 4.0×10^9/L 时称________，中性粒细胞低于 2.0×10^9/L 时称________，中性粒细胞低于 0.5×10^9/L 时称________。
3．骨髓增生异常综合征按 FAB 分类包括________、________、________、________、________。
4．根据白血病细胞的成熟程度和自然病程，将白血病分为________、________。
5．急性淋巴细胞白血病基础化学治疗方案为________，急性非淋巴细胞白血病基础化学治疗方案为________。
6．慢性粒细胞白血病分为________、________、________三期。
7．急性白血病的临床表现主要有________、________、________、________。

四、问答题

1．简述急性白血病的临床表现和诊断要点。
2．简述慢粒慢性期的诊断要点。
3．简述骨髓增生异常综合征五种类型的诊断要点。
4．简述急性白血病的治疗要点。
5．什么是白血病治疗的完全缓解？
6．慢性粒细胞白血病按病程是如何分期的？各期的临床表现是什么？
7．何谓类白血病反应？

参考答案

一、单项选择题

1．A	2．E	3．B	4．E	5．D	6．D
7．D	8．A	9．D	10．E	11．B	12．B
13．A	14．C	15．C	16．B	17．C	18．D
19．B	20．E	21．A	22．D	23．C	24．A
25．B	26．D	27．E	28．D	29．E	30．B
31．B	32．C	33．B	34．B	35．D	36．B
37．C	38．A	39．D	40．C	41．E	42．D
43．E	44．A	45．D	46．E	47．C	48．B
49．A	50．D	51．E	52．C	53．B	54．A
55．C	56．D	57．D	58．B	59．A	60．B
61．A	62．C	63．B	64．B	65．D	66．D
67．A	68．B	69．B	70．C	71．A	72．D
73．D	74．D	75．E	76．C	77．D	78．C
79．B	80．D	81．D	82．D		

二、名词解释

1．粒细胞缺乏症：由于粒细胞生成缺陷、破坏或消耗过多，分布异常等导致外周血粒细胞绝对计数＜ 0.5×10^9/L，称为粒细胞缺乏症。

2．骨髓增生异常综合征：是一组起源于造血干细胞，以血细胞病态造血、高风险向白血病转化为特征的难治性、血细胞质和量异常的异质性疾病。

3．急性白血病：是造血干细胞的恶性克隆性疾病，发病时骨髓中的原始细胞和幼稚细胞（白血病细胞）大量增殖，并广泛浸润肝、脾、淋巴结等各脏器，抑制正常造血。主要临床表现为贫血、出血、发热和器官组织浸润征象。

4．complete remission：即完全缓解，是指白血病的症状和体征消失，外周血中性粒细胞绝对值≥ 1.5×10^9/L，血小板≥ 100×10^9/L，白细胞分类中无白血病细胞，骨髓中原始粒细胞Ⅰ型＋Ⅱ型（原始单核细胞＋幼单核细胞或原始淋巴细胞＋幼淋巴细胞）≤ 5%，M3 型原始粒细胞＋早幼粒细胞≤ 5%，无 Auer 小体，红细胞及巨核细胞系统正常，无髓外白血病。

5．Ph 染色体：Ph 染色体是慢性粒细胞白血病的特征性遗传学标志，为小的 22 号染色体，显带分析为 t（9；22）（q34；q11）。95% 以上慢性期患者 Ph 染色体阳性。

6．慢性粒细胞白血病（chronic myelogenous leukemia，CML）：是起源于骨髓多能造血干细胞的恶性骨髓增殖性肿瘤，主要涉及髓系。外周血粒细胞显著增多并有不成熟性，可找到 Ph 染色体和（或）bcr/abl 融合基因。病程发展缓慢，脾大。分为急变期、加速期、急变期。

三、填空题

1．0.5×10^9/L

2．白细胞减少　粒细胞减少症　粒细胞缺乏症

3．RA（难治性贫血）　RAS（环形铁粒幼细胞性难治性贫血）　RAEB（难治性贫血伴原始细胞增多）　RAEB-T（难治性贫血伴原始细胞增多 - 转变型）　CMML（慢性粒 - 单核细胞白血病）

4．急性　慢性

5．VP　DA

6．慢性期　加速期　急性变期

7．贫血　出血　发热　器官和组织浸润

四、问答题

1．简述急性白血病的临床表现和诊断要点。

答：(1) 临床表现：①进行性贫血；②不明原因的发热，一般为低热，若伴感染时可有高热；③出血；④可有肝、脾、淋巴结、骨骼等器官或组织浸润的表现。

(2) 诊断要点：①临床表现；②大多数外周血象 WBC 增多，RBC 及 Plt 减少，血涂片分类检查可见数量不等的原始和幼稚细胞；③骨髓象中原始细胞≥骨髓有核细胞的 20%。

2．简述慢粒慢性期的诊断要点。

答：(1) 临床表现：①高代谢表现；②脾大，可有左上腹坠胀感。

(2) 血象：白细胞显著增高，常大于 20×10^9/L；血涂片中中性中幼粒、晚幼粒及杆状核粒细胞明显增多；嗜酸、嗜碱性粒细胞增多；血小板可正常，也可增多。

(3) 骨髓象：骨髓增生明显活跃或极度活跃。中幼粒、晚幼粒及杆状核粒细胞增多，嗜酸、嗜碱性粒细胞增多；红细胞系统细胞相对减少；NAP 活性减低或阴性。

(4) 血细胞中出现 Ph 染色体和（或）bcr/abl 融合基因。

3．分别简述骨髓增生异常综合征五型的诊断要点。

答：MDS 是一种造血干细胞克隆性疾病，患者主要表现为贫血，常伴有感染和出血，

外周血有一系、二系或全系细胞减少，骨髓常有两个或三个系列的病态造血。MDS 一般分为五型：RA（难治性贫血）、RAS（环形铁粒幼细胞性难治性贫血）、RAEB（难治性贫血伴原始细胞增多）、RAEB-T（难治性贫血伴原始细胞增多 - 转变型）、CMML（慢性粒 - 单核细胞败血病）。

RA 及 RAS 以贫血为主，病程长。RAS 有环形铁粒幼细胞增多。RAEB 及 RAEB-T 常有全血细胞进行性减少，明显贫血、出血和（或）感染，可伴有肝、脾大，可转变为白血病。CMML 以贫血为主，可伴感染或出血，常有脾大。血中单核细胞常大于 $1 \times 10^9/L$，骨髓常有病态造血，Ph 染色体（–），bcr/abl 基因（–）。

4．简述急性白血病的治疗要点。

答：(1) 一般治疗：①紧急处理高白细胞血症；②防治感染；③成分输血支持；④防治高尿酸血症肾病；⑤ 维持营养。

(2) 根据患者白血病的类型和程度给予化学治疗。

(3)“庇护所”白血病的防治，如中枢神经系统白血病等。

(4) 造血干细胞移植。

5．什么是白血病治疗的完全缓解?

答：白血病的症状和体征消失，外周血中性粒细胞绝对值 $\geqslant 1.5 \times 10^9/L$，血小板 $\geqslant 100 \times 10^9/L$，白细胞分类中无白血病细胞；骨髓中原始粒细胞 Ⅰ 型 + Ⅱ 型（原始单核细胞 + 幼单核细胞或原始淋巴细胞 + 幼淋巴细胞）≤ 5%，M3 型原始粒细胞 + 早幼粒细胞≤ 5%，无 Auer 小体，红细胞及巨核细胞系列正常，无髓外白血病。

6．慢性粒细胞白血病按病程是如何分期的？各期的临床表现是什么？

答：① 慢性期：乏力、低热、多汗、盗汗、体重减轻、脾大而上腹胀满，部分有胸骨中下段压痛，可发生白细胞淤滞症。此期持续 1 ～ 4 年。

② 加速期：发热、虚弱、进行性体重下降、骨骼疼痛，逐渐出现贫血和出血，脾持续或进行性大，对原来治疗有效的药物无效。此期持续几个月到数年。

③ 急性变期：临床表现与急性白血病（AL）相似，多数为急粒变，少数为急淋变和急单变，偶有其他类型急性变，预后极差，往往数月内死亡。

7．何谓类白血病反应?

答：类白血病反应常并发于严重感染、恶性肿瘤等疾病。白细胞数可达 $50 \times 10^9/L$，但类白血病反应有各自的病因和临床表现。原发病控制后，白细胞恢复正常。

淋 巴 瘤

一、单项选择题

1．非霍奇金淋巴瘤中最常见的类型

A．间变大细胞淋巴瘤

B．滤泡性淋巴瘤

C．套细胞淋巴瘤

D．弥漫大 B 细胞淋巴瘤

E．边缘区淋巴瘤

2．关于 Epstein-Barr 病毒（EB 病毒）正确的是

A．与 EB 病毒相关的疾病只有传染性单核细胞增多症

B．血清中含有抗 EB 病毒抗体的人不发生传染性单核细胞增多症

C．抗 EB 病毒抗体在临床发病后才出现

D．EB 病毒是传染性单核细胞增多症的

病原
E．EB病毒是霍奇金病的病原
3．关于霍奇金病的组织病理学诊断和分类正确的是
A．Reed-Stemberg细胞是霍奇金病的特征，一旦找到RS细胞，即可诊断
B．以淋巴细胞为主的类型、结节硬化型、混合细胞型和淋巴细胞缺少型等组织病理学的各种亚型，明显的都是不同的临床病种
C．有全身症状的老年病人很可能都是以淋巴细胞为主的霍奇金病
D．预后最好的是淋巴细胞为主型
E．RS细胞在淋巴细胞为主型最多见
4．经典型霍奇金淋巴瘤不包括下列哪个类型
A．混合细胞型
B．结节性淋巴细胞为主型
C．结节硬化型
D．淋巴细胞消减型
5．以下哪些诊断方法有助于判断淋巴瘤患者的疾病程度
A．肝、脾B超
B．淋巴管造影
C．骨髓活检
D．头颅CT
E．外周血计数
6．可以归为淋巴瘤B组的是
A．乏力
B．瘙痒
C．疼痛
D．体重减轻10%
E．食欲缺乏
7．关于淋巴瘤，哪一项不妥
A．是一组原发于淋巴结或其他淋巴组织的恶性肿瘤
B．肿瘤组织中主要是淋巴细胞大量增生
C．分为霍奇金淋巴瘤和非霍奇金淋巴瘤两类
D．晚期有发热、贫血、恶病质，机体免疫缺陷与发病有关
E．发病与病毒感染有相关
8．女性，32岁，发热一周，右颈包块半个月，活检为淋巴细胞分化不良性淋巴瘤。其他部位无肿大淋巴结，肝不大，脾肋下1cm。骨髓穿刺涂片检查有12%淋巴肉瘤细胞。疾病分类属何期
A．Ⅰ B
B．Ⅱ A
C．Ⅲ A
D．Ⅳ A
E．Ⅳ B
9．关于恶性淋巴瘤的描述，下列哪一项是错误的
A．起源于淋巴结和淋巴组织的恶性肿瘤
B．临床特点为无痛性进行性淋巴结肿大
C．有发热和脾大
D．是白血病的一个亚型
E．分为霍奇金和非霍奇金淋巴瘤
10．霍奇金病的组织病理特点是在肿瘤组织中可见
A．Reed-Stember（R-S）细胞
B．网织红细胞
C．异常网状细胞
D．巨核细胞
E．铁粒幼细胞
11．根据病变的范围，淋巴瘤可分为四期，对Ⅱ期的描述，哪项是正确的
A．病变仅限于一个淋巴结区
B．横膈两侧都有病变
C．病变累及两个淋巴结区，但在横膈同一侧
D．累及骨髓
E．病变弥漫，横膈两侧都有
12．确诊淋巴瘤的主要依据是
A．骨髓检查
B．CT检查
C．MRI检查
D．病理活检
E．X线检查

13．女性，25岁，发热，皮肤瘙痒半个月，右颈部淋巴结无痛性肿大，互相粘连。Hb100g/L，WBC 9×10^9/L，N 0.65，LYM 0.35，骨髓涂片找到R-S细胞，最大可能的诊断

A．淋巴结结核

B．非霍奇金淋巴瘤

C．霍奇金淋巴瘤

D．转移癌

E．急性白血病

14．男性，18岁，右颈部淋巴结进行性无痛性肿大1个月，伴有低热、消瘦，近一周上胸部水肿，淋巴结活检有R-S细胞，X线胸片示纵隔有肿块，首选哪种治疗

A．全淋巴结放射治疗

B．ABVD

C．CHOP

D．泼尼松＋长春新碱

E．环磷酰胺

15．弥漫大B细胞淋巴瘤根据组织形态学的不同，可以分为哪些类型

A．免疫母细胞型

B．中心母细胞型

C．间变型

D．以上都是

16．弥漫大B细胞淋巴瘤在临床上有哪些临床特点

A．倍增速度慢

B．自然生存期长

C．侵袭性强

D．发病率低

17．以下关于霍奇金淋巴瘤的临床特点说法正确的是

A．发热较少见

B．病变范围多呈局限性，基本上属相邻部位的淋巴结病变

C．一般不沿相邻区发展，较易波及远处淋巴结

D．纵隔病变＜20%

18．以下关于弥漫大B细胞淋巴瘤的体能状态评分说法正确的是

A．0分：能够正常生活

B．1分：50%以上时间不需要卧床，偶尔需要照顾

C．3分：卧床不起

D．4分：死亡

19．以下关于弥漫大B细胞淋巴瘤的并发症乙肝病毒再激活的处理正确的是

A．所有接受化学治疗或美罗华治疗患者，应检测HBsAg。如阳性则检查病毒载量，启动抗病毒治疗

B．完成治疗后至少两年内仍需继续抗病毒治疗尽量达到肝病治疗终点

C．如果HBV-DNA＞2000IU，或化学治疗一年内，可选拉米夫定，反之选恩替卡韦

D．HBV-DNA定量阴性，不需抗病毒治疗

20．下列非霍奇金淋巴瘤中，属于T细胞淋巴瘤的是

A．滤泡性淋巴瘤

B．蕈样肉芽肿

C．套细胞淋巴瘤

D．边缘区淋巴瘤

21．下面哪个是B淋巴细胞来源的恶性肿瘤

A．蕈样霉菌病

B．sezary综合征

C．间变大细胞淋巴瘤

D．Burkitt淋巴瘤

22．以皮肤病变为特点的淋巴瘤是

A．免疫母细胞淋巴瘤

B．蕈样肉芽肿

C．弥漫大B细胞淋巴瘤

D．滤泡性淋巴瘤

E．小淋巴细胞淋巴瘤

23．下列选项中，符合NK/T细胞淋巴瘤免疫表型的是

A．CD20

B．CD65

C．CD19
D．CD56

24．弥漫大B细胞淋巴瘤首选化学治疗方案是
A．CHOP方案
B．R-CHOP方案
C．E-CHOP方案
D．L-CHOP方案

25．Burkitt淋巴瘤属于
A．惰性淋巴瘤
B．侵袭性淋巴瘤
C．高度侵袭性淋巴瘤
D．交界性淋巴瘤

26．Burkitt淋巴瘤的细胞来源是
A．免疫母细胞
B．滤泡母细胞
C．中心母细胞
D．浆母细胞

27．弥漫大B细胞淋巴瘤细胞来源不包括
A．滤泡母细胞
B．中心母细胞
C．免疫母细胞
D．间变大细胞

28．套细胞淋巴瘤特异性免疫组化标志是
A．CD5阳性
B．CyclingD1阳性
C．P53阳性
D．cmyc阳性

29．滤泡性淋巴瘤可以向什么淋巴瘤转化
A．弥漫大B细胞淋巴瘤
B．套细胞淋巴瘤
C．边缘区淋巴瘤
D．Burkitt淋巴瘤

二、多项选择题

1．霍奇金病可以有以下表现
A．脾大
B．颈部或锁骨上淋巴结肿大
C．周期性发热
D．骨髓象中常见有R-S细胞
E．多见于儿童

2．淋巴瘤的确诊依靠
A．淋巴结活检及淋巴结印片
B．骨髓穿刺
C．淋巴结穿刺
D．放射性检查
E．血清碱性磷酸酶检测

三、名词解释

淋巴瘤

四、填空题

1．淋巴瘤是一组起源于________或________的恶性肿瘤。临床以________最为典型。
2．淋巴瘤分为________、________两大类。
3．霍奇金病病理特征为________细胞。
4．淋巴瘤据全身症状有无可分为________、________组。

五、问答题

1．试述霍奇金病的分期。
2．非霍奇金淋巴瘤的治疗原则是什么？

参考答案

一、单项选择题

1．D	2．D	3．D	4．B	5．C	6．D
7．B	8．E	9．D	10．A	11．C	12．D
13．C	14．B	15．D	16．C	17．B	18．A
19．A	20．B	21．D	22．B	23．D	24．B

25．C　　26．B　　27．A　　28．B　　29．A

二、多项选择题

1．ABC　　2．AC

三、名词解释

淋巴瘤：淋巴瘤是起源于淋巴结和淋巴组织的免疫系统的恶性肿瘤，其发生大多与免疫应答过程中淋巴细胞增殖分化产生的某种免疫细胞恶变有关。无痛性进行性淋巴结肿大和局部肿块是其特征性的临床表现，同时可有相应器官压迫的症状。

四、填空题

1．淋巴结　淋巴组织　无痛性进行性淋巴结肿大

2．霍奇金淋巴瘤　非霍奇金淋巴瘤

3．R-S（Reed-Stemberg）

4．A　B

五、问答题

1．试述霍奇金病的分期。

答：Ⅰ期：病变仅限于一个淋巴结区（Ⅰ）或单个淋巴结外器官局部受累（ⅠE）。

Ⅱ期：病变累及横膈同侧两个或更多的淋巴结区（Ⅱ），或病变局限侵犯淋巴结以外器官及横膈同侧一个以上淋巴结区（ⅡE）。Ⅲ期：横膈上下均有淋巴结病变（Ⅲ），可伴脾累及（ⅢS）、淋巴结外器官局限受累（ⅢE），或脾与局限性淋巴结外器官受累（ⅢSE）。Ⅳ期：一个或多个淋巴结外器官受到广泛性或播散性侵犯，伴或不伴淋巴结肿大。肝或骨髓只要受到累及均属Ⅳ期。

2．非霍奇金淋巴瘤的治疗原则是什么？

答：①以化学治疗为主的化学、放射治疗结合的综合治疗；

②生物治疗，如干扰素，单克隆抗体，抗幽门螺杆菌的药物；

③造血干细胞移植；

④手术治疗，合并脾功能亢进者如有切脾指征，可行脾切除术以提高血象，为以后化学治疗创造有利条件。

多发性骨髓瘤

一、单项选择题

1．关于多发性骨髓瘤的治疗，错误的是

A．用多种细胞毒性药联合治疗比单一用药更有效

B．硼替佐米有效

C．骨髓移植是最有效的治疗方法之一

D．皮质激素无效

E．沙利度胺治疗有效

2．关于多发性骨髓瘤的叙述不正确的是

A．病毒感染时带状疱疹的发病率高

B．这些病人的抗体生成能力不良

C．对细菌性感染的易感性增加

D．细胞免疫缺陷

E．外源输注丙种球蛋白有利于解决感染问题

3．男性，66岁，常规体检时发现贫血，外周血涂片上可见缗线状红细胞，血清蛋

白电泳显示均一的单株血清蛋白。以下哪些临床发现有助于鉴别此病人为多发性骨髓瘤而非其他浆细胞性恶性肿瘤

A．骨骼 X 线片示普遍性骨质疏松

B．有长期胆道病史

C．高钙血症

D．肾功能不全

E．易合并带状疱疹

4．多发性骨髓瘤是

A．血小板疾病

B．红细胞疾病

C．淋巴系统恶性肿瘤

D．组织细胞恶性肿瘤

5．多发性骨髓瘤多发于以下哪个年龄段

A．老年人

B．中年人

C．青少年

D．儿童

6．多发性骨髓瘤常见临床表现有

A．骨痛

B．肾功能不全

C．贫血

D．以上都是

7．多发性骨髓瘤骨骼病变，以下说法错误的是

A．骨痛

B．骨折

C．溶骨性疾病

D．成骨性疾病

8．关于多发性骨髓瘤的贫血正确的是

A．正细胞正色素性贫血

B．小细胞低色素性贫血

C．大细胞性贫血

D．以上都不对

9．多发性骨髓瘤的实验室检查都包括哪些

A．血清免疫球蛋白定量检测

B．细胞遗传学检测

C．骨髓检查

D．以上都是

10．中国多发性骨髓瘤（MM）诊治指南中指出，多发性骨髓瘤的检测项目中的必检项目是

A．影像学检查

B．尿液检查

C．血液检查

D．骨髓检查

E．以上都是

11．多发性骨髓瘤患者的血液生化中检测到

A．乳酸脱氢酶（LDH）降低

B．血清 β_2 微球蛋白降低

C．血清黏滞度降低

D．血清钙增高

12．以下关于免疫固定电泳说法正确的是

A．只可用于一种蛋白质的鉴定

B．免疫固定电泳对骨髓瘤进行分型，灵敏度是血清蛋白电泳的 10 倍

C．免疫固定电泳不能对骨髓瘤进行分型

D．免疫固定电泳能定量

13．以下关于多发性骨髓瘤各型 M 成分分型特点说法正确的是

A．IgG 的发生率为 50% ～ 60%

B．IgE 较多见

C．IgD 的免疫球蛋白定量＞ 15g/L

D．M 成分不包括轻链

14．以下关于多发性骨髓瘤的发病阶段说法错误的是

A．MM 发病的三阶段分别是 MGUS—SMM—MM

B．MGUS（意义未明单克隆丙种球蛋白血症）为 MM 的前期

C．SMM（无症状或冒烟型骨髓瘤）为 MM 的终末阶段

D．多发性骨髓瘤属于淋巴瘤

15．多发性骨髓瘤误诊率很高，患者常因哪些症状导致误诊

A．发热

B．腰椎骨折

C．肾功能损害

D．以上都是

16．初始适合移植 MM 患者治疗流程主要包括
A．维持治疗
B．巩固治疗
C．自体移植
D．诱导治疗
E．以上都是

17．MM 治疗进入新篇章后，5 年的生存率可达到
A．76%
B．66%
C．55%
D．50%

18．以下可以诊断为活动性Ⅱ、Ⅲ期 MM 的是
A．贫血
B．肾功能不全
C．血钙升高
D．以上都是

19．以下关于 MM 的传统治疗方案说法错误的是
A．Dex（地塞米松）的反应率为 41%
B．VAD（长春新碱 + 阿霉素 + 地塞米松）的反应率与 MP 相似，出现缓解可能较快
C．DVD（长春新碱 + 脂质体阿霉素 + 地塞米松）与 VAD 疗效相近，安全性较差
D．MP（美法仑 + 泼尼松）反应率为 40% ～ 60%，CR/nCR 一般不超过 5%

20．多发性骨髓瘤骨病“CRAB”的临床表现
A．骨痛
B．痛风
C．低钙血症
D．高尿酸血症

21．以下是多发性骨髓瘤骨病的治疗原则的是
A．治疗和预防骨相关事件（SRE）
B．控制肿瘤进展，延长生存期
C．缓解疼痛，改善生活质量
D．原发病即骨髓瘤本身的治疗是骨病治疗的基础和关键

22．导致 MM 合并急性肾衰竭的原因是
A．淀粉样变性
B．肾毒性药物
C．轻链沉积于肾小管和肾小球
D．以上都是

23．以下不是多发性骨髓瘤淀粉样变性的临床表现的是
A．肾功能不全导致水肿
B．言语伶俐
C．心律失常
D．腕管综合征

24．移植候选患者有效治疗时间不宜超过几个疗程
A．2 ～ 3 个疗程
B．3 ～ 5 个疗程
C．4 ～ 6 个疗程
D．6 ～ 7 个疗程

25．以下不是 MM 依照异常增殖的免疫球蛋白类型分型的是
A．IgD 型
B．IgA 型
C．轻链型
D．IgC 型

二、名词解释

多发性骨髓瘤

三、填空题

1．本周蛋白指游离的________或________。
2．多发性骨髓瘤以________为早期及主要症状。

四、问答题

多发性骨髓瘤的诊断标准是什么？

参考答案

一、单项选择题

1. D	2. D	3. A	4. C	5. A	6. D
7. D	8. A	9. D	10. E	11. D	12. B
13. A	14. C	15. D	16. E	17. B	18. D
19. C	20. A	21. D	22. D	23. B	24. C
25. D					

二、名词解释

多发性骨髓瘤：浆细胞恶性增殖性疾病。骨髓中克隆性浆细胞异常增生，并分泌单克隆免疫球蛋白或其片段（M 蛋白），导致相关器官或组织损伤。常见临床表现为骨痛、贫血、肾功能不全、感染和高钙血症等。

三、填空题

1．κ 链、λ 链

2．骨痛

四、问答题

多发性骨髓瘤的诊断标准是什么？

答：主要指标包括：

①骨髓中浆细胞＞ 30%；

②活组织检查证实为浆细胞瘤；

③血清中有 M 蛋白：IgG ＞ 35g/L，IgA ＞ 20g/L 或尿本周蛋白＞ 1g/24h。

次要标准包括：

①骨髓中浆细胞 10% ～ 30%；

②血清中有 M 蛋白，但未达到上述标准；

③出现溶骨性病变；

④其他正常免疫球蛋白低于正常值的 50%。

诊断多发性骨髓瘤至少有一个主要指标和一个次要指标，或者至少包括次要指标 1 和 2 在内的三条次要指标。

骨髓增生异常综合征

一、单选题

1．关于骨髓增生异常综合征（MDS）的描述，错误的是

A．MDS 需采取联合化学治疗

B．烷化剂可诱发治疗相关的 MDS

C．全血细胞减少见于约半数病例

D．前体细胞异常定位（ALIP）有助于 MDS 的确诊

E．是一组造血干细胞的克隆性疾病

2．关于 MDS 叙述不正确的是

A．有向白血病转化的高风险

B．年轻人发病与烷化剂有关

C．患者主要表现为贫血

D．主要好发于老年人
E．骨髓增生低下
3．以下属于 MDS 的病态造血的是
A．骨髓红细胞系统增生活性下降
B．可见裂孔现象
C．可见 Auer 小体
D．粒细胞核固缩
E．可见淋巴样小巨核细胞
4．骨髓增生异常综合征的临床表现描述正确的是
A．慢性粒 - 单核细胞白血病（CMML）的 Ph 染色体阳性
B．难治性贫血伴原始细胞增多 - 转变型（RAEB-t）全血细胞减少的进程缓慢
C．难治性贫血伴原始细胞增多（RAEB）骨髓中原始细胞 20% ～ 30%
D．环形铁粒幼细胞性难治性贫血（RAS）以贫血为主，可见环形铁粒幼细胞
E．难治性贫血（RA）以全血细胞减少为主
5．以下措施不宜于骨髓增生异常综合征的治疗的是
A．来那度胺
B．环孢素
C．地西他滨
D．阿糖胞苷化学治疗
E．干扰素
6．男性，75 岁，身软、乏力半年，发热伴皮肤瘀斑、瘀点 10 天。查体：T 39℃，贫血貌，胸骨下端压痛（–）。Hb 60g/L，WBC 2.6×10^9/L，Plt 29×10^9/L。骨髓示增生明显活跃，原始细胞 0.08，红细胞系统可见巨大红细胞，粒细胞系统分叶过多，可见淋巴样小巨核细胞。诊断是
A．RA
B．RAS
C．RAEB-1
D．RAEB-2
E．难治性贫血并多系发育异常（RCMD）
7．下面哪一项不属于骨髓增生异常综合征修订国际预后积分系统（IPSS-R）的预后变量
A．血小板计数
B．血红蛋白
C．白细胞绝对值
D．骨髓原始细胞
E．细胞遗传学
8．下面哪一项不属于骨髓增生异常综合征预后好的核型
A．+8
B．–Y
C．5q-
D．20q-
9．骨髓增生异常综合征的免疫调节治疗是
A．地西他滨
B．西达本胺
C．阿扎胞苷
D．来那度胺
10．骨髓增生异常综合征免疫抑制治疗应具备的条件不包括
A．单纯 +8
B．IPSS 低危
C．骨髓增生低下
D．≥ 60 岁 IPSS 评分中危 -1

二、名词解释

骨髓增生异常综合征

三、填空题

骨髓增生异常综合征是起源于______的克隆性疾病，骨髓出现________造血，并可出现原始细胞，但原始细胞比例不超过________%。

四、问答题

简述骨髓增生异常综合征的治疗。

参考答案

一、单项选择题

1. A　2. E　3. E　4. D　5. E　6. D
7. C　8. A　9. D　10. A

二、名词解释

骨髓增生异常综合征：是一组起源于造血干细胞，以血细胞病态造血、高风险、向急性髓系白血病（AML）转化为特征的难治性血细胞质、量异常的异质性疾病。

三、填空题

造血干细胞　病态　20

四、问答题

简述骨髓增生异常综合征的治疗

答：①支持治疗，输注红细胞和血小板和预防感染；

②促造血治疗雄激素，造血生长因子；

③诱导分化治疗，全反式维 A 酸和 1,25-（OH）$_2D_3$；

④生物反应调节剂，如沙利度胺、来那度胺；

⑤去甲基化药物，地西他滨；

⑥联合化学治疗；

⑦异基因造血干细胞移植，这是目前唯一可能治愈 MDS 的疗法。

骨髓增生性疾病

一、单项选择题

1．男性，46 岁，疲倦、盗汗、腹胀 2 个月。外周血 WBC 50×10^9/L，N 0.85，杆状核 0.05，最有助于鉴别该病人为类白血病反应或粒细胞性白血病的是
A．贫血
B．白细胞碱性磷酸酶升高
C．骨髓增生极度活跃伴幼稚粒细胞明显增多
D．脾大
E．抗感染治疗血象无改变

2．提示慢性粒细胞白血病急变的是
A．脾大
B．骨髓幼稚细胞符合急性白血病表现
C．外周血细胞在正常范围
D．Ph 染色体阳性
E．慢性期诊断明确多年后

3．关于费城染色体（Ph 染色体）正确的是
A．仅见于慢性粒细胞白血病
B．化学治疗缓解时可以转阴
C．阴性病人预后要好于阳性病人
D．是由 22 号染色体部分缺失引起的
E．慢粒急变时 Ph 染色体仍为单纯细胞遗传学异常

4．真性与继发性红细胞增多症的鉴别中不必考虑的是
A．是否红细胞高于正常
B．是否血小板增高
C．是否病毒感染后
D．是否红细胞生成素增多

5．不符合真性红细胞增多症的是

A．红细胞容量增加
B．全血粘度正常
C．血液比重增加
D．血小板增加

6．真性红细胞增多症常见的基因异常是
A．bcr/abl 基因
B．jak-2 基因
C．abl/bar 基因
D．PML/RaRa 基因

7．中性粒细胞碱性磷酸酶活性明显降低的是
A．类白血病反应
B．急性淋巴细胞白血病
C．骨髓纤维化症
D．慢性粒细胞白血病

8．男性，70 岁，左下肢麻木 2 个月，脾轻度增大。血常规：Hb 130g/L，WBC $12 \times 10^9/L$，Plt $1300 \times 10^9/L$。血片见血小板聚集成堆，NAP（+），出血时间延长。骨髓增生活跃，以巨核细胞增生为主。诊断可能为
A．慢性粒细胞白血病
B．淋巴瘤
C．急性白血病
D．原发性血小板增多症

9．下列不是原发性骨髓纤维化症特征的是
A．骨髓干抽
B．巨脾
C．常见症状为贫血和反复出血
D．外周血见幼粒、幼红细胞
E．可出现低热、盗汗、体重下降

二、多项选择题

符合慢性粒细胞白血病急粒变的是
A．原因不明的发热和骨痛
B．进行性贫血和脾突然增大
C．血涂片及骨髓的原（早）幼粒细胞分别大于 20% 和 30%
D．单一 Ph 染色体异常无变化
E．外周血中原粒 + 早幼粒大于 20%

三、名词解释

骨髓增殖性疾病

四、填空题

1．慢性粒细胞白血病 Ph 染色体形成的融合基因是________。
2．慢性粒细胞白血病唯一治愈方法是________。

五、问答题

慢性粒细胞白血病加速、急变有哪些临床及实验室表现？

参考答案

一、单项选择题

1．B　2．B　3．B　4．A　5．B　6．B
7．D　8．D　9．C

二、多项选择题

ABC

三、名词解释

骨髓增殖性疾病：骨髓增殖性疾病是某一系或多系分化相对成熟的骨髓细胞不断地克隆性增殖，所致的一组肿瘤性疾病的统称。

四、填空题

1．bcr/abl 基因

2．异基因造血干细胞移植

五、问答题

慢性粒细胞白血病加速、急变有哪些临床及实验室表现?

答:(1) 加速期：临床上出现发热、虚弱、进行性体重下降、骨骼疼痛，逐渐出现贫血和出血，脾持续或进行性大，原来治疗有效的药物无效。实验室检查有以下一项或几项改变：①血或骨髓原粒细胞≥ 10%；②外周血嗜碱性粒细胞＞ 20%；③不明原因的血小板进行性减少或增加；④除 Ph 染色体以外又出现其他染色体异常，如 +8、双 Ph 染色体、17 号染色体长臂的等臂（i17q）等；⑤粒 - 单系祖细胞（CFU-CM）培养，集簇增加而集落减少；⑥骨髓活检显示胶原纤维显著增生；

（2）急变期：临床表现与急性白血病类似。实验室检查有：①骨髓中原粒或原淋＋幼淋巴或原单＋幼单＞ 20%；②外周血中原粒＋早幼粒＞ 30%；③骨髓中原粒 + 早幼粒＞ 50%；④出现髓外原始细胞浸润。

出血性疾病概述

一、单项选择题

1．外源性凝血途径首先被激活的因子是

A．F Ⅳ

B．F Ⅻ

C．F Ⅺ

D．F Ⅷ

E．F Ⅶ

2．内源性凝血途径中，哪种凝血因子最先被激活

A．F Ⅳ

B．F Ⅷ

C．F Ⅻ

D．TF

E．PF_3

3．血小板以哪一种为实体，通过纤维蛋白原相互连接而聚集

A．GPⅡb/GPⅢa

B．GPⅠb/Ⅲa

C．GPⅡb

D．GPⅠb/Ⅱa

E．GPⅢa

4．不稳定性纤维蛋白通过哪一种因子形成稳定性纤维蛋白

A．FⅣ

B．FⅫ

C．FⅪ

D．FⅧ

E．FXⅢ

5．下列哪种因子被激活后，凝血进入共同途径

A．FⅣ

B．FⅫ

C．FⅪ

D．FⅧ

E．FX

6．出血性疾病根据发病机制来分类，可分为

A．遗传性、获得性和病理性

B．原发性和继发性

C．血管壁因素、血小板因素和凝血因素

D．外源性、内源性和抗凝物质增多

E．凝血障碍和抗凝物质增多

7．下列哪种出血性疾病的发病机制不是由血管壁因素引起

A．过敏性紫癜
B．遗传性出血性毛细血管扩张症
C．家族性单纯性紫癜
D．特发性血小板减少性紫癜
E．机械性紫癜

8．下列哪项组合是错误的
A．过敏性紫癜 - 束臂试验阳性
B．严重肝病 - 凝血酶原时间（PT）延长
C．血友病乙 - 凝血因子Ⅸ缺乏
D．血管性血友病 - 血管性血友病因子（vWF）缺乏
E．特发性血小板减少性紫癜 - 血小板寿命正常

二、多项选择题

1．抗凝血酶的功能有
A．灭活 FⅩa
B．灭活凝血酶
C．与肝素结合发挥抗凝作用
D．灭活 FⅧ
E．灭活 FⅪ

2．凝血酶的作用有
A．诱导血小板聚集
B．激活凝血因子Ⅻ
C．激活纤溶酶原
D．加速凝血酶原向凝血酶转变
E．激活凝血因子ⅩⅢ

3．维生素 K 生成依赖的凝血因子包括
A．FⅡ
B．FⅫ
C．FⅨ
D．FX
E．FⅦ

4．凝血过程应包括
A．凝血活酶生成
B．凝血酶生成
C．凝血酶原生成
D．纤维蛋白生成
E．纤维蛋白原生成

5．抗凝系统的组成应包括哪几种因子
A．抗凝血酶Ⅲ
B．蛋白 C 系统
C．组织因子途径抑制物
D．肝素
E．纤维蛋白原

6．凝血活酶由下列哪种物质形成
A．FⅤ
B．Ca^{2+}
C．PF_3
D．FXa
E．FⅧ

三、名词解释

出血性疾病

四、填空题

1．凝血活酶是________、________、________、________形成的复合物。

2．凝血过程理论上分为________、________、________三个阶段。

3．出血性疾病的发病机制为__________、________、________三种主要因素。

五、问答题

简述正常凝血机制。

参考答案

一、单项选择题

1. E　　2. C　　3. A　　4. E　　5. E　　6. C
7. D　　8. E

二、多项选择题

1．ABCE　2．ABCDE　3．ACDE　4．ABD　5．ABCD　6．ABCD

三、名词解释

出血性疾病：因止血功能缺陷而引起的以自发性出血或血管损伤后出血不止为特征的疾病，称为出血性疾病。

四、填空题

1．Xa　V　Ca^{2+}　PF_3

2．凝血活酶生成　凝血酶生成　纤维蛋白生成

3．血管壁异常　血小板数量或功能异常　凝血功能障碍

五、问答题

简述正常凝血机制。

答：正常止血机制：

（1）血管因素：血管收缩是出血最早的生理反应，导致管腔变窄、破损伤口缩小或闭合。

（2）血小板因素：血小板通过黏附、聚集及释放反应在止血过程中发生作用。

（3）凝血因素：启动外源及内源性凝血途径，在PF3等的参与下，经过一系列酶解反应形成纤维蛋白血栓。

过敏性紫癜

一、单项选择题

1．过敏性紫癜最常见的临床表现是
A．发热
B．双下肢对称性、成批反复发生的紫癜
C．血尿
D．腹痛
E．关节痛

2．过敏性紫癜的实验室检查以下哪项错误
A．毛细血管脆性试验（+）
B．尿常规可有血尿
C．血小板计数少
D．凝血功能正常
E．大便隐血试验可阳性

3．男性，12岁，阵发性右下腹痛2天，伴黑便1天。查体：双下肢散在紫癜，腹软，右下腹压痛，肠鸣音亢进。WBC 13×10^9/L，Plt 120×10^9/L。大便隐血（++），尿蛋白（+），最可能的诊断是
A．过敏性紫癜
B．急性阑尾炎
C．血小板减少性紫癜
D．急性肠炎
E．急性肾炎

4．男性，14岁。2周前有上呼吸道感染史。近日皮肤出血。查体：全身皮肤紫癜，以四肢为重，浅表淋巴结、肝、脾不大。外周血象正常，骨髓无异常。请问应首选下列哪项检查
A．毛细血管脆性试验
B．肾上腺素试验
C．血小板功能检查
D．凝血功能检查
E．大便常规

5．关于过敏性紫癜，哪项是不正确的
A．本病是血管变态反应性疾病
B．临床主要表现为皮肤紫癜
C．儿童及青少年多见

D．肾型多出现于紫癜发生前
E．关节型多见于膝踝等大关节

6．关于过敏性紫癜的治疗哪项是不正确的
A．应用抗组织胺药物作为一般治疗
B．腹痛可用阿托品
C．肾上腺皮质激素可改善腹痛
D．肾上腺皮质激素对肾型有较好疗效
E．维生素 C 可降低毛细血管脆性

7．男性，19 岁，2 日来出现皮肤紫癜，以下肢为主，两侧对称，颜色鲜红，高出皮肤表面，伴有关节及腹痛，诊断为
A．血小板减少性紫癜
B．过敏性紫癜
C．急性白血病
D．急性关节炎
E．急腹症

二、多项选择题

过敏性紫癜常见病因是
A．细菌、病毒
B．食物如鱼、牛奶
C．某些药物
D．寒冷因素
E．放射性物质

三、名词解释

过敏性紫癜

四、填空题

过敏性紫癜分为________、________、________、________、________、________六型。

五、问答题

过敏性紫癜分为哪几型？各型主要特点是什么？

参考答案

一、单项选择题

1．B　2．C　3．A　4．A　5．D　6．D　7．B

二、多项选择题

ABCD

三、名词解释

过敏性紫癜：为一种常见的血管变态反应性疾病，因机体对某些致敏物质发生变态反应，导致毛细血管脆性及通透性增加，血液外渗，产生皮肤、黏膜及某些器官出血，可同时伴发血管性水肿、荨麻疹等其他过敏表现。

四、填空题

单纯型　腹型　关节型　肾型　混合型　其他

五、问答题

过敏性紫癜分为哪几型？各型主要特点是什么？

答：过敏性紫癜分型及各型主要特点包括下列几点。

①单纯型：皮肤紫癜主要局限于四肢，尤其下肢，成批反复发生，对称分布；

②腹型：伴腹痛、便血等；
③关节型：除皮肤紫癜外，伴关节肿胀、疼痛等；
④肾型：除皮肤紫癜外，出现血尿、蛋白尿、管型尿等肾损害等；
⑤混合型：皮肤紫癜合并多个其他类型；
⑥其他：除以上常见类型外。

血小板减少性紫癜

一、单项选择题

1．特发性血小板减少性紫癜中血小板的主要破坏场所是在哪里
A．骨髓
B．肝
C．脾
D．胸腺
E．血管内

2．对特发性血小板减少性紫癜中描述正确的是
A．多数起病急
B．骨髓巨核细胞发育成熟障碍
C．多见于儿童
D．多有巨脾
E．以上均不对

3．糖皮质激素治疗慢性特发性血小板减少性紫癜不正确的是哪项
A．常用泼尼松 1mg/（kg·d）
B．病情严重者可用丙种球蛋白封闭治疗
C．待血小板升至正常后即可停药
D．也可以用 5 ~ 10mg/d 维持治疗
E．可同时服用减轻泼尼松消化道不良反应的药物

4．女性，38 岁，月经过多、皮肤反复出血点 2 个月。查体：轻度贫血貌，表浅淋巴结无肿大，无肝、脾大，双下肢可见散在出血点。Hb 80g/L，WBC 9×10^9/L，Plt 19×10^9/L；骨髓示增生活跃。粒细胞系统正常，红细胞系统中、晚幼红细胞增多，成熟红细胞呈小细胞低色素状态，全片可见巨核细胞 88 个，伴成熟障碍。本病最正确的诊断是
A．特发性血小板减少性紫癜（急性型）伴失血性贫血
B．特发性血小板减少性紫癜（慢性型）伴失血性贫血
C．再生障碍性贫血
D．急性白血病
E．过敏性紫癜伴失血性贫血

5．男性，8 岁。2 周前有上呼吸道感染史，2 天前突然牙龈出血，口腔血泡。查体：四肢瘀斑，肝、脾不大。Hb 110g/L，WBC 9×10^9/L，Plt 10×10^9/L，骨髓增生活跃，巨核细胞 23 个 / 片。该患者最可能的诊断是
A．特发性血小板减少性紫癜（急性型）
B．特发性血小板减少性紫癜（慢性型）
C．再生障碍性贫血
D．急性白血病
E．过敏性紫癜

6．女性，12 岁，全身皮肤出血点伴口腔血泡 3 天，黑便 1 天，查体：全身皮肤散在出血点及瘀斑，牙龈渗血，无肝、脾大。Hb 120g/L，WBC 11×10^9/L，Plt 7×10^9/L，骨髓示增生活跃，粒细胞系统、红细胞系统正常，全片可见巨核细胞 31 个。诊断为特发性血小板减少性紫癜（急性型）。最应急的处理不包括下列哪项
A．血小板悬液输注
B．静脉注射丙种球蛋白

C．血浆置换
D．使用大剂量甲泼尼龙
E．使用达那唑

7．女性，28 岁，月经过多、皮肤反复出血点半年。查体：轻度贫血貌，表浅淋巴结无肿大，无肝、脾大，双下肢可见散在出血点。Hb 90g/L，Plt 45×10^9/L，骨髓示增生活跃，粒细胞系统正常，红细胞系中、晚幼红细胞增多，全片可见巨核细胞 107 个，伴成熟障碍。网织红细胞 3%，抗人球蛋白试验（+），最可能的诊断是
A．特发性血小板减少性紫癜
B．伊文斯综合征
C．再生障碍性贫血
D．急性白血病
E．过敏性紫癜

8．女性，29 岁，皮肤瘀点、瘀斑伴月经量多半年。查体：轻度贫血貌，皮肤可见瘀点。Hb 90g/L，WBC 8×10^9/L，Plt 45×10^9/L。下列何种检查最有价值
A．妇科检查
B．骨髓检查
C．凝血功能检查
D．毛细血管脆性试验
E．血小板形态

9．特发性血小板减少性紫癜（ITP）主要发病机制是
A．脾吞噬血小板增多
B．骨髓巨核细胞生成减少
C．骨髓巨核细胞成熟障碍
E．有抗血小板抗体

10．ITP 做骨髓检查的主要目的是
A．证明无巨核细胞生成
B．证明无幼稚巨核细胞
C．判断有无血小板减少
D．排除引起血小板减少的其他疾病
E．上述均不是

11．ITP 首选治疗是
A．脾切除
B．大剂量丙种球蛋白
C．糖皮质激素
D．输浓缩血小板悬液
E．长春新碱

12．关于急性 ITP 下列哪项是正确的
A．多见于成人
B．多见于女性
C．以骨髓巨核细胞的幼稚型为主
D．大多数病人可迁延不愈转为慢性型
E．血小板寿命正常

13．女性，12 岁，鼻出血，躯干及四肢瘀点、瘀斑，发病前 2 周有感冒史，脾不大，Plt 20×20^9/L，出血时间 12 分，凝血时间正常，束臂试验阳性，PT 正常，骨髓象增生，巨核细胞增多，幼稚型巨核细胞 0.40，产血小板型巨核细胞缺少，诊断为
A．再生障碍性贫血
B．急性 ITP
C．急性白血病
D．过敏性紫癜
E．慢性 ITP

14．引起 ITP 病人出血的机制中，下列哪项正确
A．血小板破坏过多
B．血小板生成减少
C．毛细血管壁通透性增加
D．血小板Ⅲ因子异常
E．血小板功能异常

15．下列哪些不支持原发性血小板减少性紫癜
A．出血时间延长
B．凝血时间正常
C．血小板减少
D．骨髓巨核细胞减少

16．哪项检查是特发性血小板减少性紫癜的间接证据
A．PAIgG 阳性
B．血小板寿命正常
C．血小板计数减低

D．骨髓涂片巨核细胞增生
E．出血时间延长

17．下列哪项不符合特发性血小板减少性紫癜的诊断
A．血小板计数减低
B．血清中存在抗血小板抗体
C．血小板寿命缩短
D．骨髓中巨核细胞减少
E．巨核细胞成熟障碍

18．下列哪项能鉴别特发性血小板减少性紫癜和过敏性紫癜
A．皮肤、黏膜出血的多少
B．泼尼松治疗是否有效
C．是否有贫血
D．血小板数量有否减少
E．束臂试验是否阳性

19．特发性血小板减少性紫癜发病的主要机制是
A．血中有抗血小板抗体
B．原因还不明确
C．血小板功能障碍
D．骨髓巨核细胞生成障碍
E．骨髓巨核细胞成熟障碍

20．对于慢性 ITP，下列哪项是正确的
A．多见于儿童
B．出血较严重
C．血小板寿命正常
D．巨核细胞显著增多，产血小板型巨核细胞增多，有成熟障碍
E．80% 有上呼吸道感染史

21．女性，8 岁，发热，鼻出血，四肢大量瘀点、瘀斑 2 天，发病前 1 周有感冒史，Plt 15×10^9/L，骨髓增生活跃，巨核细胞增多，幼稚型巨核细胞占 50%，产血小板型巨核细胞 5%，诊断为
A．急性 ITP
B．再生障碍性贫血
C．慢性 ITP
D．过敏性紫癜
E．弥散性血管内凝血（DIC）

（22 ～ 26 题共用题干）

女性，20 岁，反复四肢紫癜 3 年，上呼吸道感染时尤甚。WBC 5.0×10^9/L，Plt 30×10^9/L，Hb 100g/L，无脾大，PAIgG 升高。

22．最可能的诊断是
A．过敏性紫癜
B．特发性血小板减少性紫癜
C．单纯性紫癜
D．血友病
E．慢性 DIC

23．为进一步确诊，需做哪项检查
A．束臂试验
B．活化部分凝血活酶时间（APTT）
C．血小板功能检查
D．骨髓检查
E．3P 试验

24．首选的治疗是
A．输新鲜血
B．使用糖皮质激素
C．血浆交换
D．使用酚磺乙胺
E．使用大剂量免疫球蛋白

25．如上述治疗无效可合用
A．环孢素 A
B．维生素 C
C．6- 氨基己酸
D．云南白药
E．肝素

26．该患者治疗 6 个月后无效，应考虑
A．输血小板
B．脾切除
C．给予长春新碱

27．用皮质激素治疗 ITP 急性出血的要点是
A．开始剂量要大
B．出血停止后即可停药
C．血小板上升后需用药维持数月
D．治疗四周血小板不上升，应切除脾

28．女性，40 岁，因皮肤紫癜入院。实验室检查：Plt 65×10^9/L，血块收缩不佳。其血小板减少与下列哪项无关

A．药物如苯及其衍生物、噻嗪类、雌激素等
B．病毒感染如风疹、肾综合征出血热（流行性出血热）、巨细胞病毒感染等
C．电离辐射如放射线照射等
D．自体免疫性疾病如系统性红斑狼疮（SLE）、伊文斯综合征等
E．大量出血，如月经过多、痔疮出血等

29．慢性 ITP 血小板破坏的主要场所是
A．血循环中
B．肝
C．脾
D．肺
E．骨髓

二、多项选择题

1．可作为原发性血小板减少性紫癜诊断的依据是
A．血细胞形态无异常
B．多次查血小板减少
C．脾不大或轻度肿大
D．骨髓巨核细胞增多或正常
E．伴发有小细胞低色素性贫血

2．应用糖皮质激素治疗特发性血小板减少性紫癜的机制下列哪项不正确
A．减少血小板相关抗体的生成
B．抑制单核 - 吞噬细胞系统对血小板的破坏
C．改善毛细血管的通透性
D．刺激骨髓造血
E．抑制血小板从骨髓中向外周血中释放

3．下列哪些不是 ITP 的脾切除的适应证
A．初治病人泼尼松正规治疗无效，病情迁延 6 个月以上
B．泼尼松维持＞ 30mg/d
C．年龄小于两岁
D．有糖皮质激素使用的禁忌证
E．妊娠期

4．下列哪些有助于特发性血小板减少性紫癜的诊断
A．泼尼松治疗有效
B．脾切除治疗有效
C．PAIg 阳性
D．PAC3 阳性
E．血小板生存时间缩短

5．免疫抑制剂治疗特发性血小板减少性紫癜的方法包括
A．长春新碱
B．ATG/ALG
C．环孢素 A
D．CD20 单克隆抗体
E．硫唑嘌呤

6．特发性血小板减少性紫癜的发病机制包括
A．血小板过度破坏
B．只有体液免疫参与
C．血小板生成不足
D．细胞免疫参与
E．体液免疫参与

7．特发性血小板减少性紫癜临床表现包括
A．发热
B．乏力
C．出血倾向
D．肌肉酸痛
E．血栓形成倾向

8．特发性血小板减少性紫癜输注血小板悬液的适应证包括下列哪些
A．血小板低于 20×10^9/L
B．出血严重、广泛者
C．已有或已发生颅内出血者
D．近期将实施手术
E．分娩前

9．ITP 如治疗半年无效，可选用下列治疗
A．脾切除
B．长春新碱 1mg/ 次，每周 1 次，连用 4 ～ 6 周
C．环孢素 A
D．CD20 单克隆抗体

E．骨髓移植

10．特发性血小板减少性紫癜患者作有关的实验室检查时，下列结果哪些是正确的

A．血小板计数减少

B．出血时间延长

C．凝血时间延长

D．束臂试验阳性

E．血块收缩不良

三、名词解释

特发性血小板减少性紫癜

四、填空题

1．ITP 急性型好发于________；慢性型好发于________，骨髓巨核细胞________，产生血小板的巨核细胞________。

2．血小板低于________时常有明显的出血倾向。

3．ITP 的治疗一般情况下首选________，某些病例还可选用________或________。

4．国内多数学者认为，ITP 患者如无明显________倾向，血小板计数大于______，可不予________治疗。

五、问答题

1．ITP 患者在哪些情况需急症处理？怎样处理？

2．ITP 的治疗一般情况下为什么首选糖皮质激素？

3．简述 ITP 使用免疫抑制剂治疗的适应证。

4．试述 ITP 的诊断、治疗原则。

参考答案

一、单项选择题

1．C	2．B	3．C	4．B	5．A	6．E
7．B	8．B	9．E	10．D	11．C	12．C
13．B	14．A	15．D	16．A	17．D	18．D
19．A	20．D	21．A	22．B	23．D	24．B
25．A	26．B	27．C	28．E	29．C	

二、多项选择题

1．ABCD	2．CE	3．ABCDE	4．ABC	5．ACDE	6．ACDE
7．BCE	8．ABCDE	9．ABCD	10．ABDE		

三、名词解释

特发性血小板减少性紫癜：因血小板免疫性破坏，导致外周血中血小板减少的出血性疾病，以广泛皮肤黏膜及内脏出血、血小板减少、骨髓巨核细胞发育障碍、血小板生存时间缩短及抗血小板自身抗体出现等为特征。

四、填空题

1．儿童　成人　增加　显著减少

2．$20\times10^9/L$

3．糖及质激素　脾切除　免疫抑制剂治疗

4．出血　$30\times10^9/L$　糖皮质激素

五、问答题

1．ITP 患者在哪些情况需急症处理？怎样处理？

答：急症处理的情况有

①血小板低于 20×10^9/L 者；

②出血严重、广泛者；

③已有或已发生颅内出血者；

④近期将实施手术或分娩者

处理措施：

①血小板悬液输注；

②静脉注射丙种球蛋白

③大剂量甲泼尼龙。

2．ITP 的治疗一般情况下为什么首选糖皮质激素？

答：使用糖皮质激素减少 PAlg 生成及减轻抗原抗体反应，抑制单核 - 巨噬细胞系统对血小板的破坏，改善毛细血管通透性，刺激骨髓造血及血小板外周血的释放，近期有效率约为 80%。

3．简述 ITP 使用免疫抑制剂治疗的适应证。

答：①糖皮质激素或脾切除疗效不佳者；

②有使用糖皮质激素或脾切除禁忌症；

③与糖皮质激素合用以提高疗效及减少糖皮质激素的用量。

4．试述 ITP 的诊断、治疗原则。

ITP 的诊断：至少 2 次化验血小板减少，血细胞形态无异常；脾一般不大；骨髓巨核细胞正常或增多，伴有成熟障碍；排除其他继发性血小板减少症。

治疗原则：①一般治疗。注意休息，止血对症。

②观察。ITP 患者如无明显出血倾向，血小板计数大于 30×10^9/L，无手术、创伤，且不从事增加出血危险的工作或活动，可不予治疗。

③首次诊断 ITP 的一线治疗，包括以下几点。①首选糖皮质激素治疗；②静脉输注丙种球蛋白，主要用于 ITP 急症处理、不能耐受激素或切脾前准备、合并妊娠或分娩。

④ ITP 二线治疗，包括以下几点。①切脾；②药物治疗，如 CD20 单克隆抗体、血小板生成药物、长春新碱、环孢素 A 等。

⑤急症的处理：血小板输注、静脉输注丙种球蛋白、使用大剂量甲强龙。

凝血障碍性疾病

一、单项选择题

1．关于血友病 A 的治疗以下哪项不正确

A．主要治疗为补充凝血因子

B．F Ⅷ在新鲜冰冻血浆中的含量高于冷沉淀

C．F Ⅷ的补充需连续静脉输注

D．DDAVP 可促进 F Ⅷ：C 释放

2．血友病 A 是

A．X 染色体连锁隐性遗传性疾病

B．X 染色体连锁显性遗传性疾病

C．常染色体连锁隐性遗传性疾病

D．常染色体连锁显性遗传性疾病
E．Y染色体连锁隐性遗传性疾病

3．关于血友病A，以下哪项不正确
A．即Ⅷ因子缺乏
B．其活性形式为FⅧ：C
C．FⅧ：C以vWF作为载体发挥作用
D．APTT延长，不能被钡吸附正常血浆纠正
E．男性发病，多为负重关节反复出血

4．男性，10岁。反复关节出血6年，因踝关节外伤后关节肿大3小时入院。实验室检查：WBC 7×10^9/L，Hb 120g/L，Plt 200×10^9/L，出血时间正常，凝血时间正常，白陶土部分凝血活酶时间（KPTT）60s（正常对照35s），不被正常血清纠正，能被钡吸附正常血浆纠正，该病人诊断为
A．血友病A
B．血友病B
C．遗传性FⅪ缺乏症
D．血管性血友病
E．肝病后维生素K缺乏症

5．男性，9岁。自动有外伤后出血不止病史。实验室检查：WBC 5×10^9/L，Hb 110 g/L，Plt 101×10^9/L，出血时间正常，凝血时间正常，KPTT 80s（正常对照30s），能被正常血清纠正，不能被钡吸附正常血浆纠正，该病人诊断为
A．血友病A
B．血友病B
C．遗传性FXI缺乏症
D．血管性血友病
E．肝病后维生素K缺乏症

6．患者，男，24岁，体重60kg，有血友病A病史。此次因腹部外伤后黑便1天入院，入院查体：轻度贫血貌，肠鸣音亢进，欲使患者的FⅧ水平达到20%，应首次输入以下哪一剂量
A．600单位
B．700单位
C．400单位
D．500单位
E．800单位

二、名词解释

血友病

三、填空题

1．维生素K依赖凝血因子包括________、________、________、________。
2．常见的凝血因子缺乏中，血友病A缺乏________，血友病B缺乏________。
3．凝血过程理论上分为________、________、________三个阶段。
4．对于血友病，正常人每毫升新鲜血浆所含FⅧ或IX为________个国际单位，按患者体重计，每输入1ml/kg正常人血浆，估计可提高患者FⅧ或IX______。最低止血水平要求________以上，出血严重或欲行中型以上手术者，应使FⅧ或IX水平达________以上。
5．血友病以________、________、________部位出血为特征，血管性血友病出血以________为多见。
6．血友病包括________、________、______。

四、问答题

血友病A按FⅧ：C的活性，将其分为哪三型？

参考答案

一、单项选择题

1．B　2．A　3．D　4．A　5．B　6．A

二、名词解释

血友病：一组因遗传性凝血活酶生成障碍引起的出血性疾病，包括血友病A、血友病B及遗传性因子Ⅺ缺乏症。

三、填空题

1．Ⅱ　Ⅶ　Ⅸ　Ⅹ
2．FⅧ：C　FⅨ
3．凝血活酶生成　凝血酶生成　纤维蛋白生成
4．1　12%　20%　40%
5．软组织　肌肉　负重关节　皮肤黏膜
6．血友病A　血友病B　遗传性因子Ⅺ缺乏症

四、问答题

1．血友病A按FⅧ：C的活性，将其分为哪三型？
答：分为重、中、轻三型
①重型：FⅧ：C活性低于健康人的1%；
②中型：FⅧ：C活性相当于健康人的1%～5%；
③轻型：FⅧ：C活性相当于健康人的6%～30%。

弥散性血管内凝血

一、单项选择题

1．弥散性血管内凝血的基本病理改变是
A．广泛微血栓形成
B．血管玻璃样变
C．微循环障碍
D．微血管硬化
E．抗凝物质减少

2．弥散性血管内凝血应用糖皮质激素治疗，下列哪项是错误的
A．基础疾病需糖皮质激素治疗
B．感染-中毒性休克已有效的抗感染治疗者
C．发生肾上腺皮质功能不全者
D．也可小剂量持续常规应用
E．应用时应配合其他治疗

3．女性，27岁，妊娠30周，胎动消失1周，听诊无胎心。入院后渐出现皮肤黏膜出血，血压下降，无尿。查体：Hb 88g/L，WBC 6×10^9/L，Plt 21×10^9/L，外周血涂片可见红细胞碎片。凝血酶原时间延长，纤维蛋白原0.5g/L，3P试验(+++)。可诊断为
A．特发性血小板减少性紫癜
B．过敏性紫癜
C．弥散性血管内凝血
D．溶血性贫血
E．纤维蛋白原缺乏血

4．弥散性血管内凝血是
A．FⅧ：C减少、D-二聚体增加

B．血小板减少、D- 二聚体正常
C．F Ⅷ：C 减少、D- 二聚体正常
D．F Ⅷ：C 正常、D- 二聚体正常
E．血小板正常，D- 二聚体正常

二、多项选择题

1．弥散性血管内凝血的常见病因包括哪些
A．感染性疾病
B．恶性肿瘤
C．病理产科
D．手术及创伤
E．其他全身各系统疾病

2．下列哪些疾病可促进弥散性血管内凝血的发生
A．单核 - 巨噬系统受抑制
B．脱水
C．缺氧
D．酸中毒
E．高凝状态

3．弥散性血管内凝血的凝血功能异常的人为的分期包括哪些
A．初发性高凝期
B．消耗性低凝期
C．继发性纤溶亢进期
D．休克期
E．微血栓形成期

4．弥散性血管内凝血的最常见的临床表现包括下列哪些
A．出血倾向
B．休克或微循环衰竭
C．微血管栓塞
D．微血管病性贫血
E．原发病临床表现

5．弥散性血管内凝血应用肝素时下列哪些因素应慎用
A．手术或创面未经良好止血者
B．近期有大咯血的结核者
C．有大量出血的活动性消化性溃疡
D．蛇毒所致弥散性血管内凝血
E．弥散性血管内凝血晚期伴发明显的纤维蛋白溶解亢进

三、名词解释

DIC

四、填空题

DIC 发展过程分为________、________、________三期。

五、问答题

DIC 的病因有哪些？

参考答案

一、单项选择题

1．A　2．D　3．C　4．A

二、多项选择题

1．ABCDE　2．ABCDE　3．ABC　4．ABCDE　5．ABCDE

三、名词解释

DIC：即弥散性血管内凝血，是一种发生在许多疾病基础上，由致病因素激活凝血及纤溶系统，导致全身微血管血栓形成，凝血因子大量消耗并继发纤溶亢进，引起全身出血及微循环衰竭的综合征。

四、填空题

高凝血期　消耗性低凝血期　继发性纤溶亢进期

五、问答题

DIC 的病因有哪些？

答：DIC 的病因有：

①感染性疾病如细菌、病毒、立克次体、其他病原体感染等；

②恶性肿瘤如白血病、胰腺癌、脑肿瘤；

③产科羊水栓塞、感染性流产等；

④手术及创伤大面积烧伤、大手术、严重挤压伤；

⑤严重中毒或免疫反应。

⑥其他重症疾病。

血栓性疾病

一、多项选择题

1．血管内皮损伤导致血栓形成机制为

A．血小板黏附、聚集、释放增加

B．血管内皮损伤，激活内源性凝血途径

C．红细胞活性增强

D．血管内皮损伤，激活外源性凝血途径

E．内皮素（ET）释放，致血管收缩、血流受阻

2．关于肝素抗凝治疗以下正确的是

A．用于近期发生的血栓形成

B．普通肝素应以 APTT 延长 1 ～ 1.5 倍作为剂量调整指标

C．低分子肝素出血风险相对低

D．肝素治疗疗程应达 30 天以上

E．低分子肝素应用中需严格血液学监控

3．溶栓治疗叙述错误的是

A．只用于陈旧血栓治疗

B．尿激酶通过激活纤溶酶原发挥溶栓作用

C．组织型纤溶酶原激活剂可选择性激活血液中的纤溶酶原

D．血纤维蛋白原是溶栓治疗的监测指标

E．静脉血栓溶栓治疗没有时间限制

二、名词解释

血栓形成

三、填空题

1．________、________两种病理过程所引起的疾病，临床上称为血栓性疾病。

2．依血栓组成成分可分为___________、________、________、________等四种。

四、问答题

血栓性疾病的诊断要点是什么？

参考答案

一、多项选择题

1．ABDE　　2．ABC　　3．AE

二、名词解释

血栓形成：在一定条件下，血液有形成分在血管（多数为小血管）形成栓子，造成血管部分或完全堵塞、相应部位血供障碍的病理过程。

三、填空题

1．血栓形成　血栓栓塞

2．血小板血栓　红细胞血栓　纤维蛋白血栓　混合血栓

四、问答题

血栓性疾病的诊断要点是什么？

答：诊断要点是：①存在血栓形成的高危因素；

②各种血栓形成及栓塞的症状、体征；

③影像学检查；

④血液学检查。

造血干细胞移植

一、单项选择题

1．通常所说的骨髓移植是指哪种细胞移植

A．骨髓细胞

B．造血干细胞

C．祖细胞

D．造血干细胞和祖细胞

E．造血细胞

2．异基因造血干细胞移植后最严重的并发症是

A．真菌感染

B．移植后复发

C．病毒感染

D．肝静脉闭塞病

E．移植物抗宿主病

3．造血干细胞移植后最严重的病毒性感染是

A．单纯疱疹病毒

B．巨细胞病毒

C．流感病毒

D．带状疱疹病毒

E．腺病毒

4．造血干细胞移植后，常采取以下哪些措施预防感染

A．保护性隔离

B．住层流净化室

C．无菌饮食

D．胃肠道除菌

E．以上都是

5．异基因造血干细胞移植后最严重的并发症是

A．细菌感染

B．病毒感染

C．真菌感染

D．卡氏肺孢子虫肺炎

E．移植物抗宿主病

6．下列哪项不是造血干细胞的来源

A．骨髓

B．外周血

C．脐血

D．胎肝细胞

E．以上都是

二、多项选择题

1．造血干细胞移植中造血干细胞的几种来源是

A．组织细胞

B．骨髓细胞

C．外周血
D．淋巴细胞
E．脐带血

2．造血干细胞移植 HLA 配型指哪几个抗原
A．A
B．B
C．C
D．DR
E．DQ

3．关于非清髓性造血干细胞移植叙述正确的是
A．预处理不能清除骨髓中的白血病细胞
B．不能达到治愈白血病的目的
C．适用于年龄大的患者
D．适用肿瘤负荷相对小的患者
E．依靠移植物的免疫活性细胞发挥移植物抗白血病效应（GVL）作用

4．关于移植物抗宿主病发生原因叙述正确的是
A．移植物中含免疫活性细胞
B．供受体 HLA 不相合
C．次要组织相容性抗原不相合
D．受体不能将移植物排斥掉
E．受体表达供体没有的组织抗原

5．哪些是造血干细胞移植的适应证
A．造血系统恶性疾病
B．再生障碍性贫血
C．某些先天性酶缺乏
D．免疫性疾病
E．恶性实体肿瘤

6．造血干细胞移植后，常采取以下哪些措施预防感染
A．保护性隔离
B．住层流净化室
C．无菌饮食
D．胃肠道除菌
E．免疫球蛋白定期输注

三、名词解释

1．造血干细胞移植
2．移植物抗宿主病

四、填空题

1．造血干细胞移植预处理的目的是________、________。
2．预处理主要采用________、__________、________。
3．造血干细胞的来源________、________、________。

五、问答题

简述造血干细胞移植主要适应证。

参考答案

一、单项选择题

1．D　2．E　3．B　4．E　5．E　6．D

二、多项选择题

1．BCE　2．ABCDE　3．ACDE　4．ABCDE　5．ABCDE　6．ABCDE

三、名词解释

1．造血干细胞移植：对患者进行全身照射、化学治疗和免疫抑制预处理后，将正常供体或自体的造血细胞经直管输注给患者，使之重建正常的造血和免疫功能。

2．移植物抗宿主病：是异基因造血干细胞移植后最严重的并发症，由供体 T 细胞攻击受者同种异型抗原所致。有急性、慢性之分。

四、填空题

1．清除基础疾病　抑制受体免疫功能以及排斥移植物

2．全身照射　细胞毒药物　免疫抑制剂

3．骨髓　外周血　脐血

五、问答题

简述造血干细胞移植主要适应证。

答：主要适应证：(1) 非恶性疾病：①重型再生障碍性贫血；②重型海洋性贫血；③重型联合免疫缺陷病；④其他疾病。

(2) 恶性病：①造血系统恶性疾病；②其他实体瘤。

内分泌系统疾病

总　论

一、单项选择题

1．内分泌激素是指内分泌腺或组织所分泌的激素，其主要的传递方式是
A．通过血液传递
B．通过细胞外液局部传递
C．通过细胞外液邻近传递
D．直接作用于自身细胞
E．通过细胞内直接作用

2．内分泌系统的反馈调节是指
A．神经系统对内分泌系统的调节
B．内分泌系统对神经系统的调节
C．免疫系统对内分泌系统的调节
D．免疫系统对神经系统的调节
E．下丘脑-垂体-靶腺之间的相互调节

3．常用于内分泌功能减退的动态功能试验是
A．兴奋试验
B．抑制试验
C．激发试验
D．拮抗试验
E．负荷试验

4．对内分泌腺功能减退性疾病的治疗主要采用
A．替代治疗
B．病因治疗
C．对症治疗
D．支持治疗
E．放射治疗或化学治疗

5．由下丘脑视上核与室旁核分泌的激素是
A．醛固酮
B．降钙素
C．血管加压素
D．催乳素
E．生长抑素

6．由下丘脑分泌并储存于神经垂体的激素是
A．抗利尿激素、催产素
B．生长抑素
C．促甲状腺激素释放激素
D．黄体生成素、促卵泡素
E．催乳素

7．内分泌系统固有的内分泌腺有
A．垂体、甲状腺、甲状旁腺、肾上腺、性腺、胰岛
B．下丘脑、垂体、甲状腺、甲状旁腺、肾上腺、性腺
C．下丘脑、垂体、甲状腺、甲状旁腺、肾上腺、胰岛
D．甲状腺、甲状旁腺、肾上腺、性腺、胰岛
E．垂体、甲状腺、甲状旁腺、肾上腺、性腺

二、名词解释

负反馈调节

三、填空题

1．垂体由________和________两部分组成，前者主要分泌________、________、________激素。

2．完整的内分泌疾病的诊断应包括______、________和________三个方面。

3．体内存在的激素调节轴主要有________、

________和________。

4．内分泌疾病按腺体功能分类可分为________、________和________。

四、问答题

试述内分泌疾病的处理原则。

参考答案

一、单项选择题

1．A 2．E 3．A 4．A 5．C 6．A
7．A

二、名词解释

负反馈调节：下丘脑、垂体与靶腺之间存在反馈调节，下丘脑激素可刺激垂体促激素分泌，从而使靶腺激素分泌升高，而升高的靶腺激素反过来可作用下丘脑抑制下丘脑激素分泌并抑制垂体激素分泌，这种通过先兴奋后抑制达到相互制约保持平衡的机制称为负反馈。

三、填空题

1．腺垂体 神经垂体 促甲状腺激素 促肾上腺皮质激素 促性腺激素
2．功能 病理 病因
3．下丘脑 - 腺垂体 - 甲状腺轴 下丘脑 - 腺垂体 - 肾上腺轴 下丘脑 - 腺垂体 - 性腺轴
4．功能减退 功能亢进 功能正常

四、问答题

试述内分泌疾病的处理原则

（1）功能亢进。①手术：切除肿瘤与增生。②放疗、介入治疗。③药物治疗。

（2）功能低下。①替代治疗：缺什么补什么，缺多少补多少。②分泌腺组织移植：如胰岛、甲状旁腺。

巨人症和肢端肥大症

一、单项选择题

1．生长激素瘤的治疗，首选
A．手术治疗
B．放射治疗
C．替代治疗
D．溴隐亭治疗
E．奥曲肽治疗

2．下列哪一项既可作为肢端肥大症筛选和疾病活动性的指标，又可作为判断疗效的指标
A．血清生长激素（GH）
B．24 小时 GH
C．血清类胰岛素生长因子（IGF）-1
D．促甲状腺激素释放激素（TRH）兴奋试验
E．促性腺激素释放激素（LnRH）兴奋试验

3．判断生长激素瘤手术治愈的标准是
A．术后基础血浆 GH 较正常值增加 2 ~ 3 倍
B．TRH 兴奋试验无 GH 反常升高

C．血清 IGF-1 升高
D．术后基础血浆 GH < 2μg/L，葡萄糖负荷试验后血浆 GH > 5μg/L
E．术后基础血浆 GH < 5μg/L，葡萄糖负荷试验后血浆 GH < 2μg/L

二、多项选择题

1．下列关于巨人症的说法正确的是
A．常始于幼年
B．若缺乏促性腺激素，性腺不发育、骨骺不闭合，生长激素可持续使其加速长高
C．可表现为面部粗糙，手脚增厚增大，心肺、内脏增大
D．若原有糖尿病可自然缓解
E．升高的 GH 水平可为糖负荷所抑制
2．可有助于生长激素瘤诊断的有
A．基础血浆 GH 测定
B．葡萄糖负荷后 GH 测定
C．IGF-1 测定
D．TRH 试验
E．影像学检查
3．下列哪些药物可用来治疗生长激素瘤
A．培高利特
B．卡麦角林
C．溴隐亭
D．奥曲肽
E．米托坦

三、填空题

1．垂体由________和________两部分组成，前者主要分泌________、________、________激素。
2．肢端肥大症的临床表现主要包括________和________两方面。

四、名词解释

肢端肥大症

参考答案

一、单项选择题

1．A　　2．C　　3．E

二、多项选择题

1．ABC　　2．ABCDE　　3．ABCD

三、填空题

1．腺垂体　神经垂体　促甲状腺激素　促肾上腺皮质激素　促性腺激素
2．生长激素分泌过多表现　垂体肿瘤压迫表现

四、名词解释

肢端肥大症：人在成年后，由于生长素分泌过多，将刺激肢端骨、面骨等增生（长骨骨垢端已闭合，不再生长），出现肢端肥大症。

腺垂体功能减退症

一、单项选择题

1．腺垂体功能减退症是指
A．生长激素（GH）+ 催乳素（PRL）缺乏
B．卵泡刺激素（FSH）+ 促黄体生成素（LH）缺乏

C．促甲状腺激素（TSH）+ 促肾上腺皮质激素（ACTH）缺乏
D．促肾上腺皮质激素（ACTH）+ TSH+FSH+LH 缺乏
E．是单个或多种垂体分泌激素的缺乏

2．男性，26 岁，4 年前患流行性出血热，2 年前出现身软、乏力、食欲缺乏、精神萎靡，大便干燥，性欲减退，睾丸缩小，测 TSH 下降，睾酮下降，本病可能的诊断
A．希恩（Sheehan）综合征
B．垂体瘤
C．原发性甲状腺功能减退症
D．腺垂体功能减退症
E．原发性慢性肾上腺皮质功能减退

3．腺垂体功能减退症最早出现的临床表现是
A．甲状腺功能减退症
B．肾上腺皮质功能减退
C．性腺功能减退
D．生长激素功能减退
E．抗利尿激素功能减退

4．检测 FSH、LH、TSH、ACTH、GH、PRL 等垂体激素宜
A．抽一次血即可
B．每日 1 次，连续 2 天
C．每日 1 次，连续 3 天
D．1 日连抽 2 次等量血液，每次隔半小时，混合
E．1 日连抽 3 次等量血液，每次间隔 15 分钟，混合

5．成人腺垂体功能减退症一般不补充
A．盐皮质激素
B．糖皮质激素
C．雌激素
D．孕激素
E．甲状腺激素

6．希恩（Sheehan）综合征最早出现的临床表现
A．产后无乳
B．皮肤粗糙
C．子宫阴道萎缩
D．疲乏、食欲下降
E．阴腋毛脱落

7．对诊断腺垂体功能减退症无意义的是
A．性激素
B．甲状腺激素
C．甲状旁腺激素
D．生长激素
E．PRL

二、多项选择题

1．腺垂体功能减退症临床表现可有
A．产后无乳
B．性欲减退
C．子宫阴道萎缩、睾丸变软缩小
D．阴毛、腋毛稀少
E．食欲减退

2．以下哪些是腺垂体功能减退症的临床表现
A．怕冷
B．皮肤细腻
C．皮肤粗糙
D．皮肤色素减退
E．皮肤色素沉着

3．腺垂体功能减退症为哪些激素缺乏
A．促性腺激素缺乏
B．生长激素缺乏
C．PRL 缺乏
D．TSH 缺乏
E．ACTH 缺乏

4．垂体危象临床呈现哪些分型
A．高热型
B．低热型
C．低血糖型
D．水中毒型
E．混合型

三、名词解释

希恩综合征

四、填空题

1．成人腺垂体功能减退症的最常见原因是________。

2．垂体卒中是由于________突然出血，压邻近正常垂体组织和邻近神经组织。

3．腺垂体组织破坏________才会有腺垂体功能减退症的症状。

4．垂体危象可分为________型、________型、________型、________型、________型，有时混合出现。

5．垂体前叶功能减退患者用激素替代治疗时，最先补充________激素，随后按照需要补充________激素和________激素

五、问答题

垂体危象的处理要点是什么？

参考答案

一、单项选择题

1．E　2．D　3．C　4．E　5．A　6．A

7．C

二、多项选择题

1．ABCDE　2．ACD　3．ABCDE　4．ABCDE

三、名词解释

希恩综合征：妊娠期妇女垂体增生肥大，在围产期若发生大出血、休克、血栓形成，可使垂体发生缺血坏死及纤维化，后发生的腺垂体功能减退症。

四、填空题

1．垂体瘤

2．垂体瘤内

3．50% 以上

4．高热型　低温型　循环衰竭型　水中毒型　低血糖型

5．肾上腺皮质激素　甲状腺激素　性激素

五、问答题

垂体危象的处理要点是什么？

答：垂体危象的处理要点是：①补充葡萄糖以纠正低血糖：50% 葡萄糖 40 ~ 60ml 静脉推注，后 10% 葡萄糖盐水静脉滴注；

②补充氢化可的松以纠正急性肾上腺皮质功能减退；

③抗休克治疗；

④水中毒者应加强利尿；

⑤低体温与甲状腺功能减退症有关，可给予小剂量甲状腺激素并保温；

⑥感染者积极抗感染；

⑦禁用麻醉药、镇静安眠药、降糖药。

甲状腺功能亢进症

一、单项选择题

1．下列关于妊娠期甲状腺功能亢进症（甲亢）的叙述何者是错误的
A．药物治疗首选丙硫氧嘧啶
B．产后当使用丙硫氧嘧啶，可以哺乳
C．在妊娠初3个月禁用放射性碘治疗，但在妊娠中期用放射性碘治疗是合理的
D．在妊娠中期可以行甲状腺次全切除术
E．抗甲状腺药物治疗同时合用优甲乐不能预防胎儿发生甲减

2．女性，36岁，Graves病患者，用丙硫氧嘧啶治疗2个月后，甲状腺毒症好转。在治疗第3个月时，发现甲状腺肿大越来越明显。病人否认甲状腺毒症复发。经检查发现甲状腺体积增大约为正常的3～5倍，应选择下列何种治疗
A．增加丙硫氧嘧啶的剂量
B．减少丙硫氧嘧啶的剂量
C．在原有治疗方案中加普萘洛尔
D．在原有治疗方案中加碘剂
E．停用丙硫氧嘧啶，换为甲巯咪唑

3．男性，41岁，做腹部择期手术，术后第一天变得烦躁不安、手抖和定向障碍，体温40℃，皮肤温暖、潮湿，甲状腺弥漫性肿大，P 160次/分。近期多食、消瘦，有甲亢家族史。以下哪项治疗是正确的
A．开始使用碘剂、普萘洛尔、氢化可的松和使用降温措施，随后加用丙硫氧嘧啶
B．开始使用丙硫氧嘧啶、普萘洛尔、氢化可的松和使用降温措施，随后加用碘剂
C．降温措施宜选用乙酰水杨酸类药物
D．给予大剂量放射性碘治疗
E．急诊行甲状腺次全切除术

4．Graves病患者，经抗甲状腺药物治疗近2个月，现眼部表现加重并出现复视。检查：左眼突眼度27mm，右眼突眼度25mm，眼睑不能完全闭合，外展活动受限。下列治疗何种是不合适的
A．高枕卧位，限制食盐
B．糖皮质激素治疗
C．甲基纤维素滴眼
D．球后放射治疗
E．抗甲状腺药物加量

5．下列哪项是甲状腺毒症表现的可能性最小
A．周期性瘫痪
B．大便次数增加或腹泻
C．脉压增大
D．月经量增多
E．房室传导阻滞

6．妊娠合并甲状腺功能亢进症，最有诊断价值的是
A．甲状腺 ^{131}I 摄取率
B．甲状腺扫描
C．T_3 抑制试验
D．TT_3、TT_4 测定
E．FT_3、FT_4、TSH测定

7．关于浸润性突眼，下列哪项是错误的
A．突眼程度与甲状腺毒症无明显关系
B．可在出现甲状腺毒症之前出现
C．可累及视神经
D．不侵犯眼外肌
E．可两侧不对称，左右两眼可先后出现，或仅单眼受累

8．下列关于甲状腺激素（T_3、T_4）来源哪项是正确的
A．甲状腺胶质细胞
B．甲状腺滤泡细胞

C．甲状腺滤泡旁 C 细胞
D．甲状腺胶质细胞及甲状腺滤泡旁 C 细胞
E．T_4 大部分是 T_3 在周围组织代谢产生的

9．下列关于 Graves 病发病的叙述，下列哪项是错误的
A．与遗传因素有关
B．由于促甲状腺激素受体抗体（TRAb）的作用
C．由于细胞免疫的异常
D．由于促甲状腺激素（TSH）分泌亢进
E．精神因素可诱发

10．有关 TRAb 的描述，哪一项是错误的
A．TRAb 是一种免疫球蛋白
B．TRAb 具有异质性，分几个类型
C．新诊断的 Graves 病患者 50% 左右 TRAb 阳性
D．TRAb 可与 TSH 受体结合
E．可通过胎盘，导致胎儿或新生儿甲状腺功能亢进症

11．下列关于淡漠型甲状腺功能亢进症，哪一项是错误的
A．多见于老年
B．常缺乏甲状腺毒症的高代谢综合征
C．明显乏力、消瘦，甚至恶病质
D．常表情淡漠或神经质
E．70% 患者甲状腺肿大

12．下列检查指标中，哪一项是反映甲状腺功能最敏感的指标
A．甲状腺 ^{131}I 摄取率
B．血清 TT_3、TT_4
C．血清 FT_3、FT_4
D．血清 TSH
E．T_3 抑制试验

13．下列关于 Graves 病应用抗甲状腺药物治疗的说明，哪项是错误的
A．适用于年轻、病情轻、甲状腺肿较小的 Graves 病患者
B．症状控制后逐渐减为最小维持量
C．治疗一年半至两年
D．复发率低，但常引起永久性甲状腺功能减退症
E．在治疗中可合用 L-T_4

14．抗甲状腺药物最严重的副作用是
A．粒细胞缺乏
B．肝损害
C．肾损害
D．皮疹
E．急性关节痛

15．用 ^{131}I 治疗 Graves 病至少要观察多长时间发现未愈才能进行第二次 ^{131}I 治疗
A．1 个月
B．3 个月
C．半年
D．1 年
E．2 年

16．Graves 病的心血管系统体征，下列哪项是错误的
A．心动过速，休息或熟睡时仍快
B．心律失常以心房颤动最为常见
C．收缩压上升，舒张压降低
D．心脏可增大
E．心尖部常可闻及舒张期杂音

17．用 ^{131}I 治疗 Graves 病最常见的并发症是
A．甲状腺癌变
B．粒细胞减少
C．甲状腺功能减退症
D．甲状腺危象
E．对患者生育能力产生影响

18．抗甲状腺药物的主要作用是
A．使体内甲状腺激素作用减弱
B．抑制碘的吸收
C．抑制促甲状腺激素的作用
D．抑制甲状腺激素的释放
E．抑制甲状腺激素合成

19．诱发 Graves 病患者发生甲状腺危象的因素下列哪项是正确的
A．放射性碘治疗

B．感染
C．手术
D．创伤
E．以上全是

20．Graves 病经抗甲状腺药物治疗近两个月后患者咽痛、低热、全身乏力，首选处理措施是
A．白细胞计数及分类检查
B．增加抗甲状腺药物剂量
C．应用抗感染药物
D．加用普萘洛尔
E．FT_3、FT_4 测定

21．下列化合物中哪一种的甲状腺素生物活性最大
A．一碘酪氨酸
B．二碘酪氨酸
C．三碘甲腺原氨酸
D．甲状腺素
E．甲状腺球蛋白

22．^{131}I 治疗 Graves 病的作用机制是
A．释放 α 射线
B．释放 β 射线
C．释放 γ 射线
D．释放 ν 射线
E．释放 X 射线

23．下列哪项临床表现为 Graves 病所特有
A．怕热多汗，心悸，消瘦
B．脉压大，毛细血管搏动
C．月经减少，闭经，不孕，阳痿
D．突眼，胫前黏液水肿
E．肌肉萎缩，骨质疏松

24．20 岁 Graves 病患者，目前 HR 80 次 / 分，T_3、T_4 已基本正常，CT 提示胸骨后甲状腺肿，治疗首选
A．抗甲状腺药物长程治疗
B．复方碘剂
C．普萘洛尔
D．甲状腺切除

25．甲状腺功能亢进症时最常见的心律失常是
A．心房颤动
B．房室传导阻滞
C．心房扑动
D．室性心动过速
E．室性期前收缩

26．甲亢最具有诊断意义的体征是
A．弥漫性甲状腺肿大伴有血管杂音
B．心率增快，第一心音亢进
C．浸润性突眼
D．脉压增大，周围血管征阳性
E．双手震颤

27．下列哪项是 Graves 病最特殊的临床表现
A．多食、易饥
B．阵发心动过速
C．精神神经过敏
D．局限性黏液水肿
E．月经量减少

28．甲状腺功能亢进症危象的最主要临床表现是
A．心率＞160 次 / 分，体温＞39℃，腹泻、大汗
B．心率加快，血压高，头晕，头痛
C．心慌，气促，呕吐，腹泻
D．发绀，鼻翼扇动，心悸，出汗
E．面色苍白，四肢厥冷，呼吸困难

29．男性，38 岁，清晨欲起床时，发现四肢不能活动，既往甲亢病史七年。查体：眼稍突，眼睑及眼球活动自如，甲状腺Ⅱ°肿大，双下肢膝腱反射减退，无感觉障碍及肌萎缩。血钾 2.8mmol/L，尿钾 70mmol/24h。最可能的疾病是
A．急性甲亢
B．甲亢伴周期性瘫痪
C．甲亢伴重症肌无力
D．慢性甲亢性肌病
E．甲亢伴癔症性瘫痪

30．判定甲亢病人可否停药的最好检查是
A．T_3 抑制试验
B．血清甲状腺素测定
C．TSAb 测定

D．基础代谢率测定
E．甲状腺 ^{131}I 摄取率测定

31．甲亢性心脏病合并心房颤动，经抗甲状腺药物治疗效果不佳，进一步治疗应采取何种方法为宜
A．甲状腺次全切除术
B．应用洋地黄制剂
C．应用普萘洛尔
D．应用放射性 ^{131}I 治疗
E．应用碘剂

32．女性，35 岁，诊断为毒性弥漫性甲状腺肿，用甲巯咪唑治疗（30mg/d，口服）3 个月，甲亢症状消失，HR 80 次 / 分，停药一个月后甲亢症状复发，其原因主要是
A．甲巯咪唑用量小
B．选药不当
C．未按疗程治疗
D．未及时手术
E．未采取抗甲状腺药物联合治疗

33．女性，40 岁，甲亢未正规治疗，3 天来突然发热、咽痛、扁桃体化脓，1 天来 T 40℃，HR 160 次 / 分，BP 11.97/ 6.6kPa（90/50mmHg），兴奋不安、谵妄，腹泻 10 余次，便白细胞 0 ~ 2/HP，血 WBC 25.0×10^9/L（2500/μl），诊断可能为
A．甲亢伴感染中毒性脑病
B．甲亢伴中毒性心肌炎
C．甲亢并感染中毒性休克
D．甲亢危象并化脓性扁桃体炎
E．化脓性扁桃体炎并急性肠炎

34．一男性患者，5 年前因甲亢做手术治疗，近半年甲亢复发，甲状腺Ⅲ° 肿大并结节，^{131}I 甲状腺扫描显示结节摄碘功能良好，对此病人的治疗应选择的方案是
A．抗甲状腺药物治疗
B．复方碘液治疗
C．外科手术治疗
D．放射性 ^{131}I 治疗
E．中药 + 针灸治疗

35．女性，28 岁，患 Graves 病在用抗甲状腺药物治疗中，因精神刺激发生甲亢危象，哪种治疗方案为佳
A．加大抗甲状腺药物剂量
B．使用碘剂
C．使用丙硫氧嘧啶，并用碘剂
D．碘剂准备治疗
E．^{131}I 治疗

二、多选题

1．^{131}I 治疗 Graves 病的禁忌证有
A．妊娠、哺乳期妇女
B．甲状腺危象
C．急性心肌梗死
D．重度浸润性突眼
E．合并甲亢性心脏病

2．下列哪些指标预示甲亢可以治愈
A．甲状腺毒症消失
B．甲状腺肿消失
C．FT_3、FT_4、TSH 恢复正常
D．TSAb 转为阴性
E．T_3 抑制试验恢复正常

3．关于 T_3 型甲状腺毒症下列描述正确的是
A．在缺碘地区常见
B．在老年人群常见
C．TT_3、FT_3 增高
D．TT_4、FT_4 正常
E．甲状腺 ^{131}I 摄取率常低下

4．关于胫前黏液性水肿的描述正确的是
A．是全身性水肿在局部的表现
B．仅见于胫前
C．多伴有浸润性突眼
D．皮损边界常不清楚
E．后期皮肤可出现疣状物，甚至下肢粗大似象皮腿

5．抗甲状腺药物有
A．咪唑类
B．硫脲类
C．磺脲类
D．双胍类

E．碘制剂

6．以下哪种情况是 ^{131}I 治疗甲亢的适应证

A．中度甲亢，年龄 > 25 岁

B．妊娠、哺乳期妇女不愿服药者

C．抗甲状腺药过敏或无效或治疗后复发

D．某些高功能结节

E．非自身免疫性家族性毒性甲状腺肿

7．对于妊娠期甲亢的治疗正确的 是

A．禁用放射性碘治疗

B．药物治疗首选丙硫氧嘧啶（PTU）

C．慎用普萘洛尔

D．手术宜于妊娠中期实施

E．可选择碘剂治疗

8．^{131}I 治疗的适应证为

A．抗甲状腺药物（ATD）治疗失败或过敏

B．甲亢手术治疗后复发

C．甲亢合并白细胞或全血细胞减少

D．老年甲亢

E．妊娠和哺乳期妇女

三、名词解释

1．甲状腺危象

2．甲亢性心脏病

3．甲状腺毒症

四、填空题

1．Graves 病的临床主要表现为________、________、________和________。

2．单纯性突眼眼征包括________、________、________、________和________。

五、问答题

1．试述抗甲状腺药物治疗的剂量与疗程。

2．试述如何治疗浸润性突眼。

参考答案

一、单项选择题

1．C	2．B	3．B	4．E	5．D	6．E
7．D	8．B	9．D	10．C	11．E	12．D
13．D	14．A	15．C	16．E	17．C	18．E
19．E	20．A	21．C	22．B	23．D	24．D
25．A	26．A	27．D	28．A	29．B	30．C
31．D	32．C	33．D	34．D	35．C	

二、多选题

1．ABCD	2．BCDE	3．ABCD	4．CE	5．AB	6．ACDE
7．ABCD	8．ABCD				

三、名词解释

1．甲状腺危象：系甲状腺毒症急性加重的一个综合征。常因感染、手术、放射性碘治疗、创伤、或强烈的情绪激动等诱发。危象的临床表现为：原有甲亢症状的加重，体温升高可达 39℃以上，心动过速可达 140 ~ 220 次 / 分，可伴心房颤动或心房扑动。烦躁不安，大汗淋漓，呕吐腹泻，可导致水与电解质紊乱，进而出现嗜睡或谵妄，乃至昏迷。部分可出现心力衰竭，偶有黄疸。起病急，发展快，属内科急症，病死率较高。

2．甲亢性心脏病：多发生于甲亢病程长而未得到很好治疗的较严重的甲亢患者，老年较常见。可表现为心律失常（以早搏和心房颤动常见），心脏扩大，心力衰竭，并能排除其

他心脏病。经过有效控制甲亢，心脏情况明显好转甚至完全恢复正常。严格地讲其诊断应为回顾性的。

3．甲状腺毒症：血循环中甲状腺激素过多引起神经、循环、消化、等兴奋性增加和代谢增高为主要表现的一组临床综合征。分为甲亢型和非甲亢型。

四、填空题

1．甲状腺毒症　弥漫性甲状腺肿　眼征和胫前黏液性水肿

2．轻度突眼　瞬目减少（Stellwag 征）　睑裂增宽（Dalrymple 征）　睑迟滞（von Graefe 征）　皱额不能（Joffroy 征）　内聚不能（Mobius 征）

五、问答题

1．试述抗甲状腺药物治疗的剂量与疗程。

答：抗甲状腺药物治疗剂量与疗程 [以丙硫氧嘧啶（PTU）为例，甲巯咪唑剂量为 PTU 的 l/l0]

①初治期：300 ~ 450mg/d，分 2 ~ 3 次口服，至甲状腺毒症缓解，FT_3、FT_4 恢复正常即进入减量期，持续 6 ~ 8 周。

②减量期：每 2 ~ 4 周减量一次，每次减量 50 ~ 100mg/d，3 ~ 4 个月减至维持量。

③维持期：50 ~ 100mg/d，维持治疗 1 ~ 1.5 年。

在抗甲状腺药物治疗的初治期可加用 β 受体阻断剂，以较快控制甲亢症状；减量期和维持期可合用左甲状腺素（$L\text{-}T_4$）或甲状腺片，以避免血清 TSH 水平升高，可能减少甲状腺肿大与突眼的加重。抗甲状腺药物治疗中密切观察药物的副作用及血清 FT_3、FT_4、TSH 变化，并注意禁碘。

2．试述如何治疗浸润性突眼。

答：①夜间高枕卧位，限制食盐，给予利尿药，带茶色眼镜避光，并戒烟。

② 1% 甲基纤维素或 0.5% 氢化可的松滴眼，睡眠时使用抗生素眼膏，加盖眼罩预防角膜损伤。

③免疫抑制剂：泼尼松 40 ~ 80mg/d，分 2 次口服，持续 2 ~ 4 周，以后每 2 ~ 4 周逐渐减量 2.5 ~ 10mg/d，激素治疗持续 3 ~ 12 个月。严重病例可应用甲泼尼龙 0.5 ~ 1.0g 加入生理盐水静脉滴注，隔日一次，连用 2 ~ 3 次。可以试用环磷酰胺等其他免疫抑制剂。

④严重突眼、暴露性角膜炎或压迫性视神经病变者，可行眼眶减压手术或球后放射治疗。

⑤抗甲状腺药物治疗、控制甲亢。

甲状腺功能减退症

一、单项选择题

1．下列哪项不属于甲状腺功能减退症（甲减）的分类

A．原发性甲减

B．甲状腺毒症

C．中枢性甲减

D．甲状腺激素抵抗综合征

2．早期确诊甲状腺功能减退症的实验室检查是

A．甲状腺抗体的测定

B．TRH 兴奋试验

C．血清 T_3、T_4、TSH 测定
D．甲状腺扫描
E．骨龄测定

3．亚临床甲减血清中 T_3、T_4、促甲状腺激素（TSH）的变化为
A．T_3，T_4 正常，TSH 下降
B．T_3 下降，T_4 下降，TSH 下降
C．T_3，T_4，TSH 正常
D．T_3，T_4 正常，TSH 上升

4．下列哪项不是引起甲减的原因
A．自身免疫性损伤
B．甲状腺功能亢进症（甲亢）的 ^{131}I 治疗过度
C．甲状腺手术
D．Graves 病

5．甲减患者心脏病变后 X 线检查可见
A．心脏体积缩小
B．心脏向右增大
C．心脏向左增大
D．心脏向两侧增大

6．甲减的促甲状腺激素释放激素（TRH）刺激试验中，血清 TSH 不增高提示
A．垂体性甲减
B．下丘脑性甲减
C．原发性甲减
D．甲状腺激素抵抗综合征

7．甲减的 TRH 刺激试验中，血清 TSH 延迟性增高提示
A．垂体性甲减
B．下丘脑性甲减
C．原发性甲减
D．甲状腺激素抵抗综合征

8．甲减的 TRH 刺激试验中，血清 TSH 明显增高提示
A．垂体性甲减
B．下丘脑性甲减
C．原发性甲减
D．甲状腺激素抵抗综合征

9．下列哪项不属于甲减的一般表现
A．表情淡漠
B．体重增加
C．稀便，排便次数增加
D．毛发稀疏，眉毛外 1/3 脱落

10．下列哪一项是原发性甲减最早出现的检测结果
A．血清 TSH 升高
B．血清 FT_3 降低
C．血清 T_3 降低
D．血清 T_4 降低

11．散发性甲状腺功能减低症，错误的是
A．体格发育落后
B．结节性甲状腺肿大
C．特殊外貌
D．生理功能低下
E．智力、能力发育差

12．评价甲减替代治疗效果的最佳指标
A．血清甲状腺过氧化物酶抗体（TPOAb）
B．血清 FT_3
C．血清甲状腺球蛋白抗体（TGAb）
D．血清 TSH

二、多项选择题

1．下列哪些病因可导致原发性甲减
A．自身免疫
B．甲状腺手术
C．产后大出血
D．颅咽管瘤
E．甲亢 ^{131}I 治疗

2．甲状腺功能减退症的患者一般的表现有
A．体重减轻
B．怕冷
C．焦躁易怒
D．表情淡漠
E．声音嘶哑

三、填空题

1．根据甲状腺功能减低退的程度可以分为________和________。

2．甲状腺功能减退症时，血中胆固醇水平

________；甲状腺功能亢进症时血中胆固醇水平________。

四、名词解释

甲状腺功能减退症

五、问答题

简述黏液性水肿昏迷的治疗措施。

参考答案

一、单项选择题

1．B　2．C　3．D　4．D　5．D　6．A
7．B　8．C　9．C　10．A　11．B　12．D

二、多项选择题

1．ABE　2．ABDE

三、填空题

1．临床甲减　亚临床甲减
2．升高　降低

四、名词解释

甲状腺功能减退症：是由于各种原因导致的低甲状腺激素血症或甲状腺激素抵抗而引起的全身低代谢综合征，其病理特征是粘多糖在组织和皮肤堆积，表现为黏液性水肿。

五、问答题

简述黏液性水肿昏迷的治疗措施

答：①补充甲状腺激素，L-T_3 或 L-T_4 静脉注射，清醒后改口服；
②保温，供氧，保持呼吸道通畅，必要时气管切开；
③氢化可的松持续静脉滴注，清醒后减量；
④根据需要补液，但入量不宜过多；
⑤控制感染，治疗原发病。

库欣综合征

一、单项选择题

1．皮质醇增多症最常见的病因为
A．垂体瘤
B．肾上腺腺瘤
C．肾上腺腺癌
D．异位肾上腺皮质激素（ACTH）综合征
E．肾上腺结节性增生

2．库欣（Cushing）病的首选治疗为
A．经蝶窦切除垂体瘤
B．开颅手术
C．放射治疗
D．药物治疗
E．肾上腺切除

3．异位 ACTH 综合征最常见的原因为

A．肺癌
B．胸腺癌
C．胰腺癌
D．甲状腺癌
E．神经母细胞癌

4．小剂量地塞米松抑制试验主要是鉴别
A．单纯性肥胖与皮质醇增多症
B．肾上腺增生与肿瘤
C．抑郁症与皮质醇增多症
D．酗酒与皮质醇增多症
E．库欣病与异位 ACTH 综合征

5．大剂量地塞米松抑制试验主要是鉴别
A．单纯性肥胖与皮质醇增多症
B．肾上腺增生与肿瘤
C．抑郁症与皮质醇增多症
D．酗酒与皮质醇增多症
E．肾上腺肿瘤与异位 ACTH 综合征

6．男性，38 岁，体重逐渐增高 2 年，伴高血压，低血钾半年，尿糖阳性，多毛，多痤疮，上、下肢可见瘀斑，腹脂肪明显，四肢相对细。下列最可能的诊断是
A．单纯肥胖
B．2 型糖尿病
C．库欣综合征
D．原发性醛固酮增多症
E．嗜铬细胞瘤

7．皮质醇增多症（库欣综合征）最常见的病因是
A．肾上腺皮质腺瘤
B．肾上腺皮质腺癌
C．垂体 ACTH 瘤
D．异位 ACTH 分泌
E．医源性皮质醇增多症

二、多项选择题

1．皮质醇增多症可出现哪些表现
A．满月脸、水牛背
B．骨质疏松骨折
C．感染
D．血糖升高
E．低钾碱中毒

2．单纯性肥胖与皮质醇增多症鉴别有意义的检查有
A．尿 17- 羟
B．小剂量地塞米松抑制试验
C．大剂量地塞米松抑制试验
D．血浆皮质醇节律改变
E．血糖

3．皮质醇增多症发生低血钾碱中毒主要见于
A．肾上腺腺癌
B．肾上腺腺瘤
C．肾上腺增生
D．肾上腺结节性增生
E．异位 ACTH 综合征

三、名词解释

1．库欣病
2．异位 ACTH 综合征

四、填空题

1．小剂量地塞米松抑制试验主要是鉴别________。
2．大剂量地塞米松抑制试验主要是鉴别________。
3．库欣综合征是指________激素分泌过多所致病症的总称，根据病因可以分为________、________两大类。

五、问答题

1．简述单纯性肥胖与皮质醇增多症鉴别诊断。
2．简述皮质醇增多症（库欣综合征）的病因。
3．简述阻止肾上腺皮质激素合成的药物及其机制。

参考答案

一、单项选择题

1．A　2．A　3．A　4．A　5．B　6．C
7．C

二、多选题

1．ABCDE　2．ABD　3．AE

三、名词解释

1．库欣病：指由垂体分泌过多的促肾上腺皮质激素（ACTH）致肾上腺增生，是库欣综合征中最常见的类型。其中以垂体微腺瘤最常见。

2．异位 ACTH 综合征：指由垂体以外的恶性肿瘤产生 ACTH，刺激肾上腺增生，分泌过多的皮质醇所致。

四、填空题

1．单纯性肥胖与皮质醇增多症

2．库欣病与肾上腺肿瘤

3．糖皮质　ACTH 依赖性　非 ACTH 依赖性

五、问答题

1．简述单纯性肥胖与皮质醇增多症鉴别诊断。

答：单纯性肥胖体型较匀称，紫纹较细，淡红，皮质醇可增高，昼夜节律正常，小剂量地塞米松抑制试验能被抑制，垂体 / 肾上腺 CT/MRI 正常。皮质醇增多症大多数向心性明显，紫纹粗大，紫红，皮质醇增高，昼夜节律改变，小剂量地米抑制试验不被抑制，垂体 / 肾上腺 CT/MRI 异常。

2．简述皮质醇增多症（库欣综合征）的病因。

答：皮质醇增多症的病因有：最常见的病因为垂体 ACTH 瘤，其次有肾上腺皮质腺瘤、肾上腺皮质腺癌、异位 ACTH 综合征，医源性皮质醇增多症、不依赖 ACTH 的双侧肾上腺小结节性增生、不依赖 ACTH 的双侧肾上腺大结节性增生。

3．简述阻止肾上腺皮质激素合成的药物及其机制。

答：①二氯苯二氯乙烷（O, P' -DDD、米托坦）：可使肾上腺皮质的束状带及网状带发生局灶性坏死，减少皮质醇的分泌，对球状带无影响；

②美替拉酮：可抑制肾上腺 11-β 羟化酶，从而影响皮质醇、皮质酮、醛固酮的合成；

③氨鲁米特：可抑制胆固醇转化为孕烯酮，降低皮质激素的分泌；

④酮康唑：可使皮质醇产生减少。

原发性慢性肾上腺皮质功能减退症（Addison 病）

一、单项选择题

1．Addison 病最具特征性的临床表现
A．消瘦
B．毛发分布
C．低血糖
D．低血压
E．皮肤色素加深

2．Addison 病首选的治疗药物为
A．氢化可的松
B．泼尼松
C．氟氢化可的松
D．地塞米松
E．甲状腺素

3．确诊 Addison 病哪项试验最具诊断价值
A．螺内酯试验
B．地塞米松抑制试验
C．皮质醇昼夜节律
D．促肾上腺皮质激素（ACTH）兴奋试验
E．可的松水试验

4．Addison 病危象的抢救主要措施为
A．替代治疗
B．手术治疗
C．对症治疗
D．静脉输注糖皮质激素
E．补充盐皮质激素

二、多项选择题

1．Addison 病常见的病因为
A．肾上腺结核
B．肾上腺萎缩
C．肿瘤转移
D．肾上腺手术
E．肾上腺放疗治疗

2．原发性和继发性肾上腺皮质功能减退症的鉴别点有
A．皮肤颜色
B．尿 17- 羟
C．ACTH 水平
D．ACTH 试验
E．血皮质醇

三、名词解释

肾上腺危象

四、填空题

1．原发性慢性肾上腺皮质功能减退症基础治疗包括：________、________、________。

2．原发性和继发性肾上腺皮质功能减退症的最具鉴别价值的检查为________。

3．Addison 病又称________，最常见的病因为________和________。

五、问答题

简述肾上腺危象的抢救措施。

参考答案

一、单项选择题

1．E 2．A 3．D 4．D

二、多选题

1．AB 2．ACD

三、名词解释

肾上腺危象：指肾上腺皮质功能不全的病人在感染、创伤、手术等因素的刺激下，出现恶心、呕吐、腹痛、腹泻、脱水、血压降低，心率增快，神智改变等表现，若治疗不及时，死亡率高。

四、填空题

1．健康教育　糖皮质激素替代治疗　食盐及盐皮质激素

2．ACTH 兴奋试验

3．原发性慢性肾上腺皮质功能减退症　肾上腺结核　自身免疫

五、问答题

简述肾上腺危象的抢救措施。

答：①补充盐水，第 1、2 天内补充生理盐水 2000 ～ 3000ml/ d，对于以糖皮质激素缺乏为主，脱水不严重者补盐水适当减量。补充葡萄糖液以避免低血糖；

②糖皮质激素，静脉滴注氢化可的松或琥珀氢化可的松 100mg，以后每 6 小时静脉滴注 100 mg，24 小时总量约 400mg，第 2、3 天可减至 300 mg，若病情好转逐渐减量至 200mg、100mg。呕吐停止可进食后可改为口服；

③治疗感染和诱因。

原发性醛固酮增多症

一、单项选择题

1．伴有低钾血症的高血压，其病因应首先考虑

A．皮质醇增多症

B．原发性醛固酮增多症

C．嗜铬细胞瘤

D．慢性肾炎

E．肾动脉狭窄

2．原发性醛固酮增多症病人长期缺钾造成的肾损害，主要是

A．肾小球基底膜增厚

B．肾小球滤过功能下降

C．肾小球浓缩功能下降

D．肾小球分泌功能下降

E．肾小管稀释功能下降

3．原发性醛固酮增多症最常见的病因是

A．醛固酮瘤

B．醛固酮癌

C．特发性醛固酮增多症

D．异位分泌醛固酮的肿瘤

E．糖皮质类固醇可抑制性醛固酮症

4．原发性醛固酮增多症病人，其增多的醛固酮引起

A．排钠、潴钾、抑制肾素 - 血管紧张素系统

B．排钠、排钾、抑制肾素 - 血管紧张素系统

C．潴钠、排钾、抑制肾素 - 血管紧张素系统

D．潴钠、排钾、刺激肾素 - 血管紧张素系统

E．排钠、潴钾、刺激肾素 - 血管紧张素系统

5．以下原发性醛固酮增多症的临床表现中，何者最具特征性

A．肌无力

B．周期性瘫痪发作

C．夜尿多

D．高血压伴低钾血症

E．心律失常

6．直接刺激肾上腺皮质分泌醛固酮的激素是以下哪一种物质

A．促肾上腺皮质激素（ACTH）

B．肾素

C．血管紧张素原

D．血管紧张素Ⅰ

E．血管紧张素Ⅱ

7．原发性醛固酮增多症最早出现的临床表现应为

A．肌无力

B．周期性瘫痪

C．夜尿多

D．高血压

E．心律失常

8．高血压同时有低血钾的病人，首先要想到

A．垂体性 Cushing 病

B．原发性醛固酮增多症

C．嗜铬细胞瘤

D．肾动脉狭窄

E．甲状腺功能亢进症伴周期性瘫痪

9．醛固酮的主要生理作用是

A．排钠、潴钾

B．排钠、排钾

C．潴钠、排钾

D．潴钠、潴钾

E．潴钾

10．原发性醛固酮增多症最主要的实验室检查为

A．低钾血症

B．低钾性碱中毒

C．低血钾状态下高尿钾

D．碱性尿

E．血浆肾素 - 血管紧张素活性降低

11．男性，45 岁，高血压伴低血钾，血浆醛固酮明显升高，下一步最宜采取的检查是

A．尿醛固酮测定

B．血肾素 - 血管紧张素Ⅱ测定

C．ACTH 兴奋试验

D．螺内酯试验

E．肾上腺 CT 扫描

12．原发和继发性醛固酮增多症的鉴别诊断中最具意义的检查是

A．血、尿电解质变化

B．血浆醛固酮

C．尿醛固酮

D．血浆肾素、血管紧张素

E．螺内酯试验

13．原发性醛固酮增多症药物治疗应选用何药最适宜

A．赛庚啶

B．酚苄明（苯苄胺）

C．皮质醇

D．螺内酯

E．安鲁米特（氨基导眠能）

14．中年女性，反复发作肌无力及周期性瘫痪，伴夜尿多、口渴、多饮。入院检查：BP 160/100mmHg，K^+ 3.0mmol/L，醛固酮高而肾素、血管紧张素Ⅱ低。诊断考虑

A．继发性醛固酮增多症

B．原发性醛固酮增多症

C．Cushing 综合征

D．假性盐皮质激素过多综合征

E．Liddle 综合征

15．中年女性，同时有高血压及低血钾，诊断考虑原发性醛固酮增多症。哪项检查有助于诊断

A．血浆醛固酮、肾素浓度检测

B．低钠、高钠试验

C．地塞米松抑制试验

D．赛庚啶试验

E．血浆醛固酮浓度变化

16．女性，30 岁，近半个月内出现劳累后疲倦，BP 150/95mmHg，血 K^+ 3.0mmol/L。为明确诊断，首先作下列哪项检查

A．测定血 ACTH

B．测定血、尿醛固酮

C．测定血钠、钾
D．测定甲状腺功能
E．测定血、尿皮质醇

17．原发性醛固酮增多症的病人可出现下列哪种代谢紊乱
A．高血钾、低血钠、酸中毒
B．高血钾、高血钠、酸中毒
C．低血钾、低血钠、碱中毒
D．低血钾、高血钠、碱中毒
E．正常血钾、高血钠、碱中毒

18．男性，36 岁，体检发现血压升高，162/100mmHg，测定 24 小时尿钾升高，尿钾升高为
A．尿钾 30mmol/24h，血钾＜ 3.5mmol/L
B．尿钾 25mmol/24h，血钾＜ 3.5mmol/L
C．尿钾 25mmol/24h，血钾＜ 3.5mmol/L
D．尿钾 30mmol/24h，血钾＜ 3.5mmol/L
E．尿钾 30mmol/24h，血钾＜ 3.5mmol/L

19．下列哪项是原发性醛固酮增多症病人的实验室特点
A．血醛固酮升高，肾素、血管紧张素降低
B．血醛固酮升高，肾素、血管紧张素增高
C．血醛固酮降低，肾素、血管紧张素降低
D．血醛固酮降低，肾素、血管紧张素增高
E．血醛固酮降低，肾素、血管紧张素正常

20．下列对鉴别醛固酮瘤和特发性醛固酮增多症有意义的是
A．螺内酯试验
B．钠负荷试验
C．血肾素、血管紧张素的测定
D．肾上腺静脉采集血测醛固酮浓度
E．血醛固酮测定

二、多项选择题

1．原发性醛固酮增多症的临床表现为
A．肌无力，周期性瘫痪
B．肢端麻木、手足抽搐
C．夜尿增多
D．高血压
E．心律失常

2．原发性醛固酮增多症病人的检查典型的改变是
A．低钾血症
B．高钠血症
C．碱血症
D．高尿钾
E．低钠血症

3．下列说法正确的是
A．原发性醛固酮增多症是由于肾上腺皮质病变导致醛固酮增多，属于依赖肾素－血管紧张素的盐皮质激素增多
B．原发性醛固酮增多症发病率约占继发性高血压的 10%
C．原发性醛固酮增多症病因中，以醛固酮瘤多见
D．特发性醛固酮增多症引起血醛固酮增多与血清肾素有关
E．特发性醛固酮增多症多用药物治疗

4．下列属于原发性醛固酮增多症的临床表现的是
A．轻中度高血压，肌无力及周期性瘫痪
B．可发生严重高血压及呼吸困难
C．可出现多饮多尿，尿比重固定而降低
D．可出现阵发性的头痛、心悸及血压升高
E．可出现频发室性期前收缩或短暂阵发性室性心动过速

5．下列属于原发性醛固酮增多症的实验室特点的是
A．血醛固酮升高

B．肾素、血管紧张素基础值降低
C．螺内酯试验阳性
D．血 17- 羟孕酮降低
E．血钾降低，血钠升高

6．继发性醛固酮增多症的原因有哪些
A．恶性高血压
B．一侧肾萎缩
C．肾动脉狭窄
D．卵巢肿瘤
E．肾小球旁细胞肿瘤

三、填空题

原发性醛固酮增多症的主要临床表现______、______、______。

四、名词解释

原发性醛固酮增多症

五、问答题

1．原发性醛固酮增多症的临床表现有哪些？
2．原发性醛固酮增多症的病因有哪些？

参考答案

一、单项选择题

1．B	2．C	3．A	4．C	5．D	6．E
7．D	8．B	9．C	10．E	11．B	12．D
13．D	14．B	15．A	16．B	17．D	18．B
19．A	20．D				

二、多项选择题

1．ABCDE	2．ABCD	3．BCDE	4．ABCE	5．ABCE	6．ABCDE

三、填空题

高血压　低血钾　神经肌肉功能障碍

四、名词解释

原发性醛固酮增多症：是由于肾上腺皮质病变致醛固酮分泌增多，引起潴钠、排钾，体液容量增加，属于不依赖肾素 - 血管紧张素的盐皮质激素过多症。

五、问答题

1．原发性醛固酮增多症的临床表现有哪些？

原发性醛固酮增多症的主要临床表现如下：

①高血压：为最常见的症状。

②神经肌肉功能障碍：肌无力及周期性瘫痪，肢端麻木，手足搐搦。

③肾表现：多尿，尤其是夜尿增多，易并发尿路感染，尿蛋白增多。

④心脏表现：心电图呈低血钾表现，Q-T 间期延长，T 波增宽，降低或倒置，U 波明显。

⑤其他表现：儿童患者生长发育障碍，糖耐量减低。

2．原发性醛固酮增多症的病因有哪些？

原发性醛固酮增多症的病因：醛固酮瘤、特发性醛固酮增多症、糖皮质激素可治性醛固酮增多症、醛固酮癌、异位的分泌醛固酮的腺瘤或腺癌。

代谢疾病和营养疾病

糖　尿　病

一、单项选择题

1．糖尿病最常见的类型是
A．1 型糖尿病
B．2 型糖尿病
C．特殊类型糖尿病
D．妊娠糖尿病
E．胰岛素依赖型糖尿病

2．1 型糖尿病的主要急性并发症为
A．糖尿病酮症酸中毒
B．糖尿病高渗性昏迷
C．低血糖昏迷
D．感染
E．乳酸性酸中毒

3．2 型糖尿病的主要急性并发症为
A．糖尿病酮症酸中毒
B．糖尿病高渗高血糖综合征
C．低血糖昏迷
D．心肌梗死
E．乳酸性酸中毒

4．1 型糖尿病的主要慢性并发症和死因为
A．心血管病
B．糖尿病肾病
C．糖尿病视网膜病变
D．糖尿病足
E．感染

5．2 型糖尿病的主要慢性并发症和死因为
A．心血管病
B．糖尿病肾病
C．糖尿病视网膜病变
D．糖尿病足
E．感染

6．糖尿病神经病变最常见受累部位
A．心血管系统
B．胃肠道
C．泌尿系统
D．脑神经
E．周围神经

7．诊断糖尿病主要的依据是
A．症状
B．血糖
C．尿糖
D．糖化血红蛋白
E．胰岛素水平

8．诊断早期糖尿病肾病的主要指标为
A．病史
B．尿蛋白
C．尿微量白蛋白
D．尿 β_2- 微球蛋白
E．肾功能

9．反映糖尿病治疗疗效最好的指标为
A．症状
B．血糖
C．尿糖
D．糖化血红蛋白
E．糖化血浆白蛋白

10．磺脲类口服降糖药的主要机制为
A．刺激胰岛素分泌
B．改善胰岛素敏感性
C．延缓肠道葡萄糖的吸收
D．抑制糖原分解
E．促进葡萄糖利用

11．磺脲类口服降糖药的主要副作用为
A．低血糖

B．胃肠道反应
C．乳酸性酸中毒
D．水肿
E．过敏反应
12．糖尿病酮症酸中毒的酮症发生的主要机制是
A．糖代谢紊乱的结果
B．脂代谢紊乱的结果
C．蛋白质代谢紊乱的结果
D．核酸代谢结果
E．水电解质紊乱结果
13．双胍类口服降糖药的主要副作用为
A．低血糖
B．胃肠道反应
C．乳酸性酸中毒
D．水肿
E．过敏反应
14．双胍类口服降糖药的最严重的副作用为
A．低血糖
B．胃肠道反应
C．乳酸性酸中毒
D．水肿
E．过敏反应
15．双胍类口服降糖药的主要适应证为
A．消瘦的2型糖尿病
B．肥胖的2型糖尿病
C．1型糖尿病
D．妊娠糖尿病
E．特殊类型糖尿病
16．葡萄糖苷酶抑制剂口服降糖药的主要副作用为
A．低血糖
B．胃肠道反应
C．乳酸性酸中毒
D．水肿
E．过敏反应
17．胰岛素的主要副作用为
A．低血糖
B．胃肠道反应
C．乳酸性酸中毒
D．水肿
E．过敏反应
18．糖尿病合并妊娠应选择的降糖药物为
A．磺脲类口服降糖药
B．双胍类
C．葡萄糖苷酶抑制剂
D．胰岛素增敏剂
E．胰岛素
19．糖尿病酮症酸中毒治疗首要的措施为
A．补液
B．胰岛素
C．纠正酸中毒
D．补钾
E．吸氧
20．乳酸性酸中毒常见于使用哪种药物的病人
A．磺脲类口服降糖药
B．双胍类
C．葡萄糖苷酶抑制剂
D．胰岛素增敏剂
E．胰岛素
21．女性，18岁，体重指数为16，因多饮、多尿、多食1个月，呕吐、嗜睡10小时入院，随机血糖18mmol/L，血Na^+ 138 mmol/L，血K^+ 3.6mmol/L，CO_2CP 10.8mmol/L。患者最可能的诊断为
A．1型糖尿病高渗昏迷
B．2型糖尿病高渗高血糖综合征
C．1型糖尿病酮症酸中毒
D．2型糖尿病酮症酸中毒
E．2型糖尿病乳酸性酸中毒
22．男性，68岁，体重指数26，因咳嗽、发热1个月，昏迷1天入院。血糖38.2mmol/L，血Na^+ 151 mmol/L，血K^+ 4.6mmol/L，CO_2CP 21.8mmol/L。患者最可能的诊断为
A．1型糖尿病高渗昏迷
B．2型糖尿病高渗高血糖综合征
C．1型糖尿病酮症酸中毒
D．2型糖尿病酮症酸中毒

E．2 型糖尿病乳酸性酸中毒

23．糖尿病酮症酸中毒昏迷治疗后，血糖降低，酸中毒改善，患者神志不清反而加重，最可能的原因

A．低血钾

B．酸中毒

C．高血糖

D．高渗

E．脑水肿

24．代谢综合征最主要的病理生理改变为

A．胰岛素分泌缺陷

B．胰岛素抵抗

C．脂代谢紊乱

D．肥胖

E．高血压

25．噻唑烷二酮类降糖药的主要作用机制为

A．刺激胰岛素分泌

B．改善胰岛素敏感性

C．延缓肠道葡萄糖的吸收

D．抑制糖原分解

E．抑制糖异生

26．α- 葡萄糖苷酶抑制剂降糖药的主要降糖机制为

A．刺激胰岛素分泌

B．改善胰岛素敏感性

C．延缓肠道葡萄糖的吸收

D．抑制糖原分解

E．抑制糖异生

27．α- 葡萄糖苷酶抑制剂降糖药的主要适应证为

A．消瘦的 2 型糖尿病

B．餐后高血糖为主的糖尿病

C．1 型糖尿病

D．妊娠糖尿病

E．特殊类型糖尿病

28．磺脲类口服降糖药的主要适应证为

A．非肥胖的 2 型糖尿病

B．肥胖的 2 型糖尿病

C．1 型糖尿病

D．妊娠糖尿病

E．特殊类型糖尿病

29．IGT 是指

A．线粒体 tRNALeu（UUR）基因突变糖尿病

B．青年人中的成年发病型糖尿病

C．妊娠期糖尿病

D．葡萄糖耐量减低

E．空腹血糖过高

30．胰岛素抵抗是指

A．机体对胰岛素超常反应

B．机体对胰岛素超常敏感

C．机体对胰岛素的生理效应增高

D．机体对胰岛素的生理效应降低

E．机体对胰岛素的需要量减少

31．2 型糖尿病发病机制的两个基本环节

A．高胰岛素血症和胰岛素抵抗

B．高胰岛素血症和糖耐量减低

C．胰岛素抵抗和胰岛素分泌缺陷

D．胰岛素抵抗和糖耐量减低

E．高胰岛素血症和糖耐量增高

32．糖尿病肾病微量白蛋白尿期是指尿白蛋白排泄率在

A．20 ～ 300μg/min（30 ～ 600mg/24h）

B．30 ～ 200μg/min（60 ～ 300mg/24h）

C．＞ 200μg/min（＞ 300mg/24h）

D．＞ 300μg/min（＞ 30mg/24h）

E．20 ～ 200μg/min（30 ～ 300mg/24h）

33．糖尿病患者失明的主要原因是

A．脑血管意外

B．白内障

C．视网膜病变

D．青光眼

E．虹膜睫状体病变

34．糖尿病性神经病变最常见的部位是

A．周围神经病变

B．颅神经病变

C．自主神经病变

D．中枢神经病变

E．脊髓病变

35．糖化血红蛋白A1c（HbA1c）测定的临床意义为反映糖尿病患者
A．近半年内血糖总的水平
B．近5个月内血糖总的水平
C．近16周内血糖总的水平
D．近8～12周内血糖总的水平
E．近2～3周内血糖总的水平

36．磺脲类口服降糖药不适宜下列哪项
A．2型糖尿病患者基础治疗未达控制目标
B．2型糖尿病患者已用胰岛素< 30U/d
C．2型糖尿病对胰岛素抗药
D．2型糖尿病合并妊娠
E．2型糖尿病对胰岛素不敏感

37．Somogyi现象是指
A．夜间胰岛素作用不足
B．清晨胰岛素拮抗激素分泌增多
C．低血糖后反应性高血糖
D．黎明现象
E．胰岛素抗药性

38．男性，56岁，口渴、多饮、多尿2年，发热、咽痛1周后病情加重并恶心、呕吐1天入院。经化验空腹血糖22mmol/L（396mg/dl），尿酮（+++），血CO_2 CP 10mmol/L，应立即给患者进行的治疗是
A．控制感染+胰岛素
B．纠正酸碱失衡
C．补钾+胰岛素
D．胰岛素治疗
E．补液+胰岛素

39．男性，62岁，被抬入急诊室，呼吸深大，血pH为7.30，尿酮（++++），急检血糖为18.6mmol/L，首先应想到的诊断是
A．2型糖尿病
B．脑血管意外+糖尿病
C．糖尿病酮症酸中毒
D．糖尿病高渗高血糖综合征
E．糖尿病肾病、尿毒症

40．男性，48岁，身高174cm，体重80kg，既往身体健康。一周前体检发现空腹血糖8.2mmol/l，餐后2小时血糖12.8mmol/L，目前最恰当的治疗是
A．胰岛素治疗
B．格列本脲治疗
C．二甲双胍治疗
D．饮食疗法
E．运动疗法

41．男性，60岁，因严重腹泻、脱水而出现意识障碍，查血糖33.3mmol/L，尿酮体（±），诊断应考虑为
A．脑血栓形成
B．糖尿病高渗高血糖综合征
C．低血糖昏迷
D．乳酸性酸中毒昏迷
E．糖尿病酮症酸中毒昏迷

42．男性，20岁，糖尿病史8年，因糖尿病酮症酸中毒住院，以下处理哪项正确
A．血糖下降到13.9mmol/L（250mg/dl）左右时应改用5%葡萄糖液加胰岛素
B．CO_2 CP12.8mmol/L（30vol%）时静脉滴注碳酸氢钠
C．大量给胰岛素，使血糖很快下降至正常
D．纠正代谢性酸中毒也可补乳酸钠
E．血压低时可以输低渗盐水

43．男性，46岁，多饮多食10年，治疗后血经常为空腹> 7.8mmol/L（140mg/dl），餐后2小时血糖> 11.13mmol/L（200mg/dl），近两个月来眼睑及下肢轻度水肿，BP 21.28/13.3kPa（160/100mmHg）尿蛋白（++），颗粒管型少许，最可能的诊断为
A．糖尿病肾病
B．糖尿病肾炎
C．糖尿病、肾盂肾炎
D．肾动脉硬化症
E．肾炎

44．磺脲类降糖药作用原理为

A．主要作用是刺激胰岛 β 细胞释放胰岛素
B．抑制胰岛 γ 细胞分泌胰高血糖素
C．促进肌肉外周组织摄取葡萄糖
D．抑制或延缓葡萄糖在胃肠道吸收
E．加速无氧糖酵解

45．糖尿病病人，用胰岛素治疗 3 天，出现视力模糊，可能为
A．白内障形成
B．晶体屈光改变
C．糖尿病视网膜病变
D．玻璃体混浊
E．视神经盘水肿

二、多项选择题

1．尿糖阳性可见于
A．肝病
B．肾性糖尿
C．甲状腺功能亢进症
D．应激
E．进食果糖

2．糖尿病胰岛素治疗后早晨空腹血糖高的原因可能为
A．胰岛素用量不足
B．胰岛素作用时间不足
C．黎明现象
D．Somogyi 效应
E．感染

3．糖尿病酮症酸中毒可以有下列表现
A．昏迷
B．恶心、呕吐
C．腹痛
D．呼吸深大
E．血压降低

4．糖尿病酮症酸中毒使用小剂量胰岛素的原因有
A．不易引起脑水肿
B．能降血糖而不易发生低血糖
C．较少引起低血钾
D．不易发生酸中毒
E．不易发生高钾血症

5．糖尿病酮症酸中毒纠酸补碱的指征为
A．血糖 < 13.9mmol/L
B．pH < 7.1
C．HCO_3^- < 5mmol/L
D．CO_2CP < 18mmol/L
E．CO_2CP < 4.5 ~ 6.7mmol/L

6．糖尿病高渗性昏迷与酮症酸中毒治疗不同之处为
A．一般不补碱
B．可适量使用低渗盐水
C．补液更多
D．补液更少
E．抗感染

7．糖尿病高渗昏迷使用低渗盐水的指征为
A．血糖 > 33.3mmol/L
B．血浆渗透压 > 350mmol/L
C．HCO_3^- < 5mmol/L
D．血钠 > 155mmol/L
E．血压正常

8．病因学将糖尿病分成以下几大类型
A．1 型、2 型、其他特殊类、妊娠糖尿病
B．自身免疫性、特发性、胰岛素抵抗、胰岛素分泌缺陷
C．妊娠糖尿病、糖耐量减低（IGT）、空腹血糖受损（IFG）、糖尿病
D．正常血糖、IGT、IFG、高血糖
E．1 型、2 型、IGT、妊娠糖尿病

9．2 型糖尿病的基本病理生理改变有
A．肾上腺皮质激素分泌过多
B．生长激素分泌过多
C．胰岛素相对分泌不足
D．胰岛素抵抗
E．肾上腺素分泌过多

10．1 型糖尿病与 2 型糖尿病的区别在于
A．发病年龄不同
B．对胰岛素的敏感性不同
C．胰岛素基础水平与释放曲线不同
D．发生酮中毒的倾向不同

E．血糖高低

11．下列有关糖尿病的叙述，哪些错误
A．所有糖尿病患者均有“三多一少”症状
B．糖尿病患者都有尿糖
C．常以并发症作为糖尿病的首发症状
D．糖尿病神经病变中以颅神经损害最常见
E．目前糖尿病的主要死因是酮症酸中毒

12．关于2型糖尿病的论述哪些正确
A．可无明显“三多一少”症状
B．可表现为餐后反应性低血糖
C．多成病缓慢
D．餐后血糖增高的同时空腹血糖也增高
E．尿糖检查可出现阴性

13．以下二甲双胍的副作用中，哪些是正确的
A．厌食，恶心，呕吐
B．肾损害
C．低血糖反应
D．可诱发乳酸性酸中毒
E．白细胞减少

14．关于2型糖尿病，下列叙述何者是正确的
A．起病缓慢
B．大多肥胖
C．多对胰岛素敏感
D．口服降糖药多可获得良好的控制
E．易发生酮症酸中毒

15．下列哪几项可作为糖尿病诊断的依据
A．多次空腹血糖≥7.0mmol/L（140mg/dl）
B．尿糖（++）
C．餐后血糖≥11.1mmol/L（200mg/dl）
D．葡萄糖耐量试验2小时血糖均≥11.1mmol/L（200mg/dl）
E．无“三多一少”症状，餐后血糖多次处于7.8～11.1mmol/L之间

16．患者糖尿病酮症酸中毒昏迷，pH7.2，治疗措施是
A．纠正电解质紊乱
B．小剂量持续胰岛素滴注
C．补充液体
D．使用脱水剂
E．早期使用碱剂

17．下列哪些是糖尿病高渗高血糖综合征特点
A．多见于年轻1型病人
B．尿酮体常阳性
C．常伴严重失水，神志障碍
D．血糖常达33.4mmol/L（600mg/dl以上）
E．血浆渗透压常＞330mOsm/L

18．下列哪些是糖尿病微血管病变所致
A．糖尿病肾病
B．糖尿病性视网膜病变
C．糖尿病引起的脑梗死
D．糖尿病心肌损害
E．干性坏疽

19．哪些激素是拮抗胰岛素作用的激素
A．糖皮质激素
B．肾上腺素
C．甲状旁腺素
D．生长激素
E．胰高血糖素

三、名词解释

1．糖尿病足
2．胰岛素抵抗
3．Somogyi效应
4．IFG
5．IGT

四、填空题

1．糖尿病主要分成________、__________、________、________四个类型。

2．1型糖尿病发病的病因主要有________、________、________。

3．2型糖尿病的主要发病机制为________、

________两个缺陷。

4．糖尿病的诊断标准为糖尿病症状加任意时间血浆葡萄糖 ≥________mmol/L 或空腹血糖 ≥________mmol/L。

5．糖尿病治疗的五个要点（方法）为________、________、________、________和________。

6．按作用起效和维持时间，胰岛素可分为________、________、________、________四个类型。

7．非糖尿病患者低血糖是指血糖低于________mmol/L，大多数非妊娠糖尿病患者 HbA1c 控制目标为________。

8．糖尿病酮症酸中毒的治疗原则为______，________，________和________。

9．糖尿病的“三多一少”症状为________、________、________、________。

10．2 型糖尿病的发病机制两个重要环节________、________。

11．低血糖典型表现（Whipple 三联征）________、________、________。

五、问答题

1．简述糖尿病磺脲类和双胍类降糖药的作用机制、适应证、禁忌证、副作用。

2．简述胰岛素使用的适应证和不良反应。

3．简述糖尿病酮症酸中毒的治疗要点。

参考答案

一、单项选择题

1．B	2．A	3．B	4．B	5．A	6．E
7．B	8．C	9．D	10．A	11．A	12．B
13．B	14．C	15．B	16．B	17．A	18．E
19．A	20．B	21．C	22．B	23．E	24．B
25．B	26．C	27．B	28．A	29．D	30．D
31．C	32．E	33．C	34．A	35．D	36．D
37．C	38．E	39．C	40．C	41．B	42．A
43．A	44．A	45．B			

二、多项选择题

1．ABCDE	2．ABCD	3．ABCDE	4．ABC	5．BCE	6．ABC
7．BDE	8．AB	9．CD	10．ABCD	11．ABDE	12．ABCE
13．AD	14．ABD	15．ACD	16．ABC	17．CDE	18．ABD
19．ABDE					

三、名词解释

1．糖尿病足：是糖尿病下肢神经病变和下肢周围血管病变导致足部感染、溃疡或深层组织破坏。是糖尿病截肢致残的主要原因。

2．胰岛素抵抗：是机体对一定量的胰岛素的生物反应低于正常水平的一种现象，是发生 2 型糖尿病的主要原因之一。

3．Somogyi 效应：指糖尿病夜间发生低血糖，睡眠中未察觉，导致体内胰岛素拮抗激素增多，继而发生低血糖反应后高血糖。

4．IFG：指一类非糖尿病性空腹高血糖，其空腹血糖高于正常，又低于糖尿病的诊断值，其发生糖尿病和心血管疾病的危险增加。

5．IGT：即葡萄糖耐量减低，是葡萄糖不耐受的一种类型，其餐后2小时血糖在7.8 ～ 11.1mmol/L之间，发生糖尿病和心血管疾病的危险增加。

四、填空题

1．1型　2型　妊娠糖尿病　其他特殊类型

2．遗传　病毒感染　免疫

3．胰岛素分泌　胰岛素作用

4．11.1　7.0

5．饮食控制　运动疗法　血糖监测　药物治疗　糖尿病教育

6．短效胰岛素　中效胰岛素　长效胰岛素　预混胰岛素

7．2.8　低于7%

8．补液　胰岛素　纠酸、补钾　处理并发症和合并症

9．多饮　多尿　多食　消瘦

10．胰岛素抵抗　胰岛素分泌相对缺乏

11．低血糖症状　发作时血糖低于2.8mmol/L　供糖后症状立即改善

五、问答题

1．简述糖尿病磺脲类和双胍类降糖药的作用机制、适应证、禁忌证、副作用。

答：磺脲类降糖药主要作用机制为促进胰岛素分泌；适应证为2型糖尿病，尤其是消瘦的2型糖尿病；主要禁忌证为1型糖尿病及糖尿病急性并发症等；主要不良反应为低血糖。

双胍类降糖药主要作用机制为抑制肝葡萄糖的输出及改善周围组织对胰岛素敏感性；主要适应证为肥胖的2型糖尿病及1型糖尿病使用胰岛素血糖波动大者；主要不良反应为胃肠道反应；主要禁忌证为严重的缺氧状态如心、肺、肝、肾功能不全。

2．简述胰岛素使用的适应证和不良反应。

答：(1) 胰岛素治疗适应证：①1型糖尿病；②糖尿病酮症酸中毒、高渗性昏迷和乳酸酸中毒伴高血糖；③合并重症感染、消耗性疾病、视网膜病变、肾病、神经病变、急性心肌梗死、脑卒中；④应存在伴发病需外科治疗的围术期；⑤妊娠和分娩；⑥2型糖尿病患者经饮食及口服降血糖药治疗未获得良好控制；⑦继发性糖尿病。

(2) 胰岛素治疗的不良反应包括：低血糖、胰岛素水肿、眼屈光不正、过敏反应、皮肤和脂肪萎缩。

3．简述糖尿病酮症酸中毒的治疗要点。

答：酮症酸中毒的治疗要点：

①输液；

②胰岛素治疗；

③纠正电解质及酸碱平衡失调；

④处理诱发病和防止并发症；

⑤护理。

骨质疏松症

一、单项选择题

1．骨质疏松的定义是
A．骨矿含量降低
B．骨组织微结构退化、破坏
C．骨骼脆性增加容易引起骨折的全身性疾病
D．以上都是

2．绝经后骨质疏松症属于
A．原发性骨质疏松症
B．继发性骨质疏松症
C．特发性骨质疏松症
D．以上都不是

3．以下不是骨质疏松症的危险因素
A．老龄
B．肥胖
C．性激素低下
D．体力活动缺乏

4．死亡率、致残率最高的骨质疏松性骨折是
A．椎骨骨折
B．Colles 骨折（腕部骨折）
C．髋部骨折
D．肋骨骨折

5．对于低骨量患者药物干预的最重要目的是
A．增加骨量
B．改善症状
C．防止骨折
D．提高生活质量

6．下列哪类不属于抑制破骨细胞的药物
A．甲状旁腺激素（PTH）
B．双磷酸盐
C．降钙素
D．选择性雌激素受体调节剂（SERM）

7．下列哪项不是阿仑膦酸钠的适应证
A．治疗绝经后妇女骨质疏松症
B．治疗甲状旁腺功能亢进引起的骨质疏松症
C．预防及治疗糖皮质激素引起的骨质疏松症
D．治疗男性骨质疏松症

8．下列哪项不是降钙素的作用机制
A．中枢性镇痛作用
B．抑制破骨细胞活性，抑制骨吸收
C．降低骨转换
D．刺激成骨细胞

9．骨质疏松症的临床表现不包括
A．身高缩短
B．驼背
C．骨折
D．呼吸功能减弱
E．失眠

10．骨质疏松症的抗骨质疏松药物的药物治疗不包括
A．雌激素及其类似物
B．非甾体抗炎药
C．钙代谢调节激素
D．双膦酸盐类药物
E．雌激素受体调节剂

二、多项选择题

1．原发性骨质疏松症的治疗哪项是正确的
A．补充钙剂
B．补充维生素 D
C．对症止痛
D．补充抗骨质疏松药物

2．骨质疏松症的辅助检查包括
A．X 线检查
B．X 线吸收法骨密度仪检查
C．定量 CT、定量超声
D．血常规检查

3．骨质疏松的诊断标准包括

A．双能 X 线骨密度 T 值＜ –2.5SD

B．脆性骨折

C．X 线摄片提示骨质疏松

D．双能 X 线骨密度 T 值为 1 ～ 2.5SD

E．以上都是

三、名词解释

骨质疏松症

四、填空题

1．骨质疏松按病因分类为____________和_________。

2．诊断骨质疏松主要的辅助检查是______。

五、问答题

试述骨质疏松的处理原则。

参考答案

一、单项选择题

1．D　2．A　3．B　4．C　5．C　6．A

7．B　8．D　9．E　10．B

二、多项选择题

1．ABCD　2．ABC　3．ABC

三、名词解释

骨质疏松症：是一种以骨量降低和骨组织微结构破坏为特征，导致骨脆性增加和易于骨折的代谢性骨病。按病因可分为原发性和继发性两类。

四、填空题

1．原发性骨质疏松　继发性骨质疏松

2．双能 X 线骨密度仪检查

五、问答题

试述骨质疏松的处理原则。

答：骨质疏松的处理原则有以下几个方面。

①一般治疗：运动、给予钙剂、维生素 D 等。

②对症治疗：止痛、处理骨畸形和骨折等。

③特殊药物治疗：雌激素和选择性雌激素受体调节剂、雄激素、降钙素、二磷酸盐、甲状旁腺激素等。

风湿性疾病

总　论

一、单项选择题

1．弥漫性结缔组织病不包括
　A．骨关节炎
　B．系统性红斑狼疮
　C．干燥综合征
　D．类风湿关节炎
　E．多发性肌炎

2．抗核抗体谱不包括
　A．抗双链 DNA 抗体
　B．抗单链 DNA 抗体
　C．抗磷脂抗体
　D．抗 Sm 抗体
　E．抗 U1 小核糖核蛋白抗体（RNP）抗体

3．下列疾病中，家族遗传倾向最强的是
　A．类风湿关节炎
　B．强直性脊柱炎
　C．骨关节病
　D．增生性关节炎
　E．大骨节病

4．HLA-B27 抗体常出现在
　A．类风湿关节炎
　B．强直性脊柱炎
　C．骨关节病
　D．硬皮病
　E．系统性红斑狼疮

5．抗角蛋白抗体谱不包括
　A．抗核周因子
　B．抗角蛋白抗体
　C．类风湿因子
　D．抗环瓜氨酸多肽（CCP）抗体
　E．抗聚角蛋白微丝蛋白抗体（AFA）

6．抗中性粒细胞胞浆抗体（ANCA）阳性最常见于下列哪种疾病
　A．系统性红斑狼疮
　B．强直性脊柱炎
　C．血管炎
　D．类风湿关节炎
　E．干燥综合征

7．血清补体水平下降最常见于下列哪种风湿性疾病
　A．类风湿关节炎
　B．皮肌炎
　C．系统性硬化病
　D．系统性红斑狼疮
　E．干燥综合征

8．在 50 岁以上的老年患者中，发病率最高的是
　A．痛风性关节炎
　B．骨关节炎
　C．强直性脊柱炎
　D．类风湿关节炎
　E．干燥综合征

9．最常引起关节畸形的风湿性疾病是
　A．系统性红斑狼疮
　B．骨关节炎
　C．强直性脊柱炎
　D．类风湿关节炎
　E．痛风性关节炎

10．弥漫性结缔组织病属自身免疫病，引起自身免疫的原因不包括
　A．病原体
　B．性别
　C．遗传基础

D．超抗原
E．衰老
11．弥漫性结缔组织病的特点不包括
A．慢性病程
B．均可出现肌肉关节病变
C．病变可累及多个系统
D．同一疾病，临床谱和预后一致
E．对糖皮质激素的治疗有一定反应
12．以下非甾体抗炎药（NSAID）类药物中哪个为特异性环氧酶（COX-2）抑制剂
A．阿司匹林
B．奈普生
C．双氯芬酸
D．塞来昔布
E．吲哚美辛
13．关于非甾体消炎药的描述以下除哪项外都是正确的
A．它们对原来的疾病病程没有大的影响
B．它们可能会导致胃易激和加重消化性溃疡
C．它们可能抑制前列腺素的血管扩张效应
D．它们可能会提高痛阈
E．口服后大部分吸收良好
14．下列哪些表现与激素长期使用无关
A．血压增高、肥胖
B．糖、脂代谢紊乱
C．骨质疏松、股骨头坏死
D．骨髓抑制
E．消化性溃疡
15．硫唑嘌呤的治疗机制是
A．干扰腺嘌呤、鸟嘌呤核苷酸的合成
B．抑制单核 - 巨噬细胞分泌白细胞介素 -1（IL-l）
C．主要作用于 S 期的细胞周期特异性烷化剂
D．二氢叶酸还原酶抑制剂
E．抑制前列腺素合成
16．环孢素 A 的治疗机制是
A．抑制 DNA 合成
B．抑制 T 细胞 IL-2 的产生
C．抑制前列腺素合成
D．抑制二氢乳清酸脱氢酶
E．干扰腺嘌呤、鸟嘌呤核苷酸的合成
17．常用的免疫抑制剂不包括
A．环磷酰胺
B．秋水仙碱
C．甲氨蝶呤
D．硫唑嘌呤
E．长春新碱
18．下列有关弥漫性结缔组织病特点的叙述中，错误的是
A．自身免疫异常是结缔组织病的发病基础
B．血管炎和结缔组织慢性炎症是该病的病理基础
C．病变累及多系统，临床个体差异大
D．均需糖皮质激素治疗
E．疗效与早期诊断、合理治疗有关
19．下列关于风湿病的分类，正确的一项是
A．系统性血管炎属弥漫性结缔组织病
B．类风湿关节炎不属弥漫性结缔组织病
C．风湿热与类风湿关节炎均属弥漫性结缔组织病
D．强直性脊柱炎与类风湿关节炎属同一类别
E．银屑病关节炎与 HLA-B27 无关，与强直性脊柱炎不属同类
20．下列发病因素中，与自身免疫性疾病无明显关系的是
A．遗传因素
B．感染因素
C．性激素
D．心理、神经、免疫效应
E．气候与季节
21．下列对于抗核抗体（ANA）的描述，错误的是
A．ANA 是结缔组织病的筛选项目

B．ANA 阳性就代表结缔组织病存在
C．ANA 阳性也可见于慢性感染者
D．ANA 是针对细胞核抗原成分的抗体
E．ANA 低滴度阳性可以无临床意义

22．有关 ANA 是抗细胞核成分的抗体的总称，以下说法错误的是
A．健康人 ANA 均阴性
B．系统性红斑狼疮 ANA 的滴度常大于 1 ∶ 80
C．是抗核内多种物质的抗体谱
D．分成抗 DNA、抗组蛋白、抗非组蛋白和抗核仁抗体四大类
E．包括抗可溶性抗原（ENA）抗体

23．下列有关抗可提取核抗原抗体的临床意义中，错误的是
A．抗 Sm 抗体是系统性红斑狼疮特异性抗体，并与病情活动性相关
B．抗 SSA、抗 SSB 抗体在干燥综合征中有较高阳性率
C．抗 Jo 抗体出现在多发性肌炎、皮肌炎及合成酶综合征
D．高滴度 RNP 抗体阳性常出现于混合性结缔组织病
E．抗 Scl-70 抗体是硬皮病的特异性抗体

24．下列关于风湿病的病理表现的说法中，错误的是
A．骨关节炎以关节软骨变性为主要表现
B．类风湿关节炎以滑膜炎为主，伴血管炎
C．系统性红斑狼疮以浆膜炎症为主要病理改变
D．干燥综合征以腺体内淋巴细胞浸润为主要表现
E．强直性脊柱炎有附着点炎为病理特点

25．对糖皮质激素描述不正确的是
A．抑制中性粒细胞和单核细胞向炎症部位聚集
B．是多种结缔组织疾病的根治药物
C．通过受体发挥作用
D．有很强而快速的抗炎作用
E．有抑制巨噬细胞吞噬和抗原呈递作用

26．下列关于改变病情抗风湿药的描述，错误的是
A．曾被称为慢作用抗风湿药
B．包括多种作用机制不同的药物
C．联合使用可以增加疗效
D．均抑制 B 淋巴细胞，减少抗体产生
E．选择不同副作用的药联合应用，可避免副作用增加

27．下列抗体中，不属于抗核抗体谱的是
A．抗磷脂抗体
B．抗 Scl-70 抗体
C．抗 SSA 抗体
D．抗 RNP 抗体
E．抗 Jo-1 抗体

二、多项选择题

1．脊柱关节病包括
A．强直性脊柱炎
B．炎症性肠病关节炎
C．痛风性关节炎
D．反应性关节炎
E．骨关节炎

2．属于弥漫性结缔组织病的有
A．系统性红斑狼疮
B．类风湿关节炎
C．系统性硬化症
D．强直性脊柱炎
E．皮肌炎

3．下列关于风湿病的病理表现的说法中，正确的是
A．强直性脊柱炎有附着点炎为病理特点
B．类风湿关节炎以滑膜炎为主，伴血管炎

C．系统性红斑狼疮以小血管炎症为主要病理改变

D．干燥综合征以腺体内纤维组织增生为主要表现

E．痛风主要是关节软骨变性

4．下列哪些表现与激素长期使用有关

A．血压增高、肥胖

B．糖脂代谢紊乱

C．骨质疏松、股骨头坏死

D．青光眼

E．消化性溃疡

5．环磷酰胺常见的副作用有

A．性腺抑制

B．出血性膀胱炎

C．骨髓抑制

D．脱发

E．肝损害

6．系统性红斑狼疮可出现以下哪些抗体阳性

A．抗 dsDNA

B．抗 Sm 抗体

C．类风湿因子

D．抗核抗体

E．抗组蛋白抗体

7．类风湿因子阳性可见于以下哪些疾病

A．系统性红斑狼疮

B．干燥综合征

C．骨关节炎

D．病毒性肝炎

E．亚急性细菌性心内膜炎

三、名词解释

1．风湿性疾病

2．弥漫性结缔组织病

3．自身免疫性

4．DMARD

四、填空题

1．弥漫性结缔组织病包括________、________、________、________等。

2．风湿病的病理改变有________反应及________病变。

3．类风湿关节炎的特征性病理改变是________，强直性脊柱炎特征性的病理改变有________，骨关节炎的特征性病理改变是________。

4．抗核抗体分________、________、________和________四大类。

五、问答题

1．简述系统性红斑狼疮、原发干燥综合征、皮肌炎、系统性硬化病的特异性临床表现。

2．简述风湿性疾病的治疗措施和主要治疗药物分类。

3．弥漫性结缔组织病的共同特点有哪些?

4．简述类风湿关节炎、强直性脊柱炎和系统性红斑狼疮关节炎的特点。

参考答案

一、单项选择题

1．A	2．C	3．B	4．B	5．C	6．C
7．D	8．B	9．D	10．E	11．D	12．D
13．D	14．D	15．A	16．B	17．B	18．D
19．A	20．E	21．B	22．A	23．A	24．C
25．B	26．D	27．A			

二、多项选择题

1．ABD　2．ABCE　3．ABC　4．ABCDE　5．ABCDE　6．ABCDE
7．ABDE

三、名词解释

1．风湿性疾病：是泛指影响骨、关节及其周围软组织，如肌肉、滑囊、肌腱、筋膜、神经等的一组疾病。

2．弥漫性结缔组织病：是风湿性疾病中的一大类，它除了有风湿病的慢性病程，肌肉关节病变外，尚有以下特点：属自身免疫病；以血管和结缔组织慢性炎症的病理改变为基础；病变累及多个系统，包括肌肉、骨骼系统；有异质性，同一疾病，在不同患者的临床谱和预后差异甚大；对糖皮质激素的治疗有一定反应；疾病多为慢性病程，逐渐累及多个器官和系统，只有早期诊断、合理治疗才能患者得到良好的预后。

3．自身免疫性：是指淋巴细胞丧失了对自身组织（抗原）的耐受性，以至于淋巴细胞对自身组织出现免疫反应并导致组织的损伤。

4．DMARD：是改变病情抗风湿药，是指可以防止和延缓类风湿关节炎、关节骨结构破坏的药物，是一组有不同化学结构的药物或生物制剂，其特点是起效慢，停药后作用的消失亦慢，故曾被称为慢作用抗风湿药。

四、填空题

1．系统性红斑狼疮　类风湿关节炎　系统性硬化症　皮肌炎（或多肌炎　血管炎）

2．炎症性　非炎症性

3．滑膜炎　附着点炎　关节软骨变性

4．抗 DNA　抗组蛋白　抗非组蛋白　抗核仁抗体

五、问答题

1．简述系统性红斑狼疮、原发干燥综合征、皮肌炎、系统性硬化病的特异性临床表现。

答：①系统性红斑狼疮：面部蝶形红斑，蛋白尿，溶血性贫血，血小板减少，多浆膜炎。

②原发干燥综合征：口、眼干，腮腺肿大，猖獗龋，肾小管性酸中毒，高球蛋白血症。

③皮肌炎：上眼睑红肿，Gottron 丘疹，颈部呈 V 形充血，肌无力。

④系统性硬化病：雷诺现象，指端缺血性溃疡，硬指，皮肤肿、硬、失去弹性。

2．简述风湿性疾病的治疗措施和主要治疗药物分类。

答：各个风湿病一旦诊断明确应早期开始相应治疗。治疗措施包括教育、物理治疗、矫形、锻炼、药物、手术等。药物治疗主要包括非甾体抗炎药、糖皮质激素、改变病情抗风湿药。另有些辅助治疗可用于某些病况。

3．弥漫性结缔组织病的共同特点有哪些？

答：①属自身免疫病。

②以血管和结缔组织慢性炎症的病理改变为基础。

③病变累及多个系统，包括肌肉、骨髓系统。

④异质性，即同一疾病在不同患者的临床表现和预后差异甚大。

⑤对糖皮质激素的治疗有一定反应。

⑥疾病多为慢性病程，逐渐累及多个器官和系统，只有早期诊断、合理治疗才能患者得到良好的预后。

4．简述类风湿关节炎、强直性脊柱炎和系统性红斑狼疮关节炎的特点。

答

关节	类风湿关节炎	强直性脊柱炎	系统性红斑狼疮
周围关节炎	有	有	有
起病	缓	缓	不定
首发	近端指间关节、掌指关节、腕	膝、髋、踝	手关节或其他部位
痛性质	持续，休息后加重	休息后加重	不定
肿性质	软组织为主	软组织为主	少见
畸形	常见	部分	偶见
演变	对称性多关节炎	不对称下肢大关节炎	
脊柱炎和（或）骶髂关节病变	偶有	少关节炎必有，功能受限	无

类风湿关节炎

一、单项选择题

1．在类风湿关节炎中最先受累的组织是
A．骨组织
B．软骨组织
C．滑膜组织
D．韧带
E．血管翳

2．类风湿关节炎的表现哪一条不正确
A．可有骨质破坏
B．骶髂关节被累及
C．好发于手、腕、足的小关节
D．好发于远端指间关节
E．多关节受累

3．哪项不是类风湿关节炎的常见关节表现
A．晨僵
B．关节肿胀
C．关节痛及压痛
D．游走性关节红、肿、热、痛
E．关节畸形

4．对类风湿关节炎诊断具有较大特异性的是
A．类风湿因子
B．C- 反应蛋白
C．红细胞沉降率
D．抗环瓜氨酸多肽（CCP）抗体
E．抗核抗体（ANA）

5．类风湿因子是抗免疫球蛋白抗体，其主要抗
A．变性的 IgA 的 Fc 段
B．变性的 IgG 的 Fc 段
C．变性的 IgM 的 Fc 段
D．变性的 IgD 的 Fc 段
E．变性的 IgE 的 Fc 段

6．治疗类风湿关节炎改变病情抗风湿药首选
A．柳氮磺胺吡啶
B．环磷酰胺
C．甲氨蝶呤
D．羟氯喹

E. 来氟米特

7. 如出现对称性掌指关节病变、晨僵症状，首先考虑是
   A. 慢性活动性肝炎
   B. 类风湿关节炎
   C. 结节性多动脉炎
   D. 系统性红斑狼疮
   E. 风湿性关节炎

8. 改变病情抗风湿药治疗类风湿关节炎时，哪一项是错误的
   A. 只要有用药指征就宜早用
   B. 均需长期用药
   C. 联合用药
   D. 个体化用药
   E. 起效快，但停药后作用消失慢

9. 能够防止和延缓类风湿关节炎骨结构破坏的药物是
   A. 糖皮质激素
   B. 抗疟药
   C. 改变病情抗风湿药
   D. 非甾体抗炎药
   E. 以上都不是

10. 糖皮质激素治疗类风湿关节炎哪一项是不适当的
   A. 能短期使用尽量不长期使用
   B. 一般不应用地塞米松
   C. 非甾体抗炎药不能控制症状或急性发作者可小剂量使用
   D. 节外症状显著时可中等剂量使用
   E. 反应药物起效前不要应用

11. HLA 与类风湿关节炎发病机制有关联的是
   A. DR2
   B. DR4
   C. DR3
   D. DR5
   E. DR1

12. 类风湿关节炎少见的关节受累表现是
   A. 尺侧偏斜
   B. 屈曲畸形
   C. 天鹅颈样畸形
   D. 杵状指
   E. 梭形肿大

13. 类风湿性结节的描述哪一项是错误的
   A. 是类风湿关节炎较常见的关节外表现
   B. 结节质硬，压痛明显
   C. 多位于关节隆突部及受压部位的皮下
   D. 对称性分布
   E. 表明类风湿关节炎的活动

14. 除有关节肿痛伴晨僵外，对类风湿关节炎诊断最有意义的表现是
   A. 枕后痛性皮下结节
   B. 关节隆突部及受压部位有无痛性皮下结节
   C. 双侧胸腔积液
   D. 足跟肌腱附着端及足底痛
   E. 腰椎脊髓受压致双下肢感觉异常

15. 女性，50 岁，掌指和腕关节反复肿痛 2 年余，近 1 个月病情加重，晨起时出现关节僵硬，活动后可缓解。首先考虑的诊断是
   A. 风湿性关节炎
   B. 类风湿关节炎
   C. 强直性脊柱炎
   D. 骨关节炎
   E. 痛风

16. 非甾体抗炎药副作用中发生率最高的是
   A. 白细胞减少
   B. 肝功能损害
   C. 胃肠道反应
   D. 肾功能损害
   E. 过敏反应

17. 类风湿性关节炎的主要表现是
   A. 全身关节肿痛，伴发热、皮疹
   B. 游走性大关节肿痛
   C. 对称性小关节肿痛，伴晨僵
   D. 腰骶痛，伴晨僵
   E. 多关节肿痛，伴四肢末梢感觉障碍

18．类风湿关节炎患者，病程持续 1 年余，有对称性多关节肿痛，未经治疗，三大常规及肝肾功能检查正常，首选方案是
A．一种非甾体抗炎药（NSAIDs）
B．两种 NSAIDs 联合使用
C．慢作用抗风湿药
D．慢作用抗风湿药加 NSAIDs
E．慢作用抗风湿药加糖皮质激素
19．类风湿关节炎一般不受累的部位是
A．远端指间关节
B．近端指间关节
C．掌指关节
D．膝关节
E．腕关节
20．类风湿关节炎最常累及的关节是
A．髋关节
B．肘关节
C．膝关节
D．肩关节
E．四肢小关节
21．现在认为类风湿关节炎最主要的发病机制是
A．环境因素
B．遗传易感性
C．免疫紊乱
D．内分泌紊乱
E．感染
22．类风湿关节炎造成关节破坏、畸形、功能障碍的病理基础是
A．血管炎
B．滑膜炎
C．炎细胞浸润
D．骨破坏
E．血管翳
23．以下除了哪项以外都可以是类风湿关节炎的关节受累特点
A．多关节受累
B．寡关节受累
C．对称性受累
D．常见受累关节包括近端指间关节和腕掌关节
E．颈椎受累很常见
24．以下除了哪项以外都是在治疗类风湿关节炎中小剂量甲氨蝶呤（5 ~ 15mg/w）的潜在的副作用
A．白细胞减少
B．肝损害
C．肾病
D．口炎
E．血小板减少
25．关于类风湿因子，下列哪项描述是正确的
A．类风湿关节炎的病人都会出现
B．正常人不会出现
C．临床上最常检测的是 IgM 型类风湿因子
D．临床上最常检测的是 IgG 型类风湿因子
E．其他疾病不会出现
26．下列疾病中除了哪项以外都可以有类风湿因子阳性
A．强直性脊柱炎
B．亚急性细菌性心内膜炎
C．血管炎
D．结节病
E．干燥综合征
27．类风湿关节炎滑膜的病理特征是
A．血管翳形成
B．尿酸钠沉积
C．滑膜钙化
D．退行性病变
E．附着点炎
28．甲氨蝶呤（MTX）的作用机制是
A．抑制二氢叶酸的合成
B．抑制四氢叶酸的合成
C．可抑制二氢叶酸还原酶，阻止尿嘧啶转变成胸腺嘧啶
D．抑制四氢叶酸还原酶，从而抑制 DNA 的合成

E．抑制 B 淋巴细胞的合成

29．非甾体药物治疗类风湿关节炎的主要作用机制是

A．控制关节炎进展

B．促进软骨修复

C．降低类风湿因子（RF）滴度

D．抑制前列腺素的合成

E．预防关节变形

30．Felty 综合征引起的中性粒细胞减少的机制最可能是使中性粒细胞

A．生成减少

B．成熟障碍

C．免疫性破坏过多

D．非免疫性破坏过多

E．分布异常

31．在类风湿关节炎发病中起主要作用的细胞是

A．CD3+ 细胞

B．CD4+ 细胞

C．CD8+ 细胞

D．B 淋巴细胞

32．下列关于可能引起类风湿关节炎的感染因子中，通过活化 B 淋巴细胞而致病的感染因子是

A．支原体

B．EB 病毒

C．大肠埃希氏菌

D．链球菌

33．下列因素中，哪项与类风湿关节炎的预后无关

A．2 年内发生关节、骨侵蚀

B．HLA-DR4 阳性

C．抗核抗体阳性

D．类风湿因子持续高滴度阳性

34．女性，38 岁，四肢大小关节肿痛 10 年，X 线示双手指关节及腕关节有多处骨质破坏，关节检查仍有多处关节肿痛，脾肋下 2 cm，质地中等，WBC 2×10^9/L，Plt 60×10^9/L，ESR 70 mm/h，尿常规正常，10 年来一直服用非甾体抗炎药。该患者最可能的诊断是

A．肝硬化，脾功能亢进

B．类风湿综合征

C．Felty 综合征

D．系统性红斑狼疮

E．药物性再生障碍性贫血

35．女性，23 岁，3 个月来四肢关节肿胀，尤以双腕关节、掌指关节、近端指关节肿痛明显，如考虑为类风湿关节炎，应做哪些检查

A．血常规，尿常规

B．双手 + 双足 X 线片

C．抗核抗体谱检查

D．类风湿因子

E．以上均是

36．女性，36 岁，指关节、腕关节肿痛半年，晨僵约 1 小时，ESR 36 mm/h，X 线示双手指间关节软组织肿胀，关节两端骨质疏松。此时应定为类风湿关节炎的

A．Ⅰ期

B．Ⅱ早期

C．Ⅱ晚期

D．Ⅲ期

E．Ⅳ期

二、多项选择题

1．类风湿因子与类风湿关节炎的关系是

A．与活动性、严重性成正比

B．对诊断仅有参考价值

C．其他结缔组织病、心内膜炎、肿瘤、结核可出现阳性

D．在类风湿关节炎均出现阳性

E．以上都不是

2．非甾体抗炎药治疗类风湿关节炎的应用原则是

A．一旦确诊类风湿关节炎应及早使用

B．一般不同时使用两种或两种以上的非甾体抗炎药

C．尽量个体化用药。试用 2 ~ 3 周无效可改用另一种非甾体抗炎药

D．有溃疡病史者最好选用抑制 COX-2 非甾体抗炎药
E．以上都不是

3．类风湿关节炎病理改变
A．骨质破坏
B．血管炎
C．骨囊性变
D．滑膜炎
E．以上都不是

4．类风湿关节炎累及肾损害最常见的原因可能是
A．抗风湿药引起肾损伤
B．循环免疫复合物沉积于肾小球
C．并发肾淀粉样变性
D．原位免疫复合物形成并导致肾炎
E．以上都不是

5．类风湿关节炎可能的病因是
A．环境因素
B．遗传易感性
C．免疫紊乱
D．内分泌紊乱
E．以上都不是

6．提示预后不良的类风湿关节炎的关节外表现为
A．间质性肺病
B．心包炎
C．巩膜炎
D．类风湿结节
E．严重贫血

7．晚期类风湿关节炎可以见到哪种畸形
A．天鹅颈畸形
B．纽扣花畸形
C．Heberden 结节
D．尺侧偏斜
E．桡侧偏斜

8．类风湿关节炎患者的血液学改变包括
A．贫血
B．活动期患者可见血小板增多
C．白细胞减少
D．血小板减少
E．骨髓抑制

9．类风湿关节炎的放射学改变包括
A．近关节旁骨质疏松
B．骨质侵蚀
C．关节间隙狭窄
D．关节半脱位
E．骨性强直

10．类风湿关节炎的药物治疗包括
A．抗疟药
B．糖皮质激素
C．抗生素
D．非甾体抗炎药
E．雷公藤总甙

11．治疗类风湿关节炎常用的生物制剂包括
A．肿瘤坏死因子拮抗剂
B．血浆吸附
C．IL-1 拮抗剂
D．CD20 单克隆抗体
E．免疫球蛋白

12．类风湿关节炎可以见到以下哪些自身抗体
A．类风湿因子
B．抗中性粒细胞胞浆抗体（ANCA）
C．抗 ds-DNA 抗体
D．抗 Sm 抗体
E．抗环瓜氨酸多肽（CCP）抗体

13．下列描述错误的是
A．某关节疼痛患者门诊查血清 RF 1 ∶ 40 阳性可诊断类风湿关节炎
B．抗角质蛋白抗体、抗核周因子、抗环瓜氨酸多肽抗体对类风湿关节炎早期诊断有很重要的价值
C．NSAIDs 是非甾体抗炎药的缩写，DMARDs 是改变病情抗风湿药的缩写
D．类风湿关节炎应常规使用糖皮质激素 +NSAIDs+DMARDs
E．两种 NSAID 可联合用药以增加疗效

三、名词解释

1．晨僵
2．类风湿结节
3．Felty 综合征
4．Caplan 综合征

四、填空题

1．类风湿关节炎的药物治疗主要包括________、________、________。
2．类风湿关节炎多见于________性，好发于________岁。
3．类风湿关节炎其特异性症状为______。
4．类风湿关节炎的基本病理改变是______。
5．抗角蛋白抗体谱包括________、________、________、________。

五、问答题

1．简述类风湿关节炎的关节表现。
2．简述类风湿关节炎 1987 年的诊断标准。
3．简述类风湿关节炎 2010 年的诊断标准。

参考答案

一、单项选择题

1．C	2．D	3．D	4．D	5．B	6．C
7．B	8．E	9．C	10．E	11．B	12．D
13．B	14．B	15．B	16．C	17．C	18．D
19．A	20．E	21．C	22．E	23．B	24．C
25．C	26．A	27．A	28．C	29．D	30．C
31．B	32．B	33．C	34．C	35．E	36．A

二、多项选择题

1．ABC	2．ABCD	3．BD	4．AC	5．ABC	6．ABCD
7．ABD	8．ABCD	9．ABCDE	10．ABDE	11．ACD	12．AE
13．ADE					

三、名词解释

1．晨僵：早晨起床后病变关节感觉僵硬（日间长时间静止不动后也可出现），如胶黏着样的感觉，持续时间至少 1 小时者意义较大。晨僵出现在 95% 以上的 类风湿关节炎患者中。晨僵持续时间和关节炎症的程度呈正比，它常被作为观察本病活动指标之一。

2．类风湿结节：是本病较常见的关节外表现，可见于 20% ～ 30% 的患者，多位于关节隆突部及受压部位的皮下，如前臂伸面、肘鹰嘴附近、枕、跟腱等处。其大小不一，结节直径在数毫米至数厘米之间、质硬、无压痛、对称性分布。此外，几乎所有脏器如心、肺、眼等均可累及。其存在提示本病的活动。

3．Felty 综合征：指类风湿关节炎 患者伴有脾大、中性粒细胞减少，有的甚至有贫血和血小板减少的情况。

4．Caplan 综合征：尘肺患者合并类风湿关节炎 时易出现大量肺结节，称之为 Caplan 综合征，也称类风湿尘肺。临床和胸部 X 线表现均类似肺内的类风湿结节，数量多，较大，突然出现，并伴关节症状加重。病理检查结节中心坏死区内含有粉尘。

四、填空题

1．非甾体抗炎药　改变病情抗风湿药　糖皮质激素

2．女　35 ~ 50

3．对称性多个周围性关节的慢性炎症病变

4．滑膜炎

5．抗核周因子抗体（APF）抗角蛋白抗体（AKA）抗聚角蛋白微丝蛋白抗体（AFA）抗环瓜氨酸多肽抗体（抗 CCP 抗体）

五、问答题

1．简述类风湿关节炎的关节表现。

答：①晨僵：早晨起床后病变关节感觉僵硬，持续时间至少 1 小时者意义较大。

② 痛与压痛：最常出现的部位为腕、掌指关节、近端指间关节。

③ 关节肿。

④ 关节畸形。

⑤ 特殊关节：颈椎、肩关节、髋关节、颞颌关节。

⑥ 关节功能障碍。

2．简述类风湿关节炎 1987 年的诊断标准。

答：①晨僵至少每天 1 小时（持续 6 周以上）；

② 3 个或 3 个以上关节肿（持续 6 周以上）；

③腕、掌指关节肿（持续 6 周以上）；

④对称性关节肿持续 6 周以上；

⑤皮下结节；

⑥手的 X 线片改变；

⑦类风湿因子阳性。

以上 7 项有 4 项者可诊断类风湿关节炎。

3．简述类风湿关节炎 2010 年的诊断标准。

答：①关节受累情况：1 个中大关节 为 0 分；2 ~ 10 个中大关节为 1 分；1 ~ 3 个小关节 为 2 分；4 ~ 10 个小关节为 3 分；超过 10 个小关节为 5 分。

②血清学：类风湿因子（RF）和抗环瓜氨酸多肽（CCP）抗体均阴性为 0 分；RF 和抗 CCP 抗体低滴度阳性 为 2 分；RF 和抗 CCP 抗体高滴度阳性为 3 分。

③急性期反应物：CRP 和 ESR 均正常 0 分；CRP 或 ESR 异常 为 1 分。

④症状持续时间：时间＜ 6 周为 0 分；时间≥ 6 周为 1 分。

患者按上述所示的标准评分，6 分及以上可确诊类风湿关节炎（RA），6 分以下不能确诊。

系统性红斑狼疮

一、单项选择题

1．系统性红斑狼疮是一种

A．感染性疾病

B．自身免疫性疾病

C．传染性疾病

D．遗传性疾病

E．先天性疾病

2. 女性，20岁，持续发热5天，面部出现水肿性红斑性皮损，伴膝、踝关节肿痛，下肢水肿，有散在瘀点。ESR 100mm/h，Hb 80/L。尿常规：蛋白（+++），RBC 5 ~ 10/HP。本病最可能的诊断是
   A. 风湿热
   B. 慢性肾炎
   C. 系统性红斑狼疮
   D. 自身免疫性溶血性疾病
   E. 特发性血小板减少性紫癜（ITP）
3. 患者女性，19岁。弛张性发热7天，2天来两颊部出现对称性、水肿性红斑，指端及甲周有红斑。血常规：Hb 90g/L，WBC 3.4×10^9/L，尿蛋白（+++），管型0 ~ 2/HP，抗核抗体（+），确诊为系统性红斑狼疮，首选治疗是
   A. 非甾体抗炎药
   B. 糖皮质激素
   C. 氯喹
   B. 甲氨蝶呤
   E. 血浆置换
4. 狼疮肾炎最终可演变为
   A. 尿路感染
   B. 慢性肾盂肾炎
   C. 慢性肾炎
   D. 肾病综合征
   E. 尿毒症
5. 系统性红斑狼疮脏器损害最常见于
   A. 心
   B. 肝
   C. 脾
   D. 肺
   E. 肾
6. 系统性红斑狼疮发病年龄多见于
   A. 婴儿
   B. 儿童
   C. 育龄妇女
   D. 中年男性
   E. 老年人
7. 系统性红斑狼疮活动期可表现有
   A. 红细胞增多
   B. 白细胞增多
   C. 抗 dsDNA（+）
   D. 血清蛋白正常
   E. 免疫球蛋白降低
8. 下列哪种疾病未经治疗测得抗核抗体阳性率最高
   A. 多发性肌炎
   B. 系统性红斑狼疮
   C. 特发性血小板减少性紫癜
   D. 类风湿关节炎
   E. 慢性活动性肝炎
9. 女性，39岁，反复关节痛2年，曾诊断为风湿性关节炎，给予非甾体消炎药治疗能缓解；1年前面部水肿。尿蛋白（+++），人血白蛋白26g/L，诊断为肾病综合征，给予静脉注射白蛋白及利尿剂治疗症状好转。近2个月出现牙龈出血、皮肤瘀点、月经量增多，查Hb82g/L。病人最可能的诊断是
   A. 风湿性关节炎、慢性肾炎、血小板减少性紫癜及失血性贫血
   B. 慢性肾炎、肾功能不全及由尿毒症引起造血系统改变
   C. 原发性血小板减少性紫癜合并继发性贫血
   D. 系统性红斑狼疮：狼疮肾炎、狼疮性血液系统损害
   E. 全血细胞减少、再生障碍性贫血待诊
10. 女性，34岁，不规则发热半年，伴关节疼痛，双颧部出现高出皮面的固定红斑3个月余，拟诊为系统性红斑狼疮。行以下体检和实验室检查，除哪项外支持系统性红斑狼疮的诊断
    A. 口腔溃疡和抗核抗体（+）
    B. 脱发和雷诺现象
    C. 胸腔积液、雷诺现象
    D. 心包积液、低补体血症和皮肤狼

疮带

E．血红细胞增多

11．下列哪项不是系统性红斑狼疮血液系统的改变

A．溶血性贫血

B．白细胞减少

C．血小板减少

D．颈部淋巴结无痛性肿大

E．血小板增多

12．系统性红斑狼疮的诊断标准包括

A．发热

B．口腔溃疡

C．类风湿因子（RF）(+)

D．脱发

E．抗 U1 小核糖核蛋白（RNP）抗体（+）

13．目前系统性红斑狼疮不常进行的检查是

A．肾穿刺活检

B．找红斑狼疮（LE）细胞

C．抗核抗体（ANA）滴度测定

D．抗 dsDNA 抗体滴度测定

E．抗 Sm 抗体滴度测定

14．女性，32 岁，近 3 年来梳头时易脱发，经常反复发作口腔黏膜无痛性溃疡，2 年来冬季遇冷时手指发白、疼痛、继而发紫，后恢复正常，询问病史得知，夏天病人受阳光照射后面部皮肤易患红斑，怀疑是系统性红斑狼疮，从实验室角度看，下列哪项有确诊价值

A．ANA（+），RF（+）

B．Coombs 试验（+）

C．抗 RNP 抗体（+），低补体血症

D．抗 Sm 抗体（+），抗 dsDNA 抗体（+）

E．抗 SSA 抗 体（+），抗 SSB 抗 体（+）

15．女性，30 岁。着凉后发热、关节痛 2 个月，近 1 周全身水肿、尿少住院，X 线检查示心包及胸腔有积液。化验尿蛋白（+++），血浆白蛋白 24g/L、网织红细胞 20%，Hb 52 g/L，Plt 30×10^9/L，抗 dsDNA 抗体（+），ESR 112mm/h。此患者首选治疗

A．大量利尿剂

B．氯喹 500mg/d，口服

C．甲强龙冲击治疗

D．环磷酰胺 200mg/d，静脉注射

E．吲哚美辛 25mg，3 次 / 天，口服

16．女性，26 岁，腕踝关节肿痛半年，入夏以来在阳光下行走面部出现红斑。查体：头发稀疏，面颈部有不规则圆形皮损，边缘略高出皮面，口腔多个浅表溃疡，肝肋下 0.5cm，脾肋下扪及。化验：LE 细胞（+），按美国风湿病学会修订标准符合系统性红斑狼疮（SLE）诊断。本例实验室检查下列哪种说法是错误的

A．仅 ANA（+），可确诊 SLE

B．抗 Sm 抗体为 SLE 标记抗体

C．低补体血症常表明 SLE 处于活动期

D．ANA（+）不仅见于 SLE 病人

E．皮肤狼疮带试验有假阳性，也有假阴性

17．下列哪项不属于器官特异性自身免疫病

A．桥本甲状腺炎

B．幼年型糖尿病

C．系统性红斑狼疮

D．原发性自身免疫性溶血性贫血

E．重症肌无力

18．狼疮肾炎肾组织活动性指标不包括

A．增生性病变

B．细胞性新月体

C．白细胞浸润

D．透明血栓

E．肾小管萎缩

19．免疫病理检查中几乎所有系统性红斑狼疮病人均可出现病变的脏器是

A．心脏

B．肾

C．肺

D．肝
E．胰腺
20．与狼疮肾损害关系最密切的自身抗体是
A．抗 dsDNA 抗体
B．抗 RNP 抗体
C．抗 SSB 抗体
D．抗 Sm 抗体
E．抗 SSA 抗体
21．一定与系统性红斑狼疮的疾病活动性有关的免疫学检测指标是
A．抗核抗体
B．抗 dsDNA 抗体
C．抗 Sm 抗体
D．抗 SSA 抗体
E．抗中性粒细胞胞浆抗体（ANCA）
22．对系统性红斑狼疮的诊断最特异的是
A．狼疮细胞
B．抗核抗体
C．类风湿因子
D．抗双链 DNA 抗体
E．抗 Sm 抗体
23．女性，22 岁，不规则低热伴关节痛 1 个月，近 3 天来尿少、水肿、皮肤有瘀斑。化验尿蛋白（+++），红细胞 10/HP，血 ESR 40 mm/H，血 ANA 1/160+，首先考虑的诊断是
A．类风湿关节炎
B．系统性红斑狼疮
C．急性肾小球肾炎
D．关节型过敏性紫癜
E．原发性肾病综合征
24．女性，27 岁，双手近端指间关节肿痛 2 个月，伴不规则低热。体检双手近端指间关节有压痛，肿胀不明显，无畸形。血 WBC 32×10^9/L，尿蛋白 100 mg/dl，ESR 35 mm/h，本例最可能的诊断是
A．风湿性关节炎
B．类风湿关节炎
C．反应性关节炎
D．系统性红斑狼疮
E．急性白血病
25．女性，32 岁，双腕和膝关节疼痛，伴高热 2 个月。曾有癫痫样发作一次。心脏超声检查示中等量心包积液，X 线胸片示右侧少量胸腔积液。血常规检查发现 Hb、WBC 和血小板下降。尿蛋白（+++），多种抗生素治疗无效，最可能的诊断为
A．肾小球肾炎急性发作
B．恶性肿瘤颅内转移
C．系统性红斑狼疮
D．结核性胸膜炎和心包炎
E．再生障碍性贫血
26．系统性红斑狼疮、狼疮肾炎（病理为Ⅳ型）首选的免疫抑制剂为
A．环磷酰胺
B．甲氨蝶呤
C．长春新碱
D．硫唑嘌呤
E．雷公藤

二、多项选择题

1．系统性红斑狼疮血液系统受累可表现为
A．贫血
B．血小板减少
C．血小板增多
D．白细胞减少
E．白细胞增多
2．狼疮肾炎可表现为
A．水肿
B．血尿
C．蛋白尿
D．低蛋白血症
E．胆固醇升高
3．具有下列哪些表现可诊断系统性红斑狼疮
A．颧部红斑
B．非侵蚀性关节炎
C．蛋白尿或尿细胞管型
D．胸腔积液

E．溶血性贫血或白细胞减少

4．系统性红斑狼疮治疗可选用的药物有

A．泼尼松

B．环磷酰胺

C．青霉素

D．羟氯喹

E．甲氨蝶呤

5．神经精神性狼疮的中枢神经系统表现包括

A．无菌性脑膜炎

B．脱髓鞘综合征

C．癫痫

D．脊髓病变

E．精神病

6．狼疮肾炎的临床表现

A．蛋白尿

B．血尿

C．管型尿

D．高血压

E．肾衰竭

三、名词解释

1．系统性红斑狼疮

2．ANA

四、填空题

1．系统性红斑狼疮的病因可能与________、________和________有关。

2．系统性红斑狼疮脏器损害中，最常见的是________。

3．系统性红斑狼疮的标记抗体包括________、________。

4．系统性红斑狼疮女性约占90%，常为________期女性。

5．系统性红斑狼疮实验室检查改变有________、________、________、________、________、________等。

6．抗磷脂抗体包括________、__________、________。

五、问答题

女性，25岁，有低热、关节肿痛史。因心悸、胸闷来院。查体：HR 108次/min，心音低钝，无器质性杂音。心电图ST段压低，T波平坦。按风湿性心肌炎收入院治疗，但不见好转，以后又出现眼睑水肿，食欲缺乏，肝区不适等症状。化验检查：WBC 3.6×10^9/L，ESR 60mm/h，尿蛋白（+++），管型少许，谷丙转氨酶（ALT）明显增高，γ球蛋白36g/L，抗核抗体（+），抗Sm抗体（+）。

（1）做出诊断。

（2）患者还需做哪些检查？

参考答案

一、单选题

1．B	2．C	3．B	4．E	5．E	6．C
7．C	8．B	9．D	10．E	11．E	12．B
13．B	14．D	15．C	16．A	17．C	18．E
19．B	20．A	21．B	22．E	23．B	24．D
25．C	26．A				

二、多选题

1．ABD	2．ABCDE	3．ABCDE	4．ABDE	5．ABCDE	6．ABCDE

三、名词解释

1．系统性红斑狼疮：是一种表现为多系统损害的慢性系统性自身免疫性疾病，其血清具有以抗核抗体为代表的多种自身抗体。病程以病情缓解和急性发作交替为特点。

2．ANA：是抗细胞核内多种物质成分的抗体，包括抗 DNA、抗组蛋白、抗非组蛋白和抗核仁抗体。ANA 阳性主要要考虑自身免疫性疾病。

四、填空题

1．遗传　环境因素　雌激素

2．肾

3．Sm 抗体　dsDNA

4．育龄

5．抗核抗体阳性　抗 dsDNA 抗体阳性　抗 Sm 抗体阳性　补体下降　血常规异常　尿常规异常

6．抗心磷脂抗体　狼疮抗凝物　抗 β_2- 糖蛋白 1（β_2GP1）抗体

五、问答题

（1）做出诊断：

答：①系统性红斑狼疮；

②狼疮肾炎；

③狼疮性心包炎（心肌炎）；

④狼疮性白细胞减少症；

⑤狼疮性肝炎。

（2）还需做哪些检查？

答：①心脏 B 超；

② X 线胸片；

③心肌酶；

④ 24 小时尿蛋白定量；

⑤肝炎病毒标志物；

⑥补体；

⑦肾功能。

血清阴性脊柱关节病

一、单项选择题

1．强直性脊柱炎腰椎活动度检查常用

A．“4”字试验

B．Schober 试验

C．枕墙距检查

D．患者直立，用刻度软尺测其深呼气、深吸气之胸围差

E．直腿抬高试验

2．强直性脊柱炎影像学诊断的关键是

A．关节腔积液

B．关节间隙狭窄

C．关节面出现虫凿样破坏性改变

D．关节疏松

E．放射性骶髂关节炎

3．不属于炎症性腰（或脊柱）痛诊断标准

的是
A．40 岁以前发病
B．隐匿发生
C．不伴晨僵
D．活动后缓解
E．持续 3 个月以上

4．血清阴性脊柱关节炎不包括下列哪项疾病
A．强直性脊柱炎
B．Reiter 综合征
C．Felty 综合征
D．炎症性肠病关节炎
E．银屑病关节炎

5．强直性脊柱炎最早累及的部位常是
A．颈椎
B．胸椎
C．腰椎
D．骶椎
E．骶髂关节

6．银屑病关节炎特点常是
A．对称性近端指间关节炎
B．对称性远端指间关节炎
C．近、远端关节同时受累
D．非对称性近端指间关节炎
E．非对称性远端指间关节炎

7．强直性脊柱炎的特征性 X 线片变化
A．脊柱呈“竹节”样
B．骨膜反应呈三角形
C．骨端膨胀呈肥皂泡样
D．有死骨形成并有包壳
E．长管骨干骺区有骨性疣状突起

8．男性，22 岁。腰背痛 2 年。下腰段及骶髂关节压痛，腰椎活动明显受限。X 线片示双侧骶髂关节虫蚀样破坏，脊柱呈“竹节样”改变。最可能的诊断是
A．强直性脊柱炎
B．腰椎间盘突出症
C．腰椎结核
D．腰椎肿瘤
E．化脓性脊柱炎

9．对强直性脊柱炎的叙述，错误的是
A．以中轴关节慢性炎症、骨质破坏为主要特点的风湿性疾病
B．HLA-B27 基因与本病发病高度有关
C．男性多见
D．20 ～ 30 岁为高峰期
E．休息后疼痛缓解

二、多项选择题

1．强直性脊柱炎可用下列哪些方法治疗
A．糖皮质激素
B．非甾体抗炎药
C．生物制剂
D．沙利度胺
E．抗生素

2．血清阴性脊柱关节病包括
A．Reiter 综合征
B．银屑病关节炎
C．炎症性肠病关节炎
D．类风湿关节炎
E．强直性脊柱炎

三、名词解释

血清阴性脊柱关节病（seronegative spondyloarthropathies）

四、填空题

1．强直性脊柱炎典型病例 X 线表现为骶髂关节明显破坏，后期脊柱呈________变化。

2．Reiter 综合征或反应性关节炎典型受累，指（趾）呈弥漫性非对称性小关节炎改变，称“________”。

3．银屑病关节炎 X 线检查可见指（趾）关节受累，典型改变呈“________”征。

五、问答题

简述强直性脊柱炎的骶髂关节改变的 X 线分级。

参考答案

一、单项选择题

1．B　2．E　3．C　4．C　5．E　6．E
7．A　8．A　9．E

二、多项选择题

1．ABCD　2．ABCE

三、名词解释

血清阴性脊柱关节病：是指以中轴、外周关节以及关节周围慢性进展性炎症为主要表现的一组疾病。

四、填空题

1．竹节样
2．腊肠样指（趾）
3．笔帽 - 笔尖样

五、问答题

简述强直性脊柱炎的骶髂关节改变的 X 线分级。

答：①0 级为为正常；

②Ⅰ级为可疑；

③Ⅱ级为轻度异常，可见局限性侵蚀、硬化，但关节间隙正常；

④Ⅲ级为明显异常，存在侵蚀、硬化，关节间隙增宽或狭窄，部分强直等 1 项或 1 项以上改变；

⑤Ⅳ级为严重异常表现为完全性关节强直。

干燥综合征

一、单项选择题

1．干燥综合征常被误诊或漏诊，其主要原因是
A．与其他病许多症状相同，难以鉴别
B．没有确诊的有效方法
C．病情复杂多变
D．医生及病人忽视口干眼干主症的陈述
E．需要知识面太广，难以掌握

2．干燥综合征主要累及
A．眼
B．口腔
C．皮肤
D．血液
E．柱状上皮构成的外分泌腺

3．干燥综合征皮肤病变的特征性表现为
A．脱屑
B．色素沉着
C．紫癜样皮疹
D．烧伤样皮疹
E．红斑

4．常用诊断干燥综合征的核素显像方法是
A．甲状腺静态显像
B．脑脊液显像
C．唾液腺显像
D．脑血流灌注显像

E．肾动态显像

5．原发性干燥综合征累及肾后常见的临床表现为

A．肾性高血压

B．肾危象

C．肾小管酸中毒

D．肾小球肾炎

E．血肌酐升高

二、多项选择题

1．干燥综合征的眼科检查有

A．Schrimers 试验

B．视野检查

C．角膜染色

D．眼底检查

E．视力检查

2．造成干燥综合征特异性临床表现的基础有

A．激素分泌异常

B．外分泌腺炎症

C．血管受损

E．化学因素

E．病毒感染

3．原发性干燥综合征的特征性临床表现

A．口干

B．猖獗龋

C．成人腮腺炎

D．干燥性角膜炎

E．面具脸

4．原发性干燥综合征特异性较强的检查有

A．滤纸试验

B．抗 SSB 抗体

C．腮腺造影

D．角膜荧光染色

E．下唇黏膜活检

5．下列哪些抗体可出现在干燥综合征中

A．抗核抗体（ANA）

B．SSA 抗体

C．SCL-70 抗体

D．α- 胞衬蛋白

E．SSB 抗体

三、名词解释

干燥综合征（Sjogren 综合征）

四、填空题

1．干燥综合征 50% 的患者会出现多个难以控制发展的龋齿，称为________。

2．________是干燥综合征最常见的呼吸系统病变。

3．干燥综合征的两个主要病变是________和________。

4．干燥综合征累及外分泌腺时，最易累及的两个腺体是________和________。

5．干燥综合征出现肾小管酸中毒时，电解质紊乱主要表现为________。

五、问答题

干燥综合征的眼科检查有哪些？唇腺组织活检如何判断结果？

参考答案

一、单项选择题

1．D　2．E　3．C　4．C　5．C

二、多项选择题

1．AC　2．BC　3．ABCD　4．BE　5．ABDE

三、名词解释

干燥综合征：是一种以侵犯泪腺、唾液腺等外分泌腺体，具有高度淋巴细胞浸润为特征的弥漫性结缔组织病。临床上主要表现为干燥性角膜、结膜炎，口腔干燥症，还可累及多系统。

四、填空题

1．猖獗龋

2．肺间质病变

3．外分泌腺体炎症　血管受损

4．泪腺　唾液腺

5．低钾血症

五、问答题

干燥综合征的眼科检查有哪些？唇腺组织活检如何判断结果？

答：干燥综合征的眼科检查有：Schrimers 试验，角膜染色。唇腺组织活检结果判定：淋巴细胞灶≥1（指 $4mm^2$ 至少有 50 个淋巴细胞聚集于唇腺间质者为 1 灶）。

血管炎病

一、单项选择题

1．对肉芽肿性多血管炎诊断意义大，特异性强的抗体是

A．p- 抗中性粒细胞胞浆抗体（ANCA）

B．抗核抗体（ANA）

C．抗可溶性抗原（ENA）抗体

D．c-ANCA

E．抗核仁抗体

2．对显微镜下多血管诊断意义大，特异性强的抗体是

A．p-ANCA

B．ANA

C．抗 ENA 抗体

D．c-ANCA

E．抗核仁抗体

3．肉芽肿性多血管炎特异的上呼吸道表现哪一项是错误的

A．慢性鼻炎、鼻窦炎

B．鼻咽部溃疡、鼻出血

C．鼻软骨破坏、鼻中隔穿孔

D．咽鼓管炎

E．气管狭窄

4．下列血管炎中哪一种与乙型病毒性肝炎有关

A．结节性多动脉炎

B．变应性肉芽肿

C．肉芽肿性多血管炎

D．巨细胞动脉炎

E．白塞综合征

5．男性，30 岁，兽医，主诉口腔浅表溃疡，阴部溃疡，肛门溃疡，左眼视力下降，关节酸痛，最可能的诊断是

A．结节性多动脉炎

B．过敏性血管炎

C．白塞综合征

D．多发性大动脉炎

E．坏死性肉芽肿

6．下列有关系统性血管炎正确的说法是

A．巨细胞动脉炎主要累及 50 岁以上的男性患者

B．结节性多动脉炎是累及肾小球和小血管的坏死性炎症

C．川崎病主要发生于成年人

D．过敏性紫癜患者常有血小板减少
E．变应性肉芽肿性血管炎是以呼吸道受累为主要表现，病理检查表现为嗜酸性粒细胞浸润的肉芽肿性血管炎

7．主要累及中等大小血管的血管炎的疾病是
A．肉芽肿性多血管炎
B．皮肤白细胞破裂性血管炎
C．过敏性紫癜
D．川崎病
E．显微镜下多血管炎

8．下列不是全身血管炎病表现的是
A．皮肤可见瘀斑、紫癜或溃疡
B．复发性口腔溃疡
C．单神经或多神经病变
D．腹部器官缺血或梗死所致腹痛、腹泻
E．嗜酸细胞肉芽肿

9．有关系统性血管炎的描述，下列正确的是
A．显微镜下多血管炎患者的肾组织活检标本上常见有大量免疫复合物沉着
B．抗中性粒细胞胞浆抗体（ANCA）阳性即可诊断系统性血管炎
C．系统性血管炎是一组遗传性疾病
D．肉芽肿性多血管炎是以呼吸道及肾受累为主的坏死性、肉芽肿性血管炎
E．结节性多动脉炎的肾损害在病理上常表现为肾小球炎症

10．下述有关系统性血管炎正确的说法是
A．巨细胞动脉炎主要累及 50 岁以上的男性患者
B．结节性多动脉炎是累及肾小球和小血管的坏死性炎症
C．川畸病主要发生于成年人
D．过敏性紫癜患者常有血小板减少
E．变应性肉芽肿性血管炎是以呼吸道受累为主要表现，病理检查表现为高嗜酸性粒细胞浸润的肉芽肿性血管炎

11．女性，45 岁，近 2 年来反复出现多发口腔溃疡，两个月前劳累后出现左膝关 节肿痛，双下肢皮肤结节红斑伴疼痛，1 周前突发右眼视物不清，化验 ESR 增快，ANA 阴性，最可能的诊断是
A．类风湿关节炎
B．系统性红斑狼疮
C．白塞综合征
D．结核病
E．干燥综合征

12．男性，45 岁，出现鼻塞、流脓涕、咳嗽、痰中带血 6 个月，有低热、关节痛，X 线胸片见双肺中下肺野有渗出性病灶。临床疑诊为肉芽肿性多血管炎，下述哪一项检查对患 者的诊断有提示性意义
A．p-ANCA
B．C-ANCA
C．ANA
D．嗜酸性粒细胞大于 10%
E．ESR

13．关于白塞综合征下列哪一项是正确的
A．常见皮肤表现为环形红斑
B．病理是以小动脉为主的血管炎
C．抗 Mi 抗体是白塞综合征的特异性抗体
D．超过 90% 的患者都有口腔溃疡
E．神经系统一般不受累

14．关于系统性血管炎描述正确的是
A．显微镜下多血管炎患者的肾组织活检病理常见有免疫复合物沉着
B．ANCA 阳性即可诊断系统性血管炎
C．系统性血管炎是一组遗传性疾病
D．肉芽肿性多血管炎是以呼吸道及肾受累为主的坏死性、肉芽肿性血管炎
E．结节性多动脉炎的肾损害在病理上常表现为肾小球炎症

二、多项选择题

1．肉芽肿性多血管炎的特征性表现

A．上呼吸道坏死性肉芽肿

B．下呼吸道坏死性肉芽肿

C．节段性坏死性肾小球肾炎

D．c-ANCA 阳性

E．p-ANCA 阳性

2．白塞综合征的神经系统症状可包括

A．周围神经炎

B．脑膜炎

C．偏瘫

D．癫痫

E．意识障碍

三、名词解释

无脉症

四、填空题

白塞综合征是一种以________、______、________及________为临床特征的，累及________的慢性疾病。

五、问答题

肉芽肿性多血管炎典型的三联症是什么？

参考答案

一、单项选择题

1．D　2．A　3．D　4．A　5．C　6．E　7．D　8．B　9．D　10．E　11．C　12．B　13．D　14．D

二、多项选择题

1．ABCD　2．ABCDE

三、名词解释

无脉症：大动脉和中等动脉壁的炎症和狭窄，当累及锁骨下动脉易造成桡动脉无脉称为无脉症。

四、填空题

口腔溃疡　外阴溃疡　眼炎　皮肤损害　多个系统

五、问答题

肉芽肿性多血管炎典型的三联症是什么？

答：即上呼吸道坏死性肉芽肿、下呼吸道坏死性肉芽肿、节段性坏死性肾小球肾炎。

系统性硬化症

一、单项选择题

1．猖獗龋主要见于

A．系统性硬化症

B．系统性红斑狼疮

C．血管炎

D．类风湿关节炎

E．干燥综合征

2．对干燥综合征诊断特异性较强的抗体是
A．抗核抗体
B．抗 Sm 抗体
C．抗 U1 小核糖核蛋白（RNP）抗体
D．抗 SSA 抗体
E．抗 SSB 抗体

3．“面具脸”常见于
A．干燥综合征
B．系统性红斑狼疮
C．血清阴性关节炎
D．系统性硬化症
E．类风湿关节炎

4．弥漫性系统性硬化症的标记性抗体为
A．抗 Scl-70 抗体
B．抗 SSA 抗体
C．抗 RNP 抗体
D．抗 Jo-1 抗体
E．抗核抗体（ANA）

5．系统性硬化症常见的首发症状是
A．恶心、呕吐
B．皮肤损害
C．关节损害
D．肌肉损害
E．雷诺现象

6．女性，40 岁，发热伴指、膝关节疼痛，继而出现对称性手指及跖趾关节近端的皮肤增厚、绷紧及硬变。血清抗核抗体及类风湿因子阳性。诊断为进行性系统性硬化病，如果给予该患者类固醇药物治疗，可起的作用为
A．缓解骨骼肌症状，消除皮肤水肿
B．阻止内脏纤维化和硬化，消除皮肤水肿
C．使硬化皮肤软化
D．通过抑制细胞因子，阻止胶原过度合成
E．抑制自身免疫反应

二、多项选择题

关于系统性硬化症，下列说法正确的是
A．雷诺现象是系统性硬化症的常见首发症状
B．“笔帽 - 笔尖样”征是特征性表现之一
C．肾危象是主要死亡原因
D．不会出现类风湿因子阳性
E．糖皮质激素不会阻止皮肤的纤维化

三、名词解释

1．系统性硬化症（systemic sclerosis）
2．雷诺现象（病）

四、填空题

1．系统性硬化症根据皮肤受累情况可分为________、________、________。
2．系统性硬化症有时可出现________和（或）________，上述两种情况均称为硬皮病肾危象。
3．系统性硬化症面部皮肤受损常表现为“________”，为本病特征性表现之一。
4．系统性硬化症皮肤表现分为三个阶段：________、________、________。

五、问答题

系统性硬化症的诊断标准是什么？

参考答案

一、单项选择题

1. E　2. E　3. D　4. A　5. E　6. A

二、多项选择题

ACE

三、名词解释

1．系统性硬化症：是一个原因不明，以小血管功能和结构异常，皮肤、内脏纤维化，免疫系统活化和自身免疫为特征的全身性疾病。

2．雷诺现象（病）：是发作性的一个或多个指（趾）端颜色白、紫、红色顺序变化的体征。局部有麻木、疼痛或者烧灼感。频繁发作或者严重者可导致指（趾）端软组织缺血性溃疡甚至坏死，寒冷或者情绪紧张都可诱发或者加重此现象。

四、填空题

1．弥漫型　局限型　重叠型

2．急进性恶性高血压　急性肾损伤

3．面具脸

4．水肿期　硬化期　萎缩期

五、问答题

系统性硬化症的诊断标准是什么？

答：(1) 主要指标：近端硬皮病。对称性手指及掌指或跖趾近端皮肤增厚、紧硬、不易提起。类似皮肤改变同时累及肢体的全部、颜面、颈部和躯干。

(2) 次要指标：①指端硬化；②指端凹陷性瘢痕或指垫变薄；③双肺底纤维。

具备上述主要指标或≥ 2 个次要指标者，可诊断为系统性硬化症。

理化因素所致疾病

中　毒

一、单项选择题

1．理化因素所致疾病的主要因素有
A．物理、化学、生物、心理性等因素
B．物理、心理性因素
C．化学、心理性因素
D．生物、心理性因素
E．生物、物理性因素

2．下列因素哪一项不属于有害物理因素
A．高温、低温
B．高气压、低气压
C．噪声、振动
D．电离和非电离辐射
E．细菌及病毒

3．诊断理化因素所致疾病，下列哪一项不妥
A．结合接触史，查明病因
B．结合临床表现
C．实验室检测
D．排除其他类似临床表现的疾病
E．追问遗传史

4．有毒物质可多途径进入人体，下列哪一途径不妥
A．消化道
B．毛发
C．呼吸道
D．皮肤、黏膜
E．伤口

5．为了及时治疗急性中毒，下列哪项可作为中毒诊断的主要依据
A．毒物接触史
B．临床表现
C．毒物分析
D．毒物接触史和毒物分析
E．毒物接触史和临床表现

6．下列哪种物质中毒具有缺氧和抑制酶的双重中毒机制
A．硫化氢
B．汽油
C．氰化物
D．棉酚
E．砒霜

7．急性中毒时洗胃排除毒物治疗哪一项不妥
A．6 小时内进行效果最好
B．6 小时外仍有必要
C．每次注液 200 ～ 300ml，不宜过多
D．洗胃宜尽早、彻底
E．洗液总量不得超过 8L

8．清除进入人体尚未吸收的毒物，哪一项不正确
A．吞服腐蚀性毒物者不应催吐
B．昏迷患者插管洗胃可导致吸入性肺炎
C．清洗皮肤宜用肥皂水或温水
D．清除肠道内毒物宜用硫酸镁或蓖麻油导泻
E．清除眼部宜用清水彻底冲洗

9．抢救对硫磷等硫代类有机磷中毒者，洗胃液忌用
A．清水
B．高锰酸钾溶液
C．温水
D．碳酸氢钠溶液
E．生理盐水

10．下列各项中，哪一项不符合有机磷农

药中毒的临床表现

A．皮肤干燥，无汗

B．恶心、呕吐

C．肌肉颤动

D．肺水肿

E．视力模糊，瞳孔缩小

11．小剂量亚甲蓝静脉注射用于哪项抢救

A．重金属中毒

B．氰化物中毒

C．亚硝酸盐中毒

D．有机磷中毒

E．急性一氧化碳中毒

12．亚硝酸盐或大剂量亚甲蓝，硫代硫酸钠疗法用于哪项抢救

A．氰化物中毒

B．亚硝酸盐中毒

C．有机磷中毒

D．酒精中毒

E．重金属中毒

13．常用氨羧螯合剂（依地酸钙钠）和巯基螯合剂（二巯丙醇、二巯丙磺钠、二巯丁二钠）用于哪项中毒抢救治疗

A．有机磷农药中毒

B．氰化物中毒

C．亚硝酸盐中毒

D．重金属中毒

E．急性一氧化碳中毒

14．有机磷杀虫药在人体分布最多的器官为

A．肺

B．肝

C．肾

D．脾

E．脑

15．有机磷杀虫药对人体的毒性主要是

A．增加乙酰胆碱酯酶活力

B．增加乙酰胆碱的产生

C．减少乙酰胆碱的产生

D．增加缓激肽的产生

E．抑制乙酰胆碱酯酶活力

16．诊断有机磷农药中毒的最重要的指标为

A．确切的接触史

B．毒蕈碱样和烟碱样症状

C．血胆碱酯酶活力降低

D．阿托品试验阳性

E．呕吐物有大蒜味

17．抢救急性美曲膦酯中毒者，清洗皮肤宜用

A．热水

B．清水

C．酒精

D．苏打水

E．上述均不是

18．有机磷农药中毒的烟碱样症状有哪项

A．多汗、流涎

B．尿失禁

C．头晕、头痛

D．肌肉颤动

E．肺水肿

二、填空题

有机磷杀虫药中毒应用特效解毒药的原则是________、________、________、________用药。

三、问答题

1．简述中毒病人的治疗原则。

2．有机磷杀虫药中毒病人在应用阿托品治疗中可达“阿托品化”，简述“阿托品化”的临床表现。

参考答案

一、单项选择题

1．A	2．E	3．E	4．B	5．E	6．C
7．E	8．D	9．B	10．A	11．C	12．A
13．D	14．B	15．E	16．C	17．B	18．D

二、填空题

早期用药　足量用药　重复用药　联合用药

三、问答题

1．简述中毒病人的治疗原则。

答：①立即终止毒物接触；

②紧急复苏和对症支持治疗；

③清除体内尚未吸收的毒物；

④应用解毒药；

⑤预防并发症

2．有机磷杀虫药中毒病人在应用阿托品治疗中可达“阿托品化”，简述“阿托品化”的临床表现。

答：阿托品化即临床出现口干、皮肤干燥、肺湿啰音消失、心率加快。

中　暑

一、单项选择题

1．中暑病人不会出现

A．横纹肌溶解

B．急性肾损伤

C．弥散性血管内凝血（DIC）

D．急性肝功能衰竭

E．以上都不是

2．人体皮肤散热的方式有

A．辐射

B．蒸发

C．对流

D．传导

E．以上都是

3．中暑病人不会出现

A．昏迷

B．低血压

C．高热

D．体温不升

E．以上都不是

二、多项选择题

中暑病人可能出现的并发症包括

A．昏迷

B．低血压

C．肾衰竭

D．肝功能衰竭

E．心律失常

三、名词解释

中暑

四、填空题

中暑的临床表现分为________、________、________。

五、问答题

简述怎样预防中暑。

参考答案

一、单项选择题

1．E　2．E　3．D

二、多项选择题

ABCDE

三、名词解释

中暑：常发生在高温和温度较大的环境中，是以体温调节中枢障碍、汗腺功能衰竭和水电解质丧失过多为特征的疾病。

四、填空题

热痉挛　热衰竭　热射病

五、问答题

简述怎样预防中暑。

答：①加强防暑卫生宣传；

②改善年老体弱者、慢性疾病者、产褥期妇女的居住环境；

③有慢性心血管、肝肾疾病和年老体弱者不应从事高温作业；

④在高温环境中工作应饮用防暑饮料；

⑤穿宽松透气的浅色服装。

高　原　病

一、单项选择题

1．人进入高原生活一段时间后，会出现

A．红细胞减少

B．红细胞增多

C．血小板减少

D．白细胞减少

E．以上都不是

2．慢性高原病患者会出现

A．动脉压升高

B．肺静脉压升高

C．左心室扩大

D．右心房扩大

E．肺毛细血管楔压升高

二、多项选择题

急性高原病分为以下几种类型

A．急性高原反应

B．高原肺水肿

C．高原脑水肿

D．高原高血压

E．高原心脏病

三、名词解释

高原病

四、填空题

1．引起高原病的主要原因________。

2．高原病的基本病理学特征是________。

五、问答题

简述急性高原反应的治疗。

参考答案

一、单项选择题

1．B　　2．A

二、多项选择题

ABC

三、名词解释

高原病：是高原空气稀薄，大气压和氧分压低，由平原长期移居或短期逗留高原的人由于对高山或高原环境适应能力不足所引起的，以缺氧为突出表现的一组疾病。

四、填空题

1．缺氧

2．细胞肿胀

五、问答题

简述急性高原反应的治疗。

答：①休息：病人不应该继续登高，应卧床休息。

②补充液体。

③氧疗：经鼻管或面罩吸氧。

④药物治疗：头痛者可应用阿司匹林等，恶心、呕吐时可肌内注射丙氯拉嗪，严重者加用地塞米松。

⑤易地治疗：将患者转运到低海拔区。